起業の法務

新規ビジネス設計のケースメソッド

TMI 総合法律事務所［編］

弁護士 大井哲也　弁護士 中山 茂　弁護士 和藤誠治　弁護士 野呂悠登［編集代表］

商事法務

はじめに

『起業の法務』は、スタートアップ企業や、既存企業の新規ビジネス立ち上げ部門向けに構成された書籍である。

法律書であることの性格上、法務部門向けの内容となっているが、事業部門の事業開発担当者にも、法的思考や、リーガル・アプローチを体感していただくことができる構成を企図している。

そのため、本書の前半（第1編）では、新規ビジネスを構築、実行するために必要な基礎的な法的課題を概観したうえで、後半（第2編）では、具体的な新規ビジネスを類型化し、問題となりうる法的課題を抽出し、課題に対する解決への具体的なアプローチを示すこととした。これにより法務のバックグラウンドのない事業部門の担当者にもリーガル・マインドを醸成することができる内容となっている。

特に本書の後半（第2編）では、現時点で存在しないが、今後生まれる可能性のある新規ビジネスを設計する際の参考資料となるように、どのようなアプローチで法的課題をクリアすることができるかの方法論をケースメソッド形式で解説している。

本書の執筆陣は、引受証券会社での株式引受（IPO）審査部門、証券取引所での上場管理部門において事業の適法性を審査する経験を有するメンバー、また事業会社の法務部門において、適法なビジネスモデルを練り上げる実務の経験豊富なメンバーによって構成されている。

さらにゲスト執筆者として、ベンチャー企業の労務に専門特化した事務所である社会保険労務士法人シグナルの有馬美帆先生にも執筆協力を得ている。

スタートアップ企業に要求される法務・コンプライアンスの水準は、新規ビジネスを立ち上げるフェーズ、それをスケールさせるフェーズ、IPOのフェーズで異なる。

①新規ビジネスをリリースしたはよいが、違法なビジネスモデルの設計であったがために、リリース直後にサービスが廃止されるケース、②新規ビジネスがリリースし、一定程度スケールしたが、法的にグレーなビジネ

スモデルのまま事業を継続したため、多くの消費者にサービスが認知されていく過程で、ビジネスモデルの適法性に疑義が出され、監督官庁からの指導が入りサービスが停止に追い込まれてしまうケース、③IPO前のプレ・デューデリジェンスや引受証券会社のIPO審査段階で、違法または上場企業として不適切なビジネスモデルであるとの判断がなされた結果、ビジネスモデルを大きく変容することを余儀なくされるケースがある。

　本書では、この各フェーズでの悩みをスタートアップ企業とともに経験した弁護士が、いわば、起業の水先案内人として、法令違反のリスクをいかに回避すべきかを指南している。

　しかしながら、ここで重要なことは、本書は既存ビジネスの法的課題に対して、一義的な模範解答を示しているわけではないということである。

　なぜなら、起業は、既存ビジネスにはなかった新しい領域を切り開くものであるため、既存ビジネスにおける模範解答は、あくまで、過去の1つの解にすぎないからである。むしろ、スタートアップ企業が模範解答が用意されていない新規のビジネスに対峙したとき、どのような法的思考を持ち、どのようなアプローチで法令違反のリスクを回避すべきかの方法論が重要である。

　本書では、既存ビジネスにおける法的論点について1つの考え方を示してはいるものの、あるサービスが違法である、または適法であるという判断を下してはいない。

　サービスが違法か適法かの判断は、特定の条件や事実を「法律」というブラックボックス化されたマシーンに入力すれば、一義的に解答が導き出されるという性質のものではないことを理解していただくためである。法的課題への解答は、それを判定する判断権者が、弁護士なのか、裁判所なのか、証券会社なのか、証券取引所なのかによって異なりうるし、また時代背景やサービスを取り巻く環境により可変的なものである。

　本書が、新しいビジネス領域を開拓するスタートアップ企業や、新規ビジネスの開発部門の担当者にとって、法的課題に反応するアンテナと法令違反リスクを嗅ぎ分けるセンサーを研ぎ澄ますトレーニングの場になれば筆者にとって本望である。

最後に、執筆陣を叱咤激励し、読者ニーズから本書の構成アイデアをアドバイスしていただいた商事法務の水石曜一郎さん、編集事務局として、ときに執筆スケジュールのタイムキーパーとして執筆陣を支えていただいた TMI 総合法律事務所パラリーガルの渡辺真理さん、『ビジネスモデル 2.0 図鑑』の著者で同書中のビジネスモデル図の利用を快諾いただいたチャーリーこと近藤哲朗様、そしてともに仕事をするなかで、執筆陣にベンチャービジネスの生みの苦しみの経験を得る機会を与えていただいたすべてのクライアント企業に感謝する。

2019 年 7 月吉日
編集代表　TMI 総合法律事務所・弁護士　大井哲也

目 次

第1編　総　論

第1章　新規ビジネスの潮流────────────3

1　日本発のユニコーン企業の出現　3
(1)　ユニコーン企業　3
(2)　人材環境　3
(3)　資金調達環境　4
2　エグジットとしてのIPO　4
(1)　国内IPO　4
(2)　IPOの準備　5
3　エグジットとしての事業売却　5
4　エグジットの場面での法令違反リスク　5
5　起業を支えるインフラ整備の進化　7
(1)　資金調達環境　7
(2)　起業を支える多様なアウトソーサーの出現　7
(3)　専門分化した多様な外部専門家　8
6　D2C（Direct to Consumer）・販路の民主化　8

第2章　新規ビジネスを取り巻くプロフェッショナルプレーヤー──10

1　はじめに　10
2　創業準備期、創業期　14
(1)　概要　14
(2)　先輩起業家・共同経営者　14

(3) 資金提供者　15

(4) 監督官庁等　16

(5) 弁護士　16

(6) 税理士　17

(7) 弁理士　18

(8) 公認会計士・監査法人　18

3　成長期（エクスパンション）　19

(1) 概要　19

(2) 資金提供者　19

(3) 弁護士　20

(4) 弁理士　21

(5) 公認会計士・監査法人　21

(6) 社会保険労務士　22

4　成熟期（レイター）──IPO を見据えた場合の IPO 準備期　22

(1) 概要　22

(2) 証券会社　23

(3) 公認会計士・監査法人　24

(4) 証券取引所　25

(5) 弁護士　27

第3章　法規制のクリアランス─────────────28

1　はじめに　28

2　検討の視点　29

3　法規制・法的問題点の抽出の方法　30

(1) 実在する同種ビジネス（他社事例）の調査・確認　30

(2) 文献の検討　31

(3) 業界団体の自主規制、海外の事例の確認　32

4　法規制・法的問題点の分析・検討　33

(1) 法規制・法的問題点の解釈・検討（社内検討および外部相談）　33

(2) 行政庁への照会　35

5 　法規制への対処に関連した新しい制度　41

（1）　プロジェクト型サンドボックス制度（新技術等実証制度）　42

（2）　新事業特例制度（企業実証特例制度）　43

第 4 章　知財戦略 ——————————————————————45

1 　はじめに　45

2 　新規ビジネスと特許　45

（1）　デジタル化の流れ　46

（2）　特許審査の迅速化の流れ　47

（3）　ビジネス関連特許の増加　48

（4）　新規ビジネスにおける特許訴訟の事例　49

3 　知財の保護・取得　49

（1）　自社知財の保護・取得　49

（2）　知財の買取り　53

4 　知財の活用　54

（1）　自社知財の活用　54

（2）　知財情報の活用　56

5 　知財への投資　57

（1）　知財を有する企業への投資　57

（2）　知財の管理体制　57

第 5 章　資金調達 ——————————————————————58

1 　資金調達の概要　58

（1）　新規事業者の資金調達　58

●コラム●ICO（Initial Coin Offering）　59

（2）　本章の対象　61

2 　投資契約　61

（1）　投資契約の概要　61

（2）　投資契約の重要論点　62

目　次　vii

3 株主間契約 70

(1) 株主間契約の概要 70

(2) 株主間契約の重要論点 71

第6章 クラウドファンディングによる資金調達————86

1 クラウドファンディングとは 86

(1) 概要 86

(2) 類型 86

(3) 用語の整理 87

(4) 意義・機能 87

2 寄付型クラウドファンディングの概要 88

3 購入型クラウドファンディングの概要 89

4 投資型クラウドファンディング 90

(1) 貸付型クラウドファンディング（ソーシャルレンディング） 90

(2) ファンド型（エクイティ型）クラウドファンディング 95

(3) 株式型クラウドファンディング 97

(4) 新規ビジネスにクラウドファンディングを用いる際の留意点 99

第7章 エグジット（IPO・売却）————100

1 新規ビジネスがエグジットを見据えるべき理由 100

(1) 新規ビジネスにおける「エグジット」 100

(2) 近時のスタートアップ企業全般のエグジット情勢 104

(3) 「IPO」と「M&Aによる売却」のメリット・デメリットの整理 105

2 新規ビジネスにおけるエグジットの考え方 106

3 IPOをめざす場合のポイント 107

(1) IPO準備のイメージ 107

(2) 新規上場審査と市場選択のポイント（形式審査基準） 111

(3) 上場審査における留意点（実質審査基準）と解決方針 112

4 M&A による売却をめざす場合のポイント 115

(1) 契約交渉で優位性を保つことができる管理体制の構築 115

(2) 売却交渉にあたっては、必ず弁護士をつけるべき 115

第8章 人事労務管理 —————————————————— 117

1 昨今のベンチャー企業を取り巻く労務情勢 117

(1) 労務面のコンプライアンスの厳格化 117

(2) 未払残業代問題 117

(3) 過労死・過労自殺問題 118

●コラム●働き方改革関連法 119

2 フェーズで考える人事労務管理 120

(1) フェーズ1草創期（1人〜10人のフェーズ） 121

(2) フェーズ2転換期（11人〜30人のフェーズ） 122

(3) フェーズ3完成期（31人〜100人のフェーズ） 124

3 フェーズ別の労務ストラテジー 125

(1) 戦略フェーズ1（1人〜10人のフェーズ） 125

(2) 戦略フェーズ2（11人〜30人のフェーズ） 129

(3) 戦略フェーズ3（31人〜100人のフェーズ） 130

4 労働者の採用および人事労務管理 131

(1) 残業代および残業時間 131

(2) 退職 133

(3) 組織および人事評価制度 134

(4) 労務トラブル等その他 135

●コラム●ベンチャー企業専門の社会保険労務士の存在 140

目 次 ix

第2編 各 論

第1章 自動運転─────────────────────145

1 新規ビジネスの概要 145
  (1) 業界の動向 145
  (2) 事例 148
  (3) 事例分析 150
2 法的問題点の概要 152
3 法的問題点の詳細 153
  (1) 道路交通法について 153
  (2) 公道での事故による責任 155
  (3) 自動運転車の保安基準について 156
  (4) 自動運転車を使用した旅客輸送または貨物輸送 158
4 解決へのアプローチ 160

第2章 スマートスピーカー─────────────161

1 新規ビジネスの概要 161
  (1) 事例 161
  (2) 事例分析 165
2 法的問題点の概要 166
3 法的問題点の詳細 167
  (1) 学習用データの収集・作成に関する法的論点 167
  (2) 学習済みモデルの保護と権利関係 170
  (3) デバイス、通信ネットワークに関する各種法規制 171
  (4) オンラインショッピングにおける誤発注 173
4 解決へのアプローチ 174

第3章　IoT（スマートホーム）―――――176

1　新規ビジネスの概要　176

(1)　事例　176

(2)　事例分析　177

2　法的問題点の概要　178

3　法的問題点の詳細　179

(1)　IoT デバイスに関する各種法規制　179

(2)　IoT 通信ネットワークに関する各種法規制　186

(3)　データ利活用に関する法規制　192

4　解決へのアプローチ　196

(1)　デバイス・ネットワークに関する各種法規制について　196

(2)　データ利活用に関する各種法規制について　198

●コラム●IoT 機器のサイバーセキュリティに関する法的論点　199

第4章　Fintech ①（家計管理）―――――204

1　新規ビジネスの概要　204

(1)　事例　204

(2)　事例分析　208

2　法的問題点の概要　209

3　法的問題点の詳細　209

(1)　導入するサービスが、電子決済等代行業に該当するか否か　209

(2)　登録に必要な要件　210

(3)　登録後の行為規制等　212

4　解決へのアプローチ　213

(1)　電子決済等代行業に係る登録におけるプロジェクト管理　213

(2)　登録後の対応　214

4　その他の情報　214

(1)　業界の自主団体等の情報　214

(2)　海外動向　215

目次　xi

●コラム●仮想通貨（暗号資産）に関する規制　216

第5章　Fintech②（AI投資）————————————————220

1　新規ビジネスの概要　220

（1）業界の動向　220

（2）事例　222

（3）事例分析　223

2　法的問題点の概要　223

3　法的問題点の詳細　225

（1）金商法上の業規制　225

（2）適合性の原則　228

（3）説明義務等　229

（4）投資判断に不備が認められる場合の債務不履行責任　231

（5）システムの瑕疵　232

（6）情報開示に関する業界の自主的な取組み　234

4　解決へのアプローチ　235

（1）金融商品取引業者の登録　235

（2）適合性の原則・説明義務の遵守　237

（3）システム開発契約　238

（4）情報開示　238

第6章　ビッグデータ————————————————————239

1　新規ビジネスの概要　239

（1）業界の動向　239

（2）事例　240

（3）事例分析　241

●コラム●次世代医療基盤法　241

2　法的問題点の概要　243

3　法的問題点の詳細　244

（1） 個人情報保護法との関係　244

（2） GDPR および諸外国のデータ保護法制との関係　257

4　解決へのアプローチ　268

●コラム●ビッグデータに対する権利　268

第7章　ターゲティング広告　270

1　新規ビジネスの概要　270

（1） 業界の動向　270

（2） 事例　278

（3） 事例分析　279

2　法的問題点の概要　280

3　法的問題点の詳細　283

（1） 事例①：ユーザーやポイント会員からのデータの取得　283

（2） 事例②：広告配信会社 A のデータを用いたインターネット広告　287

（3） 事例③：旅行会社 B のデータを用いたインターネット広告　289

（4） 事例④：旅行会社 B のデータを用いた他の広告主のインターネット広告　294

（5） 事例⑤：広告配信会社 A のデータを用いた電子メール広告　297

4　解決へのアプローチ　299

第8章　CtoC マーケットプレイス　300

1　新規ビジネスの概要　300

（1） 事例　300

（2） 事例分析　302

2　法的問題点の概要　303

3　法的問題点の詳細　305

（1） プラットフォーマーとしての法律上の責任　305

（2） サービスの健全性について　307

目　次　xiii

- (3) 決済規制との関係　309
- (4) 個人情報保護法との関係　311
- (5) 古物営業法との関係　312
- 4　解決へのアプローチ　312
- (1) 違法または不正な取引への対応　312
- (2) 業規制への対応　313

第9章　スキルシェア（副業）————————314

- 1　新規ビジネスの概要　314
- (1) 業界の動向　314
- (2) 事例　314
- (3) 事例分析　317
- 2　法的問題点の概要　318
- 3　法的問題点の詳細　319
- (1) 主催企業の法的問題点　319
- (2) 短時間労働者と依頼者とのマッチングの場合　321
- (3) フリーランスと依頼者とのマッチングの場合　324
- 4　解決へのアプローチ　326
- (1) 主催企業について　326
- (2) 短時間労働者と依頼者とのマッチングの場合　326
- (3) フリーランスと依頼者とのマッチングの場合　327

第10章　民泊————————328

- 1　新規ビジネスの概要　328
- (1) 事例　328
- (2) 事例分析　329
- 2　法的問題点の概要　332
- 3　法的問題点の詳細　333
- (1) 住宅宿泊事業法について　333

(2) 消防法との関係　339

(3) 旅館業法上の簡易宿所営業との比較　340

(4) 民法　343

4　解決へのアプローチ　349

(1) 住宅宿泊事業法等の業規制への対応　349

(2) 民事責任への対応　350

●コラム●住宅宿泊事業者・住宅宿泊管理者の民泊物件の近隣住民に対する
　　法的責任　351

第11章　カーシェア・ライドシェア―――――――――――――353

1　新規ビジネスの概要　353

(1) 事例　353

(2) 事例分析　357

2　法的問題点の概要　357

3　法的問題点の詳細　358

(1) 道路運送法①（運送提供型ライドシェアへの法規制）　358

(2) 道路運送法②（相乗り型ライドシェアへの法規制）　360

(3) 道路運送法③（狭義のカーシェア（レンタカー型）への法規制）
　　361

(4) 道路運送法④（狭義のカーシェア（共同使用型）への法規制）
　　361

(5) 自賠法（カーシェアと運行供用者責任）　362

(6) 不法行為法（プラットフォーム提供事業者の責任）　364

4　解決へのアプローチ　365

第12章　ヘルスケアビジネス――――――――――――――――366

1　新規ビジネスの概要　366

(1) 業界の動向　366

(2) 事例　367

目　次　xv

(3)　事例分析　368

　2　法的問題点の概要　370

　3　法的問題点の詳細　372

　(1)　ケース1：運動指導・栄養指導サービス　372

　(2)　ケース2：簡易検査サービス　373

　4　解決へのアプローチ　376

　(1)　総論　376

　(2)　ケース1：運動指導・栄養指導サービス　376

　(3)　ケース2：簡易検査サービス　377

●コラム●オンライン診療　377

第13章　ゲームアプリ————————————380

　1　新規ビジネスの概要　380

　(1)　事例　380

　(2)　事例分析　381

　2　法的問題点の概要　382

　3　法的問題点の詳細　384

　(1)　資金決済法の「前払式支払手段」との関係　384

　(2)　景品表示法（景品規制）との関係　386

　(3)　景品表示法（表示規制）との関係　388

　(4)　デベロッパー規約　390

　4　解決へのアプローチ　392

第14章　eスポーツ————————————394

　1　新規ビジネスの概要　394

　(1)　事例　394

　(2)　事例分析　395

　2　法的問題点の概要　397

　3　法的問題点の詳細　397

(1) 著作権等の知的財産権との関係　397

(2) 刑法（賭博罪等）との関係　398

(3) 景品表示法との関係　398

(4) 風俗営業法との関係　399

(5) 興行場法との関係　400

4　解決へのアプローチ　400

(1) 著作権法　400

(2) 賭博罪　400

(3) 景品表示法　401

(4) 風俗営業法　403

(5) 興行場法　404

5　業界団体等　405

(1) 新しい業界団体の動き　405

(2) 新たな問題　405

第15章　ドローン———————406

1　新規ビジネスの概要　406

(1) 業界の動向　406

(2) 事例　407

(3) 事例分析　408

2　法的問題点の概要　409

3　法的問題点の詳細　410

(1) 航空法上の規制　410

(2) 電波法上の規制　412

(3) 土地の所有権侵害　413

(4) 映像等の撮影に伴うリスク　414

(5) 運送事業についての許認可の要否　417

4　解決へのアプローチ　419

第16章　VR 421

1　新規ビジネスの概要　421

(1)　業界の動向　421

(2)　事例　425

(3)　事例分析　425

2　法的問題点の概要　426

3　法的問題点の詳細　428

(1)　VR 等のシステムの利用に伴って発生しうる問題　428

(2)　仮想空間内のアイテム等の権利関係に係る問題　430

(3)　AR の利用に関連して発生しうる問題　433

(4)　個人情報保護法上の規制に係る問題　434

(5)　風俗営業法上の規制に係る問題　435

4　解決へのアプローチ　437

第17章　宇宙ビジネス 438

1　新規ビジネスの概要　438

(1)　業界の動向　438

(2)　事例　442

(3)　事例分析　443

2　法的問題点の概要　444

3　法的問題点の詳細　444

(1)　宇宙ビジネスにおける法規制の概要　444

(2)　リモートセンシング法の概要　445

4　解決へのアプローチ　449

(1)　リモートセンシング法上の規制の適用　449

(2)　まとめ（今後の展望）　450

第18章　動画配信プラットフォーム————————452

1　新規ビジネスの概要　452

（1）動画配信プラットフォーム運営　452

（2）動画投稿支援業務　453

2　法的問題点の概要　457

（1）動画配信プラットフォーム運営　457

（2）動画投稿支援業務　458

3　法的問題点の詳細　458

（1）動画配信プラットフォーム運営　458

（2）動画投稿支援業務　463

4　解決へのアプローチ　464

（1）動画配信プラットフォーム運営について　464

（2）動画投稿支援業務について　467

5　動画掲載基準　467

●コラム●著作権侵害の責任を負うのは誰か？　468

事項索引　473

編集代表・著者紹介　479

＊本書で参照したウェブサイトの最終閲覧日は、2019年7月31日である。

凡 例

1 法令の略称

金商法	金融商品取引法
金商業等府令	金融商品取引業等に関する内閣府令
個人情報保護法	個人情報の保護に関する法律
個人情報保護法施行令	個人情報の保護に関する法律施行令
個人情報保護法施行規則	個人情報の保護に関する法律施行規則
GDPR	EU一般データ保護規則（General Data Protection Regulation）
不競法	不正競争防止法
資金決済法	資金決済に関する法律
資金決済法施行令	資金決済に関する法律施行令
景品表示法	不当景品類及び不当表示防止法
風俗営業法	風俗営業等の規制及び業務の適正化等に関する法律
風俗営業法施行規則	風俗営業等の規制及び業務の適正化等に関する法律施行規則
自賠法	自動車損害賠償保障法
独占禁止法	私的独占の禁止及び公正取引の確保に関する法律

2 雑誌の略称

民集	最高裁判所民事判例集
刑集	最高裁判所刑事判例集
判時	判例時報
判タ	判例タイムズ
金法	金融法務事情
金判	金融・商事判例
労判	労働判例

第1編

総　論

第1章
新規ビジネスの潮流

1　日本発のユニコーン企業の出現

⑴　ユニコーン企業

　日本のスタートアップ企業のビジネス環境がこれまでと一段違うステージにあがっている。

　企業価値10億ドル（約1100億円）以上の未上場企業は、「ユニコーン」とされるが、Preferred Networks は AI、深層学習で制御技術を開発する企業であり、メルカリはスマートフォンで操作しやすいフリマアプリの開発で世界展開をめざし、フェイスブックの元バイスプレジデントを迎え入れ海外事業を強化する。このうちメルカリは、上場を果たした。

⑵　人材環境

　人材環境の面でも、シリアルアントレプレナーの出現により、スタートアップ企業の立上げが、短期かつ効率的に実行できる人的リソース基盤が整っている。シリアルアントレプレナーとは、企業を立ち上げた後、連続してまた別の新しい事業を立ち上げる連続起業家のことである。

　シリアルアントレプレナーは、スタートアップ企業を設立し、その事業が軌道に乗った段階で売却し、ビジネスの最前線を退いて、次の世代のCEO や COO にオペレーションを任せつつ、新たな事業を立ち上げる。過去の起業経験や人的ネットワークを生かして、起業を連続して実行する意味で、起業の成功ノウハウを凝縮して蓄積する存在でもある。

　シリアルアントレプレナーによる起業では、起業の当初から日本国内のみならず、グローバルのマーケットで事業遂行する計画を持って、ビジネ

第1章　新規ビジネスの潮流　　3

ス設計をするケースも生まれている。

⑶　資金調達環境

　資金調達環境の面を見てみると、ベンチャー企業に対する投資金額も一変している。一般社団法人日本ベンチャーキャピタル協会の「ベンチャーキャピタル最新動向レポート2017年度」（2018年4月2日）の調べによれば、2012年に底を打って以降、一貫してスタートアップ企業による資金調達額は増加している。1社あたりの資金調達額（平均値）は、2012年に1億80万円であった状況から、一貫して右肩上がりで増大しており、2017年には3億1640万円にもなっている。

　スタートアップ企業の産業分野別の内訳（2016年）としては、IT関連が、47.9％、バイオ／医療／ヘルスケアが、18.4％、工業／エネルギー／その他産業が、15.1％となっており、テクノロジー・ハイテク分野が全体の約80％を占めていることがわかる。

2　エグジットとしてのIPO

⑴　国内のIPO

　では、国内のIPO件数はどうか。IPO件数も同様に、2009年から2015年まで一貫して増加し続けており、2015年以降は、高水準を維持している。スタートアップ企業の経営者のなかでも、事業の立上げに成功し、ビジネスが軌道に乗り企業規模が拡大したステージになってはじめて、IPOをめざすというよりも、起業当初からIPOを視野に入れ、IPO準備を見越して、株主構成や役員・幹部社員の構成、ビジネスモデルを長期スパンで俯瞰してとらえ、上場企業にふさわしいかたちで適切にデザインできる経営者が増えている。

　このような目線の経営者は、事業そのものの嗅覚やリスク感覚に優れているのみならず、事業がスケールしたステージでの消費者や顧客に対する影響力に対しても敏感なアンテナを有しており、コンプライアンス意識が高く、法的リスクにも敏感に対応できる傾向にある。

⑵　IPO の準備

　スタートアップ企業が IPO を視野に入れる場合、企業規模が小さいから
といって、組織構成、株主構成、労務管理体制を含む法令順守・コンプラ
イアンス体制を軽視することは決してできない。

　IPO を準備するステージになって、事後的にこれらの課題を解決したり、
修正しようとしても、それまでの事業運営の積み重ねから大きな外科手術
を要する事態になっていたり、最悪のケースでは、法的課題が修正不可能
でもはや IPO が不可能な状態に陥っていることがあるからである。

3　エグジットとしての事業売却

　ベンチャー企業のエグジットの手段は、IPO だけが唯一の出口ではない。
新しい動きとしては、大手企業によるスタートアップ企業の買収の事例も
目立ち始めている。

　大手企業の立場からは、新しいテクノロジーやこれまでにはなかった新
規ビジネスをグループ内に取り込むことを目的とする。

　他方で、スタートアップ企業の立場としては、大手企業に事業を売却し
て、経営者が事業から引退するわけではない。大手企業の傘下に入りなが
ら経営者自身が社長や COO として残り、大手企業の資金力、人的リソー
ス、販売ネットワークを利用して、一気にスケールするエンジンとしての
機能を果たすケースが増えている。直近の事例では、ソラコムの KDDI に
よる買収、トレジャーデータのソフトバンク傘下の ARM による買収の
ケースが記憶に新しい。

4　エグジットの場面での法令違反リスク

　他方で、エグジットの場面では、負の側面も露呈しつつある。大手企業
がスタートアップ企業を買収したものの、買収後にスタートアップ企業の
サービスが違法性を帯びていたことが判明するというケースである。

　もちろん、買収監査として、買い手によって対象会社のサービスの適法

第 1 章　新規ビジネスの潮流　　5

性を中心とするデューデリジェンス（法務監査）は行われるものの、新規性の高いビジネスについての違法性判断は、確定した裁判例や、監督官庁である行政機関の解釈の前例が乏しいなかで行われることが多いため、きわめて微妙なジャッジを強いられ、法律の専門家のなかでも判断が分かれることがある。

　そのため、買収後にスタートアップ企業のサービスが大手企業の助力を得てスケールする過程で、弁護士や監督官庁による法令違反の精緻な検証が行われ、事後的に違法であったことが判明する事態が発生する。

　そこで、法的規制がテクノロジーの進化や、イノベーションの進度に遅れをとらずに対応するために、どのようにスタートアップ企業がアクションをすべきか、法的規制がない、または、これまで法的規制が直接適用されてこなかった領域において、新規性の高いビジネスをサービスインする際にどのようなアプローチで法的規制をクリアしていくかが重要となる。

　過去の裁判例や前例がないため、法的規制の制度趣旨を理解することが法令違反リスクを回避するうえで肝要である。法的規制は、個別の事業について「禁止」や「制限」がなされる行為規制の形式で規定される。しかし、ある特定のサービスが、禁止行為や制限行為に該当するか否かが、解釈に一定の裁量の余地があるため判断に迷うことがある。

　法的規制、特に業法は、行為規制を具体的な行為類型に着目して規定しているが、それは、事前にビジネスを行う者にとっての透明性を確保するためになされる。しかしながら、規制対象のサービスを、個別具体的、網羅的に規定することは不可能であるので、規制の対象となっている行為類型は、きわめて抽象的な記載とならざるをえない。

　もちろん最終的には、弁護士さらには各規制の所管監督官庁の確認手続が必要となるが、弁護士による確認が必要か否かの最初のスクリーニングは、事業者自らが行うしかなく、事業者自らが法規制違反のリスクを察知しなければ、弁護士の確認を経ることもなく、そのリスクを抱えながら新規サービスのサービスインに入ってしまうことになる。

　この法令違反のリスクを察知する際には、自社サービスと既存の類似のサービスを探索することで一定の参考とすることができる。自社サービスの類似のサービスにどのような法的規制が適用され、どのような法令違反

のリスクを抱えているか、既存サービスを運営する先行者の知恵を借用するのである。

すなわち、既存サービスの法的規制は、上場企業であれば、IPO審査でその適法性の確認が担保されているし、有価証券届出書（新規公開時）・有価証券報告書の「事業等のリスク」には、適用される法的規制のリスクが記載されているため、これらを自社サービスにあてはめてみるのである。

先行事業者が、どのように法的規制の適用関係をとらえているか、またどのようにリスク認識をしているかを参考とすることが有益である。

5　起業を支えるインフラ整備の進化

(1)　資金調達環境

資金調達の量的・質的な充実、多様性も起業の促進に一役買っている。ベンチャーキャピタルによる出資、事業会社のコーポレートベンチャーキャピタルによる出資、エンジェル投資家による出資、クラウドファンディングによる資金調達のほか、国や地方自治体によるスタートアップ企業に対する助成金支援等、資金調達マーケットの充実がスタートアップ企業を取り巻くエコシステムの中核を形成している。

(2)　起業を支える多様なアウトソーサーの出現

事業の立上げはさまざまな管理機能やバックオフィスの専門知識を有した人材が必要とされるが、特にスタートアップ企業のステージにあるベンチャー企業がそれらをすべて自社でまかなうことは困難である。

事業遂行に最低限必要な管理機能をあげても、ウェブサイトやシステムの構築（情報システム部門）、サービス設計の適法性チェック（法務部門）、人事・保険手続（人事労務部門）、オフィス環境の整備（総務部門）がある。

もっとも、現在ではこれらの機能はすべて外部リソースの調達で達成可能である。起業の第一歩として、まずは、「身の丈にあったオフィス探しから」ということは必要なく、WeWorkに代表されるシェアオフィスの利用でまかなえるし、ウェブサイトやシステムの構築も、自社で雇用すること

第1章　新規ビジネスの潮流　7

なくクラウドワークスやランサーズに代表されるスキルシェアサービスを利用することにより、常時雇用の人員を抱えることなく、ミニマムの機能を安価に外部調達することが可能となる。

さらには、システムを自社で構築する必要すらなく、さまざまな Saas サービスや、AWS に代表されるプラットホーム、システムインフラの充実により、クイックに、かつ安価に、身の丈に応じたシステムの外部調達のスモールスタートが可能となっている。

(3) 専門分化した多様な外部専門家

従前は、監査法人や証券会社が IPO 準備の主役であったが、現在ではブティック型の小規模で小回りの利く IPO コンサルティングサービスを提供する事業者や、IPO 支援を専門的に行う弁護士等、専門家の層の充実とともに専門家へのアクセスが容易になっている。

特にスタートアップ法務を専門領域とした法律事務所、弁護士も登場し、リーガルサービス提供の裾野が、いまだ事業者として軌道に乗っていないベンチャー企業にも広がっている。

6　D2C（Direct to Consumer）・販路の民主化

D2C（Direct to Consumer）とは、消費者に対して直接商品を販売する。つまり、自社で企画、製造した商品を自社 EC サイトでダイレクトに最終消費者に販売するモデルである。

従来の商品販売が、企画、製造した商品を問屋に卸し、小売店を通じて最終消費者に販売するのに対して、D2C は、中間流通業者をスキップして最終消費者にコンタクトし、商品を届けることができる。そこには、販路開拓や中間流通業者へのマージンがコストカットされ、SNS やネットを通じて、広告宣伝コストをかけずに商品の認知度をあげ販促することが可能となる。

自社 EC サイトを有する財政的基盤やリソースがなくとも、すでに顧客基盤が確立した EC モールに出店することができるし、アプリのパブリッシングであれば、App Store や Google play 上で全世界のユーザに対して瞬

8　第1編　総　論

時にリーチすることが可能である。

　コンテンツ・書籍の出版ならば、Kindle ダイレクト・パブリッシング（KDP）等のプラットフォームを利用して電子書籍を自費出版し、Amazon のウェブサイト上で何百万人もの読者に販売することができる。

　以上のように、サービス・商品・コンテンツを生み出す事業者にとっては、資金面の障害、流通や販路上の障害、専門的知見の不足等の障害を感ずることなくビジネスを立ち上げ、スケールさせることができる環境が整備されている。

　すなわち、アイデアと実行力があれば、事業運営に必要なリソースはすべて外部から調達できるというスタートアップ企業にとっては、まさに天国のような環境が現状の姿である。

第2章
新規ビジネスを取り巻く
プロフェッショナルプレーヤー

1 はじめに

　企業は、一般に、事業体として収益をあげながら、持続的に成長し、中長期的に企業価値を向上させていくことが求められている。他方、企業には、株主、従業員、取引先、金融機関等といったさまざまなステークホルダーが存在しており、それらのステークホルダーの利害を調整することや、ときに、雇用・環境・消費者・企業統治等で求められる社会的責任を果たすことも求められている。このような企業を取り巻く環境の複雑化・専門化を受け、近時、さまざまなプロフェッショナルプレーヤーに、企業活動のサポートを依頼する必要性・場面が増加している。

　このような状況は、新規ビジネスにおいても同様であるが、特に、新規ビジネスが成長していき、ステークホルダーが増加していく結果、利害関係もその分複雑化していくこと、社会の注目を集めていく結果、権利行使される可能性が事実上高まっていくこと、いずれ IPO や M&A といった、法令遵守（コンプライアンス）や情報開示を含めた管理体制が求められる局面に至ることが多いこと等を考慮すると、新規ビジネスの初期の段階から、将来の成長段階も意識しながら、プロフェッショナルプレーヤーのサポートを受けることが理想的である。一方、プロフェッショナルプレーヤーのサポートを受ける必要性の程度、金銭的資源や人的資源の有限性等を考慮すると、新規ビジネスの初期の段階で、多数のプロフェッショナルプレーヤーから全面的なサポートを受けることはそうそう現実的ではない。そのため、新規ビジネスの成長の段階に応じて、これらのプロフェッショナルプレーヤーとのかかわりの有無や関与度合いを変化させていくことが重要かつ現実的である。

10　第1編 総　論

そこで、本章では、新規ビジネスを取り巻くプロフェッショナルプレーヤーについて、成長の段階に応じて、紹介する。

■キーワード

IPO（新規株式公開）

株式を不特定多数人により売買可能にすることを株式公開といい、特に未上場企業の株式を（公募や売出しによって）新規に証券市場（株式市場）において不特定多数人により売買可能にすることを IPO（initial public offering）という。

M&A

Merger and Acquisition の略であり、法令上の用語ではないが、企業の合併および買収を総称するビジネス用語として定着している。M&A は、大規模な企業・中小企業を問わず、大小さまざまな規模で行われており、その目的も、対等な精神での統合、市場競争力強化、新規事業参入、救済、事業承継等、さまざまである。合併および買収の手法としては、主に、合併、株式移転、株式交換、株式譲渡、事業譲渡、会社分割等がある。M&A を行う場合、一般に、秘密保持契約締結、交渉、基本合意締結、デューデリジェンス、交渉、最終契約締結、実行といった流れが想定される。

コンプライアンス

法令を遵守すること。企業活動においては、法令等に違反することなく、事業活動を行うことをいう。企業や人が、法令を遵守することは当然のことであるが、一歩進んで、一定以上の規模の株式会社においては、法令遵守体制を構築しなければならない旨、会社法に規定されている。コンプライアンスに問題があった場合、法令に違反したことを理由に、刑事罰、行政処分、損害賠償請求の対象となる可能性がある。また、昨今では、コンプライアンスに問題があった場合、官公庁ウェブサイトやマスコミ報道のみならずSNS 等でも情報が公開されうる結果、世間の注目や社会的耳目を集め、企業の社会的信用を低下させ、顧客離れや従業員の離反等が生じることがある。このようにコンプライアンスに問題があった場合のインパクトが大きいため、業績達成のみならず、コンプライアンスをも意識した経営、「攻め」と「守り」の双方を意識した経営を行うことが重要である。

図表 1-2-1：企業ステージのイメージ

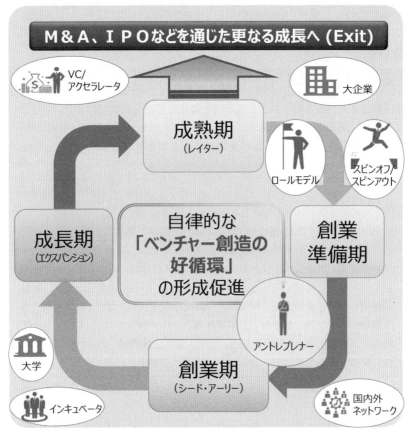

出典：経済産業省「経済産業省におけるベンチャー政策について」(2016 年 12 月 12 日) 1 頁

■キーワード

アントレプレナー

　一般に、起業家のことをいい、特に、独創的なビジネスを創業するケースでの起業家のことを指すことがある。東京大学では「アントレプレナー道場」にて、起業やスタートアップ企業について初歩から体系的に学ぶプログラムが提供されている。

インキュベータ

　一般に、起業支援を行う者のことをいい、スタートアップ企業の起業と成長を支援する団体のことを指すことがある。企業支援として、作業場所の提供や経営指導等のサポートを得られることが多い。各地の公的機関や大学等に数多く設置されている。

アクセラレータ

　ある程度成長したスタートアップ企業の成長を支援する団体。インキュベータがスタートアップ企業を「生み出す」ことに焦点をあてた存在であるのに対し、アクセラレータは「成長を加速させる」ことに焦点をあてた存在である。短期的なスケジュールプログラムが設けられ、選考を通過した企業に対し、資金、ビジネス環境およびノウハウ等が提供される。

図表 1-2-2：成長過程ごとの主なプロフェッショナルとのかかわり一覧

	創業準備期・創業期	成長期	成熟期（IPO 準備期）
資金提供者（ベンチャーキャピタル等）	○	○	△
資金提供者（銀行等）	△	○	○
監督官庁	△	○	○
弁護士	△	◎	◎
税理士	○	○	○
弁理士	○	○	○
社会保険労務士	○	○	○
公認会計士・監査法人	―	―	◎
証券会社	―	―	◎
証券取引所	―	―	◎

（◎：特に重要、○：重要、△：必要に応じて）

2 創業準備期、創業期

(1) 概要

　創業準備期および創業期とは、創業を準備しビジネスが軌道に乗るまでの時期を指し、スタートアップ企業の成長ステージの最初の段階である。まず、新規ビジネスを開始するうえでは、独自性や競争優位性を有する商品サービスやビジネスモデルを構築するとともに、情報収集が肝要となる。情報収集においては、同業または類似業種に関する情報収集、先輩起業家からの情報収集等が考えられる。次に、創業準備期および創業期においては、実績、知名度、信用等があるとは必ずしもいいがたいため、独自性や競争優位性を有する商品サービスやビジネスモデルを構築し、経営理念を提示し、場合によっては、中長期を見据えた経営戦略、経営計画を提示し、資金提供者や優れた人材を集めることが重要である。また、将来のIPOやM&Aの場面で、ビジネスモデルの根幹にかかわる適法性に疑義を指摘された場合の影響は甚大であるため、当該ビジネスモデルの根幹について、法規制の有無や法規制抵触可能性の程度をこの時点で確認しておくことが重要である。そのほか、プロフェッショナルプレーヤーからサポートを受ける必要性の程度、金銭的資源や人的資源の有限性等を考慮し、必要かつ相当な範囲でサポートを受けることが望ましい。

(2) 先輩起業家・共同経営者

　創業準備期および創業期においては、独自性や競争優位性を有するビジネスモデルをできる限り緻密に構築することが重要であるところ、先輩起業家から、経験談を含め、経営全般に関するアドバイスをもらうとともに、ビジネスモデルの強み、弱み、リスク、関係者、法規制の有無および概要等に関するアドバイスをもらうことができれば、さらには、当該ビジネスにかかわるアプローチ先や人材を紹介してもらうことができれば、大変有益となる。

　また、創業については、株主1人でも株式会社を設立することができる

こともあり、単独で行うことができるが、実際のビジネスを単独で展開するのは質量ともに限界があるため、新規ビジネス当初から、ビジネスモデルに共感し、ともにビジネスを遂行してくれる人材を集めることが重要である。特に、このような人材が、共同経営者として参画してくれれば、経営者として業務執行、助言、監督機能を発揮してもらい、ビジネスの効率的な遂行や拡大に役立つのみならず、創業当初の知名度や信用の補強につながり、取引先や資金提供者の紹介や人材の獲得につながったり、ビジネスの適法性に関する助言をもらえたりすることもある。

なお、共同経営者となると、一定の資金提供を受け、株式を保有してもらうことが一般的である。この点、1度、株式を保有してもらうと、企業の一方的都合で株式を手放してもらうことができず、任意に株式を譲渡してもらわざるをえないのが原則であるため、株主構成や持株比率を含めた資本政策については、慎重に検討すべきである。

(3) 資金提供者

創業準備期および創業期は、一般に、経営者やビジネスの知名度や信用が高いとはいえないため、第三者から資金提供を受けることは容易ではなく、その結果、経営者自身または家族や友人といった人的つながりが濃い人物から資金提供を受けることが多い。あるいは、既存企業の新規事業部門の独立の場合には、既存企業から資金提供を受けることが多く、経営者の独立の場合には、所属していた企業から資金提供を受けることができることもある。さらに、ビジネス上のつながりの大きいまたは今後拡大が見込まれる取引先と資本業務提携を行い、資金提供を受けることもある。

また、第三者である投資家から、資金提供を受けられることもある。ここでの資金提供者は、ベンチャーキャピタル（以下「VC」という）やコーポレートベンチャーキャピタル（以下「CVC」という）と呼ばれる、ベンチャー企業への投資に特化した投資家が典型である。VCは、そもそもベンチャービジネス自体が失敗する事例も多いところ、ベンチャー企業への投資に特化した投資家であり、起業家の支援とともに、IPOや株式売却等により得られるキャピタルゲインを目的としたハイリスクハイリターンの投資を行うことが多い。CVCは、VCのうち事業会社を母体とするものであり、ハ

イリスクハイリターンの投資を目的とするのみならず、業務提携や将来の子会社化を目的とすることもある。また、エンジェル投資家と呼ばれる、創業特に間もない企業に対し資金を提供する投資家も存在する。エンジェル投資家は、起業家の支援やハイリスクハイリターンの投資を目的とすることが多い。経営者とエンジェル投資家をつなぐイベントは官民問わず開催されているため、このようなイベントに参加して資金調達を行うことも考えられる。

なお、創業準備期および創業期におけるこれらの資金調達は、エクイティ（株式、種類株式等）による資金調達が一般的であるため、共同経営者の場合と同様、株主構成や持株比率を含めた資本政策については、慎重に検討すべきである。

(4) 監督官庁等

新規ビジネスを開始するにあたっては、そもそも当該ビジネスを適法に行うことができるかを検討する必要がある。適法性に関する1つの重要な視点として、当該ビジネスは、監督官庁によって規制される業種ではないのか（規制業種に該当し、許認可を取得する必要があるか、届出や登録を行う必要があるか、業規制が適用される場合に、書面の整備や管理者の選任を含め、どのような規制を遵守する必要があるかなど）を確認しておく必要がある。規制業種に該当するかを確認する方法として、該当しそうな法規制を所管する監督官庁に、事前に照会することが考えられる。もっとも、当該ビジネスモデルが最新のものであればあるほど、法規制との関係が明確になっておらず、監督官庁から明確な回答を得られず、不十分な結果で終わる可能性がある。このような場合には、弁護士のアドバイスを受けること、グレーゾーン解消制度を活用すること等により、可能な限り、適法性の可能性を高めること等が考えられる。

また、業界によっては、新規ビジネスが属する業界団体に加入し、業界に関する状況、今後の動向等に関する情報を収集することも有益である。

(5) 弁護士

ビジネス適法性判断については、監督官庁に確認することが考えられる

が、無数にある法令から当該ビジネスに関連する法令を特定することは容易ではない。また、監督官庁に確認するにあたり、法規制の有無を個別具体的に照会しなければ、正確な回答を得られない可能性が高い。個別具体的に照会しても正確な回答を得られない可能性もあるし、「やぶ蛇」になる可能性もある。そこで、ビジネス適法性判断においては、監督官庁への確認前に、当該ビジネスに精通した弁護士に相談し、確認の有無や方法を検討し、場合によっては弁護士を通じて監督官庁に確認することが有用である。

　また、新規ビジネスを開始するにあたっては、業規制該当性の確認のみならず、企業活動に伴う一般的な法令（会社法、労働法、個人情報保護法等）を遵守する必要がある。さらには、予期せず他人の権利利益を侵害した場合（交通事故、個人情報流出等）の対応をどうするか、他人が自社の権利利益を侵害してきた場合（模倣品、不正アクセス等）の対応をどうするか、取引先や従業員とのトラブルが生じた場合の対応をどうするか、これらを事前に可及的に防止するための対応（契約書への反映等）をどのようにすればよいかなどを検討しておくべきである。そのためには、法律の専門家である弁護士を活用することが有用である。

　なお、弁護士といっても、その守備範囲は多岐にわたっており、法律事務所や所属する弁護士により専門分野も異なる。医師でいう、内科や外科のようなものである。そのため、新規ビジネスを開始する際に弁護士に相談を試みる際には、大手、中堅、小規模いずれの事務所であってもかまわないので、新規ビジネスやスタートアップ企業サポートの実績がしっかりある、また、IPO や IPO 直後の上場企業法制、場合によっては M&A をも見据えてサポートできる弁護士・法律事務所に相談することが重要である。

⑹　税理士

　税理士は、税理士法に定められる税務に関する専門家であり、主に、租税に関し、税務当局に提出する申告書等税務書類の作成や財務に関する事務を行う。

　一般に、ビジネスを行う場合、申告書作成等の税務に関する業務を税理士に委託することにより、申告時のミスを可及的に防止することができる

ほか、税務面でのアドバイスを得ることが可能となる。新規ビジネスにおいては、税務処理や会計処理が固まっていないという事態も想定される。そのため、このような場合も含め、創業準備期および創業期から税理士・税理士法人に相談することが有用である。

(7) 弁理士

弁理士は、弁理士法に定められる知的財産に関する専門家であり、特許、実用新案、意匠、商標等の知的財産権の取得、模倣品対策および権利侵害時の相談等を行う。

新規ビジネスを開始するにあたり、そのビジネスモデルによっては、技術やアイデアが競争優位性や企業価値の源泉となることがある。その技術やアイデアによっては、特許の出願等を出願範囲や方法を含めて検討すべきである。また、新規ビジネスを開始するにあたり、自社のサービスや商号にオリジナルの表示を付して行うことが考えられる。この場合には、自社のサービスや商号を保護するため、またそもそも他人のサービスや商号に係る権利利益を侵害していないかを確認するため、他人の商標を侵害していないかの調査を行ったうえで、商標の出願等を検討すべきである。このような場合、創業準備期および創業期から当該ビジネスに精通した弁理士や弁護士に相談し、出願の有無や出願の方法・範囲を含めた知財戦略を的確に策定することが重要である。

(8) 公認会計士・監査法人

公認会計士は、公認会計士法に定められる監査および会計の専門家であり、企業が作成した財務書類を監査し、独立した立場から監査証明を行うものである。そのほか、財務に関する調査・立案をし、財務に関する相談を行うこともある。

自社が、資本金5億円以上または負債200億円以上でない場合、会社法上、公認会計士または監査法人による監査を求められるわけではなく、金商法上も、上場企業でなければ、公認会計士または監査法人による監査を求められるわけではない。

一般に、創業準備期・創業期の段階では、当該法令上の要件を充たさな

いと想定されることもあり、公認会計士や監査法人に財務書類の監査を依頼する必要性は高くないといえる。もっとも、新規ビジネスにおいては、税務処理や会計処理が固まっていないという事態も想定される。そのため、このような場合には、公認会計士・監査法人に、会計処理等について相談することが有用である。

3 成長期（エクスパンション）

(1) 概要

　成長期とは、成長を見据えてビジネス展開を本格的に進めていく時期を指し、スタートアップ企業の成長ステージの中間段階である。成長期においては、企業やサービスが世間に認知され始め、社会的信用を得られやすくなる一方、ビジネスの拡大に伴い、社会的に認知される結果、コンプライアンス違反リスク、知的財産侵害を理由とするクレームリスク等、さまざまなリスクが顕在化する可能性が高まる時期である。そのため、企業の成長の段階に応じ、資金調達、設備投資、採用を検討し、事業の拡大、企業価値の向上をめざすとともに、リスクを把握し改善するといったリスク管理を含め、管理体制を構築し運用していくことが重要である。なお、当該体制については、一部の隙もない永久不変の体制ができあがるわけではないため、その時点での一般的な水準等を参考に体制を構築し、あとは、運用しながら、つどチェックし、よりよいものになるよう順次見直しを図っていくといった視点も重要である。

(2) 資金提供者

　資金提供者の顔ぶれは、企業の成長の段階に応じて変化する。創業期は、人的つながりのある者やVCからの株式（エクイティ）による資金調達が中心であるが、成長期は、一般に、自社に興味を持つVC等や取引先、提携候補先が増え、調達可能金額も増加していく。種類株式を利用した資金調達の可能性も増加する。

第2章　新規ビジネスを取り巻くプロフェッショナルプレーヤー　19

■キーワード

> **種類株式**
>
> 　会社法で定められる、内容の異なる2種類以上の株式をいう。大半の株式会社は、普通株式（各株式で、同一議決権、同一配当）という1種類の株式のみを発行する株式会社であるが、多様な資金調達ニーズに応じ、議決権や配当等に差を設けた、2種類以上の株式を発行することが認められている。たとえば、議決権に関心がないが、優先して配当を求める資金提供者に対し、無議決権だが、優先配当を内容とするAという種類の種類株式を発行することが考えられる。

　また、自社の経済的信用が増し、銀行からの借入れ（デット）による資金調達も容易になってくる。銀行からの借入れについても、通常の借入れのほか、一定の上限金額の枠内で借入れが可能となるコミットメントライン契約、複数の銀行が貸付主体となって、まとまった借入れが期待できるシンジケートローン契約といったものも想定される。

⑶　弁護士

　VC等から資金調達を受ける際には、投資契約等が締結されることも想定されるところ、当該契約については、VC等がフォーマットを提示してくる可能性が高く、かつ、一般に複雑な内容であることが想定される。また、レイターステージで入ってくるVC等が、優先配当や経営関与等を要求してくることもあり、その結果、自由な経営が制限されるとともに、既存株主の利益が害されるため調整が必要となるといった事態も想定される。さらに、複数の種類株式を発行している場合には、種類株主総会の開催等会社法上複雑な手続が要求される可能性がある。そのため、資金調達の場面では、資金調達分野に精通した弁護士に、契約書レビュー、必要手続確認、必要書面作成等を依頼することが有用である。

　また、一般に、ビジネスが拡大するにつれ、さまざまな相手との取引・契約が発生し、相手方が保有する契約書ひな型をベースに契約を締結する機会も増加する。このような場合に、相手方が提示する契約書案を精査せずに契約書を取り交わしてしまうと、自社に不利な内容の契約となる可能

性があるし、不幸にも自社が保有していた権利や技術が相手方に移転する契約を締結してしまう可能性もないわけではない。また、自社に不利な内容が長期間修正不能となっていたり、取引条件が不明確であり将来の紛争の火種となったりする可能性も否定できない。そのため、成長期までには、自社のビジネスに合致した内容での契約書ひな型を作成しておくとともに、相手方が提示する契約書ひな型については的確にレビューする体制を構築しておくことが重要であり、必要に応じ、弁護士に依頼することが有用である。

　さらに、ビジネスの拡大に伴い、社会的に認知されると、コンプライアンス違反リスク等、さまざまなリスクが顕在化する可能性が高まる。コンプライアンス違反の影響が続いていたり、訴訟紛争が係属していたりすると、将来、IPOを行う場合の上場審査や、M&Aによるエグジットを行う場合の交渉に影響しかねない。そのため、成長期の段階から、コンプライアンス体制を含む内部管理体制を構築していくことが重要であり、必要に応じ、当該業界・当該法令や会社法に詳しい弁護士に相談することが有用である。

⑷　弁理士

　ビジネスモデルによっては、ビジネスが拡大するにつれ、自社の知的財産権が多く創出され、出願登録業務が多数発生する可能性がある一方で、社会的に認知されるため、他者の知的財産権に抵触すると主張されるリスクも拡大する。特に、ビジネスの根幹となる技術や表示が、他者の特許権や商標権を侵害していると主張された場合には、当該ビジネスの継続に支障を生じさせかねない。そのため、このような場合には、あらかじめ、侵害調査等を実施し、侵害の有無および可能性、周辺権利者の属性・主張可能性、反論可能性等を的確に把握しておくことが重要であり、弁理士や知的財産に精通した弁護士に分析等の相談しておくことが有用である。

⑸　公認会計士・監査法人

　成長期においても、会社法および金商法上、当然に公認会計士または監査法人による監査を求められるわけではない。もっとも、将来、IPOを行

う場合には、上場審査の要件として、登録された監査法人による監査および監査意見が必要となるし、M&Aによるエグジットを行う場合にも、実務上、一般に公正妥当と認められる企業会計の慣行に従った正確な計算書類が求められることが多い。VC等から出資を受ける場合にも一定の計算書類を要求される。そのため、自社の会計処理の適否の確保や内部管理体制の構築の観点から、必要に応じ、監査法人に依頼することも視野に入れるべきである。

(6) 社会保険労務士

社会保険労務士とは、社会保険労務士法に定められる労働関連法令や社会保障法令に基づく書類等の作成代行等を行い、労務管理や社会保険に関する相談・指導を行うものをいう。

企業が成長するにつれ従業員数が増加するとともに、必ずしも創業者との人間関係が緊密でない従業員が増加することにより、就業規則等規程類の整備・見直しが必要となり、また、さまざまな労務問題が生じるリスクが事実上高くなる。特に、近年は過重労働問題が厳しく指摘されるようになり、労働基準法等に違反した場合、いわゆるブラック企業として厚生労働省が企業名を公表するようになっている。1度、ブラック企業とのレッテルが貼られると、社会の信用を失い、また、優秀な人材を確保できなくなる可能性もないわけではない。そのため、就業規則等規程類の整備を含めた適切な労務管理体制を構築することが重要であり、必要に応じ、社会保険労務士や労務に精通した弁護士に相談することが有用である。

4 成熟期（レイター）──IPOを見据えた場合のIPO準備期

(1) 概要

成熟期とは、安定した収益を得られるようになった時期を指し、スタートアップ企業の成長ステージの一種の最終局面ともいえる段階である。成熟期においては、既存事業のさらなる拡大・発展をめざすのか、既存事業

の抜本的な見直しを図るのか、そのための資金調達、設備投資、人材の確保をどうするのか、あるいは、既存事業や企業からの撤退を図るのか、場合によっては、キャピタルゲイン実現を要求する株主からの要望に応じるのかなどを検討していくこととなる。たとえば、さらなる拡大・発展のために、大規模な資金調達を行おうとする場合、人材の獲得等のために上場企業としての知名度を活用しようとする場合、あるいは、親会社グループの一事業部門としての立場を離れ独立を果たそうとする場合、株主が市場売却によるエグジットを求める場合等には、IPO を行うことが考えられる。他方、経営者や株主の意向、業績、株価を含めた市況、業規制との関係や関係者の属性等を考慮した IPO の難易度や展望、あるいは、相対の買主候補の存在によっては、IPO ではなく相対売却（M&A）によるエグジットを行うことも考えられる。相対売却によるエグジットを選択する場合、経営者は、相対の買主に対し、株式の全部または一部を売却して現金化し、エグジットを行い、その後は、売却により得られた資金を用いて別の法人等で別のビジネスの開始を検討することが考えられる。なお、成熟期といえども、エグジットを選択せず、自社のさらなる拡大・発展のため、既存の資金で、設備投資等を行い、既存の事業の拡大を図っていくこと、あるいは、既存事業と同種の事業、その上流下流の事業、新規事業を対象として、企業買収（M&A）を行うことも考えられる。このように、成熟期においては、エグジットもエグジット以外も考えられ、エグジットについても、IPO も IPO 以外の方法も考えられるが、本章では、典型的なエグジット方法である IPO を選択した場合に登場するプロフェッショナルプレーヤーについて概観する。

⑵　証券会社

　証券会社は、有価証券の売買取次ぎや引受け等を行う企業であり、有価証券の発行者と投資家を結ぶ役割を果たしている。IPO においては、有価証券の引受けを行う証券会社を探す必要があることもあり、通常、証券会社に上場準備全般をサポートしてもらうこととなる。上場申請企業を支援する業務を行う証券会社を幹事証券会社といい、幹事証券会社のなかでも中心となる証券会社を主幹事証券会社という。主幹事証券会社が複数とな

る場合もある。

　主幹事証券会社の機能は、主に、①アドバイザー機能、②引受審査機能、③引受機能があげられる。①アドバイザー機能とは、上場準備段階において、上場が達成されるよう、上場準備作業のスケジュール提案、内部管理体制整備のサポート、事業計画・資本政策の指導、上場申請書類の作成指導等を行う機能をいう。②引受審査機能とは、証券市場に流通させるに値する株式かどうかを判断するために、引受けの可否につき審査する機能をいう。また、証券会社としては有価証券の引受けにより自己が責任を負いうるため、慎重に審査が行われている。③引受機能とは、IPOにより不特定多数の投資者に対して株式を販売する前提として、発行会社や既存大株主から株式を取得する機能をいう。通常、主幹事証券会社が株式の多数を引き受ける。

　上場準備においては、主幹事証券会社との間で、一定期間、全般的な支援を受けることとなるため、経験、サービス、コスト、上場時の販売力等を考慮して自社の理念や要望に合致した主幹事証券会社を選定し、良好な関係を築いていくことが重要となる。

⑶　公認会計士・監査法人

　IPOにおいては、上場規則上、上場審査の要件として、登録された監査法人による金商法監査に準じた監査および監査意見（適正意見）が求められており、2期間の監査および監査意見が求められている。また、通常、上場予定企業は、当該監査の前提として、監査法人から、ショートレビューと呼ばれる対応を受ける。

■キーワード

　ショートレビュー

　　監査法人が上場予定企業に対して上場準備の初期に実施する短期的な調査。当該調査によって、上場予定企業における会計処理や内部管理体制に関する問題点が洗い出されるとともに、対応方針等が提示される。そのため、IPOまでの課題・スケジュールが明確になり、IPOの可能性判断や効率的

24　第1編　総　論

な上場準備の参考にすることが可能となる。

　そのため、上場予定企業としては、通常、上場を達成する目標時期の2年以上前に、監査法人とコンタクトをとり、ショートレビューを受け、その後、指摘事項を反映させながら、内部管理体制を整備し、2期間の監査を受け、監査意見を取得し、上場申請を行うこととなる。

　なお、IPO後の上場企業は、上場規則上、資本金の金額等にかかわらず、会計監査人を設置して、会計監査人から、会社法監査および金商法監査を受けなければならなくなる。そのため、監査法人は、IPOの実績のみならず、上場後も見据えて、選任することが重要である。

⑷　証券取引所

　証券取引所は、株式や債券等の金融商品が売買取引される専門の場所ないしその場所を開設する法人をいい、金商法に定められる金融商品取引所の典型例である。証券取引所は、市場を開設し、多様な金融商品の需要と供給とを結びつけて、公正な価格を形成し、公正かつ円滑な売買を促進させ、公益および投資者保護に資することを目的としている。また、証券取引所は、上場株式を発行する上場企業の上場審査、上場管理、上場廃止等を行っている。上場管理としては、上場企業に対し、適時開示を義務づけるとともに、企業行動規範を制定し、社外取締役の義務づけや上場企業のガバナンスについてのプリンシプルを規定したコーポレートガバナンス・コードを策定するなど、上場企業として遵守すべき規範を遵守させている。

■キーワード

> **コーポレートガバナンス・コード（CGコード）**
>
> 　CGコードは、企業の持続的な成長と中長期的な企業価値の向上の目的で、実効的なコーポレートガバナンスの実現に資するための主要な原則がとりまとめられたものであり、取引所が定める有価証券上場規程の一部と位置づけられている。例として、独立社外取締役の選任、上場企業としての

適切なリスク管理体制の整備等が定められている。

　CGコードにおいては、コンプライ・オア・エクスプレインの手法が採用されており、遵守（コンプライ）は必須ではなく、遵守するか、または、遵守しない場合にはその理由の説明（エクスプレイン）が求められている。

　CGコードは、2015年6月から施行されているが、2018年6月には改訂CGコードが施行されている。例として、任意の指名報酬委員会の活用の促進、政策保有株式縮減の方針等が定められている。

　IPOにおいては、上場審査部門が関連してくるところ、上場審査については、東京証券取引所を開設する日本取引所グループにおいては、利益相反回避の観点から、株式会社東京証券取引所とは別法人である日本取引所自主規制法人が行っている。上場が承認されるには、上場審査基準を充たす必要があるところ、株主数、事業継続年数、監査および監査意見、株式譲渡制限がないこと等の形式要件のほか、企業の継続性および収益性、経営の健全性、ガバナンスおよび内部管理体制、開示の適正性、公益投資者保護等の実質要件が求められる。IPOにおいては、取引所における上場審査で承認されなければ、上場することができないため、上場準備の段階から、取引所の審査あるいは審査基準を意識して企業の事業・体制を構築運用する必要がある。

■キーワード

日本取引所グループ（JPX）

　株式会社東京証券取引所、株式会社大阪取引所、日本取引所自主規制法人等を傘下に持つ、金融商品取引所持株会社である。東京証券取引所グループと大阪証券取引所の経営統合に伴い、2013年に誕生した。上場企業でもある。現在は、本則市場（一部、二部）、マザーズ市場、JASDAQ市場、プロ市場等を開設している。IPOをめざす場合は、これらの市場のいずれかをターゲットとすることが多い。

また、東京証券取引所においては、上場推進活動を行っている上場推進部が設置されている。上場推進部では、上場に関する各種説明を行っているほか、上場審査基準等の上場制度や上場準備の内容等、新規上場に関する相談や問合せに対応しているため、初期的な質問等があれば、上場推進部に問い合わせるなど、積極的に活用することも有用である。

　なお、株式の売買を行う市場を開設する日本の証券取引所は、現在、東京、名古屋、福岡および札幌の4か所あるが、東京証券取引所に開設されているマザーズ市場は、企業の成長支援や成長企業への投資機会を確保する目的で、新興企業向けの市場として開設されており、東京証券取引所の本則市場と比較して審査基準が若干緩和されているとともに、上場申請から上場承認までの標準審査期間が3か月から2か月に短縮されているといった特徴を有している。

(5)　弁護士

　IPOにおいては、弁護士は、上場に向けた法務面でのサポートを行う。たとえば、上場スケジュール全般のアドバイス、業法・会社法・労働関係法令を含む法令遵守体制の整備に関する助言、証券会社による引受審査の際の上場予定企業による回答のレビュー、株主、役員、主要取引先等に問題がある場合やコンプライアンス上の問題がある場合の解消方法の助言・見解の作成、会社の機関設計や社外取締役・監査役の選任等ガバナンスに関する助言、上場要件を充たすべく譲渡制限株式の廃止や種類株式発行の解消のサポート、上場申請書類のレビューを行うこと等が想定される。また、近時では、コーポレートガバナンスの強化の観点から、社外取締役が複数選任される事例が増加しているところ、今後は、社外取締役や社外監査役に弁護士が選任される事例が増加することが想定される。

第2章　新規ビジネスを取り巻くプロフェッショナルプレーヤー　27

第**3**章

法規制のクリアランス

1 はじめに

　新規ビジネスを行う際には、当該ビジネスが何らかの法規制に抵触しないか、関係する当事者との間で、法的な問題を生じないかなどの点を検討し、適切な対処を行うことが不可欠である。ビジネスは、多くの利害関係人を巻き込んで行われるため、さまざまな当事者との関係のなかで生じる多様な法的問題点について、多角的に検討を行う必要がある。

　法令による規制は多岐にわたり、特定のビジネスを対象とする固有の法規制が存在する場合もあれば、ビジネス固有の法規制は存在せず、一般的な法令の範囲で、起こりうる潜在的な法的リスクを検討すべき場合もある。たとえば、リサイクル業を行う場合の古物営業法上の許可や、タクシー業を行う場合の道路運送法上の許可は、特定のビジネスに固有の法規制が存在する場合の例といえる。また、ビジネス開始時には固有の法規制が存在しなかったとしても、事後的に法規制が設けられる可能性もある。たとえば、民泊については、従前から民間において行われていたものが、外国観光客の増加等の社会的な事情の変化を背景に、ビジネスに伴う問題等が顕在化したことから、新たに具体的な法規制ができた例といえる。このように、もともとは明確な法規制がなかったビジネスであっても、新たな規制ができることもありうるところであり、新たな規制を知らないままビジネスを行うと、認識がないままに法に抵触し、罰則の対象となる可能性もある。このため、常に最新の法規制について、情報を把握しておく必要がある。

　しかしながら、無数に存在する法規制から、自己のビジネスに適用される法規制を正確に把握することは、容易ではない場合もある。特に、新規

28　第1編　総　論

ビジネスを行うにあたっては、何の法律がどのように適用されるのかが明確でないことも多く、どの部分に法的な問題点が存在するのか、法規制に抵触しないようにするにはどのような対応が必要なのかを慎重に検討する必要がある。

2 検討の視点

新規ビジネスにおける法的問題点を検討するうえでは、どのように検討を進めるかが悩ましい場合も多い。既存ビジネスの場合であれば、すでに存在する実例から見当をつけることも可能であるが、まったくの新しいビジネスの場合、それまでに実施していた例がないために、そもそも、何が法的に問題となるのかわからず、問題を見落としてしまう場合がありうる。

実際に法的問題点の抽出・検討を行う際は、一定の手順・観点を持って検討することが有用であり、具体的には、以下のようなものが考えられる。本書における各論の各ビジネスに対する分析も、以下の手順に沿って検討を行っている。

図表 1-3-1：法的問題点の抽出・検討について

① 新規ビジネスの把握（事例把握および分析）	ビジネスの内容を分析し、登場する利害関係人が誰か、どのような取引が行われるかを把握・検討する。当事者の関係性については、商流図を作って全体を把握することも有用である。法的問題点を抽出するうえでは、何がビジネスの根幹か、何が収益の肝となるかを把握することも重要である。
② 法規制・法的問題点の抽出	上記①によって分析したビジネスの全体像を見て、当該ビジネスに適用されうる具体的な法規制、関係者との間で生じる法的問題点を抽出する。法的問題点が当該ビジネスの根幹にかかわるものであるのか、周辺的な部分であるのか、また、それによって生じる結果がどの程度のものであるかをふまえて、優先度を考えることも重要である。

第 3 章　法規制のクリアランス　29

③ 法的問題点の 検討・解決への アプローチ	上記②によって抽出した具体的な法規制、法的問題点を前提として、どのように解決に向けてアプローチするのかを検討する。必ずしも、法規制の適用の有無について明確な回答がない（前例がない）場合もあり、また、すべての法的問題点を解消できない場合もある。当該ビジネスの実施に向けて、その部分を回避して進めることができるか、あるいはリスクを認識しつつビジネスを進めるのか、判断が必要となる場合もある。

3　法規制・法的問題点の抽出の方法

　上記のプロセスにおいて、法規制・法的問題点の抽出を行う際には、下記のようなアプローチが考えられる。

(1)　実在する同種ビジネス（他社事例）の調査・確認

　新規ビジネスにおける法的問題点を検討するうえでは、まず、他社が同種ビジネスを展開している例がないか、公表事例を調査することが有用である。必ずしもまったく同一のビジネスでなくとも、似たような類型のビジネスがあれば、法的な検討の手がかりとして参考になる。

　同種ビジネスを行っている事業者がすでに存在し、当該事業者が上場企業である場合には、当該事業者の有価証券届出書（新規公開時）・有価証券報告書を確認することにより、参考となる情報が得られる。上場企業は、金商法に基づき、有価証券届出書（新規公開時）・有価証券報告書の提出が義務づけられており、有価証券届出書（新規公開時）・有価証券報告書には、事業の内容や経営指標の推移に加え、「事業等のリスク」として、当該事業特有の法規制の記載が求められているためである。

　有価証券届出書（新規公開時）・有価証券報告書は、多くの場合当該企業のウェブサイトで閲覧することも可能であるが、金融庁が開設しているEDINET で閲覧することもできる。

■キーワード

> **有価証券報告書**
>
> 　金商法で規定されている、事業年度ごとに作成する企業内容の外部への開示資料。略して有報（ゆうほう）とも呼ばれ、企業に関する情報として、企業の概況、事業の状況、設備の状況、株式に関する情報や、財務に関する情報等が記載される。

　有価証券届出書（新規公開時）・有価証券報告書の「事業等のリスク」の部分を見れば、当該会社における事業のリスクとして、さまざまな問題点が記載されており、そのなかに、法規制の問題も書かれていることが多い。これによって、同種ビジネスに適用される法令、およびそれに対して当該企業がどのようにリスク分析を行っているかを参考にすることができる。

　もっとも、同種ビジネスを展開している事業者が、必ずしもすべての法規制を網羅的に確認しているわけではない可能性もあり、当該事業者による情報はあくまでも参考程度にとどめておく必要がある。

(2)　文献の検討

　同種のビジネスをやっている事業者が存在しない場合、または公表事例等からは把握できない場合は、新規ビジネスの事例を集めた文献を参照することも有用である。具体的には、以下の書籍が参考になる。

図表 1-3-2：新規ビジネスを進める際に参考となる書籍

書籍名	著者	出版社	出版日
ビジネスモデル 2.0 図鑑	近藤哲朗	KADOKAWA	2018 年 9 月 29 日
起業のファイナンス〔増補改訂版〕	磯崎哲也	日本実業出版社	2015 年 1 月 15 日

第 3 章　法規制のクリアランス　31

ア 『ビジネスモデル 2.0 図鑑』

既存のビジネスの商流・マネタイズのしくみ、プレーヤーの関係を一定の視点に基づいてモデル化・類型化したものである。この本を見れば、すでに現存するサービスがあるのか、類似のサービスがあるのかを一覧的に調べることが可能となる。

図表 1-3-3：ビジネスモデル 2.0 図鑑で紹介されるビジネスモデルの例（書籍のカバーページ）

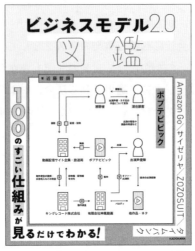

近藤哲朗『ビジネスモデル 2.0 図鑑』
（KADOKAWA、2018 年）

イ 『起業のファイナンス』

起業家だけでなく、ベンチャーキャピタルやエンジェル投資家、弁護士、司法書士、公認会計士、税理士等にも向けて、事業計画、資本政策、企業価値、IR 等の基本的な知識から、コーポレートガバナンス、社外取締役に求められる役割、会社の機関等を解説したものである。

(3) 業界団体の自主規制、海外の事例の確認

法的問題点を抽出する際の視点として、当該ビジネスに関連する業界団体が存在する場合には、同団体が定める自主規制・ガイドライン等が参考になる場合がある。

また、国内に同種ビジネスを展開している事業者が存在しない場合でも、海外の同種ビジネスの公表事例を調査することが参考になることもある。法規制は各国さまざまではあるものの、同種の規制が行われている場合もあるし、海外の規制を参考にして国内の規制が導入されるケースもある。また、海外の規制を把握しておくことは、将来的な海外展開を検討する際にも参考にすることができる。

4 法規制・法的問題点の分析・検討

新規ビジネスに適用されうる法規制・法的問題点を把握したうえで、それを分析・検討する手法としては、以下のものが考えられる。

図表1-3-4：法規制・法的問題点の分析・検討の手法

自社および外部専門家による検討・分析
①　社内での検討 ②　外部弁護士等への相談
行政庁に対する照会
①　直接の電話・訪問による照会 ②　ノーアクションレター制度の活用 ③　グレーゾーン解消制度の活用

(1) 法規制・法的問題点の解釈・検討（社内検討および外部相談）

まずは自社内の法務部門・あるいは社内弁護士にて検討を行うことと、さらに、外部の専門家の意見を取り入れることが考えられる。

最近では、企業の法務部、社内弁護士の組織も充実していることが多いが、社内検討と外部利用の双方のメリット活かし、うまく利用することが理想的である。

第3章　法規制のクリアランス　33

図表 1-3-5：「社内法務部・企業内弁護士」と「外部弁護士」の比較

	社内法務部・企業内弁護士	外部弁護士
強み	・ 当該企業におけるビジネスの細部・全体像について把握している。 ・ 事業の担当者とも直接のアクセスがしやすい。	・ 他社の事例等の経験・蓄積がある。 ・ 外部意見を取得することは、企業または役員等の善管注意義務の履行の観点から、1つの補強事情となる。
弱み	・ 社外の情報、他社の状況について、外部弁護士に比べると取得しづらい。	・ 立場上、リスクを指摘せざるをえず、保守的な見解となる場合がある。

　上記のように、法規制を適切に把握することは容易ではなく、また新規ビジネスの場合には、法規制の新設が協議されている可能性もある。さらに、他社のビジネスが必ずしもすべて公になっているわけではないため、公表されているケース以外に、他社が同種のビジネスを検討している場合もある。

　外部の弁護士等に相談するメリットとして、一事業者に限らず、検討した事例の蓄積により、同種ビジネスに該当する法的問題点の検討の視点が得られる場合もある。

　他方で、外部専門家も、初期段階では、合法か否かの結論を保証できるものではなく、そもそも裁判例等の事例が存在していなかったり、行政としての取扱いも固まっていなかったりする場合に、明確な回答は出しづらいことも多い。このような場合には、外部専門家に対して、結論的な回答を求めるよりは、法的問題点の分析・検討を主眼に利用することが考えられる。

　外部の専門家への相談を効率的に進めるためには、ビジネススキームをまとめた商流図を作成し、懸念点やこれまでの調査結果等を共有することが、問題点の正確な分析に資する。

　なお、外部弁護士が事業者にとって有利な意見を出したとしても、当然ながら、法規制のクリアランスについて完全なお墨付きが与えられるもの

34　第1編　総　論

ではないことには留意すべきである。

⑵　行政庁への照会

ア　直接の電話照会・訪問

適用される法規制がある程度明確であり、法解釈について疑問がある場合には、監督官庁に対して、直接照会を行うことも有効な方法の1つである。

行政に照会することにより、既存の法規制のほかに、法規制の新設が検討されている場合や、行政解釈や通達等により、法規制に関して行政庁独自の運用がなされている場合等についても、把握できる場合がある。

なお、行政庁への照会を利用する場合であっても、事前に外部専門家の意見を取得しておくことや、外部専門家を通して照会を行うことは有用な場合がある。外部専門家から照会をかけることは、①企業の匿名性を確保したうえでの照会がしやすくなること、②その分野の専門家からの照会として、行政側と踏み込んだ議論を行うことにより、より具体的な回答を引き出せること等のメリットがあると考えられる。

イ　ノーアクションレター制度

自己のビジネスに該当しうる法規制がある場合で、それに抵触するかどうかについて、より明確な回答を取得したい場合、ノーアクションレター制度（法令適用事前確認手続）を利用することが考えられる。

同制度は、自ら行おうとするビジネスが法令に基づく許認可等を受ける必要があるかといった点等について行政機関に回答を求める制度であり、利用するには、照会する法令を特定したうえで、照会書に必要事項を記載し、当該法令の条項ごとに定められた照会窓口に提出する必要がある。

行政機関からは、原則として、照会から30日以内に回答がなされる。ただし、照会者名、照会内容および回答内容が公表される点に注意が必要である。

第3章　法規制のクリアランス　35

図表 1-3-6：ノーアクションレター制度（法令適用事前確認手続）の回答例

(2)

法令適用事前確認手続回答通知書

消表対第 1306 号
平成 28 年 9 月 9 日

株式会社国際カジノ研究所
木曽 崇 殿

消費者庁表示対策課長

平成 28 年 8 月 29 日付けをもって照会のあった件について、下記のとおり回答いたします。
なお、本回答は、不当景品類及び不当表示防止法（昭和 37 年法律第 134 号。以下「景品表示法」といいます。）第 4 条の規定を所管する立場から、照会者から提示された事実のみを前提に、景品表示法第 4 条の規定との関係のみについて、現時点における見解を示すものであり、もとより、捜査機関の判断や罰則の適用を含めた司法判断を拘束するものではないことを付記します。

記

1 照会のあった具体的事実については、照会者から提示された事実関係を前提とすれば、景品表示法第 4 条の規定の適用対象となると考えられる。

2 当該事実が照会対象法令の適用対象となることに関する見解及び根拠
(1) 景品類とは、「不当景品類及び不当表示防止法第二条の規定により景品類及び表示を指定する件（昭和 37 年 6 月 30 日公正取引委員会告示第 3 号。以下「指定告示」という。）第 1 項に規定されているとおり、「顧客を誘引するための手段として、方法のいかんを問わず、事業者が自己の供給する商品又は役務の取引に附随して相手方に提供する物品、金銭その他の経済上の利益」をいう。
(2) 照会者が実施を予定している、ネットワークを介して異なる筐体間で対戦することができる機能を有するアクションゲームを利用した賞金制大会（以下「本件

1

企画」という。）は、照会者が「顧客を誘引するための手段として」、一般消費者に対して供給することを具体的に予定している当該アクションゲームに関する大会を開催し、当該大会における成績優秀者に対して「経済上の利益」である賞金を提供するものである。

（3）「景品類等の指定の告示の運用基準について」（昭和52年4月1日事務局長通達第7号）によれば、「商品又は役務を購入することにより、経済上の利益の提供を受けることが可能又は容易になる場合」（4（2）イ）には、経済上の利益の提供は、「取引に付随」する提供に当たることとなるが、照会者によれば、

○ 本アクションゲームにおける技術向上のためには、原則的に繰り返しのゲームプレイが必要であるため、有料ユーザー以外の者が成績優秀者として賞金を獲得する可能性は低いと考えられる。

とのことである。これを踏まえれば、本件企画は、有料ユーザーが賞金という経済上の利益の提供を受けることが可能又は容易になる企画であり、本件企画において成績優秀者に提供される賞金は、「取引に付随」する提供に当たるものと考えられる。

（4）以上から、本件企画において成績優秀者に対して提供される賞金は、景品表示法第2条第3項に規定する「景品類」に該当すると考えられることから、本件企画における賞金の最高額は、「懸賞による景品類の提供に関する事項の制限」（昭和52年3月1日公正取引委員会告示第3号）第2項で規定される金額（懸賞に係る取引の価額の20倍の金額〔当該金額が10万円を超える場合にあっては、10万円〕）を超えてはならない。

2

第3章　法規制のクリアランス　37

■キーワード

> **ノーアクションレター制度（法令適用事前確認手続）**
>
> 　法令適用事前確認手続とは、特定の行為が法令に抵触するかどうかを確認するために、事前に関連する政府機関等の公的機関による確認を行う手続をいう。通常、特定の行為が法令に抵触する場合には、その法令を所管する機関が対処を行うことが通例であるため、法令に抵触しないと当該機関が考える場合には、その行為に対して特定の対処を行わないことを言明することになる。

　しかし、同制度は、上記のとおり、①照会可能な法令が許認可に関する条項等に限られており、法規制に関する網羅的な照会が制限されていること、②条項ごとに定められた照会窓口に提出する必要があり法規制が複数の窓口に及ぶ場合にそれぞれの窓口に照会する必要が生じ、手続が煩雑であること等の点がある。

　たとえば、道路運送法に関する照会窓口は、国土交通省自動車局の旅客課、安全政策課または総務課企画室と定められている（国土交通省「行政機関による法令適用事前確認手続一覧」（2010 年 1 月 19 日））。

　なお、実際のノーアクションレター制度（法令適用事前確認手続）の回答の一例として、国際カジノ研究所が行った景品表示法の適用の有無に関する質問への消費者庁の回答（2016 年 9 月 9 日付）は、36 頁～37 頁の**図表 1-3-6** のとおりである。

ウ　グレーゾーン解消制度

　行政庁に対する照会の手段としては、グレーゾーン解消制度を利用することも考えられる。

　グレーゾーン解消制度は、2014 年 1 月施行の産業競争力強化法により新設された制度であり、ノーアクションレター制度と同様、事業者が、現行の規制の適用範囲が不明確な場合においても安心して事業を行えるよう、具体的な事業計画に即して、あらかじめ規制の適用の有無を確認できる制度である。原則として、照会から 30 日以内に回答される。

　グレーゾーン解消制度は、ノーアクションレター制度とは異なり、照会

できる条項に制限はなく、また、照会先が事業所管省庁に一元化されており、事業所管省庁が事業者のサポーター役として事業者と協調して規制所管省庁と調整を行ったうえで回答をするというものであるため、広く利用されることが期待されている。

■キーワード

> グレーゾーン解消制度
>
> 　現行の規制の適用範囲が不明確な場合においても安心して事業を行えるよう、具体的な事業計画に即して、あらかじめ規制の適用の有無を確認できる制度である。原則として、照会から30日以内に回答される。

図表1-3-7：グレーゾーン解消制度の流れ

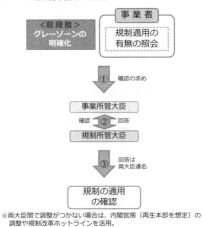

出典：経済産業省経済産業政策局産業構造課「産業競争力強化法に基づく企業単位の規制改革制度について」

なお、実際のグレーゾーン解消制度の結果の一例として、①運動機能の維持等生活習慣病の予防のための運動指導、②血液の簡易検査とその結果に基づく健康関連情報の提供について、各事業者の照会結果に対する厚生労働省の回答として公表されているものは、以下のとおりである。

第3章　法規制のクリアランス　39

図表 1-3-8：グレーゾーン解消制度の回答例

別紙2

事業名	① 運動機能の維持など生活習慣病の予防のための運動指導				
申請事業者	フィットネスクラブを運営する企業				
事業所管	経済産業省	規制所管	厚生労働省	法令	医師法等

【照会内容・結果】

○医師の指導・助言を踏まえ、フィットネスクラブにおいて、その職員が運動に関する指導を行う場合、それが医師のみに認められている「医行為」に該当するか否か等を照会。

○照会の結果、医師からの指導・助言に従い、ストレッチやマシントレーニングの方法を教えること等の医学的判断及び技術を伴わない範囲内の運動指導を行うことは、「医行為」に該当しないこと等が確認された。

【意義】

○医療と連携した信頼性の高い民間健康サービスを身近に利用できる環境を整備。

○生活習慣病の予防を通じ、健康長寿社会の実現に資する。

【お問い合わせ先】
経済産業省商務情報政策局ヘルスケア産業課（03-3501-1790）

事業名	② 血液の簡易検査とその結果に基づく健康関連情報の提供				
申請事業者	簡易血液検査サービスを行う中小企業				
事業所管	経済産業省	規制所管	厚生労働省	法令	医師法等

【照会内容・結果】

○利用者が自ら採血した血液について、簡易な検査を行い、利用者に対し、検査結果を通知する場合、利用者が自己採血することや、事業者が血液検査の結果を通知すること等が、それぞれ、医師のみに認められている「医業」に該当するか否か等を照会。

○照会の結果、利用者が自己採血することは、「医業」に該当しないことが確認された。また、事業者が、検査結果の事実を通知することに加え、より詳しい検診を受けるよう勧めること等も、「医業」に該当しないこと等が確認された。

【意義】

○自ら健康管理を行う機会を身近に提供。

○病気の早期発見を通じ、健康長寿社会の実現に資する。

【お問い合わせ先】
経済産業省商務情報政策局ヘルスケア産業課（03-3501-1790）

事業名	③ 緊急時における自動走行機能を備えた自動車の公道走行				
申請事業者	自動車の製造を行う企業				
事業所管	経済産業省	規制所管	国土交通省	法令	道路運送車両法（道路運送車両の保安基準）

【照会内容・結果】

○運転者が、走行中に、突然の病気の発作により、運転の継続が困難となった場合、自動走行機能によって、道路の路肩等に安全に停止することを可能とする緊急路肩停止システム（いわゆるデッドマン装置）について、現行法令に基づく保安基準への適合の必要性等を照会。

○照会の結果、緊急路肩停止システムは、「道路運送車両の保安基準」に規定する加速装置や制動装置等に該当すること、装置の配置に関する定義規定等に適合すること等が確認された。

【意義】

○自動走行機能の一つである緊急路肩停止システムの、公道での走行実証が可能となる。

○高度な自動走行機能を有する自動車の実用化を加速する。

○運転者の誤操作防止、高齢者の運転支援等を通じて、ドライバーだけでなく、歩行者や住民にとっても安全な交通社会の実現に資する。

【お問い合わせ先】
経済産業省製造産業局自動車課（03-3501-1690）

5　法規制への対処に関連した新しい制度

　ビジネスに法規制が存在する場合、許認可等の取得が必要となることもあるが、許認可等の取得の要件を充たせない場合や、そもそも法規制により当該ビジネスを行うことが禁止されているケースも存在する。

　しかし、近年では、めざましい科学技術の進歩により、法規制が策定された際には想定されていなかった技術が生み出されたことで、法規制のなかには「過剰規制」とも思われるものが存在することとなった。そこで、産業競争力強化を目的として、法規制が存在する場合であっても、特別にビジネスを行うことができる制度として、プロジェクト型サンドボックス制度（新技術等実証制度）および新事業特例制度（企業実証特例制度）等が導入された。

　上記4(2)ウのグレーゾーン解消制度とあわせて、各制度の相違点の概要は以下のとおりである。

図表1-3-9：各制度の相違点概要

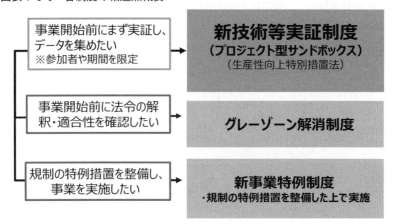

出典：経済産業省「規制の壁を越えて新事業創出　プロジェクト型『規制のサンドボックス』」

(1) プロジェクト型サンドボックス制度（新技術等実証制度）

　プロジェクト型サンドボックス制度は、2018年6月施行の生産性向上特別措置法により新設された制度である。

　同制度は、新しい技術やビジネスモデルの付加価値を創出するためには、早期の社会実証が不可欠であることをふまえ、参加者や期間を限定等することで、既存の規制にとらわれることなく新しい技術等の実証を行うことができる環境を整備し、迅速な実証および規制改革につながるデータの収集を可能とする制度である。プロジェクト型サンドボックス制度は、下記(2)の新事業特例制度とは異なり、事業ではなくデータの収集を目的とする制度であり、国から実証に必要な債務保証等といった資金調達支援の援助を受けることができる。

■キーワード

プロジェクト型サンドボックス制度（新技術等実証制度）
AI、IoT、ブロックチェーン等の革新的な技術やビジネスモデルの実用化の可能性を検証し、実証により得られたデータを用いて規制の見直しにつなげる制度である。

図表1-3-10：プロジェクト型サンドボックス制度概要

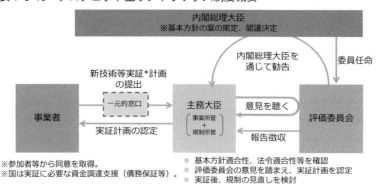

出典：経済産業省「生産性向上特別措置法案 産業競争力強化法等の一部を改正する法律案について」(2018年4月)

(2) 新事業特例制度（企業実証特例制度）

新事業特例制度（企業実証特例制度）は、グレーゾーン解消制度と同様、2014年1月施行の産業競争力強化法により新設された制度である。

新たなビジネスを行おうとする事業者による規制の特例措置の提案を受けて、安全性等の確保を条件として、企業単位で、規制の特例措置の適用を認める制度であり、当該制度の適用を受けるには、まず、①ビジネスの内容や規制の特例措置の内容を記載した要望書を事業所管大臣に提出し、②事業所管大臣が規制所管大臣等と協議し、原則として要望から1か月以内に特例措置を講じるか否かを判断し、③特例措置が講じられた場合、事業者が活動計画を策定し、事業所管大臣より認定を受けることが必要となる。そして、当該活動計画に基づき事業が実施された結果、安全性等が確認された場合には、規制の撤廃または規制緩和のための措置が講じられることとなる。

■キーワード

> 新事業特例制度（企業実証特例制度）
>
> 　新事業活動を行おうとする事業者が、その支障となる規制の特例措置を提案し、安全性等の確保を条件として、「企業単位」で、具体的な事業計画に即して、規制の特例措置の適用を認める制度である。

図表 1-3-11：新事業特例制度の流れ

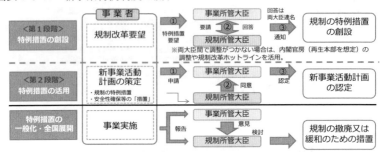

出典：経済産業省経済産業政策局産業構造課「産業競争力強化法に基づく企業単位の規制改革制度について」

第4章
知財戦略

1 はじめに

　知的財産（以下「知財」という）は、企業の競争優位と企業価値を高める
ために有効なツールであるが、創出された知財を場当たり的に保護・活用
するのではなく、知財を戦略的に創造・保護・活用することが肝要である。

　そのためには、知財戦略を事業戦略や研究開発と切り離して独立にとら
えるのではなく、知財戦略・事業戦略・研究開発戦略を三位一体として構
築することが望ましい。事業や研究開発の目的や方向性を見据え、そこか
ら逆算して知財戦略の具体的な打ち手（取得、活用、投資の方針や方向性）を
決めることにより、自社の競争力の源泉となりうる知財ポートフォリオを
構築することができる。

　本章では、新規ビジネスにおいて考慮すべき知財戦略について説明する。
なお、知財戦略は、特許、実用新案、意匠、商標のほかにも、著作権やデー
タの取扱い等も含めて総合的に考えるべきであるが、ここでは、特許戦略
を中心に説明する。また、ここでは概要をまとめているが、現実の複雑な
状況下で適切な戦略を打つためには、経験豊かな専門家に相談することも
有効である。

2 新規ビジネスと特許

　新たにビジネスを立ち上げたときには、往々にして製品・サービスの開
発や営業にリソースを集中させる必要があるため、知財の保護および活用
という点はどうしてもおろそかになり、後回しになりがちである。一般に、
ベンチャー企業はスピードが命であり、その傾向はますます強くなってい

る。しかし、中長期的に見て他社よりも優位なポジションを築き、自社ビジネスを成長させるためには、当初から自社の知財を戦略的に保護し活用することが重要である。

特に、近年における経済および社会のデジタル化の流れと、特許審査の迅速化の流れにより、あらゆるビジネス領域で、新規ビジネスをタイムリーに特許で守り、早期に権利活用できる環境が整いつつある。また、以前よりも、ビジネス関連発明の特許件数と特許査定率がいずれも増加している。そのため、従前にも増して、知財戦略の巧拙が、その後のビジネス展開に影響を及ぼす可能性が高まっている。

(1) デジタル化の流れ

特許は技術的なアイデアに対して権利が与えられるものであるため、純粋なビジネスアイデアそのものに対して、特許権が付与されることはない。また、既存のビジネス手法に対して、単にアナログをデジタルに置き換えただけものも、特許権を取得することはできない。

しかし、近年新たに生まれるビジネスは、スマートフォン（スマホ）に搭載された各種センサを利用することが前提であったり、何らかのかたちでAI、IoT、VR／ARといった技術を利用するものであったりすることが多い。また、FinTechをはじめとする、いわゆるX-Techの領域も、デジタル技術を活用するものである。これらは、製品やサービス自体がデジタルに特化したかたちで、設計、実装されており、製品やサービスに技術が埋め込まれているため、特許の対象となりうるものであり、ビジネスモデルに近い部分で特許権を取得できる可能性がある。

たとえば、タクシーの配車を例にとると、従前、電話でタクシーを呼んでいたものを、電子メールやメッセンジャーで呼ぶシステムに置き換えただけでは、特許権を取得できない。しかし、ライドシェアリングサービスにおけるスマホのGPSを利用したマッチングのしくみや、配車のリクエスト量に応じた動的な料金設定のしくみは、技術と不可分であり、ビジネスモデルに近い部分で特許権を取得できる可能性がある。

このように、デジタル化の流れにより、メーカーだけではなく、これまで特許になじみのなかったあらゆるビジネス領域で、特許を考慮する必要

46　第1編　総　論

が出てきているのである。

⑵　特許審査の迅速化の流れ

　以前は、特許を出願しても、特許登録するまでに10年以上かかることも
あり、新規にビジネスを立ち上げても、すぐに特許を活用することは事実
上できなかった。ビジネスの時間軸に比べ、特許の時間軸があまりに遅かっ
たため、新規ビジネスの保護を図る際に、特許は適切な選択肢であるとは
いえなかった。

　しかし、近年、特許審査のスピードが格段に速くなった。**図表 1-4-1** に
示すように、特許審査における1次審査通知までの期間、すなわち、出願
審査請求をしてから最初の審査通知（拒絶理由通知または特許査定）が発行
されるまでの期間は、2008年に29.3か月と約2年半もかかっていたもの
が、2016年は9.4か月にまで短縮された。さらに、早期審査を申し出れば、
1次審査通知までの期間は約2か月にまで短縮される。つまり、10年前は、
特許出願後すぐに出願審査請求をしても、実際に審査着手されるまでに2
年半もかかっていたものが、今では、早期審査を利用すれば、特許出願か
ら2か月後には1次審査結果がわかる。経験上、早期審査を利用すれば、
出願から半年前後で特許を登録できるのである。

　このように、特許の時間軸が、ビジネスの時間軸に追いついてきたため、
たとえば、ビジネスのローンチにあわせて、特許でビジネスを保護し、他
社に対する参入障壁として活用するといった使い方が現実にできるように
なっている。

第 4 章　知財戦略　47

図表 1-4-1：1 次審査通知までの期間

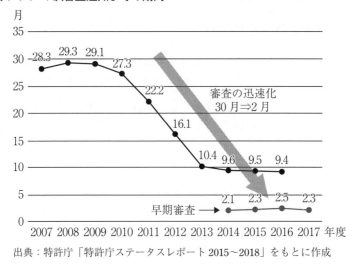

出典：特許庁「特許庁ステータスレポート 2015〜2018」をもとに作成

(3) ビジネス関連特許の増加

　特許審査の迅速化に加えて、近年、ビジネス関連発明の特許査定率および特許件数が増加傾向にあることも注目に値する。

　特許庁が公表しているレポート「ビジネス関連発明の最近の動向について」(2017 年 3 月 24 日)（**図表 1-4-2** 参照）によると、ビジネス関連発明の特許査定率は、2000 年前後のネットバブルの頃は 1 割未満ときわめて低かったものが、毎年じわじわと特許査定率が増加し、近年は特許査定率が 7 割弱まで上昇している。これは、他の一般的な技術分野と同程度であり、ビジネス関連発明は特許にならないという状況は、日本においては完全に過去のものとなっている。

図表1-4-2：ビジネス関連発明の特許査定件数・特許査定率

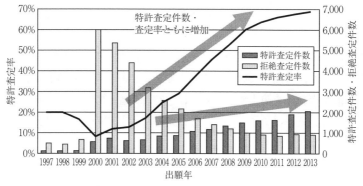

出典：特許庁「ビジネス関連発明の最近の動向について」をもとに作成

(4) 新規ビジネスにおける特許訴訟の事例

　近年では、新規ビジネスのベンチャー企業同士による特許訴訟の事例も出てきている。とりわけ、freeeとマネーフォワードの特許訴訟は、フィンテック分野の有力企業同士の特許訴訟として、世間の注目を集めた。
　ここでは、この訴訟の詳細に踏み込むことはしないが、上記(1)(2)のとおり、近年、あらゆるビジネス領域で、新規ビジネスをタイムリーに特許で守り、早期に権利活用できる環境が整いつつあるため、今後、新規ビジネス領域における特許訴訟やベンチャー企業同士による特許訴訟の事案は増加するものと思われる。

3　知財の保護・取得

　3では、自社の知財をいかに保護し、特許権等の知財権を取得するかについて説明する。

(1) 自社知財の保護・取得

ア　特許化するものとノウハウ化するものの切分け
　特許を出願すると、発明の内容が公開されてしまう。そのため、自社の

知財を保護しようとするとき、やみくもに特許出願するのではなく、公開して特許権の取得を図るものと、秘匿化してノウハウとして保護すべきものを切り分ける必要がある。

このとき、公開すべきものを、すべて特許出願して自社で権利化を図る必要はないが、公開しないでいると、他社に特許取得されるおそれがある。他社による権利化を阻止するためには、特許出願しない場合であっても、論文による発表やプレスリリース等によって、発明の内容を積極的に公開することを検討すべきである。

また、秘匿化する場合も、ノウハウとして不競法上の権利確保を図るばかりでなく、ノウハウとする必要まではない場合もありうる。そのような場合でも、先使用権の確保を検討すべきである。先使用権とは、他社の特許出願前に事業を実施またはその準備をしていた場合に法定の実施権が認められるものであるが、先使用権を主張するためには、「他社の特許出願前に事業を実施またはその準備をしていた」ことを立証する必要がある。他社から特許権侵害等を主張される場合に備えて、先使用権を立証できる資料等を揃え、封をしたうえで公証日付を確保するなど、普段から備えておくとよい。

公開／秘匿化の判断基準は、一般に、外部から容易に把握できるものは公開し、そうでなければ秘匿化する。具体的には、①リバースエンジニアリングの可否、②侵害発見や立証の可否、③代替技術の存在等をもとに、公開すべきか秘匿化すべきかを総合的に判断することになる。たとえば、製品を出せば簡単にリバースエンジニアリングできてしまうものであれば、実質的に秘匿することはできないのであるから、公開して特許化を図るべきであろう。また、ノウハウ化できるようなものであっても、ほかに有力な代替技術が存在する場合には、積極的に公開して他社にも利用してもらうことで、事実上の標準技術化・プラットフォーム化を狙ってもよいであろう。

図表1-4-3：特許化するものとノウハウ化するものの切り分け

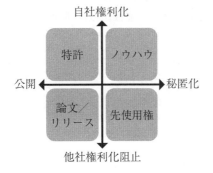

■キーワード

> 不競法
>
> 　不正競争防止法。事業者間の公正な競争と国際約束の実施を確保するため、不正競争の防止に関する措置等を講じ、国民経済の健全な発展に寄与することを目的とする法律。具体的には、ノウハウ等の営業秘密の保護、周知・著名表示の保護、デッドコピーの禁止等について規定されている。

イ　事業ステージごとの知財ポートフォリオ構築の考え方

　上記1にも記載したとおり、本来、知財戦略は事業戦略と密接に関連するものであり、どのような知財ポートフォリオを構築するか、より単純にいえば、特許を何件出願するかは、事業戦略に基づいて決まるべきものである。しかし、現実には、事業戦略の有無にかかわらず、どのような特許を何件ほど出願するのが適切であるか、判断しがたいことが多い。

　ここでは、事業の性格と規模に応じた出願戦略の一例を紹介する。事業の性格がテクノロジー寄り（Tech系）か、ビジネス・営業寄り（Biz系）かにより、出願戦略が変わってくる。

　Teck系の場合、特許を押さえることと、事業上の優位性確保が密接に連関する。そこで、事業規模が小さいうちであっても、少なくとも自社のコア技術については特許出願をして、確実に特許として押さえたいところである。その後、事業規模が大きくなり、人的・金銭的リソースが増大する

につれて、次第に周辺技術を含め多くの特許を押さえることで、自社の技術を広くカバーするとともに、他社から権利行使を受けるリスクに備えたい。

　他方、Biz系の場合、特許が、事業上の優位につながるとは限らないので、競合他社の特許取得状況を見ながら、自社の取得戦略を検討すればよい。事業規模が小さいうちは、特許にリソースを割く必要性もあまりないだろう。

図表 1-4-4：特許出願戦略マトリックス

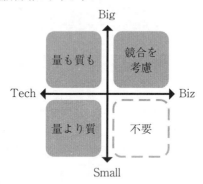

ウ　グローバルな知財ポートフォリオ構築

　以前は、まず日本でビジネスを立ち上げて、日本で成功を収めた後に、海外に進出するのが普通であった。しかし、デジタル化された製品やサービスの場合、たとえば英語版を作成すれば、製品やサービスを英語圏でも展開することができるため、ビジネスを立ち上げた当初から海外を狙うことも多い。

　一方、特許は属地主義であり、国ごとに特許を取得する必要があるため、グローバル展開する際には、どこで特許を取得するか、費用対効果のバランスをとる必要がある。加えて、意図していなかった国で製品やサービスが当たる可能性もあり、このような不確実な状況に柔軟に対応する必要もある。こういったニーズをふまえると、外国に直接出願するのではなく、PCT出願を活用して、多くの国に国内移行する選択肢を、優先日から30か月の間、留保することが望ましいと思われる。

■キーワード

> **PCT 出願**
>
> 　国際特許条約（PCT：Patent Cooperation Treaty）に基づく特許出願のことであり、1つの出願手続によって、条約に加盟するすべての国に対して出願と同じ効果を有する。特許を取得するためには、出願後、所定の期間内に、特許を取得したい国・地域の特許庁に国内移行して、各国・地域で審査を経る必要がある。

(2)　知財の買取り

　知財ポートフォリオを構築するためには、自社の発明を地道に特許出願し審査を経て権利化するのみならず、必要な特許を他社から買い取ることも検討すべきである。地道に特許出願をする場合、出願から権利化までに多大な時間を要するが、特許を買い取ることができれば、金銭的なコストがかかるものの、時間を大幅に節約して、知財ポートフォリオを増強させることができる。

　米国の IT 系ベンチャー企業のなかには、IPO に前後して、自社の特許出願件数を増大させるとともに、特許を買い取って、知財ポートフォリオの増強を図る企業もある。このような特許の買取りは、バックファイリングとも呼ばれている。自社出願だけでは、どうしても、確保できる特許の件数に限りがあることに加え、出願日が古い特許（すなわち、より基本技術に近い可能性のある特許）を確保することが困難である。バックファイリングをすることで、手っとり早く特許件数を増大させるとともに、出願日の古い特許を自社の知財ポートフォリオに加え、他社への牽制効果を高める効果を期待できる。

　特許の買取り（バックファイリング）の際には、明確な意図を持って、必要な特許を買い取る必要がある。買取りの対象としては、①既存事業の知財強化を目的として、自社の現在の事業に関連する知財を買い取るケース、②新規事業の知財導入・強化を目的として、自社の将来の事業に関連する知財を買い取るケース、③他社の牽制を目的として、（自社の事業とは直接関係しないが）他社の現在の事業に関連する知財を買い取るケースが想定

第4章　知財戦略　53

される。①と②は、自社の事業領域を確保するために、自社の特許ポートフォリオを増強するものである。また、③は、他社から権利行使を受けたときに反撃できるよう、自社の事業とは直接関係しなくても、競合の別事業には関係する特許を買い取り、競合に対する交渉カードとするものである。

図表1-4-5：知財買取りの類型

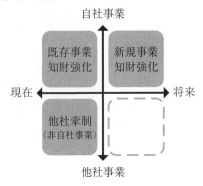

4　知財の活用

次に、知財の活用法について説明する。

(1) 自社知財の活用

特許はさまざまに活用できるが、代表的な活用法としては、①自己実施、②ライセンス（実施許諾）、③訴訟（差止め・損害賠償）、④資金調達、⑤特許売却等があげられる。

ア　自己実施

特許権者は、「業として特許発明の実施をする権利を専有する」（特許法68条）ことができる。特許発明を自社で実施することは、特許の最も一般的な活用法であるといえよう。

イ　ライセンス（実施許諾）

　特許権者は特許発明の実施権を占有するため、他者が特許発明を実施したい場合は、特許権者の許諾を要することになる。このように、特許発明を実施したい他者に対してライセンス（実施許諾）を与えることも、特許の典型的な活用法である。

　一方向的なライセンスのほかに、クロスライセンス、パテントプール、標準必須特許のライセンス等、さまざまな形態がある。ライセンスの条件は、料金、期間、対象、地域、その他、種々の条件が設定されうる。たとえば料金であれば、イニシャルで支払うのか、ランニングで支払うのか、あるいは、これらの組み合わせであるかといったように、さまざまなバリエーションが想定される。

　とりわけ、近年、オープン＆クローズ戦略なるものが注目されている。クローズとは、特許発明の実施者を特許権者がコントロール可能である態様、オープンとは、特許発明の実施者を特許権者がコントロールできない態様、すなわち、特許発明を実施したい者が自由に実施できる態様を指す。オープン＆クローズ戦略とは、オープンとクローズを適切な配分で組み合わせて、収益の最大化を図る戦略である。基本的な考え方としては、ユーザを呼び込む部分はオープンにして、マネタイズを図る部分はクローズにするというものあるが、事業全体のうちどの部分をオープンにして、どの部分をクローズにするか、その設計は難しい。

■キーワード

クロスライセンス

　2または複数の企業間で、特許等の知的財産権の利用を相互に許諾すること。ある製品を製造するためには、自社の特許だけでなく、他社の特許が必要な場合がある。このような場合、相互に実施許諾しない限り、両社とも当該製品を製造できなくなる。

パテントプール

　特定の技術に関連する多数の特許を複数の企業が持ち寄り、これらを一括して管理するしくみ。権利者としては、当該技術の実施に必要な特許をま

とめて提供することで、当該技術の普及を促すことができる。他方、利用者としては、複数の特許権者に対して個別に権利処理をする手間を省くことができる。このように、双方にとってメリットが見込まれる。

ウ　訴訟（差止め・損害賠償）

特許権者は、特許訴訟を提起することができる。被告が特許権者の特許権を侵害していた場合、侵害品の販売差止めや損害賠償が認められることになる。訴訟に類するものとして、仮処分の申立てや、税関での輸入差止申立てがある。

なお、海外、特に米国では、交渉の一環として訴訟提起されることがある。しかし、日本では通常、ライセンス等の交渉を経て、交渉が煮詰まった後に特許訴訟が提起されることが多いと思われる。国ごとの交渉・訴訟のスタイルをふまえることなく、たとえば日本で交渉を重ねることなく、いきなり訴訟提起しても有効であるとは限らず、かえって悪い印象を与えかねない点には注意を要する。

エ　資金調達

特許を保有することは、資金調達の際に必須ではないが、マイナスの影響はないようである。

複数のベンチャーキャピタル（VC）から資金調達した起業家の話では、資金調達のピッチの際、VC側から、「この事業の参入障壁は？　競合が来たら、どう対応を？」と尋ねられることが多いという。この質問に対し、結構な確率でベンチャー側の回答はしどろもどろになるようであるが、この起業家は、「特許取得済みです。」の一言で片づいたそうである。

オ　特許売買、その他

自社で特許を取得したものの、事業上必要なくなった場合には、特許の売却を検討するのも一案である。

(2)　知財情報の活用

知財情報を活用することで、種々の分析が可能である。たとえば、近年

ランドスケープ分析が注目されている。これは、自社および公開されている他社の知財情報を分析することで、ある事業領域における自社および他社の強み・弱みを分析するとともに、他社が進もうとしている方向性を予測し、今後自社が進むべき方向性をデザインするといったものである。

　毎年日本だけでも 30 万件以上の特許が公開され、特許情報として蓄積され続けていることに加え、最近では、知財情報をテキスト情報として自然言語処理したり、AI を用いてビッグデータ解析したりすることで、従前では考えられなかったさまざまな分析が可能となりつつある。今後、特許情報の分析および活用が、さらに重要になることが予想される。

5　知財への投資

⑴　知財を有する企業への投資

　知財を有する企業に投資する際には、対象企業が有する知財を精査し、対象企業の有する技術が知財で守られているかを確認する必要がある。また、グローバルな事業展開を予定している場合には、知財権が登録されている国を確認し、国ごとに、知財がカバーしている範囲を確認する必要がある。

　また、対象企業の競合他社が保有する知財の調査も有効である。他社が、対象企業と同一の技術や代替技術について、知財権を保有していないかを確認し、対象企業の有する知財権が、他社の知財権と比べて、どの程度の優位性があるかを分析できれば望ましい。

⑵　知財の管理体制

　海外企業を子会社化する場合、当該子会社の知財をどのように管理するか、親会社が管理するか、子会社が管理するか、親会社の知財戦略を子会社にも適用するか、子会社の独立性を尊重するか、といったすり合わせも、見落としがちであるが、重要である。

第 4 章　知財戦略　57

第5章
資金調達

1 資金調達の概要

(1) 新規事業者の資金調達

　新規事業者の資金調達の方法としては、大別すると、借入れや社債の発行等の負債（デット）のかたちで調達する方法と、株式・新株予約権の発行等の資本（エクイティ）のかたちで調達する方法の2通りがある。

　デットとエクイティの2通りの方法の最も大きな違いは、調達した資金の返還義務の有無である。以下で詳述する。

ア　投資家の視点

　借入れ等の方法による場合には、新規事業者は、弁済期日までに資金を返済する必要があるが、株式については、その設計上償還が必要となる場合を除いて、返済する義務は生じない。この点は投資家の回収リスクと紐付いており、借入れについては、弁済期日を迎えさえすれば、新規事業者が倒産寸前といった状況でない限りは返済を求められるため、回収は比較的容易であるが、株式については原則として出資金の払戻しを求めることができない。株式の売却を試みるにしても、非上場企業の株式については売却先を見つけるのは困難であるため、現実的には、M&AやIPO等一定の場合にのみ出資金の回収が可能となるのであり、回収リスクがつきまとう。他方で、新規事業者が投資家の期待に応えるような成長を見せた場合、借入れが元本および利息という一定の金額しか回収できないのに対して、株式の場合は、多額のキャピタルゲイン（Capital Gain）を得られる可能性がある。

58　第1編　総　論

■キーワード

> **キャピタルゲイン**
>
> 　資産価値の上昇によって得られる利益を意味し、特にベンチャー企業への投資の場面では、ベンチャー企業が発行する株式の価値の上昇を意味する。投資家がベンチャー企業や新規事業者に対して投資をする目的の１つとなる。

イ　新規事業者の視点

　上場企業や大企業であれば、これまでの実績に基づいた信用力によって、金融機関から負債のかたちで資金調達をすることも考えられる。しかしながら、新規事業者の信用力では、担保となりうる大きな価値のある資産を保有しているような例外的な場合を除いて、金融機関から多額の借入れを行うことは難しい。また、借入れ自体は可能であっても、経営者による個人保証を求められるほか、調達金額や返済期限等の条件が想定に合わないことが多い。このような状況から、新規事業者の資金調達は、株式発行により行われることが多い。

　また、近時は、エクイティによる資金調達についても、普通株式を用いた事例のみならず、種類株式を用いた事例が増加している。種類株式は、M&A に際して、優先配当受領権を設定することができることに加え、発行会社に対する優先残余財産分配請求権を設計しやすく、エグジットの選択肢が広げられることから、利用機会が増加している。一方で、種類株式を発行すると、種類株主総会を開催しなければならない場合が出てくるなど、企業の意思決定が円滑でなくなることもある。

　さらに、近時は、ICO 等の新たな資金調達手段が検討されることもある。

> **●コラム●ICO（Initial Coin Offering）**
>
> 　近時、資金調達の手法の１つの可能性として、ICO（Initial Coin Offering）という用語を聞くことが多い。ICO とは、一般に、企業等が電子的にトークンを発行して公衆から資金調達を行う行為をいう。具体的には、自ら設計したトークンを Bitcoin・Ethereum 等を対価として公衆に発行し、その後、暗号資産交換所において当該トークンを売買できるようにすること

第５章　資金調達　59

が予定されていることが多い。考えられるトークンの設計としては、自社の事業における収益をトークン保有者に配分する形態、自社のサービスを受ける対価としてトークンを利用できる形態、トークンを保有していると自社のサービスの優遇を受けられる形態等が考えられ、その設計がホワイトペーパーと呼ばれる説明書面に記載されることが多い。日本でも2017年頃に、数社がICOを行ったとされている。

しかしながら、ICOについては、資金決済法に基づく暗号資産交換業の登録の必要性やトークンの性質に基づき適用されうる種々の法的規制があり、特に前者の暗号資産交換業の規制をクリアすることが現時点においては難しい状況である。

1　暗号資産交換業該当性

資金決済法上、「暗号資産」の売買、交換やそれらの媒介等を行う場合には、暗号資産交換業の登録が必要であるとされている（資金決済法63条の2、2条7項）。そこで、発行するトークンが「暗号資産」に該当するかが問題となるところ、本稿脱稿時点においてパブリックコメントが終了し、取りまとめ中の金融庁の「事務ガイドライン（第三分冊：金融会社関係）」の改正案においては、ブロックチェーン等のネットワークを通じて不特定の者の間で移転可能なしくみを有しているかなどの事情を考慮して仮想通貨該当性を判断するものとされている。これによれば、多くのICOで用いられるトークンは、このようなしくみを有していると考えられることから、ICOトークンの発行者が自ら暗号資産交換業者の登録を受けるか、ICOトークンの発行に伴う販売行為について暗号資産交換業者に媒介等を行ってもらうことが必要と考えられる。

2　その他の法規制

上記の資金決済法に基づく論点のほか、トークンの設計に応じた金融規制がかかる場合がある。たとえば、自社の事業における収益をトークン保有者に配分する形態の場合には、当該トークンが金商法上の集団投資スキーム持分に該当し、有価証券としての規制に服する可能性がある（金商法2条2項5号・6号）。さらに、2019年金商法改正においては、みなし有価証券のうち、当該権利が「電子情報処理組織を用いて移転することができる財産的価値（電子機器その他の物に電子的方法により記録されるものに限る。）に表示される場合」を「電子記録移転権利」とし、第1項有価証券に含まれることとされた。ICOトークンが電子記録移転権利に該当する場合には、電子移転記録権利が暗号資産の定義から除かれているため、資金決済法上の規制は適用されないが、他方で、その募集・私募の取扱いについては、第一種

金融商品取引業者が行う必要があることになる。

3　会計処理

　また、現時点においては、ICO に伴って仮想通貨を取得した場合における会計処理に関して会計基準が整備されておらず、特に上場企業においては、監査法人の会計監査において適正意見つきの監査報告書を取得するうえで障害となることが予想される。

⑵　本章の対象

　以下では、エクイティによる資金調達のうち、基礎的な手法である普通株式発行によるものを念頭に置き、普通株式発行による資金調達に際して締結されることが多い投資契約および株主間契約について、それらの主要な論点を、新規事業者の視点を中心としつつ投資家側の要請も交えながら解説する。

　投資契約および株主間契約のひな型に関する概括的な解説は、すでにいくつかの類書があることから、以下では、重要かつ交渉が生じやすい条項に限定して言及する。

2　投資契約

⑴　投資契約の概要

　新規事業者が資金調達をするにあたって、投資家からの要望に応じ、投資契約書が取り交わされることが多いが、投資契約は法律上は必要的な契約というわけではない。会社法上の手続を順次履践し法定の書面を作成していけば、それだけで新株発行は可能である。しかしながら、投資家の出資比率が 50％未満の場合には、経営の大部分について、議決権の過半数を有している経営者の意向で決定することが可能であるため、その程度の出資比率では、実質的には投資家が経営に影響力を及ぼすことは難しい。ベンチャーキャピタルや上場企業等の投資家は、投資先の企業価値を最大化しキャピタルゲインを獲得することを目的として投資を行うのであるから、投資を実行したものの何ら業績向上が認められず、リターンも得られない

第 5 章　資金調達　61

ということでは、その目的を達成することができない。そこで各投資家は、投資契約や株主間契約を用いて、出資比率に従い会社法上認められる権利の範囲を超えて、経営者の行動をコントロールする必要がある。投資契約は、そのような投資家の意向と、従前と同様自由に経営をとり行いたい経営者の意向とをすり合わせるための契約ということができる。昨今では、新規事業者への投資にあたり、一定の投資契約が締結されることが基本となっている。

投資契約は、基本的には、以下の内容で構成されている。

投資契約の基本的な条項

① 投資に係る基本的な条件（発行総額、1株あたり発行価格、発行株式数、払込期日等）
② 投資の前提条件
③ 発行会社および経営者の誓約（コベナンツ）
④ 表明保証および補償条項
⑤ 一般条項

・ 新規事業者の視点

多くのベンチャーキャピタルや、投資を積極的に行っている事業会社においては、組織内で投資契約書のひな型が用意されているが、当然ながらその内容は、投資家にとって圧倒的に有利なものである。資金需要がひっ迫している新規事業者では、投資家から提示された投資契約書に対して何ら修正提案をせず、それどころか条項を精査することもないままに応諾してしまう例が散見される。しかしながら、ひな型をそのまま締結するのでは、経営者への拘束が過剰になってしまう場合が多いことから、新規事業者およびその経営者としては、きちんと内容を精査して、これまで行ってきた経営が今後も合理的な範囲で実現可能かを検討する必要がある。

(2) 投資契約の重要論点

投資契約の重要条項について、新規事業者の立場を中心に解説する。

ア クロージングの前提条件

(ア) 概要

　投資契約においては、投資家による払込みの「前提条件」という条項が規定されることが一般的である。前提条件は、ベンチャー投資のみならず、株式譲渡契約その他の M&A に係る契約においても規定される条項であるが、その意義は、「前提条件」に規定されている条件が成就しなかった場合に、払込みをとりやめるという選択権を投資家に与えることにある。それゆえに、何らかの理由で前提条件が成就しなかった場合であっても、投資家は「前提条件が成就しなかったために払込みをとりやめる」権利を放棄して、払込みを実行することが可能である。

　前提条件の条項例は以下のとおりである。

●前提条件に係る条項の具体例

> 　投資家の本件株式に係る払込義務は、投資家が書面により放棄しない限り、以下の全ての条件が投資家の払込時点において充足されていることを条件とする。
> (1)　発行会社及び経営者の表明及び保証が、本契約の締結日及び投資家の払込時点において、全て真実かつ正確であること
> (2)　本契約締結日以降投資家の払込時点までの間に、発行会社の経営、財務状況、経営成績、信用状況等に重要な悪影響を及ぼす事態が発生していないこと
> (3)　発行会社及び経営者のそれぞれが、払込期日以前において履行し又は遵守すべき本契約上の重要な義務を履行又は遵守していること
> (4)　発行会社が、本件株式の発行及び発行会社の義務の履行に関し、法令上発行会社に要求される許認可の取得、事前届出等の手続を全て行っていること

(イ) 新規事業者にコントロールできない前提条件

・　新規事業者の視点

　上記は、どの投資契約にも規定される基本的な前提条件であるが、発行会社が営むビジネスの内容次第では、当該ビジネスに必要となる一定の許認可や知的財産権の取得等、払込時点までに履行が完了するかが不明確な

第5章　資金調達　　63

内容が含まれることがある。そのような前提条件に対しては、発行会社ま
たはその経営者としては、前提条件からの除外を求めたり、上記の許認可
の例でいえば取得手続への着手と将来取得が完了する蓋然性があることの
みを前提条件として規定し、取得の完了自体は払込後の義務としたりする
など、できる限り新規事業者がコントロールできる内容にする必要がある。

イ　発行会社および経営陣の誓約

㋐　資金使途

　投資契約には、払込金についてどのような目的で使用するかを規定して
おくのが一般的である。この点は、発行会社の成長の方向性に大きく影響
するものであるから、具体的な投資契約のドラフト・レビューを始める前
のタームシートのやりとりの段階で、投資家および新規事業者間で綿密に
協議しておく必要がある。

●資金使途に係る条項の具体例

> 　発行会社は、投資家により払い込まれた資金を、以下の各号記載の目的の
> ためにのみ使用するものとし、投資家に交付した事業計画に記載のない銀
> 行借入金の返済等その他の目的及び名目で使用してはならない。
> 　(1)　製品Aの機能拡張
> 　(2)　新製品Bの開発
> 　(3)　従業員の採用及び増員した従業員の人件費
> 　(4)　本社移転に必要な費用
> 　(5)　上記のほか、発行会社と議決権総数の過半数の議決権を有する単独
> 　　　又は複数の投資家との間で合意した事項

㋑　職務専念義務

　投資契約には、払込日までに新規事業者および経営者が実施すべき義務
が規定されることが多い。

　特にベンチャー企業のように経営者にノウハウとネットワークが集約さ
れている企業の資金調達に際しては、その経営者に職務専念義務や、競業
避止義務が定められるのが一般的である。

　職務専念義務は、その名称のとおり、一定期間、一定の条件のもとで、

64　第1編　総　論

経営者に出資対象となる事業以外の事業を行わせず、出資対象の事業のみに専念させる義務である。新規事業に関して、ひと握りの経営者のセンスやノウハウ、ネットワーク等がビジネスの根幹をなしている場合は、それらがなくなると、途端に事業の成長が見込めなくなる場合が多い。そこで、投資家としては、契約によって、経営者をして新規事業へ専念することをコミットさせる必要がある。

　職務専念義務の条項例は以下のとおりである。特に、第2項のような条項はキーパーソン条項と呼ばれ、取締役以外にも特定の重要な従業員について同様の規定が設けられることがある。

●職務専念義務に係る条項の具体例

1　経営者は、本件取引のクロージング日から3年間、発行会社の業務に専念するとともに、発行会社の企業価値最大化に向けて最大限の努力を尽くすものとし、投資家からの書面による事前の承諾がない限り、発行会社の事業以外の業務を行ってはならない。
2　経営者は、疾病、事故等の理由により業務を実施することが不可能となった場合を除き、本件取引のクロージング日から3年間、発行会社の代表取締役又は取締役としての地位を辞さない。

■キーワード

キーパーソン条項

　発行会社のビジネスにとって代替不可能または代替困難な人物がいる場合に、当該人物が発行会社の役職員を離れることを禁止するために規定される条項である。通常、役職員の辞職禁止の形式で規定される。永続的に発行会社に従事することを義務づけるキーパーソン条項は無効となる可能性があるため、期間制限を規定するとともに、例外的に辞任可能となる場合が規定されることが多い。

　キーパーソン条項について、新規事業者としては、あまりに長期間の義務を負担していないか確認するとともに、病気等のやむをえない事情がある場合には辞任可能となることを明記するなど、義務の範囲を限定するよ

う交渉すべきである。

㈡ 競業避止義務

また投資家としては、エグジット後に経営者が出資対象となる事業と競合する事業を営む可能性を考慮し、競業避止義務の規定を求めることが考えられる。

●競業避止義務に係る条項の具体例

> 経営者は、投資家が事前に書面により承認した場合を除き、発行会社の取締役、監査役又は従業員としての地位にある間及び発行会社の取締役、監査役又は従業員のいずれでもなくなった日から2年間が経過する日まで（以下「競業避止期間」という。）は、発行会社の事業と競合する事業を直接又は間接に行い（かかる事業を行う法人又はその他の団体の取締役、執行役員又は従業員となることを含む。）、又は第三者がこれを行うことを援助（資本参加及びアドバイザー、コンサルタント又は顧問としての経営指導等を含むがこれらに限られない。）してはならない。また、経営者は、競業避止期間中は、発行会社の取締役、監査役若しくは従業員を、自ら雇用すること、自ら若しくは第三者のために雇用されるよう勧誘すること又はこれらの者に対して現在の地位から辞任若しくは退職することを勧奨してはならない。

このような競業避止義務についても、経営者は安易に応諾してはならないことはいうまでもない。投資契約においては、上記㈡の職務専念義務と競業避止義務の内容を統合して記載した「誓約書」や「確認書」を提出させることで、経営者の意向をより厳格に確認する例も見受けられる。

・ 新規事業者の視点

上記は実際の投資契約において見受けられる一般的な競業避止義務であるが、「発行会社の事業と競合する事業」という表現がいかようにも解釈しうるものであるため、このままでは競業避止の範囲が無限定に広がりかねず、経営者による他業種への進出の機会を損ねる可能性がある。

そこで経営者としては、たとえば、以下のように競合する事業を具体的に特定することが考えられる。

> 発行会社の事業と競合する事業（○事業、○事業及び○事業に限る。）

　さらに、複数の事業を手がける経営者の場合、すでに着手済みの事業について競業避止の例外として規定することも考えられる。

> 　ただし、経営者が本契約締結日時点で行っている○事業については、この限りではない。

　また、競業避止期間を短縮したり、地理的な制限を加えたりすることも考えられる。

　多くの投資契約における競業避止条項は、抽象的かつ広範な内容となっているが、過度の競業避止義務は裁判例上無効と解されているため、交渉により場所的・時間的制約の付された合理的な内容に調整することは、結果的に投資家の予測可能性に資する場合もあると考えられる。

ウ　表明保証条項

㋐　表明保証の意義と機能

　表明保証条項とは、発行会社およびその経営者が、発行会社および経営者自身に関する一定の事実が真実であることを投資家に対して表明し、保証する条項を意味する。表明保証の具体的な機能としては、「リスク分配機能」と「デューデリジェンス補完機能」がある。

リスク分配機能

> ・　出資の前提条件や解除条項とあわせて、取引中止の判断を可能とする。
> ・　取引実行前から存在していた事由に基づく損害等については、取引実行後であっても、金銭的な補償を可能とする。

デューデリジェンス補完機能

> ・　表明保証条項に係る交渉を通じて、発行会社にどのような問題点があるかを洗い出す。

　表明保証条項の具体例は以下のとおりである。

第5章　資金調達　67

●表明保証条項の具体例

1　経営者は、投資家に対し、本契約締結日及びクロージング日において、以下の各号に記載された各事項が真実かつ正確であることを表明し、かつ保証する。

(1)　経営者に関する表明保証

①　経営者の権能

経営者は、単独で、本契約を締結し、本契約に基づく義務を履行する完全な意思能力、行為能力その他の能力及び権限を有している。……（以下項目のみ記載）

②　執行可能性

③　株式の保有

④　反社会的勢力ではないこと

⑤　倒産手続等の不存在

(2)　発行会社に関する表明保証

①　設立及び存続

発行会社は、その適用される法令等に基づき適法に設立され、かつ有効に存続する株式会社であり、その資産を所有し、かつ、現在行っている事業に必要な権限及び権能を有している。……（以下項目のみ記載）

②　発行済株式

③　財務諸表の適正

④　税務申告の適切性

⑤　資産及び知的財産権等の保有

⑥　重要な権利・契約等の確保

⑦　法令遵守

⑧　許認可・承認等の取得

⑨　適切な労務管理

⑩　訴訟等の不存在

⑪　倒産手続等の不存在

⑫　適切な開示

㈡　表明保証事項に係る交渉

　新規事業者への投資に係る投資契約には、上記の具体例のように、発行会社に関する表明保証を含め広範に表明保証条項が規定されることが多い。これは、投資家と発行会社との交渉力の差や、企業のことをよく理解して

いる経営者の方がより大きな責任を負担すべきという発想に基づくものであるが、発行会社および経営者としては、投資家から提示された表明保証条項を何ら精査することなく応諾することは避けるべきである。

- 新規事業者の視点

発行会社および経営者としてはまず、記載された表明保証事項を、真実といえる内容、真実と異なる内容、どちらかわからない内容の３つに分類する必要がある。そのうち、真実といえる内容については特段の手当ては必要ない（ただし、真実といえるか否かは客観的に判断しなければならないので、真実性を基礎づける証憑の存否は確認する必要がある）。

真実と異なる内容については、具体的に違反している内容を投資家に伝えたうえで、当該事項を表明保証から除外することが考えられる。(例：発行会社が当事者となっている訴訟は存在しない。ただし〇〇事件（事件番号：〇〇）に係る訴訟は除く)。

わからない事項が存在する場合には、発行会社および経営者としては、当該事項について「知る限り」との限定を付すことが考えられる。他方で、投資家としては、「知りうる限り」すなわち合理的に調査すれば知ることができた事項については表明保証するよう求めてくる可能性があるが、どこまでの調査を実施すれば足りるのか、調査の水準が明らかではないため、経営者としてはできる限り「知る限り」にとどめるよう求めることが望ましい。

そのほか、表明保証条項に係る交渉においては、以下の点が論点となる。

① 将来の「おそれ」や「見込み」まで表明保証の対象となるか

投資家としては、契約締結日時点で存在している事項のみならず、将来にわたる見込み等についても表明保証を求める場合がある。特に、重大なクレームや訴訟について、「おそれ」や「見込み」まで表明保証させることができないか、争いとなることが多い。

② 重大な事項への限定を設けるか

表明保証事項を、重大な事項に限定することも、しばしば見受けられる。たとえば、近時の多くのベンチャービジネスにおいては知的財産権が重要な役割を持つが、その場合に表明保証の対象が重要な知的財産に限られるのか、それとも、広くビジネスに関連する知的財産一般についてまでその使

用可能性・使用態様等に問題がないこと表明保証させるのかが問題となる。

③　プロサンドバッギング条項とアンチサンドバッギング条項

プロサンドバッギング条項とは、投資家の主観にかかわらず表明保証違反があった場合に補償請求を認める旨の規定である。これに対してアンチサンドバッギング条項は、デューデリジェンス等によって投資家が知り、または知りえた事実については、仮に表明保証に違反する事実であってもこれを理由に補償請求をすることができない旨の規定である。多くの投資契約書にはプロサンドバッギング条項が設けられているが、これを規定しないこともありうる。交渉の末に結局どちらも規定しないという場合はままあるが、その場合にはデューデリジェンス等で判明した事実に基づいて補償請求することはできないことも覚悟しなければならない。

(ウ)　表明保証違反の場合の補償

表明保証違反に際して、投資家から発行会社に対する補償請求権を規定するのが一般的である。株式譲渡契約等においては、補償金額の上限、下限や、請求期間等が細かく規定されることが多いが、新規事業者への投資における投資契約においては、相当因果関係の範囲内で一切の損害等を補償する旨のシンプルな条項が設けられることが多い。

3　株主間契約

(1)　株主間契約の概要

企業の運営に関する事項、株式の取扱いに関する事項等、投資実行後、投資家、発行会社および経営者等の全当事者に拘束力を及ぼすべき事項については、投資契約とは別に株主間契約に規定される場合がしばしば見受けられる。

株主間契約に規定される主要な条項は以下のとおりである。

---
①　企業の運営に関する事項
②　株式の取扱いに関する事項
③　一般条項

70　第1編　総　論

(2) 株主間契約の重要論点

ア　企業の運営に関する事項

(ア) 総論

経営者に会社法で許容される最大限の自由を与えそれで業績の好調さを維持できれば特に問題はないが、企業価値の最大化を図るためには、会社法上株主に認められる権利行使による経営への関与・監督のみでは、不十分となる可能性がある。そこで、株主間契約においては、経営者が一定の重要な意思決定を行う場合に、あらかじめ各投資家の承諾を得ること、または、事前もしくは事後に報告することを義務づけることが多い。また、会社運営に関して特に重要になるのが、取締役派遣条項である。投資家としては、発行会社の状況を可能な限り経営者から近い位置で確認するとともに、取締役会の意思決定の方向性をある程度コントロールするために取締役を派遣する場合が多い。派遣可能な取締役の員数について、発行会社と投資家とで交渉が発生することもある。

(イ) 事前承諾条項、事前協議条項

a　概要

株主間契約においては、経営者による一定の重要な行為について、あらかじめ全株主の承諾を必要とすることによって、そのような重要行為の意思決定を慎重に行い、もって企業価値の維持・向上に役立てることが多い。同様に、事前承諾までは要しないとしても、あらかじめ株主間で協議の場を設け、それにより慎重な意思決定がなされるよう担保することがある。

b　事前承諾事項の条項例

事前承諾事項の条項例は以下のとおりである。

● **事前承諾事項に係る条項の具体例**

> 　発行会社が、次の事項を決定する場合には、株主総会の決議又は取締役会の決議が行われる日の2週間前までに、投資家に対して、決議すべき事項の概要を書面により通知し、事前に全ての投資家の承諾を得なければならないものとする。

第5章　資金調達　71

(1) 発行会社の株式、新株予約権、新株予約権付社債及びその他発行会社の株式を取得できる権利（以下「株式等」という。）又は社債の発行又は処分

(2) 株式公開の時期、公開市場、公開の予定規模、監査法人及び主幹事証券会社の決定又は変更

(3) 会計監査人の選任又は変更

(4) 定款の変更及び修正

(5) 重要な規程の制定並びに主要部分の実質的な変更及び廃止

(6) 合併、会社分割、株式交換、株式移転その他の組織再編行為

(7) 自己株式の取得

(8) 資本金及び資本準備金の変更

(9) 剰余金の配当及び処分並びに配当方針の変更

(10) 株式併合、株式分割又は株式の消却

(11) 事業の全部若しくは重要な一部の譲渡又は賃貸、経営の委任その他これらに準ずる行為

(12) 解散又は法的倒産手続開始の申立て

(13) 重要な子会社若しくは関連会社の設立

(14) 取締役若しくは監査役の選解任又は代表取締役の選定若しくは解職

(15) 役員報酬の決定及び変更

(16) 執行役員又は重要な使用人の採用又は解雇

(17) 知的財産権の譲渡、使用許諾、担保設定その他の処分

(18) 会計方針又は決算期の変更

(19) 予算及び事業計画の策定、変更及び修正

(20) 1件当たりの取引額が1,000,000円を超える重要な契約の締結

(21) 1件当たり1,000,000円を超える重要な資産の処分又は取得

(22) 事業の休止又は廃止

(23) 事業内容の変更又は新規事業の開始

　経営者としては、各事前承諾事項の内容を確認し、従前日常的に行われていた業務についてまで投資家の承諾事項となっていないかを検討する必要がある。

c　事前協議事項の条項例

　上記の事前承諾事項のうちの一部の事項や、事前承諾事項ほどの重要性はないものの慎重に決定させたい事項については、経営者による意思決定への過度の拘束とならないよう、事前承諾事項ではなく事前協議事項とす

る場合がある。

●事前協議事項に係る条項の具体例

> 発行会社が、次の事項を決定する場合には、株主総会の決議又は取締役会の決議が行われる日の2週間前までに、投資家に対して、決議すべき事項の概要を書面により通知し、事前に投資家と十分に協議を行わなければならないものとする。
> (1) 事前承諾条項に定める者以外の経営に影響のある人物の人事異動
> (2) 訴訟、強制執行その他の司法上又は行政上の手続開始（ただし、投資家が軽微なものとして事前に書面により承諾した手続を除く。）
> (3) 発行会社の事業所又は支店の開設、変更又は廃止
> (4) 発行会社を債権者、第三者を債務者とする場合の、当該第三者の債務の免除、当該債務の利息の減免又は弁済期の延長

事前協議事項は、事前承諾事項と異なり、全投資家からの承諾が得られない場合であっても一定の行為を実施することが妨げられるわけではない。もっとも、一定の期間事前協議を実施しなければならないことで経営者の意思決定が停滞することから、対象となる事項および協議が必要となる期間を精査しておく必要がある。

　(ウ)　情報開示請求権

投資家にとっては、自らの投資した資金が、発行会社の企業価値向上に向け適切に用いられているか、そして、発行会社自体がどのような成長を遂げているのか、適時に確認しながら、さらなる投資または撤退の判断を行う必要がある。投資家のそのようなニーズに応えるために、株主間契約に情報開示請求権に係る条項が規定されることが多い。条項例は以下のとおりである。

●情報開示請求権に係る条項の具体例

> 1　投資家は、本契約に基づく権利、又は自己の保有する発行会社の株式に係る権利を確保するため必要があると認めるときは、発行会社に対し、その業務又は財産の状況に関し報告若しくは資料の提出を求め、又は質問

第5章　資金調達　73

に対する回答を求めることができる。発行会社は、当該投資家の求めに応じ、直ちに、発行会社の業務又は財産の状況について、当該投資家に報告し、資料を提出し、又は当該投資家の質問に回答をしなければならない。

2　投資家は、その費用で自ら又は当該投資家の会計士その他代理人を通じて、発行会社に対して事前の通知を行い、発行会社の通常の営業時間内に、発行会社の本社又はその他の営業所を訪問し、発行会社の帳簿、記録及び施設を閲覧、謄写又は検査することができる。発行会社及び経営株主はかかる閲覧、謄写又は検査に必要な協力を行うものとする。

3　発行会社は、発行会社及び発行会社の関係会社の決算の計算書類（貸借対照表、損益計算書、株主資本等変動計算書、注記表、監査報告書、附属明細書、資金繰表、収支計画、納税申告書等を含む。）を、年度決算については各会計年度の末日から90日以内、四半期決算については各四半期の末日から30日以内、月次決算については毎月末日から20日以内、臨時決算については臨時決算日より90日以内に投資家に提出するものとする。また、発行会社の株主名簿記載事項証明書（発行会社による原本証明付）を各会計年度の末日から3週間以内に投資家に提出するものとする。

㈢　取締役派遣条項

a　取締役派遣条項の基礎

取締役派遣条項とは、一定の議決権比率を有する株主に対して、取締役のうちの一定数を指名する権利を与える条項である。この権利を有することで、株主である投資家は派遣取締役を介して経営者の意思決定過程（取締役会における協議）に一定の影響力を行使することができ、不合理な意思決定がなされないよう監督することが可能となる。あわせて、取締役会においては、当該発行会社の今後の事業計画等、重要な意思決定に係る情報交換がなされることから、そのような情報をタイムリーに把握するためにも、取締役の派遣が意味を持ってくることになる。

・　投資家の視点

投資契約においては、しばしば、指名権のみが規定され、当該取締役が何らかの理由で退任した場合の手当てがなされていないものが相当数見受けられるが、将来の紛争を予防するために、退任時には再度同一の株主が取締役を指名できるよう手当てをしておく必要がある。同様に、選任後の取締役が他の株主の議決権行使によって勝手に解任されないよう解任に係

る議決権行使についても一定の制限を設ける必要がある。また、キーパーソン条項は、投資契約ではなく株主間契約に規定される場合もある。

b 取締役とオブザーバー

特に議決権比率の小さい株主に対して、取締役派遣条項ではなく、オブザーバー権に係る条項が付与される場合がある。オブザーバーとは、取締役および監査役以外で取締役会への参加権を認められた人員である。会社法上の取締役ではないので、議決権行使は許容されないが、派遣元である株主としては、日々の取締役会への出席を通じて、発行会社の動向をつぶさに把握することができる点で、一定のメリットがある。取締役派遣条項は一定以上の議決権保有比率の投資家に、オブザーバー権についてはより広い範囲の投資家に与えられることが多い。

■キーワード

> オブザーバー
>
> 会社法上の概念ではないが、一定の場合に、議決権を有しないものの、発行会社の取締役会への出席が認められる者を意味する。出資比率の高い株主については取締役を指名する権利を与え、出資比率の低い株主に、取締役を指名する権利に代えてオブザーバーを取締役会に参加させる権利が認められることがある。

・ 投資家の視点

取締役派遣条項が規定されている場合でも、実態として必ずしもそれが行使されるものではない。投資家が派遣した取締役には、当然のことながら、経営者を含む他の取締役と同様に発行会社に対する善管注意義務が課せられる。非業務執行取締役については責任限定契約を締結することも可能であるが、これによってすべての責任を回避できるというわけではない。したがって、派遣取締役に加重な責任を負担させることを回避するために、取締役指名権が規定されていてもあえて行使せず、オブザーバーの派遣のみにとどめる場合もある。

投資家としては、対象会社の役員として適切な人員が確保できるかとい

第5章 資金調達 75

う点も考慮したうえで、取締役派遣条項について交渉を進めることになる。

c 取締役の人数

取締役派遣条項を設けるにあたっては、具体的にどのような議決権行使がなされるかを想定しながら、その人数を調整する必要がある。

・ 新規事業者の視点

投資家の派遣取締役の合計数が取締役全体の過半数になると、既存の経営者のみでは取締役会決議の決議要件である過半数の賛成を得られず、取締役会による意思決定が困難となることがありうる。投資家の数が増えてきた段階では、過半数が維持できなくなることもやむをえないが、少なくとも事業の初期段階においては、できる限り既存の経営者で過半数を維持しなければならない。万が一、経営者サイドと投資家サイドの役員数が同数となった場合には、いわゆるデッドロック条項を設け、意思決定が滞らないようにすることが考えられる。新規事業者への投資において、いわゆるデッドロック条項を設ける例はそれほど多くはないが、取締役の総数が偶数となった場合等に、投資家サイドの意向もふまえ以下のようなゆるやかなデッドロック条項が設けられることがある。

■キーワード

> #### デッドロック
>
> 一般には、対立する当事者間で意見の相違が生じ、物事が前に進まなくなる、両すくみの状態をいう。典型的には、株主2名のジョイントベンチャーにおいて両株主が指名する取締役の数が同数の場合で、出身母体の意見が分かれたときには、取締役会で意思決定することができなくなり、デッドロック状態が生じることがある。

●取締役会におけるゆるやかなデッドロック条項の具体例

> 1 発行会社の取締役会において、決議を実施することが困難となった場合、経営者及び各投資家が1名ずつ選任する者が、対応策について少なくとも10営業日協議する。

> 2 前項の協議が調うまでの期間は、既存の経営計画に従い事業を遂行するものとする。

　さらに、上記の協議を経てもなお意思決定できない場合に備えて、以下で述べるコールオプションやプットオプションの発動を規定する例も見受けられる。

イ　株式に関する事項

㋐　総論

　株主間契約では、以下で説明するように、優先引受権、ドラッグアロングライト（Drag-Along Right）、タグアロングライト（Tag-Along Right）、先買権（First-Refusal Right）、プットオプション（Put Option）、コールオプション（Call Option）等、一定のトリガーに該当する事由が生じる場合に備え、一定の株式の移動に関する条項を規定することが考えられる。多くの株主間契約において、これらの権利の全部または一部が規定されるものであるが、その内容については案件ごとに微妙な違いがある。経営者としては、提案された株主間契約を細かく確認し、自らが保有する株式の流動性を不当に損ねる内容になっていないか検討する必要がある。これに対して投資家としては、将来のエグジットの場面を想定し、自らが思い描くエグジットが実現可能かを、具体的な場面にあてはめて検討する必要がある。

■キーワード

> **先買権（First-Refusal Right）**
>
> 　他の株主が自らの保有する株式を第三者に売却しようとする場合に、別の株主等が、当該第三者に代わって、優先的に、当該他の株主から、当該株式を購入できる権利を指す。先買権者にとって、競業先等の自らの意向に沿わない第三者に株式を保有されてしまうのを防ぐ役割で規定される。通常は、先買権者が先買権を行使する場合、第三者への売却条件と同一条件で購入することが契約に定められる。先買権者が先買権を行使しない場合は、当該他の株主は当初の希望どおり第三者に売却することが可能となる。

第5章　資金調達　77

プットオプション（Put Option）

　投資家等の株主が、一定の事由が生じた場合に、経営株主等の他の株主に対し、その保有する株式を買い取ることを請求する権利を意味する。株主間契約への違反は発行会社の株式価値の棄損につながりうるが、株主が具体的な損害を立証することは困難であるため、損害賠償請求に代わる補償の手段としてしばしば規定される。

コールオプション（Call Option）

　投資家等の株主が、一定の事由が生じた場合に、経営株主等の他の株主に対し、その保有する株式を自らに売り渡すよう請求する権利をいう。経営意欲を有する投資家において、これが規定される場合が見受けられる。また、経営株主にこの権利を認める場合、投資家を撤退させる手段として機能することがある。

(イ)　優先引受権

　優先引受権は、既存株主が、発行会社における新株発行時において、優先的に株式の引受けを行うことで、自己の議決権比率を維持するための権利である。この権利は、①投資初期の出資比率を確保すること、②株主間契約上の各種権利について一定の持株比率以上の株主のみが行使可能となっている場合に、当該権利を行使できるだけの議決権を確保することの2点にその主眼がある。優先引受権に係る条項例は以下のとおりである。

●優先引受権に係る条項の具体例

1　各投資家は、発行会社が株式等を発行又は処分する場合には、発行等の時点を基準として、当該基準日において各投資家が保有する持株比率に応じて優先引受権を有する。
2　発行会社は、第1項に定める株式等の発行等を行う場合には、事前に、各投資家に対して、当該株式等の発行等に係る発行要項（発行等される株式等の数、発行等の価額、行使価額、割当先及びその他重要な事項）を示して、優先引受権を行使するか否かの確認を求める書面を送付する。
3　各投資家は、第2項に定める書面の受領後30日以内に、かかる書面の

発送の日における持株比率に新たに発行等される株式等の総数を乗じて得られる数（小数点以下は切り捨てる。）又はそれ以下の数で投資家が特定する数の株式等を引き受けることを、発行会社に対して書面にて通知するものとする。本項に定める通知を本項に定める期間内に行わなかった場合、当該投資家は当該発行等に関して本条に定める優先引受権を失ったものとみなされる。

4　投資家が、前項に定める期間内に優先引受権の全部又は一部について行使しなかった場合、発行会社は、当該期間の経過後30日以内に限り、第2項に掲げる書面に記載の株式等のうち投資家が優先引受権を行使しなかった部分について、当該書面記載の割当人に対して当該書面に記載の条件よりも実質的に当該割当人に有利でない条件で株式等の発行等を行うことができる。

a　投資家の視点

　優先引受権は、投資家が出資比率を確保するうえでは必要不可欠な権利であることから、投資家としては投資契約に規定する必要性につき、慎重に検討すべきである。

b　新規事業者の視点

　これに対して新規事業者または経営者としては、以下の2点に留意する必要がある。

①　一定数のストックオプションについて、優先引受権の対象から除外すること

　新規事業者においては、経営規模の拡大に応じて、従業員に対してインセンティブプランを用意する場合がある。従業員への代表的なインセンティブとしてストックオプションが考えられるが、これを優先引受権の対象から除外しなければ、発行会社がその裁量で従業員らにストックオプションを付与することができなくなってしまう。したがって、一定数のストックオプションについては経営者が任意に従業員に付与できるよう、優先引受権に係る条項に付記しておくべきである。その場合、ストックオプションの行使価格について、一定の下限を設けることが多い。

②　優先引受権の行使可能期間

　優先引受権について、行使期間を定めなければ、投資家が優先引受権を行使するか否かがいつまでも確定せず、適時の資金調達が困難となるので、

第5章　資金調達　79

行使期限を必ず規定しておく必要がある。

　　㈡　**譲渡制限条項**

　投資家が株式を自由に譲渡できる設計とするかは、新規事業者の状況によって判断が分かれる。たとえば、誰が株主かという点が大きな意味を持つベンチャー投資の場面では、譲渡制限条項が設けられるのが通常である。

　　㈢　**先買権（First-Refusal Right）**

　先買権とは、ある株主が自らの株式を第三者に譲渡する場合に、当該株主以外の株主が自らに株式を売り渡すよう請求する権利を意味する。この権利は、発行会社の株式が既存の投資家にとり好ましくない第三者に流出することを避けることに主眼がある。

　先買権の条項例は以下のとおりである。

●**先買権に係る条項の具体例**

> 　○％以上の持株比率の株式を保有する各投資家は、発行会社の株式の譲渡を望む他の各投資家又は経営株主から、当該各投資家又は経営株主が発した譲渡希望通知に記載された条件と同一の条件で当該株式を買い取る優先的権利を有する。

　　㈣　**ドラッグアロングライト（Drag-Along Right）、タグアロングライト（Tag-Along Right）**

　　a　**ドラッグアロングライト**

　ドラッグアロングライトとは、第三者に対して株式を譲渡することを希望する株主が、自己以外の既存株主に対して、自らとともに株式を第三者に売却するよう強制できる権利を意味する。この権利は主として、発行会社または投資家が第三者から M&A の提案を受けることを想定して設けられる。好条件で M&A の提案を受けた場合であっても、一部の株主しか提案に応じなければ、買収提案者としては当該買収を断念せざるをえない可能性があるため、買収をスムーズに実行させ適時のタイミングでエグジットできるよう、一定の要件を充たす株主にこの権利を与えることとなる。

　以下がドラッグアロングライトに係る条項の具体例である。

●ドラッグアロングライトに係る条項の具体例

> 発行会社の総議決権の3分の2以上を保有する単一又は複数の株主（以下「売却請求権者」という。）は、発行会社の他の株主に対し、第三者からの買収提案に応じるべき旨を請求する権利を有する。

(a) 投資家の視点

ドラッグアロングライトと上記(エ)の先買権を併用して、ある投資家が買収提案者に代わって、提案内容と同等の条件で発行会社の株式を100％取得できる旨規定することがある。主として、買収者から提示された価額が想定よりも安価であるにもかかわらずドラッグアロングライトが行使された場合に、一定の議決権比率を有する投資家に自ら買収する機会を与える意図がある。

(b) 新規事業者の視点

ドラッグアロングライトが行使された場合に、経営者が買収提案者に代わって株式を100％取得できる旨規定することが考えられる。投資家の権利とパラレルに設けられることが多い。経営者に買収資金がなければ実効性に欠ける可能性があるものの、資金調達の問題は金融機関からの融資等で解消する余地があるから、新規事業者からすれば、権利としては規定しておくことが望ましい。

b タグアロングライト

タグアロングライトとは、ある株主が第三者に対して自らの保有する株式を譲渡する場合に、他の株主が、自らの株式をあわせて売却することを請求する権利を意味する。この権利は、特定の投資家または経営者による抜け駆け的なエグジットを防止し、各投資家および経営者に公平なエグジットの機会を確保することに意義がある。

この規定は、経営者と投資家の双方にメリットのある規定といえるが、特に経営者としては、自らが権利主体に含まれているかを慎重に確認しておく必要がある。

以下がタグアロングライトに係る条項の具体例である。

●タグアロングライトに係る条項の具体例

> 各投資家の先買権の全部又は一部が行使されなかった場合には、譲渡希望通知を受領した各投資家は、先買権の行使の対象とならなかった発行会社の株式の全部又は一部（譲渡対象株式）を第三者に譲渡することを望む各投資家又は各経営者に対し、譲渡希望通知に記載された条件と同一の条件で譲渡に参加し、自己の保有する発行会社の株式等の全部又は一部も併せて譲渡相手方に譲渡させるよう請求できるものとする。

⒞ コールオプション（Call Option）、プットオプション（Put Option）

a 概要

　発行会社や経営者に、株主間契約の義務違反等の一定の事由が生じた場合に、発行会社の株式を自らに売り渡すことを請求できる権利をコールオプション、他の当事者に対して自らが保有する株式を買い取ることを請求できる権利をプットオプションという。新規事業者へ投資する際の株主間契約においては、投資家が広いエグジットパスの確保を求めることから、プットオプションが規定されることが多い。プットオプションは、発行会社や経営者に対して強制的に株式を買い取らせる強力な権利である。このような権利は発行会社や経営者にとって非常に負担が大きいものではあるが、投資家からすれば、発行会社や経営者に義務違反があった場合に、それによってどのような損害が生じたか、またいくらの損害が生じたかを主張立証することはきわめて困難であるため、損害賠償請求に代わる救済手段としてしばしば規定される。

　プットオプションの条項例は以下のとおりである。

●プットオプションに係る条項の具体例

> 各投資家は、次のいずれかの事由が発生した場合には発行会社に対し、また、当該事由の発生が各経営者の責めに起因する場合には当該各経営者に対し、各投資家が保有する発行会社の株式の全部又は一部を発行会社又は当該経営者が買い取ることを請求することができるものとする。
> (1) 発行会社又は各経営者のいずれかが本契約のいずれかの規定に違反し、違反当事者が当該違反の治癒を求める通知を各投資家から受領後

82　第1編　総　論

30日以内に違反を治癒しない場合

(2)　発行会社又は各経営者のいずれかが投資契約のいずれかの規定に違反し、違反当事者が当該違反の治癒を求める通知を各投資家から受領後30日以内に違反を治癒しない場合並びに投資契約に定める表明及び保証に違反した場合

(3)　発行会社の偶発債務又は潜在債務が発行会社の純資産額を上回り、発行会社がかかる状況を合理的期間内に解消できない状況にあると認められる場合

(4)　発行会社につき、破産手続、民事再生手続、会社更生手続若しくは特別清算手続が開始し、又は支払停止若しくは小切手の不渡りが生じた場合

　　b　コールオプションやプットオプションにおける買取金額

　コールオプションやプットオプションを規定する場合には、具体的にどのような算定方法に基づいて買取金額を決定するかをあらかじめ合意しておくことが望ましい。

　　(a)　投資家の視点

　投資家としては、できる限り高い買取金額を設定する必要があることから、たとえば、プットオプションについて以下のような規定とすることが考えられる。

●プットオプションの買取金額に係る条項の具体例

　各投資家が買取請求した場合の買取対象株式1株当たりの買取価格は、次のうちいずれか高い金額とする。

(1)　払込金額に、払込金額に係る払込日から買取請求の日までの利息を付した金額

(2)　相続税財産評価基本通達に定められた「類似業種比準価額方式」に従い計算された金額

(3)　発行会社の直近の貸借対照表上の純資産額を本条に基づく買取請求時の発行済株式総数で除した額

(4)　本条に定める買取請求権行使以前において、買取対象株式と同じ種類の株式について、発行会社の新株式発行又は発行会社の株式譲渡の取引事例がある場合には、その直近の1株当たりの新株発行価額又は

第5章　資金調達　83

かかる取引事例における1株当たりの譲渡価額

(5) 投資家及び発行会社が合意に基づき選任した第三者の鑑定による発行会社の株式の1株当たりの公正な時価

　上記のとおり、複数の算定方法を示したうえで、「いずれか高い金額」での買取義務を設ける例が多いが、これは、投資家と経営者との交渉力の差に基づくものである。

(b) 新規事業者の視点

　新規事業者、経営者としては上記のうち、「第三者の鑑定による発行会社の株式の1株当たりの公正な時価」のみを買取価格とするなど、できる限り中立的な内容にすることが望ましい。なお、第三者算定機関の選定をどの契約当事者が行うか、そして算定費用についてどの契約当事者が負担するかという点も、実際に買取請求権を行使する場面では交渉が生じうるため、契約上あらかじめ手当てしておくことが望ましい。

ウ　一般条項

(ア) 契約の終了事由

　当然のことながら、株主間契約の効力は半永久的なものではなく、一定の場合にはこれを終了させて契約当事者を拘束から解く必要がある。特筆すべきは、一般的な契約が、債務不履行等を理由として解除条項を設けておくのに対して、株主間契約においてはそのような単純な解除条項が置かれることは少ないという点である。株主間契約はもともと、各株主の有する株主権をコントロールすることに主眼があるところ、債務不履行等によって契約を終了させると株主権への拘束がなくなり、問題の根本的な解決につながらないからである。したがって、契約の解除ではなく、基本的には上記のプットオプションやコールオプションによって収束を図ることになる。

　契約の終了に関する条項の具体例は以下のとおりである。

84　第1編　総　論

●契約の終了に関する条項の具体例

1　本契約は以下の場合に終了する。
　(1)　本契約の当事者が本契約の終了を全員一致で合意した場合
　(2)　発行会社の株式が投資家の同意する上場株式市場に上場された場合
　(3)　投資家が発行会社株式を全く保有しなくなった場合（ただし、個別の投資家が発行会社株式を全く保有しなくなった場合には、当該投資家を除いた本契約当事者間で本契約は有効に存続するものとする。）
2　本契約の終了は将来に向かってのみその効力を生じ、本契約に別段の定めがある場合を除き、本契約終了前に本契約に基づき発生した権利及び義務は本契約終了による影響を受けない。

　(イ)　株主間契約と他の契約との関係に係る条項

　ベンチャー投資においては、発行会社が投資家以外の第三者と当該株主間契約とは別に同種契約を締結してしまった場合、権利関係に齟齬・矛盾が生じる場合がある。

　そこで以下のように、全株主間で締結される株主間契約以外の契約の締結を制限するための条項が設けられることもある。

●株主間契約と他の契約との関係に係る条項の具体例

1　発行会社及び経営者は、多数投資家の事前の書面による承諾なくして、投資家以外の第三者との間で、本契約のいずれかの条項の履行を妨げる契約の締結又は合意をしてはならないものとする。
2　発行会社及び経営者が、投資家以外の第三者との間で、本契約の内容よりも当該第三者に有利な条件（新株等を発行、処分又は付与する場合の株価その他の株式等の評価及び株式等の種類・内容にかかわる条件を除く。）を規定する本契約と同一又は類似の目的を有する契約を締結する場合、本契約の規定にかかわらず、発行会社及び経営株主は、各投資家と事前に協議を行い、各投資家と別途合意しない限り、当該有利な条件と同等の条件が各投資家に対して付与されることを承諾する。

第**6**章

クラウドファンディングによる 資金調達

1　クラウドファンディングとは

⑴　概要

　クラウドファンディングとは、必ずしも定まった定義があるものではないが、一般的には「資金需要者と資金供給者をインターネット経由で結びつけ、多数の資金供給者から少額ずつ資金を集めるしくみ」を意味する。

　その語源としては、crowd（群衆）と funding（資金調達）を接続したものとされており、一般大衆からの資金調達を容易にするしくみの１つである。

　クラウドファンディングは、資金供給者に対するリターンの有無および形態により、「寄付型」、「購入型」または「投資型」に大別することができる。

⑵　類型

　「寄付型」、「購入型」または「投資型」の３類型の概要は、以下の表のとおりである。

図表 1-6-1：クラウドファンディングの類型

類型	概要（主に資金供給者の視点から）
寄付型	リターンを求めずに資金を提供する。
購入型	資金拠出の対価として、商品自体やその優先購入権等が付与され、または、何らかの役務・サービスが提供される。

86　第1編　総　論

| 投資型 | 資金拠出は投資（資産運用）として行われ、一定の金銭等によるリターンが期待されている。
この類型は、さらに、貸付型、ファンド型、および、株式型に分類することができる。 |

⑶ 用語の整理

クラウドファンディングに関する用語の意味内容は、論者によってさまざまであるが、本稿においては、それぞれの類型に共通する以下の用語を用いるものとする。

図表1-6-2：クラウドファンディングに関する用語

用語	定義
資金需要者	クラウドファンディングを通じた資金集めを必要とする者
資金供給者	資金需要者に対して、資金を提供する者
プラットフォーム提供者	クラウドファンディングのためのプラットフォームを提供して、資金需要者と資金供給者をつなぎ合わせる者

⑷ 意義・機能

資金需要者側から見たクラウドファンディングの意義・機能としては、以下のような面があげられる。

① 銀行借入れや証券取引所での株式公開を利用できないような小規模な事業者、あるいは、小規模なプロジェクトであっても、一般大衆からの資金調達が可能になる。
② 多数の個人に対して自らの事業・商品等を訴求する（支援者・ファン・顧客となってもらう）。また、購入型においては、新製品について量産化する前の段階におけるマーケティング的な機能も有する。

第6章　クラウドファンディングによる資金調達　87

他方、資金供給者側から見たクラウドファンディングの意義・機能としては、以下のような面があげられる。

①　小規模な資金需要者に対しても、資金の提供を直接的に行うことができることから、銀行預金よりも、高いリターンを見込むことができる（その分、リスクも高くなることもありうる）。
②　自らの応援したい地方、企業、あるいは、プロジェクトを特定して、インターネットを通じて、容易に資金を提供できる。また、購入型のクラウドファンディングにおいては、新製品をいち早く入手できるという面も有する。

　以上のとおり、クラウドファンディングには、経済的な面に限られず、特定のプロジェクトに寄付をしたい、自らの望む新商品に資金を提供して開発に貢献したい、といった非経済的な利点も有することが注目され、資金需要者における資金調達手段と資金供給者の裾野を拡大することに寄与している。

2　寄付型クラウドファンディングの概要

　寄付型クラウドファンディングとは、たとえば、個人やNPO、さらには地方自治体等が資金需要者となり、環境保存、災害の復興支援やその他のさまざまな目的のために、インターネットを介して、一般大衆からの寄付を募るものである。

　プラットフォームの実例としては、Japan Givingや、ふるさと納税型のふるさとチョイスにおけるガバメントクラウドファンディングやMakuake ガバメント等がある（ふるさと納税の対象となるものは、個人が2000円を超える寄付を行ったときに、住民税のおよそ2割程度が還付・控除される）。

　なお、寄付型クラウドファンディングの場合であっても、「お礼の品」等が提供されることがあり、純粋に経済的なリターンがゼロではないケースもある。

　これらの寄付型クラウドファンディングにおいては、たとえば、以下のようなプロジェクトへの出資が募られている。

88　第1編　総　論

図表 1-6-3：寄付型クラウドファンディングの例

事例
熊本地震への支援
地方都市での蒸気機関車復活
重要文化財である温泉旅館の保存・修繕
高齢化率の高い自治体における、新規事業資金支援事業

3 購入型クラウドファンディングの概要

　購入型クラウドファンディングとは、資金需要者が、インターネットを介して、製品やサービスの販売をするものであるが、通常のインターネット販売（通信販売）と異なり、製品の販売による利益獲得を主な目標とするものというよりは、資金調達や、製品の開発過程への資金供給者の参加を促すこと、新製品についての広告宣伝効果といった複数の目的を持つものが多い。

　プラットフォームの実例としては、Makuake や Campfire、Ready for 等がある（これらのプラットフォームでは、購入型の他に寄付型も実施している）。

　購入型クラウドファンディングにおいては、たとえば、以下のようなプロジェクトへの出資が募られている。

図表 1-6-4：購入型クラウドファンディングの事例

事例	購入の対価
スマートフォン向けゲームアプリの開発	開発過程への参加権
地ビール製造プロジェクト	ビール試供品の提供
IoT を活用した子供用学習ペンの開発	企画会議への招待、ペン完成品の優先購入権

| ゲストハウスのリニューアル | ゲストハウスへの無料宿泊券 |

4　投資型クラウドファンディング

(1)　貸付型クラウドファンディング（ソーシャルレンディング）

ア　概要（狭義のソーシャルレンディング／日本におけるソーシャルレンディング）

　狭義のソーシャルレンディングとは、ウェブ上のプラットフォームを介して、資金供給者が直接的に資金需要者に貸付けを行うものであり、具体的には英国等で行われているソーシャルレンディングが該当する。

　しかしながら、わが国においては、このような直接の貸付けを「業として」、すなわち、反復継続して行うと、資金供給者に貸金業法に基づく貸金業者としての登録が必要となる（貸金業法2条1項）。貸金業の登録のためには、財産的基礎要件（純資産5000万円）や人的構成要件（貸金業務取扱主任者の設置等）が必要となる。したがって、日本においては、このかたちでの貸付型クラウドファンディングは現実的ではない。

■キーワード

> **貸金業法**
>
> 　金銭の貸付け等を行う事業者を規制し、借入人を保護するための法律。貸金業を行う者は、当局の登録が必要であり、また、その業務に関して種々の規制が及ぶ（夜間の取立禁止等）。

図表 1-6-5：英国等におけるソーシャルレンディングのスキーム例

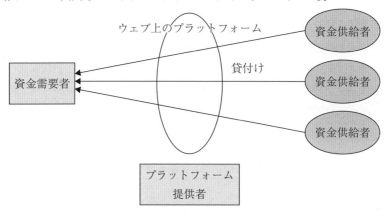

他方で、日本におけるソーシャルレンディング（貸付型クラウドファンディング）として実施されているものは、ウェブ上のプラットフォームを介して、資金供給者が中間事業者に対して匿名組合契約に基づく出資を行い、当該出資を受けた中間事業者が、資金需要者に対して貸付けを行うものである。

図表 1-6-6：日本におけるソーシャルレンディングのスキーム例

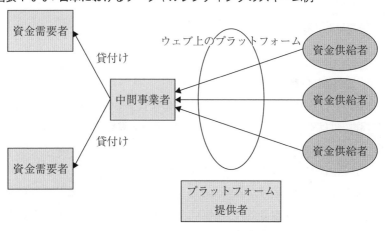

■キーワード

> **匿名組合契約**
>
> 商法 535 条に基づく契約であり、当事者の一方（匿名組合員といわれる）が他方（営業者といわれる）の特定の事業のために出資を行い、当該事業から生じる損益の分配を受ける約束をすることである。わが国における不動産ファンドや映画ファンド等の、ファンド形態において、比較的多く用いられる契約である。

プラットフォームの実例としては、maneo や SBI ソーシャルレンディング等がある。

日本のソーシャルレンディング（貸付型クラウドファンディング）においては、たとえば、以下のようなプロジェクトへの出資が募られている。

図表 1-6-7：貸付型クラウドファンディングの事例

事例	予定利回り	出資期間
資金需要者（法人）の運転資金の融資	年間 7〜10％等	3〜12 か月等
不動産購入資金の融資		
カンボジア技能実習生を支援する融資		
太陽光発電事業者向けの融資		

イ　法規制（貸金業法、金商法）

日本におけるソーシャルレンディングに投資する者（資金供給者）には、特に許認可は不要と考えられている（貸金業法の登録が必要となるかという点については、下記のとおり）。

他方で、日本におけるソーシャルレンディングに関与する者には、以下のとおり、一定の許認可が必要となっており、資金供給者としても資金需要者としても、適切な許認可を取得している者がプラットフォームを提供するしくみなのか否かを確認したうえで、それを利用することを検討することが必要となろう。

92　第1編　総　論

まず、プラットフォーム提供者は、「業として」匿名組合出資の私募の取扱い（匿名組合契約の締結を仲介すること）を行うのであるから、第二種金融商品取引業者の登録が必要と解される（金商法2条8項7号）。

■キーワード

金商法

　金融商品取引法。金融商品取引業を行う者への規制等によって、投資者の保護等を目的とする法律。金融商品取引業を営む場合の当局への登録制度や金融商品取引業を行う者に対する規制等を定めている（顧客に対する誠実義務等）。

　その他、TOB制度やインサイダー取引の規制も同法により定められている。

第一種金融商品取引業者、第二種金融商品取引業者

　金商法は、有価証券の類型を2つに分けて、それぞれの有価証券を扱える業者の登録も2つに分けている。

　株式等のいわゆる1項有価証券（金商法2条1項に定義があるので、「1項有価証券」といわれる）は、「第一種金融商品取引業者」（いわゆる証券会社）が取り扱うものとし、「第二種金融商品取引業者」よりも、登録の要件を厳格なものとしている。

　匿名組合出資に関する持分（「集団投資スキーム持分」とも呼ばれる）等は、2項有価証券といわれており（金商法2条2項に定義がある）、「第二種金融商品取引業者」が取り扱うものである。

　2019年5月末日時点で、第一種金融商品取引業者は294、第二種金融商品取引業者は、1198存在する（金融庁「金融商品取引業者登録一覧」。2つの登録を重複して受けている業者もある）。

　次に、中間事業者（資金供給者との間で匿名組合契約を締結する者であり、かつ、資金需要者に対して貸付けを行うもの）は、匿名組合出資の勧誘において、本来は、第二種金融商品取引業者の登録が必要となる。しかしながら、第二種金融商品取引業者であるプラットフォーム提供者に、匿名組合出資の勧誘を委託し、自らは勧誘を行わないことで、中間事業者は、当該登録をする必要がなくなる（金融商品取引法第二条に規定する定義に関する内閣府

第6章　クラウドファンディングによる資金調達　93

令16条1項1号)。

　他方で、中間事業者は、業として金銭の貸付けを行う者として、貸金業の登録が必要となる(貸金業法2条1項5号)。ただし、子会社等への貸付けの場合には貸金業登録が不要とされており(貸金業法施行令1条の2第6号)、貸金業登録をしていない中間事業者も存在する。

・　資金供給者に貸金業法の登録が必要となるか

　従前からの金融庁の解釈によれば、資金供給者が、①特定の借り手への貸付けに必要な資金を供給し、②貸付けの実行判断を行っている場合には、貸付け行為を行っているものと評価して、資金供給者に貸金業の登録が必要となるとされ、当該解釈をふまえて、実務上は、①資金需要者を匿名化して、その名称をイニシャル表記にとどめるなどの対応をし、かつ、②複数の資金需要者に対する貸付けを対象としてファンド(匿名組合)を組成するといった対応が行われてきた(匿名化・複数化)。

　こうしたなか、2019年3月18日付の、金融庁における法令適用事前確認手続(いわゆるノーアクションレター制度)への回答書において、金融庁は、借り手が法人である場合には、以下のような匿名化・複数化以外の方策により、資金提供者において貸金業の登録が不要となる解釈を明らかにした。

---

① 　事業スキームとして、商法535条に規定する匿名組合契約によるものであり、資金提供者は、貸付け業務を執行することができず、貸付け行為に関し、権利および義務を有しないこと

② 　中間事業者において、以下の2点を実施すること
　 i 　貸付約款等において、中間事業者自らが、貸付金額、貸付金利、資金使途等の貸付条件を設定のうえ資金需要者に提示し、資金需要者と資金提供者とが貸付けに関する接触をしない旨や当該接触をさせないことを担保するための措置が明記されていること
　 ii 　中間事業者は、貸金業法により求められる社内規則に、資金需要者と資金提供者とが貸付けに関する接触をさせないことを担保するための措置を規定していること

③ 　プラットフォーム提供者に関して、以下の2点が実施されていること
　 i 　匿名組合契約約款等において、上記①および②iの内容が明記されていること
　 ii 　プラットフォーム提供者は、投資者に対し、資金需要者も資金提供者

94　第1編　総　論

> との貸付けに関する接触が禁じられていることを説明していること

　また、上記に関して、日本貸金業協会および一般社団法人第二種金融商品取引業協会から「貸付型ファンドに関するQ&A」が公表され、より具体的な措置等が定められている。

　資金需要者の観点からすれば、単なる資金調達ではなく自らの事業・商品等を訴求したい場合や、また、資金調達においても自らの事業・商品等に対する共感を得たい（そのうえで可及的に低利で資金調達をしたい）という場合には、匿名化を不要としたいというニーズも存在する一方、資金需要者を開示されてしまうと信用不安や信用力が低いという風評を生じさせてしまうという懸念も存在するため、資金需要者において、匿名化・非匿名化の選択を可能とした、上記の回答書は、貸付型クラウドファンディングに携わる者にとって、朗報であったといえよう。

(2) ファンド型（エクイティ型）クラウドファンディング

ア　概要

　ファンド型のクラウドファンディングは、元本保証のない法形式による出資をウェブ上のプラットフォームを介して募るものであり、たとえば、資金供給者が資金需要者に対して直接匿名組合契約に基づく出資を行うものがあげられる。

図表 1-6-8：ファンド型クラウドファンディングのスキーム例

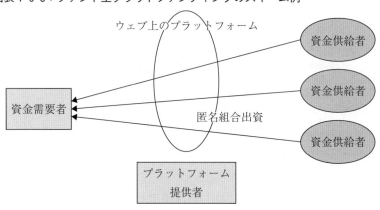

実例としては、セキュリテが募集しているファンドの一部や、（不動産に特化したものであるが）ロードスターキャピタルが募集しているエクイティ投資型商品等が該当する。

　ファンド型（エクイティ型）クラウドファンディングにおいては、たとえば、以下のようなプロジェクトへの出資が募られている。

図表1-6-9：ファンド型クラウドファンディングの事例

事例	予定利回り	出資期間
アパートの建築・運用への投資	4.6〜4.9%	3〜5か月
都内オフィスビルへの投資	7%	3年
被災した天文台の復興ファンド	5年間合計で元本の115%を償還・配当予定	
水蒸気が育てる有機野菜ファンド	2年間合計で元本の107%を償還・配当予定	
鮨屋の仕入れ資金ファンド	2年間合計で元本の108%を償還・配当予定	

　金銭での償還・配当というリターンに加えて、プロジェクトによっては、資金供給者に対して、天文台の入場料割引券や鮨屋の割引券等が交付されるものもある。

イ　法規制（金商法、不動産特定共同事業法）

㋐　ファンド型クラウドファンディングへの法規制概論

　特定の事業を行うことを目的とするファンド型クラウドファンディングにおいては、資金需要者は、資金供給者との間で匿名組合契約を締結し、また、プラットフォーム提供者は、当該匿名組合契約について私募の取扱いを行う。

　この場合の法規制は、貸付型のクラウドファンディングと同様であり、プラットフォーム提供者は、「業として」匿名組合出資の私募の取扱いを行うものとして、第二種金融商品取引業者の登録が必要と解される（金商法2条8項7号）。

　資金需要者（匿名組合契約における営業者であり、かつ、特定の事業を行う

96　第1編　総　論

者）は、本来は、第二種金融商品取引業者の登録が必要となる。しかしながら、上記のとおり、資金需要者自体は、第二種金融商品取引業者であるプラットフォーム提供者に私募の取扱いを委託して、自らはそれを行わないことで、当該登録をする必要がなくなる。ただし、募った匿名組合出資の50％超を有価証券（たとえば信託受益権等）に対する投資として運用する場合には、投資運用業者の登録が必要となる。

　(イ)　**不動産特定共同事業法のクラウドファンディング**

　不動産を賃貸・売買して収益を得ることを目的とするクラウドファンディングにおいては、不動産特定共同事業法の許可が必要とされている。すなわち、事業を行う主体およびプラットフォーム提供者のそれぞれにおいて、不動産特定共同事業法2条4項1号（資金需要者）、または、同項2号（プラットフォーム提供者）の許可が、それぞれ必要となる（不動産特定共同事業法3条1項）。なお、事業会社が不動産特定共同事業法に基づく事業者（第1号事業者）となって行う不動産特定共同事業による匿名組合出資持分は、金商法の適用除外を受けられるため、プラットフォーム提供者も第二種金融商品取引業者の登録を必要としない。

■キーワード

> **不動産特定共同事業法**
>
> 　不動産特定共同事業、すなわち、投資家からの出資を原資にした共同事業として不動産の賃貸や売買を行い、それによって得た収益を投資家に分配する事業等を規制する法律。国土交通省が所管するもので、不動産特定共同事業を営む者は許可が必要となる。

(3)　株式型クラウドファンディング

ア　概要

　株式型のクラウドファンディングは、ファンド型と異なり、資金需要者は、プラットフォーム提供者を介して、資金供給者に対して株式や新株予約権を発行する。ここでの株式等は、証券取引所に上場されていない株式等が想定されている。

図表 1-6-10：株式型クラウドファンディングのスキーム例

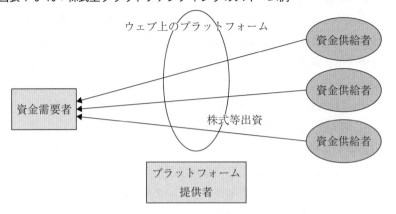

プラットフォームの実例としては、エメラダ・エクイティや FUNDINNO 等がある。

株式型クラウドファンディングにおいては、たとえば、以下のような事業を行っている企業への出資が募られている（株式であることから、予定利回りは示されておらず、また、出資期間も設定されていない）。

図表 1-6-11：株式型クラウドファンディングの事例

事例
電子書籍の横断的なランキングサイト構築
理想的な体形を得るためのアプリ開発
インバウンド外国人向けのコンシェルジュサービス
海外で話題の IoT 商品を日本で流通させるサービス

ファンド型クラウドファンディングと同様に、プロジェクトによっては、割引券や商品の優先購入券等が交付されるものもある。

イ　法規制（金商法）

株式型クラウドファンディングにおいては、資金需要者は、プラットフォーム提供者を介して、資金供給者に対して株式を発行する。

この場合、プラットフォーム提供者は、ファンド型クラウドファンディ

ングにおける第二種金融商品取引業者の登録ではなく、第一種金融商品取引業者の登録が必要となる。

また、クラウドファンディングによる株式の発行総額は、1億円未満とし、かつ、1人あたりの投資額は50万円以下でなければならないといった規制もある。

⑷　新規ビジネスにクラウドファンディングを用いる際の留意点

資金需要者としては、寄付型、購入型および投資型を問わず、まずは、どのような目的を重視するかを決定することに留意すべきであろう。たとえば、純粋な資金調達を目的とするのか、あるいは広く支援者やファンを募るマーケティングや商品開発過程での顧客からの意見聴取等を重視するのかを定めることによって、どのプラットフォームを利用するかの意思決定やプラットフォームに掲載するプロジェクトの概要も大きく異なってこよう。

たとえば、購入型クラウドファンディングで紹介したIoTを活用した子供用学習ペンの開発は、東京証券取引所第一部に上場している大手文具メーカーが実施しているものであり、マーケティングやよりよい商品を開発するための意見聴取等、資金調達以外が主要な目的であろうと推測される。

また、特に投資型クラウドファンディングを利用するに際しては、資金需要者自らおよびプラットフォーム提供者のそれぞれに複雑な法規制が適用され、かつ、比較的頻繁に法規制が変更されることもありうるため、適用される最新の法規制を確認することが第一歩となろう。

さらに、近時、株式型クラウドファンディングによって資金調達をした場合、個人株主が多数存在することになるため、その後にベンチャーキャピタルから資金調達をする際に障害となりうる点等が指摘されており、特に留意が必要である。

主目的をどこに見出すかという点および法規制を確認するべき点は、プラットフォーム提供者および資金供給者としても必要となる。それらの要素によって、プラットフォーム提供者は、プラットフォームのコンセプト設計や日々の運用が大きく異なることになるし、また、資金供給者は、まさにどの事業者・プロジェクトに資金を供給するかを決定する要素となろう。

第7章

エグジット（IPO・売却）

1　新規ビジネスがエグジットを見据えるべき理由

(1)　新規ビジネスにおける「エグジット」

　新規ビジネスを立ち上げ、持続的な成長に向けたロードマップを描くに際しては、初期の構想段階から、数年先の自社ビジネスの「エグジット」を当座の目標に据えて準備を進めることが有益である。本稿でいう「エグジット」は、立ち上げた新規ビジネスの「投資回収」を指し、一般に、①IPO（株式公開）または、②M&A による第三者への売却等を通じて、新規ビジネスに投資を行った投資者がキャッシュ等の利益を手にすることで達成される。新規ビジネスのスタートアップ段階で自らのリスクマネーを投入し、その後もコストや時間を投入した経営者やベンチャーキャピタル（以下「VC」という）等が、ビジネスの成熟に伴い相応の対価（キャッシュ等）を得ることはいわば当然の見返りであり、「エグジットをどう構想するか」は、新規ビジネス組成の初期段階から検討されてしかるべき、重要なポイントである。

　もっとも、注意しておくべきことは、ここでいう「エグジット」は、創業当時の財産面での投下資本を回収するという1つの「ステップ」であり、ビジネスにとっての「ゴール」ではない、ということである。むしろ、ビジネスの継続企業としての中長期的な成熟という観点からは、「エグジット」は次のステージに進むための「パッシング・ポイント（通過点）」にすぎないことを意識する必要がある。エグジットへの意識づけは、新規ビジネスを担う経営者や VC 等のモチベーションに大きく影響する要素となるが、少なくとも、ビジネス自体の中長期的な成長をめざすのであれば、エ

100　第1編　総　論

グジット後の経営の姿のイメージと、そこから逆算された道筋（成長戦略）の構築なくして、その後の成長路線は描きがたいことは銘記されるべきである。

　以下では、一般的なエグジット手段とされる「IPO」と「M&Aによる売却」を中心に、その概要を示し、法務の側面から、どのような事項に留意すべきかを概説する。

　なお、本書はIPOに関する専門書や、M&Aにおけるセルサイド・バイサイドのいずれかに沿った専門書ではなく、あくまでその概要の把握を目的とする。各アクションの詳細解説は紙幅の制約上困難であるため、それぞれの具体的な方策やメリットの詳細等については、各種実務書を参照されたい。

■キーワード

IPO（新規株式公開）

　未上場企業の株式を証券市場（株式市場）において売買可能にすることを株式公開といい、特に株式を（公募や売出しによって）新規に公開することを新規公開、IPO（initial public offering）と呼ぶ。

ア　IPOのメリット（上場の意義）

一般に、IPOには以下のメリットがあるとされる。

① 資金調達方法の円滑化・多様化：取引所市場での公募による時価発行増資や新株予約権付社債の発行等の直接金融の道が開かれ、資金調達能力が向上する。
② 企業の社会的信用力と知名度の向上：社会的な認知が向上し「将来性のある企業」というステータスが得られることで、対外的な信用力の向上、人材確保の優位性等が期待できる。
③ 社内管理体制の充実と従業員の士気の向上：組織的な企業の運営の構築を通じて個人企業からの脱却が図られる。また、パブリックカンパニーとなることにより、役員・従業員のモチベーションが向上する。

また、上記に加え、IPO 時の売出し（既発行の有価証券を譲渡すること）による創業者利益の獲得も、株主の立場から見た重要なメリットの1つである。近時では資金調達の手法が多様化し、伝統的に主たる上場の意義としてあげられていた①のメリットは相対化されつつあるとの指摘もある。しかしながら、「上場を果たした」ということによる社会的信用力の向上はビジネスの成約率・人材獲得面等の多岐にわたり大きな恩恵をもたらしており、②や③のメリットは依然として大きいものといえる。

イ　M&A による売却のメリット

　近時の事業会社とベンチャー企業の M&A の過程においては、初期段階として数％〜20％前後の出資にとどめた資本業務提携契約を締結しつつ、対象会社の内部管理体制の充足度合い、企業風土の親和性、事業上のシナジーの規模・実現可能性等の諸般のフィッティングを経た後に（完全）子会社化に発展するケースも珍しくない。もっとも、説明を簡潔化するため、本稿では、M&A のストラクチャーとして最もシンプルであり、かつ典型的な「既存の（上場）企業による」「当該新規事業会社の発行済株式等の100％取得（完全子会社化）」を念頭に置く。これは、新規ビジネスの株主（投資者）から見れば、株式等の売却によるキャピタルゲインの実現である。M&A によって既存の企業の傘下に入ることで、新規ビジネスを営む企業は、以下のメリットを得ることを期待できる。

---

① 　上場企業の傘下に入ることによる資金調達力の向上
② 　上場企業の傘下に収まることによる知名度・信用力の向上と人材確保
　　の優位性、従業員の士気高揚
③ 　上場企業の傘下に収まることによる管理体制の強化・充実

　加えて、上場企業への売却による創業者利益の獲得もあげられる。こうして見ると、実は、大企業との M&A による売却によっても、相手と契約条件次第で、事業体として新規上場と近いメリットを享受しうる。そこで、新規ビジネスのエグジットを考える際には、IPO と M&A による売却についてメリット・デメリットを比較し、当該事業との整合性等の位置づけを整理しておくことが有益である。

なお、この点に関連した近時のIPOの傾向として、コーポレートベンチャーキャピタル（以下「CVC」という）が投資先ベンチャー企業のIPO後にも大株主として株式保有を継続し（全株式の売出しをせずに）、事業部門を交えた資本業務提携関係を継続するケースも散見される。本稿では簡略化して、ⅰIPOと、ⅱ完全子会社化と分類しているが、実際のトランザクションとしては、この両方（ⅱ⇒ⅰというプロセス）も考えられるところであり、相手方がCVCかVCか、出資割合はどの程度か、相手方が役員の派遣等により経営の一部を担うか（ハンズオン・ハンズオフ）、資本業務提携・業務委託契約・ライセンス契約等の提携方法の差異等により、多種多様な形態が存在することに留意されたい。なお、経済産業省は2018年4月2日に「我が国における健全なベンチャー投資に係る契約の主たる留意事項」を、2019年4月22日には「事業会社と研究開発型ベンチャー企業との連携のための手引き〔第3版〕」をそれぞれ公表しており、スタートアップ企業の立場としてもCVCとの関係上ふまえておくべき示唆に富み、参考になる。

■キーワード

CVC（コーポレートベンチャーキャピタル）

　事業会社が自己資金でファンドを組成し、主に未上場ベンチャー企業に出資や支援を行う活動組織のことをいう。昨今ではその種類の多様化が進んでいるが、主として自社の事業内容と関連性のあるベンチャー企業に投資し、本業との相乗効果を得ることを目的として運営される。

ハンズオン／ハンズオフ

　厳密な定義はないものの、一般にハンズオン（Hands-On）とは、ベンチャーキャピタル等の投資家が、単に資金を投資するのみではなく、事業戦略のアドバイス、カギになる役職員や技術者の紹介、取引先の紹介等の経営支援を行うことを指す。具体的な関与手法として、社外取締役等の役員に就任する場合等もある。これに対して、経営への特段の関与はなく、純投資のかたちで資金を投資する場合をハンズオフ（Hands-Off）と呼ぶ。

ウ どちらも考えずに現状維持（閉鎖会社路線）

IPO と M&A による売却のどちらも企図することなく、閉鎖会社のまま、規模を拡大するとの判断も、選択肢の1つとしてはあげられる。ただし、長期的な視野での企業成長（「個人商店」から脱却し、「企業組織としての永続性」を求めること）を考慮すれば、下記2で後述する理由に基づき、当座はIPO を目標に据え、上場審査に耐えうる内部管理体制等の構築・強化を進めることが、企業成長の観点からも望ましいと考えられる。

(2) 近時のスタートアップ企業全般のエグジット情勢

ア IPO 件数は依然として高水準を維持

リーマンショックの影響を受けた 2009 年には 20 銘柄を下回ったこともある IPO 件数であるが、2014 年以降は例年高水準を維持しており、東京証券取引所における 2018 年度の新規上場銘柄数は 106 銘柄（テクニカル上場を除く）となるなど、IPO 市況は活況にある（日本取引所自主規制法人「JPX自主規制法人の年次報告 2019」（2019 年 6 月）13 頁参照）。

イ M&A による売却も増加傾向

従前、M&A による売却件数は、IPO 件数の 1～2 割程度という状況が続いていた。しかしながら、技術進展等により競争環境が激しく変わり、大企業の手元余剰資金も生じる状況を受けて、近時では大企業（CVC 含む）がベンチャー企業に積極的に投資したり、買収する動きが一般化しつつある。2018 年 6 月には、同年 1 月～5 月時点までのスタートアップ企業の売却件数が IPO 件数を上回るという現象も生じた。手元資金の潤沢化を背景に、大企業側も新たな事業領域の拡大等を期待しており、CVC の新規組成も活発化している。近時の CVC はスタートアップ企業への投資と買収の双方に精力的であり、新規ビジネスにとっての選択肢として、M&A 案件の打診は顕著な増加傾向にある（なお、米国ではスタートアップ企業が投資を回収する「出口」のうちの約 9 割がグーグル等大企業による M&A（合併・買収）であるともいわれている）。

⑶ 「IPO」と「M&Aによる売却」のメリット・デメリットの整理

　各事業体によって、新規ビジネスの組成の経緯から、ビジネスの特徴、見据える資本政策等に相違があるため、一概に通用するメリット・デメリッ

図表1-7-1：IPOとM&Aの主な特徴

	IPOのみを主眼	M&Aによる売却も検討
資本政策との関係	○既存株主による売却益が市場価値の付加により大きく期待可能 △IPO直後の保有株式の全売却は難しい一方、上場後はインサイダー規制等により売却時期が制限される（他方、株価のアップサイドは期待できる） ○ストックオプションにより、広く役職員に経済的な利益をもたらしうる ○他社との資本業務提携の選択肢に特段の制約なし	△相対取引で価格決定するため、既存株主による売却益の幅は契約交渉力に左右される可能性 ○創業株主は全株式の売却もできるため、手取額としてはIPOより多額となる場合もある（ただし、売却後のアップサイドは原則として期待できない） △創業者・投資家には経済的な利益をもたらすが、従業員に対しては経済的利益を与えにくい △売却先以外の他社との資本業務提携等は困難になる可能性
将来のビジネスモデル（めざす方向性）	○他社の限定や制約を受けない独立系ビジネスモデルを展開しやすい（複数他社との技術提携等も円滑に検討可能） △グレーゾーンを突くビジネスモデルは、上場審査で苦難する可能性	○大規模売却先の傘下として、大企業の既存の技術・信用・研究開発、グローバル販路、ノウハウ等幅広く利用してシナジーを生み出しうる △売却先の事業ドメインにより事業運営の自由度が下がる可能性

法令遵守体制（ガバナンス・内部管理体制等）の構築時期・優先順位	△IPOに係る引受審査、上場審査に耐えうる組織設計を、3年以上前から意識し、準備を進める必要あり。組織の成長につれ、管理体制構築に相当の人的・物的リソースが割かれる △決算発表等の適時開示体制、インサイダー取引防止体制等の内部管理体制の維持・強化のコスト・労力が継続的に求められる	○IPO主眼に比べ「ビジネス優先（技術・営業）」で進めやすく、管理体制の構築の優先度を下げることも許容される（ただし、デューデリジェンスに備えた最低限の管理体制構築は必要） ○売却後も大企業の既存の管理体制のリソースを活用可能であり、技術・営業等の本業部門にエネルギーを注力しやすい
組織体としての一体感・役職員のモチベーション等	○IPOをめざす過程で組織としての成長（一体感の醸成）が期待できる ○役職員に対してストックオプションを交付していた場合に、IPOに伴うキャピタルゲインの実現が見込める	△ベンチャーマインドのあるコア人材の退職リスク、モチベーション低下リスク △持株比率の低下により、創業株主自らが経営を継続する場合の経営意欲に影響が出うる

　当然ながら、個社の事業環境や資本政策、売却スキーム等の事情に応じて、上記「○」の事象が「△」（ときには「×」）の事象として受け止められる場合もある。上記の記号はあくまで「目安」として参照されたい。

トの整理は存在しない。もっとも、あくまで一般的な整理を試みるとすれば、エグジットの見据え方は、IPOのみを念頭に置くのか、それとも、M&Aによる売却も視野に入れて検討するのかによって、以下の点において少なからぬ影響を与えることになると整理できる。

2　新規ビジネスにおけるエグジットの考え方

　現実問題として、競合ひしめくビジネスの世界のなかで、独立企業とし

ての成長や規模の拡大に一定の限界を覚えるスタートアップ企業も存在し、その時点での企業規模を超えた IPO に拘泥せず、大企業へのバイアウトによるエグジットを選択肢として検討することが望ましいと感じられる事業も見られる。特に、企業の一般知名度を上げる点にメリットの大きい消費者向けのビジネスや、独自ビジネスにおいて IPO 前の段階から多額かつ頻繁な資金需要のあるビジネスモデルについては、事業の成熟度合いやその後の展望をふまえつつ、大企業への売却が適切であると判断されるケースもあるであろう。もっとも、新規ビジネスを組成するにあたって、当初から M&A による売却を念頭に置くということは（そのような条件で組成した事業である場合は格別、）あまり多くはないと思われる。

スタートアップ企業の構想としては、IPO を当座の目標に据えて営業活動・資本政策・事業計画・管理体制等の諸観点の維持・強化を図りつつ、事業の成熟度合いや取り巻く事業環境を分析しながら、M&A の提案があった場合に備えておき、具体的な提案があった際には、万全の体制でデューデリジェンスや売却交渉に臨める体制を整えておくことが望ましい。

3　IPO をめざす場合のポイント

以下では、IPO をめざす場合を念頭に、IPO 準備のイメージ、上場審査における形式基準、実質基準の概要と、法務上ポイントとなる点を概説する。

(1)　IPO 準備のイメージ

IPO の準備にあたっては、新規上場申請を行い、上場を実行するタイミングから少なくとも 2〜3 年を逆算して、着実なスケジュールを組む必要がある。IPO 業界では、上場を実行する年の事業年度を「申請期（上場期）」、その前の事業年度を「直前期」、直前期の前の事業年度を「直前々期」と呼んでいる。

IPO にあたって、社内では、代表取締役社長を筆頭に社内からメンバーを集め、場合によっては社外からも IPO 経験者を招聘し、IPO 準備室やプロジェクトチームを組成して IPO に向けた準備を進めることが一般的で

第 7 章　エグジット（IPO・売却）　107

ある。また、これに加えて、当事会社以外のプレイヤーの関与として、主幹事証券会社による引受審査と、監査法人による直前期・直前々期の監査証明が必須となる。本書は紙幅の制約上、全体像の記載にとどめることとするが、IPO のプレイヤーとしては、当事会社、監査法人、主幹事証券会社のほか、弁護士、社会保険労務士、税理士および印刷会社等と一丸となって、株主や銀行の理解を得ながら進めることとなるところ、IPO に向けた一連の取組みのなかでは、業績管理、内部統制、成長戦略といった課題に加え、労務管理、知的財産管理、反社会的勢力の排除等、さまざまな法務面での課題にも対処することが一般的である。こうした法務問題は多岐にわたるが、実は多くの IPO のケースでは同種の法律問題を抱えていることが多いため、IPO のサポートを多く手がけ、ノウハウを蓄積している弁護士、社会保険労務士に相談することで、長らく頭痛の種となっていた問題が即座に氷解することも少なくない。そのため、IPO 支援に長けた弁護士、社会保険労務士等のプロフェッショナルの登用は、効率的な IPO の観点からも重要であるということができる。こうした IPO 準備の一般的な流れ（「～直前々期」「直前期」「申請期～」の各時間軸における主たる取組み内容とポイント）は、大要以下のとおりである。

図表1-7-2：IPOの一般的な流れ

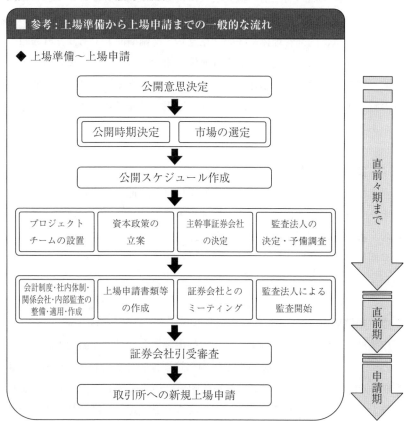

出典：日本取引所自主規制法人「JPX自主規制法人の年次報告2019」（2019年6月）11頁をもとに作成

ア 〜直前々期

　IPOのための上場審査に際しては、直前々期および直前期の監査証明が必要となる。そのため、直前々期の事業年度開始前までに、監査証明を得られる水準の内部管理体制の整備が求められる。具体的には、社内管理体制の構築、業務管理、社内規程・マニュアルの策定、予算制度の構築、利益計画の作成、会計制度の整備、内部監査の組成等があげられる。これらの内部管理体制は、この時点で何ら運用に不足のないレベルにあることまでは求められないが、直前々期の期初から運用が開始できるように諸整備

を進め、直前々期の開始前の監査法人によるショートレビューにおいて、不足部分の課題を洗い出せるだけのレベルまでには高めておく必要がある。

　直前々期は、内部管理体制等の「見直し・整備期間」であり、財務報告に係る内部統制報告制度への対応も準備を開始することが望ましい。また、直前々期の下期は申請書類作成のためのベースとなる期間に入り、期末決算の監査証明を滞りなく得られるよう、適正な財務諸表を作成していく必要がある。

イ　直前期

　直前期は、内部管理体制等の最終的な見直しを進め、組織としての業務運用サイクルを円滑に回せることを通年単位で示していく「運用期間」である。直前期の下期には、申請書類の作成・精査のための準備期間に入り、四半期短信や四半期報告書の開示に向けた着手も進められることが望ましい。

ウ　申請期〜

　申請期（またはその少し前）から、主幹事証券会社による引受審査が開始され、上場企業となるにふさわしい内部管理体制等が備わっているか（証券取引所による上場審査に耐えられる水準になっているか）についての数か月単位の審査が実施される。この「引受審査」を通過し、課された課題や問題を消化した段階で、証券取引所への「上場審査」の申請が実施される。上場審査は、本申請後通常2か月〜3か月単位で実施され、当該審査をクリアーすることで、晴れて上場承認がなされることになる。

　上記の各スケジュールを進めるにあたって、法務面では、各種社内規程の作成、内部管理体制の構築、業務フローのマニュアル策定・運用管理はもちろんのこと、確度の高い予算制度の構築と運用、事業計画の策定と達成、内部統制システムを含めた会計制度の構築と運用、内部監査部門の構築と運用等、経営体制全般の諸点についても法務・コンプライアンスの観点から目を凝らし、引受審査や上場審査で指摘を受けないような管理体制の構築を進め、仮に各種指摘を受けた場合には、それに迅速に適用できる管理体制としておく必要がある。

⑵ 新規上場審査と市場選択のポイント（形式審査基準)

　新規上場申請をするためには、市場において一般投資家が売買するに値する企業であると認められるために、一定の企業規模と実績が必要になる。こうした数値基準（形式基準）は、選択する証券取引所や市場によって差異が設けられており、東京証券取引所のマザーズ市場、JASDAQ市場、本則市場では、たとえば以下のような基準の差異が存在する。

図表1-7-3：東京証券取引所の各市場の形式要件の概要（一部抜粋）

項目	マザーズ	JASDAQ （スタンダード）	市場第二部	市場第一部 （直接上場）
① 株主数 （上場時見込み）	200人以上 （上場時までに500単位以上の公募を行うこと）	公募または売出し株式数が1000単位または上場株式数の10％いずれか多い株式数以上200人以上	800人以上	2200人以上
② 流通株式 （上場時見込み）	流通株式数：2000単位以上 流通株式時価総額：5億円以上 流通株式数（比率）：上場株券等の25％以上	流通株式時価総額：5億円以上	流通株式数：4000単位以上 流通株式時価総額：10億円以上 流通株式数（比率）：上場株券等の30％以上	流通株式数：2万単位以上 流通株式数（比率）：上場株券等の35％以上
③ 時価総額 （上場時見込み）	10億円以上	―	20億円以上	250億円以上

第7章　エグジット（IPO・売却）

④ 事業継続年数	申請日から起算して1年前以前から取締役会を継続的に設置	—	申請日の直前事業年度の末日から起算して、3か年前以前から取締役会を継続的に設置
⑤ 純資産の額（上場時見込み）	—	—	連結純資産の額が10億円以上（かつ単体純資産の額が負でないこと）
⑥ 利益の額または時価総額	—	最近1年間の利益の額が1億円以上または時価総額が50億円以上	最近2年間の利益の額の総額が5億円以上であることまたは時価総額が500億円以上（最近1年間における売上高が100億円未満である場合を除く）

　形式要件には、ほかにも公認会計士の監査意見や株式事務代行機関、単元株式数その他についての要件がある。上記はいずれも記載内容を一部簡略化しているため、詳細な基準内容は各自で参照されたい。

　図表1-7-3の内訳を見てもわかるように、新興市場といわれるマザーズ、JASDAQの間においても形式基準には各市場のコンセプトや沿革に基づく若干の差異がある。一般的に、規模の大きい成熟した企業は本則市場を、新規ビジネスで成長した企業はマザーズ市場を選択するという見解を目にすることが多いが、近時では、「高い成長可能性」を打ち出す必要のあるマザーズ市場をあえて選ばず、JASDAQ市場を選択する、株式会社ほぼ日のようなケースも登場しており、形式基準の該当性を充たせば、企業コンセプトにかんがみた市場を選択することが可能なしくみとなっている。

⑶　上場審査における留意点（実質審査基準）と解決方針

　以下では、実質審査において法務面から重要となるポイントを概説する。

112　第1編　総　論

ア　新規事業のビジネスモデルの業規制等への対応状況

　新規性の高いビジネスのなかには、既存ビジネスや法令等の「隙間（グレーゾーン）」を突くかたちで新たなマーケットを切り開き、大きく成長しているものがある。このこと自体は、経済や社会の枠内で大企業が躊躇せざるをえないリスクをあえてとることで成果を獲得するものであり、その試み自体は妨げられるべきものではない。しかしながら、既存の法制度の「グレーゾーン」を突く新規性の高いビジネスモデルに関する上場審査は、審査上の対応が慎重になる傾向にある。これは、仮に上場審査を経て上場を果たし、いっそうの社会的知名度を獲得した直後に、突如として規制当局から法令等の違反を指摘され、これを理由に当該ビジネスを維持できなくなるという事態に陥れば、既存株主に損害を与え、市場に混乱を生じさせる可能性があるためである。

　したがって、新規ビジネスを推進するにあたって、法務部門では、ビジネスモデルそのものの業法上の規制等との整合性につき上場審査上の安心感を与えられるよう、レピュテーションの問題も含めた法令違反等の懸念につき、万が一の場合のビジネスモデルの転換（プランB）の可否も視野に入れつつ、入念な調査と準備を進めておくことが重要となる。

　この点、法規制上の論点の難度によっては、引受審査・上場審査の各段階で、弁護士による法律意見書の提出が求められる場面もある。こうした審査上の要請は事実上拒絶することは困難であり、外部弁護士から意見を取得する工程が必要となるが、この際には、新規ビジネスに精通した信頼できる弁護士事務所を選定し、前提事実を適切に抽出した、正確性の高い法律意見書の作成を依頼することが肝要となる。

　なお、自主規制法人による上場審査は「弁護士が法律意見書で適法と書いていればクリアーできる」という甘いものではなく、法律意見書を求められるポイントについては、専門家による厳しい妥当性の検証にさらされる場合がある。この際に、提出された法律意見書の内容の不備がある（前提事実が的確に抽出されていない、不利な法規制や裁判例等を捨象しているなど）と判断された場合には、上場審査上の心証が悪化することが懸念される。そのため、こうした審査上で懸念される論点については、都合のよい意見を求めることに終始すべきではない。このような問題については、結

局のところ、ビジネス構想の当初段階から適切な法的分析を加え、法規制上のリスクに対する入念な準備を講じておくこと（法的規制のクリアランス）が、ひいてはスムーズな上場審査につながることに留意すべきである。

イ　内部管理体制等の体制整備への対応状況

　過去にコンプライアンス体制の不備が存在する場合は、各種審査が慎重になる傾向にある。特に、IPOにおいて会社法違反の懸念、とりわけ、株式（ストックオプション含む）発行の適法性や、設立以降の株式譲渡の有効性に懸念が生じる場合には、市場流通する株式そのものの有効性に疑念が生じることで、審査承認が下りなくなるリスクが生じることにもなりかねない。そのほかにも、会社法上の利益相反取引・利益供与・違法配当の懸念や、法令上の問題点が頻繁に指摘される知的財産法、労働法、景品表示法等の諸観点についても、上場審査においては入念に審査される傾向にあるため、法令違反を犯さないことはもちろんのこと、審査における書類提出、ヒアリング等にも迅速に回答できるように事前の対応を進めておき、上場審査の担当者に安心感を与えられるようにしておくことが重要となる。

　上記に加え、不祥事等が相次ぐ昨今では、上場審査の実質審査は厳格化の傾向にあり、組織としてのガバナンスやコンプライアンスへのスタンス（法令違反を犯していなければ危ない事業を行ってもよいという姿勢がうかがわれるなど）や、経営者に対するコンプライアンス意識（ひいては各個人のバックグラウンドやポリシー）等についても、直接的・間接的に上場審査の対象として問われるケースがある。経営者ヒアリングの場面等において、不意打ち的に「経営のスタンス」を問われる可能性があることをあらかじめ想定し、経営や事業の透明性を「即答」できる経営を心がけることが肝要となる。

　以上のように、実質審査にあたっては、平素からのコンプライアンスに対する心がけや準備の巧拙が、審査の心証に大きく寄与することになる。こうした側面からも、準備段階からの弁護士や社会保険労務士等の専門家との計画的な相談・調整が肝要になる。

4　M&A による売却をめざす場合のポイント

⑴　契約交渉で優位性を保つことができる管理体制の構築

　M&A にあたっては、買い手となる大企業側から法務面も含めた網羅的なデューデリジェンスが実施されることが一般的である。近時、キュレーションサイト事業会社やチケット売買事業会社の買収等、買収後のベンチャー企業の法的問題が親会社のレピュテーションにダメージを与える事態が複数発生したこともあり、既存の上場企業は、スタートアップ企業を買収しまたは投資する際に、そのコンプライアンス体制の調査にいっそうの慎重を期す傾向にある。こうした場面において、会社法で求められる取締役会や株主総会を開催していない、株主の来歴や株式の帰属があいまいである、必要な知的財産権の保護が図られていない、新規ビジネスの適法性を含む法令遵守体制が整備されていないなど、管理体制の脆弱な企業であることが露見する事態となれば、買主から売買価格の減額を求めることとなり、場合によっては、買主がリスクを負って買収するという判断をすることができず、ディール自体がブレイクする事態ともなりかねない。そのため、売り手としては、デューデリジェンス時の資料開示やインタビューへの備えとして、IPO 時の審査対応と同様に、充実した内部管理体制等の構築を進めておくことが望ましい。

　こうした準備を進めておくことは、契約交渉において、ビジネスモデルの適法性、株式の帰属、反社会的勢力の関与等の懸念によってディール自体がブレイクしたり、譲渡時の売却価値で買い叩きを受けたり、過剰な表明保証リスクを抱え込まされるリスクを回避、低減することにつながる。

⑵　売却交渉にあたっては、必ず弁護士をつけるべき

　売却先となる大企業は、契約交渉や買収経験等につき圧倒的な量・質のノウハウを有しているうえ、立場の優位性等もあいまって、交渉力に相当の格差が存在する場合がある。こうした状況下では、先方からの「これは有利な条件だ」という説明のもとに、上記のような問題点をテコとして過

第7章　エグジット（IPO・売却）　115

大な義務を課す条項を押しつけられたり、対価の算定にあたって企業価値を不当に買い叩かれたりするリスクがあることも否定できない。

　そのため、売却交渉にあたっては、売手側での契約交渉に経験のある弁護士をつける必要がある。また、弁護士のアドバイスを受けて契約交渉力を増すことができれば、エグジット時におけるオプション（アーンアウト条項等の特殊な条件設定）を付すこと等も検討可能となり、より有利な条件での売却も期待されるため、その点でも弁護士との早期の相談は重要な意味を持ちうる。

■キーワード

> **アーンアウト条項**
>
> 　M&A における一部の対価の支払いを、約定した一定の条件（営業利益の達成等）を成立したことを条件に行う売主および買主の合意。マネックスグループがコインチェックを 100％子会社化した際にも、当該条項が付され話題となった。

第8章
人事労務管理

1　昨今のベンチャー企業を取り巻く労務情勢

⑴　労務面のコンプライアンスの厳格化

　ベンチャー企業において、労務に関するコンプライアンスは、会計に比べると重視されてこなかった。しかし、2010年の改正労働基準法施行を契機に、特に上場審査の厳格化にも表れているように人事労務管理面に関して企業に求められるコンプライアンスも厳しさを増すようになった。

　2010年施行の改正労働基準法は、①「時間外労働の限度に関する基準」の見直し、②法定割増賃金率の引き上げ、③時間単位年休の導入を主な内容とするものである。これらはいずれも、労働者のワークライフバランスの達成を目的としたものであるが、裏を返せば、慢性化する長時間労働を抑制するための使用者への働きかけに国が本腰を入れたということでもあり、「働き方改革」が叫ばれる昨今へとつながる改正であった。

　長時間労働の抑制策は多岐にわたるが、主に2つの面での対応を企業に迫ることになった。未払残業代問題と、過労死・過労自殺問題である。

⑵　未払残業代問題

　未払残業代問題とは、使用者が労働者を法定の労働時間を超えて労働させておきながら、適正な残業代（時間外割増賃金）を支払わないという問題のことである。上記の改正労働基準法施行後には、労働基準監督署（以下「労基署」という）の監督強化が行われ、未払残業代問題を有する企業に対し、労働基準監督官による是正勧告が相次いで出された。また、労働者からも労基署への法違反の申告や、使用者に対し未払残業代の支払いを求め

第8章　人事労務管理　117

る訴訟等を起こす動きが活発化するようになった。

　たとえば、大相撲の元横綱が経営していた全国展開のちゃんこ料理店は、未払残業代請求問題で資金繰りが悪化し、倒産にまで追い込まれた。この事件により、残業代問題の放置は、労働者の離職による売上減少、残業代支払いに伴う経営悪化等、企業の経営の根幹を揺るがす問題だと実感されるに至ったのである。

　このような動きと軌を一にするかたちで、2011年から上場審査において未払残業代の有無が厳しくチェックされるようになった。

(3)　過労死・過労自殺問題

　過労死・過労自殺問題は長年にわたってその対策が叫ばれてきたが、2014年11月には「過労死等防止対策推進法」（以下「過労死防止法」という）が施行された。この法律によって、過労死・過労自殺に「業務における過重な負荷による脳血管疾患若しくは心臓疾患を原因とする死亡若しくは業務における強い心理的負荷による精神障害を原因とする自殺による死亡」という法的定義がはじめて与えられた。

　長時間労働は「業務における過重な負荷」の1つであり、放置すれば過労死につながる。また、長時間労働を余儀なくされれば「強い心理的負荷」が労働者にかかることも多い。過労死防止法成立前年の2013年には「ブラック企業」という言葉が新語・流行語大賞を受賞したが、その意味は主に労働法を無視し、労働者に長時間労働等を強いる企業という意味で使われることが多い。この時点で、長時間労働防止が企業のコンプライアンス上最優先事項であったといえる。

　ところが2015年に、大手広告代理店に新卒入社後、まだ1年8か月しか経っていない女性社員が過労自殺する悲しい出来事が起きた。この企業は1991年にも若手男性社員の過労自殺事件を起こしていたため、大きく社会問題化した。

　おりしも、内閣府「日本再興戦略改訂2014」のなかに「働き方改革」という言葉が記載され、その認知度が向上し始めた時期でもある。働き方改革の主要な柱の1つに「長時間労働の是正」が掲げられていたことからも、2010年の労働基準法改正から一貫して国が長時間労働対策に取り組んで

きたことがわかる。

　このような社会背景を受けて、上場審査における人事労務管理面の
チェック項目には、未払残業代にとどまらず、長時間労働対策の有無が設
けられるなど、急速にその数が増加している。

　現行の労働関係諸法令を遵守するために、IPO で求められるレベルの労
務管理を実施するだけでも、ベンチャー企業の現場においては負担が重い。
しかしながら、働き方改革のためにさらなる労働法の大改正が予定されて
おり、その点も視野に入れた上場準備を行っていかないといけない。今や
人事労務管理面での入念な対策を抜きにした IPO は考えられない状況に
なっているのである。

●コラム●働き方改革関連法

　2018 年 6 月に働き方改革関連法（正式名称：働き方を推進するための関
連法律の整備に関する法律）が成立した。労働者が、それぞれの事情に応じ
た多様な働き方を選択できる社会を実現する「働き方改革」を総合的に推進
するため、長時間労働の抑制、正規労働者と有期雇用労働者や派遣労働者等
の非正規労働者との間の待遇差の解消等を目的に、主に、罰則つきでの時間
外労働の上限規制や、同一労働同一賃金に関する規制が設けられた。2019
年 4 月 1 日以降、順次施行されることとなっている。

1　罰則つきでの時間外労働の上限規制

　従前は、特別条項つきの労使協定を締結することによって、限度時間（1
か月 45 時間、1 年 360 時間）を超えて社員に時間外労働をさせることが可
能であったが、今回の改正で、特別条項をつけた場合であっても、1 か月
100 時間、1 年 720 時間、2 か月〜6 か月の平均で月 80 時間を超えて時間外
労働および法定休日労働を行わせてはならない、という規制が設けられた。
なお、かかる規制に違反した場合、使用者および担当者は 6 か月以下の懲役
または 30 万円以下の罰金に処せられる可能性がある。

2　同一労働同一賃金の推進

　雇用形態にかかわらない公正な待遇を確保し、正規と非正規労働者間の
不合理な待遇差を禁止する目的のもと、労働契約法、パートタイム労働法（正
式名称：短時間労働者の雇用管理の改善等に関する法律）、労働者派遣法（正
式名称：労働者派遣事業の適正な運営の確保及び派遣労働者の保護等に関
する法律）がそれぞれ改正され、不合理な待遇の禁止、差別的取扱いの禁止、

第 8 章　人事労務管理　119

待遇の説明義務、実行確保措置の整備、紛争解決手段の整備が企業等に求められることになった。

3　その他の改正事項

そのほか、年次有給休暇の時季指定義務の創設、管理監督者に対する労働時間管理の義務化等が定められた。

■キーワード

労働基準法

労働者を保護することを目的に、労働条件の最低基準等を定めた法律。労働者と使用者の間の力関係には格差があり、契約自由の原則に委ねると、労働者に不利な労働条件が強いられる可能性があるため、民法の特別法として制定された。主に、賃金、労働時間、休日、解雇等の労働条件の最低基準や、就業規則の作成届出義務、労基署の労働基準監督官の権限等が定められている。違反には罰則もあり、刑罰法規の性格も有する。

労働契約法

労働者の保護や個別の労働関係の安定に資する目的で、労働契約の成立、変更、継続、終了等の、労働契約に関する基本的事項を定めた法律。労働契約に関しては、相当数の裁判例が蓄積されており、また、私法の一般法である民法の原則を修正した規範が数多く存在するところ、労働契約に関する一般的な原理原則や規範の明文化、法制化の必要性の高まりを受け、労働契約の基本的な理念および労働契約に共通する原則や、判例法理に沿った労働契約の内容の決定および変更に関する民事的ルールを1つの体系としてまとめて、民法の特別法として制定されたものである。

2　フェーズで考える人事労務管理

人事労務管理におけるフェーズは、労働者数が基準となる。今回は、1人〜10人・11人〜30人・31人〜100人の3つに分けて説明しよう。

120　第1編　総　論

図表 1-8-1：人事労務管理の各フェーズ

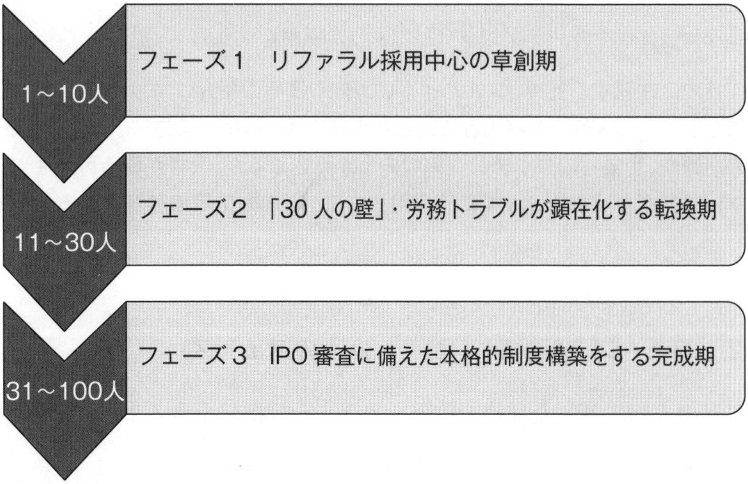

1〜10人	フェーズ1　リファラル採用中心の草創期
11〜30人	フェーズ2　「30人の壁」・労務トラブルが顕在化する転換期
31〜100人	フェーズ3　IPO審査に備えた本格的制度構築をする完成期

(1)　フェーズ1 草創期（1人〜10人のフェーズ）

　経営者が有望な人材の紹介・推薦を、友人・知人、あるいは社員に呼びかけた結果、採用に至る、いわゆるリファラルリクルーティング（リファラル採用）が多い段階の草創期である。

　この段階で入社した労働者は、経営者の個性に直接触れたうえで入社を決断することが多い。また、各種の部分が未整備であることを承知のうえで入社するため、経営陣と苦楽をともにしながら企業を発展させること自体が、モチベーションやロイヤリティ（忠誠心）の源泉となっていることも多い。

　そのため、経営者が「自分についてこい」といったかたちのリーダーシップを発揮していても、労働者からの労務管理面に関するクレームが出るなどのトラブルが発生しにくい。その反面、経営陣のコンプライアンスに対する危機感が乏しくなりがちで、労務環境の整備の遅れというリスクが後に影響しかねない。

第8章　人事労務管理　121

■キーワード

> **リファラルリクルーティング（リファラル採用）**
>
> 　社内に在籍する社員、アルバイト、OB・OG等の紹介により、自社の社風に合っている人や、業務内容に適した人を選考、採用する方法。採用コストの削減や、企業とのマッチング率の向上が見込めるが、人材が偏る可能性や、マッチングがうまくいかずに不採用となるときの対応等の課題もある。

(2) フェーズ2転換期（11人〜30人のフェーズ）

　既存の人脈に頼った採用の段階を過ぎ、一般採用をするようになるが、経営陣は単なる「増員」という意識で、フェーズの変化に気づいていないことが多い転換期である。

　一般採用で入社した労働者は、フェーズ1で採用した労働者とは価値観が異なることが多い。経営者がロイヤリティや帰属意識を一方通行的に求めてもうまく行かず、エンゲージメント、つまり、個人と組織がともに成長する関係であると労働者に納得させる関係の構築が求められる。

　このように価値観が異なる労働者が加わるだけでなく、人数が増えるにつれて階層構造もできるため、横の関係においても縦の関係においても意思疎通の困難に関する問題が顕在化しはじめる。経験的に、労働者数が30人に近づくあたりで、経営者が従来型のリーダーシップで会社全体を統率できなくなるという、マネジメント面での転換期に直面することが多い。

　この、「30人の壁」とでも呼ぶべき転換期には、もう1つの困難が存在する、それは労務トラブルの顕在化である。すなわち、フェーズ1で未整備だった労務管理面のリスクが、社員数の増加とともに、労務トラブルとなって一気に顕在化してくる危険性が高まるということである。一般採用で入社した労働者は、労務の専門知識がなくても、前職の経験と比べたり、ネット等で入手した情報と比較したりして、おかしいと感じた点について次々と質問してくるようになる。これに対し、経営陣は他社でやっているならば自社でもと対応に追われるようになる。

　しかし、仮に正しい制度を導入したとしても、その動機が「他社がやっ

122　第1編　総　論

ているから」というものでは、運用がうまくいかない。意識の高い一部の労働者の権利行使が目立つようになり、社員間に軋轢を生じることすらある。

　場当たり的かつ中途半端な対応の繰り返しでは、労働者は組織の発展に貢献しても、企業が自分の成長に配慮してくれているという実感が持てず、モチベーションの低下のみならず早期離職に直結してしまうおそれすらある。さらには、人員の増加によって対人関係のストレスも増加し、メンタルヘルス問題発生のリスクが上昇してくる。メンタルヘルス不調者への対応は、経営者にとって一大事であるだけでなく、不調者のカバーをする同僚や上司にとっても重大事である。

　トラブル解決後も、企業内環境が疲弊し、職場風土が荒れた影響から、創業メンバーから退職の申出があり、引止めの説得や後任を探すことになることすらある。労務リスク対応を怠ったばかりに、経営陣が本業に時間を割けず、これらの後処理に時間をとられてしまうことが多いのがこのフェーズである。

■キーワード

> #### メンタルヘルス問題
>
> 　長時間労働、仕事上の心身両面のストレス等に起因して、社員がうつ病等の精神疾患に罹患し、場合によっては休職に至ってしまったりや労災認定されたりするとともに、社員から損害賠償を請求されることもあるため、企業としての対応を要する問題のことをいう。対応策として、労働時間の適正な管理、職場環境の改善、人員の適切な配置転換等を行うことにより、長時間労働の抑制やストレスの軽減を図ること等が考えられる。また、労働安全衛生法に定められたストレスチェックを実施すること等により、これらの問題を適時に把握することも重要となる。

> #### 労働安全衛生法
>
> 　労働災害の防止のため、危害防止基準の確立、責任体制の明確化、自主的活動の促進の措置を講ずるなどその防止に関する対策を推進し、職場における社員の安全と健康を確保するとともに、快適な職場環境の形成を促進

第8章　人事労務管理　123

することを目的とした法律。安全衛生管理体制、機械等・有害物に関する規制、健康の保持増進のための措置、快適な職場環境の形成のための措置等を定めている。

⑶　フェーズ3完成期（31人〜100人のフェーズ）

　フェーズ2の最終段階で往々にして直面し、対応に苦慮することが多い「30人の壁」ではあるが、場当たり的な対応で済ますのではなく、将来の発展の礎となる「組織化」や「制度化」に本腰を入れチャンスとしてとらえるべきである。

　フェーズ3は経営者が本格的な制度設計を意識する段階で完成期である。リーダーシップの発揮の方法を、機能的リーダーシップ、つまり、集団を組織化し、権限委譲しつつも、管理と人材育成に力を注ぐスタイルへと転換を図る必要がある。そのためには、人事労務管理担当部門を立ち上げ、経営者と部門担当者が社会保険労務士等専門家のアドバイスを得つつ、制度を設計していくべきである。

　この時期は、IPOをめざす企業はIPOの準備も開始するため、未払残業代問題の有無の確認・清算や、長時間労働問題への対策等、人事労務管理面の体制整備を監査法人・主幹事・証券取引所から求められるようにもなる。当然のことながら、法令遵守の根拠となる確認資料が必要となる。その対応のためにも就業規則等各種の規程整備や書式整備、さらには、賃金制度、人事評価制度の構築や勤怠管理システムの導入等、取り組むべき課題は多い。しかし、この時期にこれらの施策を講じておけば、100人規模の企業に成長しても、十分対応は可能である。

　充実した施策を実施するには、人事労務に詳しい労働者やIPO経験者を採用したいが、即戦力となる人材は労働市場に多くは存在せず、なかなか採用できないこともある。そこで、社会保険労務士等専門家の活用で乗り切ることになるが、自社に合う専門家を見つけることもまた、なかなか難しい面がある。

124　第1編　総　　論

3 フェーズ別の労務ストラテジー

　フェーズ別の労務管理の課題で見てきたとおり、労働者が増えれば、その分労務トラブルの可能性も増えるのが通常である。トラブルを回避する労務ストラテジー（戦略）の中心となるのは、「先手必勝」、つまり先回りの対策である。労務トラブルという結果の発生を予測し、その回避策を自社のみで講じるというのには限界がある。

　IPOを視野に入れるなら、できるだけ早い段階で、自社の理念や具体的なサービス内容を理解してもらえ、IPOへの知見もある社会保険労務士にコンタクトをとって、サポートを求めるべきであろう。

　以下、フェーズ1から3の各段階でとるべき労務ストラテジーを「戦略フェーズ1〜3」というかたちで説明していこう。

(1) 戦略フェーズ1（1人〜10人のフェーズ）

　本格的な一般採用に入る前の、このフェーズで、基本的な人事労務管理の体制を構築しておきたい。特に、就業規則の整備は、労務管理のリスク対策からすると最優先で行っておきたい。

■キーワード

> **就業規則**
>
> 　就業規則とは、法令上の定義規定は置かれていないが、使用者が多数の労働者との間での労働関係をまとめて規律する目的で、従業員の勤務に関する規律と労働条件の具体的細目について作成した社内規程のことをいう。常時10人以上の労働者が存在する場合、使用者は就業規則を作成しなければならず、就業規則を作成する場合は、労働時間、休日、賃金、退職等といった法令で定められている事項を記載し、所轄労働基準監督署長に届け出なければならない。ほとんどの企業では、就業規則という名称の社内規程が作成されているが、それのみならず、賃金規程等も「就業規則」に該当する。

第8章　人事労務管理　125

ア　就業規則の整備

(ア)　なぜ就業規則を整備する必要があるのか

　労働基準法は常時 10 人以上の労働者を使用する使用者に就業規則の作成を義務づけている（労働基準法 89 条）ため、フェーズ 1 の段階では就業規則作成は「まだ必要ない」と判断する経営者も多いが、それでは労務管理上、大きなメリットを受けられないばかりか、後に大きなリスクも抱えることになる。

　就業規則は一種の「約款」であるため、多数の労働者と契約関係を一括して定型的に処理することができる。また、新たに採用した労働者に対しても、合理的な内容かつ周知を条件に就業規則が適用されることになるので、経営者が就業規則を整備しておけば、労働条件の一元的なコントロールが可能になるというメリットがある。また、労働者に懲戒処分を行う場合は、就業規則上に根拠規程を置く必要がある。労働条件の中心的な要素は賃金であるが、賃金と懲戒という、経営者にとっての基本装備ともいえる「アメとムチ」という武器は、就業規則の整備があってはじめて効果的に用いることができる。就業規則が未整備のままということは、「ムチ」が使えないというリスクを抱えていることなのである。

(イ)　就業規則の不利益変更リスク

　さらに、いったん定めた就業規則に関しては、労働者の不利益な内容に変更すること（不利益変更）が困難な面があることにも注意しておきたい。労働契約法では、「使用者は、労働者と合意することなく、就業規則を変更することにより、労働者の不利益に労働契約の内容である労働条件を変更することはできない」（労働契約法 9 条）としている。つまり、労働条件の不利益変更には、原則として労働者の合意が必要だということである。原則として、というのは、変更の内容に合理性があり、変更後の規則を周知すること等の要件を充たせば、労働者の反対があっても変更可能な場合がある（労働契約法 10 条）からである。

　そのため、労働者の合意が得られない場合でも就業規則の変更自体は可能ではある。しかし、いかに経営者が合理性があると考える変更内容であったとしても、不利益変更であるならば、労働者のモチベーションの低下は避けられない。さらに、内容の合理性は最終的には訴訟の場で判断される

ため、訴訟リスクも抱えたままになる。事実、労働条件の不利益変更に関しては、多数の訴訟が提起されている（最大判昭和 43・12・25 民集 22 巻 13 号 3459 頁（秋北バス事件）等）。

　就業規則作成は、後の不利益変更リスクまで視野に入れたものでなければならないということである。

■キーワード

> **労働条件の不利益変更の禁止**
>
> 　使用者は、労働者が合意することなく、労働契約の内容である労働条件を、労働者の不利益になるよう変更することはできず（労働契約法 9 条）、これを「労働条件の不利益変更の禁止の原則」という。不利益変更の例として、賃金を切り下げることや、福利厚生を削減することがあげられる。なお、不利益変更禁止の原則の例外も労働契約法で明文化されており、自由な意思に基づく労働者との合意がある場合や、労働条件を就業規則の変更により変更するにあたって、労働条件の記載された就業規則の変更に合理性があり、その就業規則が労働者に周知されている場合には、その変更後の労働条件は有効なものであると定められている。

　㈥　就業規則で労務トラブルを予防する

　すでに見てきたように、労働者数が増えると労務トラブルはどうしても増加する傾向にある。この労務トラブルをできるだけ予防し、あるいは、発生してしまった場合に早期解決するためにこそ就業規則があるといっても過言ではない。

　就業規則がないと、労働者から「結婚するのですが、新婚旅行で休暇がとれますか？」、「育休はとれますか？」、「家賃補助はありますか？」などの質問・要望が出るたびに、場当たり的に企業としてどうするかを決めて行くことにならざるをえない。それでは日々の業務が滞るし、間違って投げやりな対応等をしてしまえば労働者は不満を抱く。不満は場合によっては、労働者の離職や訴訟の提起等を引き起こす引き金となりかねない。だからこそ、このフェーズで就業規則を作成しておくべきなのである。

　就業規則を他社のコピペ（コピーアンドペースト）で作ってはいけない理

第 8 章　人事労務管理　127

由がここにある。仮に同業他社の就業規則を参考にすることができても、自社ではまだ導入できるような余裕がない制度が記載されているかもしれない。それをコピペしてしまったら「絵に描いた餅」となり、労働者の不満を呼ぶばかりである。

　自社の現状と今後の方向性をふまえつつ、できれば労働者の意見も取り入れながら就業規則を作成していきたい。その際に、社会保険労務士は労使双方のファシリテーター役として、さらには、真に参考にすべき他社の事例の紹介役として、大いに活躍してくれるはずである。

　　㈨　就業規則は先手必勝の「先手」

　労務ストラテジーの中心となるのは「先手必勝」という考え方だと前述したが、この就業規則作成こそが、その「先手」である。フェーズ1の段階で社会保険労務士にアドバイスを受けながら就業規則を作成すれば、労働者の人数が増加した後も通用可能な就業規則となる。たとえば、給与の締日や支払日は、月次決算や資金繰り等をふまえた長期的な目線で決定する必要があるが、専門家のアドバイスを受けるなかで、変更の必要性に気がついても、この段階ならば変更も比較的容易に行える。しかし、労働者数が増加すると、大変な困難事となってしまう。このようにフェーズ1での就業規則作成は、フェーズ2以降の労務リスクを減らすためにも大きな意義がある。

イ　給与計算システムの整備

　賃金規程等の就業規則の整備とともに、給与計算システムの整備もしておきたい。労働者数が少ない段階では、特別な給与計算ソフト等を用いずとも給与計算可能なため、こちらも「まだ必要ない」と判断する経営者が多い。しかし、この段階でシステム整備に着手しておくことをおすすめしたい。

　労働者数が増加してから、給与計算システムを導入したり、あるいは社会保険労務士に給与計算を委託するような場合、データの移行作業に思わぬ時間と手間がとられることが多い。フェーズ1後半の段階でなら、その移行に関しても比較的時間と手間が少なくて済む。

　さらに、「システムに合わせる」ことにはメリットがある。それは、「労務管理の誤りに気づく」可能性があるということである。給与計算システ

ムは労働法や税法等に基づいて作られているため、システム利用に必要な基礎データを入力していく段階で、たとえば時間外割増賃金の計算を誤っていたことに気がつくこともある。社会保険労務士に給与計算を委託する場合も同様で、この段階で誤りを指摘されることが多々ある。このことは、IPOをめざす企業においては、IPO審査の際に厳しくチェックされる「未払残業代」問題のリスクを減らすことにもなる。

ウ 社会保険加入等フローの整備

社会保険加入とその後の手続等の基本的体制も構築し、手続のフローを明確化しておきたい。社会保険に関する手続が迅速に行われないと、たとえば保険証ができあがるのが遅いと不満を持たれる。この体制整備は、将来のことも見据えて整備することをおすすめする。

⑵ 戦略フェーズ2（11人～30人のフェーズ）

ア 基本はフェーズ1

あくまで、労務管理の基本はフェーズ1にある。就業規則の作成等、フェーズ1で記した内容の整備に未着手の場合は、その対応が最優先課題となる。

イ フェーズ2は組織デザイン、人材育成・評価に力を注ぐ時期

IPOをめざす企業では、IPO準備が開始する前のこのフェーズで、現状の組織図と未来の組織図を作成し、不足しているポジションの人材確保を行うこと。どのベンチャーもマネージャーが不足するので、マネージャーを社内で育成するのか、外部から雇用するのか決めなくてはならない。社内で育成する場合は、教育も必要になる。

そして、人事評価制度を構築すること。人事評価制度の目的は、社内の意識を統一し、労働者を育成させ、勘や前職の給与水準で決めていた給与を公平なものにするためである。人事評価制度は、構築期間が数か月かかるので、このフェーズから構築を始めるのをおすすめする。

このフェーズで人事評価制度を構築することは、早いのではないかと思われるかもしれないが、人事評価制度は今の労働者だけではなく、今から

第8章 人事労務管理 129

入社する人や育成スケジュールも見据え構築するので、それに基づき採用もでき、労働者同士の給与も公平なものになり、将来に向かって不満をためさせる要素を排除することができる。

　ちなみに、組織図を反映した組織に関する規程も、人事評価に関する規程も、「就業規則」の一部となるため、やはり社会保険労務士のアドバイスを受けつつ作成することをおすすめする。

⑶　戦略フェーズ3（31人～100人のフェーズ）

　IPO準備に向けて動き出す時期である。人事労務管理で行うべきことをリスト化し、優先順位を決めて取り組むことになる。なかにはA4・1枚の書類作成程度で済むものもあるので、監査法人と契約する前の、まだバックオフィスに時間があるときに着手していくのをおすすめする。

　ただ、人事労務管理と一口にいっても、細分化されており、すべてを自社のみで対応するのは難しい面がある。しかし、フェーズ2までに、労働保険・社会保険の諸法令に従って、就業規則の各項目を整備していれば、作成した就業規則をもとにして自社の現状を精査することができる。この方法ならば、人事労務管理の不足面や問題点を比較的容易に洗い出すことができる。これがいわゆる「労務監査」と呼ばれるものである。

　この「労務監査」を社会保険労務士に依頼すれば、人事労務管理の各面において、法令が遵守されているか、チェックリストのかたちで明確化してくれる。この結果はそのまま、IPO審査に向けての対策リストとなるため、ぜひ社会保険労務士に労務監査でコンプライアンス面をチェックしてもらうべきである。

　前2フェーズの段階から社会保険労務士に就業規則作成等を依頼していれば、ここまで成長した背景も十分に理解してくれるため、労務監査も的確に行ってくれるだろう。

　もちろん、労務監査を行うだけでは駄目で、発見した問題点を改善し、以後も会社の労務管理の細部にまで神経を行き渡らせる必要があるため、そろそろ、IPO支援の可能な社会保険労務士と顧問契約し、定期訪問等の充実したサポートを受けられる関係を築いておきたいところである。

130　第1編　総　論

4 労働者の採用および人事労務管理

上場とは、多くの人々の投資対象になることであり、安定的で継続的な収益基盤とリスク軽減が求められる。人事労務管理において求められることは、経営活動が安定的に継続的に収益基盤を有すことができるための適正な人員確保と、経営に重大な影響を与えないよう未然にリスク回避ができる法令遵守の体制整備である。

(1) 残業代および残業時間

企業経営に重大な影響を与えないよう未然にリスク回避ができる法令遵守の体制整備が必要だが、最もハードルが高いのが、残業代および残業時間である。

ア 未払残業代の清算

上場準備の人事労務管理において、最大の難関は未払残業代の清算である。多くのベンチャー企業が未払残業代を抱えていると思われる。2017年にはヤマト運輸が総額230億円もの未払残業代を清算すると発表し世間をにぎわせたが、もし清算せずに上場し上場後に多額の未払残業代を請求されれば、予定外の支出が発生し当初の予実どおりには遂行できず、業績予想等の修正を余儀なくされる可能性がある。

だからこそ、IPOをめざす企業では、IPO前に未払残業代を清算しなければならないが、そもそも労働者の労働時間に関する記録等の勤怠管理を行っていないため、未払残業代がいくらになるか計算できなかったり、資金が用意できなかったりとなかなか清算が進まない。残業代請求の時効は2年（労働基準法115条）であるため、多数の労働者に2年間遡及して支払うとなると、その金額は莫大なものとなりかねないため、企業にとっては死活問題とすらなりうるのである。

イ 勤怠管理

勤怠管理とは、使用者が労働者の就業状況を適正に把握することをいう。

具体的には、出退勤の時刻、時間外労働の有無およびその時間、年次有給休暇の取得の状況等がその対象となる。勤怠管理は、タイムカード等に記録することのみが目的ではなく、法定の時間外労働の限度時間と健康が確保できる範囲を超えないようにすることも目的である。

　ベンチャー企業においてはそもそも勤怠管理をしていない企業も多いが、労働時間の把握は使用者の義務であり、厚生労働省「労働時間の適正な把握のために使用者が講ずべき措置に関するガイドライン」（2017年1月20日）に従って行われる必要がある。

ウ　残業時間と 36 協定

　36協定（サンロク協定またはサブロク協定）とは、労働時間の基本的な上限は、1週40時間、1日8時間と定められているが（労働基準法32条）、それを超える労働を命じる場合には、労使協定を締結する必要があり、結果として締結された協定のことをいう。労働基準法36条に基づくため、そう呼ばれている。

　基本的な36協定の1月の上限残業時間は、45時間が上限である。特別条項を定めると45時間以上可能であるが、2018年の労働基準法改正により、上限を100時間（2か月～6か月の平均は80時間）とする罰則つきの上限規制が設けられた。加えて、特別条項の発動による上限の拡大は「年6回」までであることに注意を要する。

　さらに、36協定の範囲内であれば限界まで残業をさせてよいというものでもなく、労働者の健康確保の点からも考える必要があるため、多忙な上場準備中においても、労基署から長時間労働を是正するよう指導が入ることもありうる。人員を強化し、36協定の範囲内の残業時間でも耐えうる継続的な組織を構築することが求められる。

■キーワード

36協定（サンロク協定またはサブロク協定）
使用者と労働者過半数代表（または労働組合）との間で締結される労使協定の一種である。時間外労働禁止の例外を定めた労働基準法36条に関連す

る労使協定であるため、36協定といわれる。労働基準法は1日8時間1週間40時間を超えて労働させてはならないという原則を定めているが、現実にはこの時間を超えて労働しなければならないことが想定されるため、ほとんどの企業において、36協定が締結されている。この協定を締結することにより、1か月あたり45時間の残業（時間外労働）時間が認められ、また特別条項を定めることにより、1か月あたり45時間を超えて100時間まで残業させることが可能である（ただし、その月を含む2か月から6か月の平均残業時間は80時間を超えてはならない）。これに違反した場合、6か月以下の懲役または30万円以下の罰金が科せられる。

(2) 退職

経営活動が安定的に継続的に収益基盤を確立するための適正な人員確保が求められるが、離職率が高ければそれらを達成することはできない。そして解雇者が多ければ訴訟等のリスクも高まる。

ア 離職率

離職率とは、直近1年間の離職者数÷労働者数×100（％）のことをいう。離職率が高ければ、当初予定していた業務をスケジュールどおりに遂行できず、業績が未達になる。離職率を単なる働きやすい企業かどうか程度にしかとらえていない企業があるが、そんな生ぬるいものではない。労働者が大量に退職している場合は、その要因となる背景まで確認される。離職率が低くなるようさまざまな施策を実施する必要がある。

イ 解雇

解雇とは、企業による労働契約の解約のことをいう。解雇者が多ければ経営活動は安定的・継続的に遂行することはできない。採用や教育制度の見直し、解雇における訴訟やユニオン（合同労働組合）のリスクの洗い出しをしなければならない。裁判所やユニオンに駆け込まれると、長期化する場合も多く、近年はメディアも大きく報道するため、金銭だけではなく、風評被害、新規採用、労働者の士気低下にまで影響を与えてしまう。

第8章　人事労務管理　133

■キーワード

> **退職**
>
> 　一般的に、社員が自発的にまたは定年によって職を去ることをいう。退職に関する事項については、就業規則に記載されなければならない（労働基準法89条3号）。

> **解雇**
>
> 　企業が、労働者との労働契約を、将来に向かって一方的に解約することをいう。解雇の種類としては、その原因に応じて、普通解雇、整理解雇、懲戒解雇に分けられることがある。解雇の可否に関する一般的な考え方については、現在は、労働契約法で定められている。有期雇用契約の場合は、企業はその期間中原則として社員を解雇できず、「やむを得ない事由」があるときにのみ解雇が可能である（労働契約法17条1項）。無期雇用契約の場合は、客観的に合理的な理由を欠き、社会通念上相当であると認められる場合を除き、解雇することができない。

(3) 組織および人事評価制度

　上場をめざすうえでは、安定的、継続的に経営活動ができるよう適切な内部管理体制および人材の育成が求められる。

ア　組織

　上場で求められる組織とは、管理組織が整備、運用され、事故や不正等を未然に防止する体制のことをいう。

　内部管理体制を有効にするため、横領が起きない経理事務の体制はもちろんのこと、不正を防止する内部牽制が機能することを目的に業務フローを決め、各規程に落とし込み実行していく。

　組織の体制として重要なのは、代表取締役を含めた役職者の兼務があるかどうかである。有効な牽制機能を確保するため、特に横兼務がないよう必要な人員の確保をしなくてはならない。

イ　人事評価制度

　人事評価制度とは、労働者の業務の一定期間の業績、能力、態度・意欲を人事労務管理が定めた制度・方法に従って評価することをいう。

　上場前は、経営者の独断と偏見で昇格、昇給を行っているケースが多いが、目標を設定し、公平性と納得性がある人事評価制度を構築しなければならない。特に、特殊な資格や専門的な知識・技能等が必要な場合は育成体制の構築、賃金差は責任度合いや役割に見合うものでなければならない。

⑷　労務トラブル等その他

　労務トラブル（労使トラブル、労使紛争）とは、使用者と労働者の間におけるさまざまな労働関係上のトラブルのことをいう。労務トラブルは、企業と労働者との間の個別的労働紛争と、企業と労働組合との間の集団的労働紛争とに大別される。

　個別的労働紛争が発生すると、労働者の離職問題への対応や、労基署対応、さらには訴訟等への対応等を迫られ、多大なコストと時間を要することになる。対して、集団的労働紛争については、ベンチャー企業の場合、企業別労働組合が存在しない場合が大多数であるため、そのリスクは存在しないと思われがちである。しかし、1人でも加入が可能な外部の合同労組（ユニオン）に労働者が相談・加入する場合があることに注意を要する。合同労組（ユニオン）から団体交渉を申し込まれた場合に、誠実に対応しないと団交拒否等の不当労働行為（労働組合法7条）となってしまう。

　以上のように、発生後の事後処理に関して多大のリスクがある労務トラブルは、未然防止のための体制を構築し、適切に運用することが何より重要となる。

■キーワード

> **労働組合法**
>
> 　労働者が、企業との交渉において対等の立場に立つことを促進することによってその地位を向上させること、労働者が自主的に労働組合を組織し団結することを擁護すること等を目的とした法律。労働組合を組織するこ

とや、労働協約を締結するための団体交渉をすること等を保障し、不当労働行為、正当な組合活動に対する民事上・刑事上の免責等について規定している。

個別的労働紛争

労働者個人と企業との間での、解雇、雇止め、労働条件の引下げ等の労働条件や、いじめ・いやがらせ等の職場環境等に関する紛争をいう。

集団的労働紛争

労働組合と企業との間での、労働協約、団体行動等の労働条件や労使関係に関する紛争をいう。

不当労働行為

企業による、労働組合活動に対する妨害行為をいう。労働組合法7条では、労働者が組合員であることを理由とする解雇その他の不利益取扱い、正当な理由のない団体交渉の拒否、労働組合の運営等に対する支配介入および経費援助が、不当労働行為として禁止されている。なお、不当労働行為を行った企業に対して刑事罰はないが、労働委員会が、企業に対し一定の命令を発することができる。

ア　就業規則

就業規則とは、労働者が就業上遵守すべき規律および労働条件に関する具体的細目について、労働基準法等の法令に基づいて定められた規則のことをいう。常時10人以上の労働者を使用する者は、労基署に届出も行わなくてはならない（労働基準法89条）。「賃金規程」「旅費規程」等、タイトルが就業規則となっていなくても、上記の定義に該当するならば、「就業規則」となることに注意を要する。

就業規則の記載内容は多岐にわたるが、リスク対応の観点からは、懲戒処分、休職、服務規律が中心的な内容となる。

懲戒処分とは、企業が労働者の企業秩序違反行為に対して科す制裁罰のことをいう。制裁罰の判断は、上場する以上、必要性と相当性があるかを

判断するため会社から一方的に科すのではなく、懲罰委員会を開催し判断することになる。ただ、ここで科すことができる制裁罰は就業規則の記載に基づいて判断をする。そのため就業規則の記載がない行為に対しては原則として制裁罰を科すことができない。

　休職とは、労務に従事させることが不能または不適当な事由が生じた場合に、企業がその労働者に対し労働契約関係そのものは維持させながら労働義務を一時消滅させることをいう。懲戒処分同様、休職も就業規則の記載に基づいて判断することになるので、想定しうる休職事由を盛り込んでおかねばならない。

　服務規律とは、労働者の行動規範のことをいう。たとえば、ベンチャー企業では自由な服装や髪形が認められている場合が多いが、金髪で出勤することまで認めるのかどうかなど、企業としての許容範囲や禁止事項を盛り込んでおくべきである。

　労務トラブルの予防とは、企業と労働者で価値観の相違がないようにすることであり、その対策として就業規則は有効である。

イ　雇用契約書

　まず労働契約法では、雇用契約（労働契約）とは、労働者が使用者に使用されて労働し、使用者がこれに対して賃金を支払うことを内容とする契約であると定めている（労働契約法6条）。この労働契約は、書面の作成を必要としない契約（不要式契約）なので、口約束でも成立する。そのため、契約書（労働契約書・雇用契約書）を作成しないまま、労働者を雇っている企業もある。労働基準法では、契約締結の際に「労働条件通知書」を交付することを義務づけていることから、「雇用契約書兼労働条件通知書」というかたちで契約書面を作成しておくことが、便宜上も後の労務トラブル予防の観点からも望ましい。

　ベンチャー企業では、書面で契約を交わさずに労務提供を始めたり、求人内容と異なった契約書を締結させたりするが、労働者が聞いていた給与額や業務内容と異なるとトラブルになり、せっかく採用したのに離職していってしまうケースが多々ある。このような事態を防ぐため、2018年1月1日に改正職業安定法が施行され、求人の際に明示すべき労働条件の追加

や、労働条件変更に関する規定が整備されたので遵守が必要である。

ウ　固定残業代制度

　固定残業代（定額残業代）制度とは、一定時間分の時間外労働、休日労働および深夜労働に対して定額で支払われる割増賃金のことをいう。

　ベンチャー企業でも取り入れているところが多いが、企業で定めた一定時間分を超えれば追加で残業代を支給しなくてはならず、支給していなければ未払残業代となり、上場前の清算の対象であり、労働者から請求されるリスクを抱えることになる。

エ　労基署の調査

　労基署の調査（臨検監督）とは、労働基準法（およびその関係法規）の規制の実効性を確保するために、行政監督を行うことをいう。定期監督、災害時監督、申告監督、そして、是正勧告を受けた後、是正報告書を提出しなかった場合の再監督の4種類がある。

　ベンチャー企業では創業から日が浅く労基署に調査に入られていない場合が多いが、もし調査に入られており是正勧告を受けていれば、上場審査において、その内容、是正勧告後に再発防止に向けた対応が全社的にどう講じられたか、上場審査時点でどのような体制整備が図られているかを確認される。

オ　ハラスメント

　ハラスメントは、民事上の個別労働紛争の相談件数、助言・指導の申出件数、あっせんの申請件数のすべてでトップの相談項目であり、ハラスメントを受けている労働者は不満がたまりパフォーマンスが低下し、退職の理由となる。適正な人員の確保および訴訟リスク回避のためにも、企業は、ハラスメント研修や相談窓口の設置、ハラスメント防止規程の作成等対策を講じていく必要がある。

■キーワード

> **ハラスメント**
>
> いじめや嫌がらせのことをいう。ここでは、主に職場におけるいじめ、嫌がらせ、精神的な暴力等を指す。ハラスメントには、性的な嫌がらせを指すセクシュアルハラスメント（セクハラ）、上司等が自らの権力や立場を利用して行う嫌がらせを指すパワーハラスメント（パワハラ）、妊婦に対して妊娠を理由に行う嫌がらせを指すマタニティハラスメント（マタハラ）等がある。

カ 労働保険・社会保険加入

労働保険とは、労災保険（労働者災害補償保険）と雇用保険のことをいう。社会保険とは、健康保険と厚生年金保険のことをいう。労災保険は労働者全員に加入義務があり、雇用保険は1週間の所定労働時間が20時間以上（学生は原則対象外）、健康保険と厚生年金保険は1週間の所定労働時間が30時間以上（通常の労働者の所定労働時間の3/4以上の者が対象・労働者数501人以上の企業は週20時間以上から対象）である。

それぞれの保険によって加入条件が異なるため、パートやアルバイト等の時短勤務者を雇用する場合は、加入もれがないような体制をとらなくてはならない。たとえば、週40時間の在学中の学生アルバイトがいた場合、健康保険と厚生年金保険は加入対象だが、雇用保険は加入対象ではないので注意が必要である。

キ インターンシップと労働者性

インターンシップとは、学生が企業等において実習・研修的な就業体験をする制度のことである。

労働者性とは、契約の名称がインターンシップであっても、仕事の依頼、業務遂行の指示等に対する許諾の自由の有無、業務の内容および遂行方法に対する指揮命令の有無、代替性の有無、機械・器具の負担関係、報酬の額等を総合的に判断した結果、労働者であるとみなされることである。

インターンシップという名にかこつけて、実態は長期間にわたって労働をさせているにもかかわらず、無給のケースがある。近年はだいぶ改善し

てきたとはいえ、まだまだ無給で働かせている企業はあるので、給与を支給しなくてはならない。

●コラム●ベンチャー企業専門の社会保険労務士の存在

1　社会保険労務士とは

社会保険労務士とは、「労働及び社会保険に関する法令の円滑な実施に寄与するとともに、事業の健全な発達と労働者等の福祉の向上に資すること」（社会保険労務士法1条）を目的とする国家資格者のことをいう。

業務内容としては、労働および社会保険に関する法令に基づいて申請書および帳簿書類等の作成、給与計算等である。近年は、労働および社会保険に関する法令の相談・指導での需要が伸びている（社会保険労務士法1条、2条）。

2　社会保険労務士の活用方法

自社で労働および社会保険に関する申請書および帳簿書類を作成し、もれなく完璧にこなすことは難しい。筆者が、企業へ訪問しヒアリングすると、どの企業ももれや解釈違いがあり、知らず知らずのうちに法令に違反している。

労働者側の労働法知識が急激に高まっており、労働者から企業へ自社の労働法対応に対する質問が増加している。質問に答える際、知らないからと無下にしたり、適当にごまかしたりしているケースがある。

このようなときこそ、社会保険労務士に依頼をすれば、もれや解釈違いを防げ、労働者へも真摯な回答ができ、企業として法令遵守や労務トラブル予防等「守り」を固め、成長することができる。

3　ベンチャー企業専門の社会保険労務士に依頼する利点

利点は、以下があげられる。

① 自社の業務内容に理解がある

ベンチャーは、今までになかった新しい領域にチャレンジをしている。自社の業務内容に理解がある人であれば、働き方や賃金の支給方法等適したものをアドバイスしてもらえる。

② IPO対応をしてもらえる

ベンチャー企業は資金調達するために、IPOをめざすことになる。IPO準備時には、会社法や会計基準への対応だけではなく、労働法に対してもさらなる法令遵守が求められ、主幹事証券会社や取引所からの質問事項にも答えていくことになる。自社だけでは知識・リソース不足に陥るので、IPO対応をしてくれる社会保険労務士に依頼すると心強い。

③　フェーズごとでの適切なアドバイスをもらえる

　企業の成長速度の早いベンチャーは、フェーズごとでポイントを押さえることが重要になる。フェーズごとに先回りしたサポートをしてくれる社会保険労務士に依頼することが重要である。

　社会保険労務士を活用することは、企業の成長を加速させる近道でもある。

第2編

各　論

第1章
自動運転

1 新規ビジネスの概要

(1) 業界の動向

ア 総論

　自動運転車とは、自動車の制御、すなわち「走る・止まる・曲がる」という、これまでは運転者が実施してきた運転タスクの全部または一部を、運転者に代えて人工知能を用いたシステムに実施させる車である。2018年における日本国内での交通事故件数は43万601件、交通事故死者数は3532人に及ぶが（警察庁「平成30年中の交通死亡事故の発生状況及び道路交通法違反取締り状況等について」（2019年2月14日））、仮に自動車が、すべて完全な自動運転車のみとなった場合、理論的には人的ミスによる交通事故を限りなくゼロに近づけることが可能となる。また、昨今、自動車運送業では人手不足にあるといわれているが、自動運転車が導入された場合には、この人手不足を解決することが期待できる。加えて、自動運転化が進むことにより、自動車は、所有し使用する対象から、移動サービスのためにつど利用する対象となり、自動車メーカーのビジネスのあり方についても大きく変革する可能性がある。

　2019年6月現在、自動運転車は、少なくともシステムが運転タスクをすべて実施するというレベルには至っておらず、まだ開発や実証実験が進められている段階にあり、交通法規や安全基準等についても検討が進められている段階にすぎない。しかしながら、歴史を振り返れば、インターネット、携帯電話、特にスマートフォン等社会を大きく変革させるテクノロジーは、規制や法規が十分に整う前に、瞬時に普及しており、同様に自動運転

第1章　自動運転　145

車についても一挙に大きなビジネスとなる可能性がある。したがって、まだ市場において実用化されたとはいえない現時点から、新規ビジネスをにらんで法的な要点をつかんでおくことの意義は大きい。

イ　自動運転車の開発状況

高度情報通信ネットワーク社会推進戦略本部（IT総合戦略本部）が公表した「官民ITS構想・ロードマップ2018」（2018年6月15日）において採用しているSAE（米国自動車技術会）のJ3016での定義に従えば、自動運転は運転タスクを実施する主体およびレベルに応じレベル0からレベル5まで6段階に分類される。このうち、SAEレベル0からSAEレベル2は、運転者が少なくとも一部の運転タスクを実施し、システムはあくまで補助にとどまるものであるが、これらについてはすでに市販車に実装されている。すなわち、衝突被害軽減ブレーキ（SAEレベル1）は、すでに多くの車種に実装され、高速道路等でのオートクルーズコントロール機能（自動追尾機能、SAEレベル2に相当）についても、一部の車種に実装されている。

他方で、自動運転システムがすべての運転タスクを実施することを前提としたSAEレベル3以上の自動運転機能については、いまだ市販車において実装されている段階にはなく、公道での実証実験が行われるにとどまっている。

図表 2-1-1：自動運転の技術レベル分類（SAE による分類）

レベル	概要	安全運転に係る監視、対応主体
運転者が一部またはすべての動的運転タスクを実行		
SAE レベル 0 運転自動化なし	・　運転者がすべての動的運転タスクを実行	運転者
SAE レベル 1 運転支援	・　システムが縦方向または横方向のいずれかの車両運動制御のサブタスクを限定領域において実行	運転者

146　第 2 編　各　　論

SAE レベル2 部分運転自動化	・ システムが縦方向および横方向 両方の車両運動制御のサブタスク を限定領域において実行	運転者
自動運転システムが（作動時は）すべての動的運転タスクを実行		
SAE レベル3 条件付運転自動化	・ システムがすべての動的運転タ スクを限定領域において実行 ・ 作動継続が困難な場合は、シス テムの介入要求等に適切に応答	システム （作動継続が困難 な場合は運転者）
SAE レベル4 高度運転自動化	・ システムがすべての動的運転タ スクおよび作動継続が困難な場合 への応答を限定領域において実行	システム
SAE レベル5 完全運転自動化	・ システムがすべての動的運転タ スクおよび作動継続が困難な場合 への応答を無制限に（すなわち、 限定領域内ではない）実行	システム

　なお、本章において「自動運転車」という用語を使用する際には、すでに市販車に実装されている運転支援機能と区別するため、この SAE レベル3以上、すなわち自動運転システムがすべての動的運転タスクを実施するもののみを指すこととする。

ウ　自動運転のしくみ

　自動運転車の技術的なしくみは、概要、①カメラ、ミリ波レーダー、超音波センサー等を通じて周辺の情報を取り込み、②コネクティッドカー等の通信機能を通じて外部から提供される高度な地図情報や他の車両の状況等のデータと組み合わせ、③車両に搭載された AI または通信機能を通じて接続された外部 AI から得られた情報を認知し、状況の判断を行って、④判断に従って、車両を制御するものである。

第1章　自動運転　147

図表 2-1-2：自動運転のしくみ

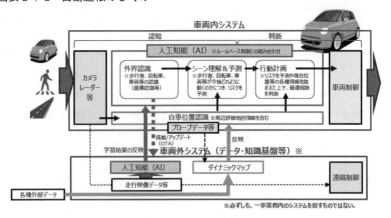

出典：高度情報通信ネットワーク社会推進戦略本部・官民データ活用推進戦略会議「官民 ITS 構想・ロードマップ 2018」（2018 年 6 月 15 日）14 頁

■キーワード

> コネクティッド、コネクティッドカー
>
> 　通信機器を通じて、インターネットと常時接続されている自動車のこと。インターネットと接続することにより、自動車の走行データが収集・集積され新規ビジネスや技術開発等に活用される一方で、自動車の利用者は地図情報やソフトウェアの適時の更新、非常時の自動通報、適時の技術サポートなどのサービスを受けることができる。

(2) 事例

　自動運転を用いた新規ビジネスとしては、少なくとも初期の段階では、市販される自動運転車がかなり高額になることが予想されることから、自動運転車をカスタマーに販売するという従来型の物品提供型ビジネスではなく、自動運転車を輸送手段その他のサービスの提供のために活用するというサービス提供型のビジネスが考えられる。いわゆる Mobility As A Service（MaaS）への活用である。MaaS とは、本来的には複数の交通手段をシームレスに接続することを指しているが、自動運転車を用いて提供され

るサービスの範囲は、単に交通手段提供サービスにとどまらず、交通手段提供サービスと融合して提供される他のサービスにも拡大しており、たとえば、自動運転車を使用して、指定した場所に、10分単位で配送時間を指定して、宅配便を配送する貨物運送サービス（無人ロボ配送）、指定した場所に、商品を積んだ自動運転車がやってきて買い物を行うことができるサービス（移動型コンビニ）、自動運転車内部を居室空間にして宿泊施設として提供するとともに、いながらにして移動できるサービス（移動型ホテル）等が考えられる。このような MaaS 関連ビジネスは、自動車メーカーからの MaaS 専用車の提供、MaaS 専用車を利用するための配車システム等のプラットフォームの提供、そして MaaS 専用車へのサービスの付加といった要素から成り立っている。

図表 2-1-3：MaaS 関連ビジネスの商流図の例

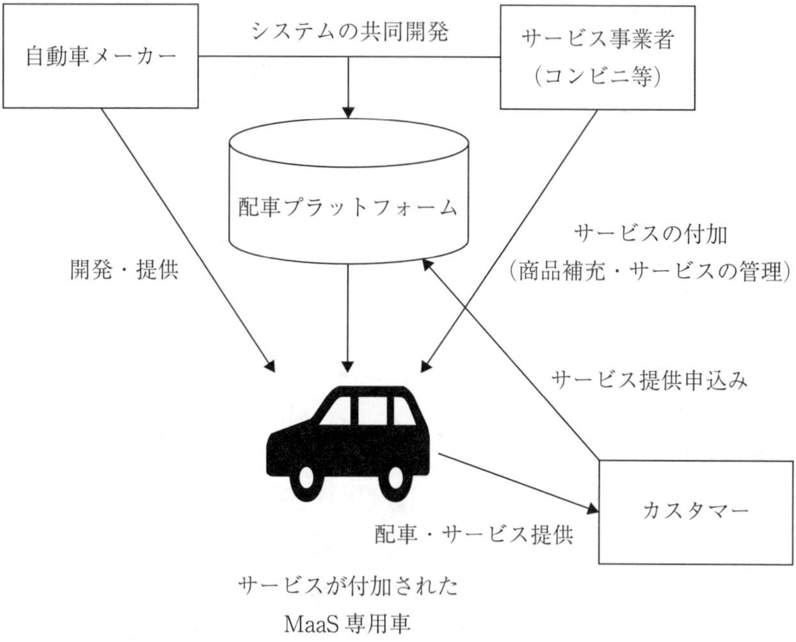

自動車メーカー ── システムの共同開発 ── サービス事業者（コンビニ等）

配車プラットフォーム

開発・提供

サービスの付加
（商品補充・サービスの管理）

サービス提供申込み

カスタマー

配車・サービス提供

サービスが付加された
MaaS 専用車

カスタマーへのサービス提供主体としては、サービス事業者のみ（自動車メーカーは車両とプラットフォームのみを販売 or レンタル）する場合と、自動車メーカーとサービス事業者が共同して JV を設立するなど、いくつか選択肢が考えられる。

第1章　自動運転　149

■キーワード

Mobility As A Service、MaaS

　MaaS とは、本来的には複数の交通手段をシームレスに接続することをいうが、MaaS ビジネスの先駆者であるフィンランドの MaaS Global 社の定義によれば、移動手段として複数の交通手段を一体として検討でき、また支払い等も一元化することにより、経営主体が異なる鉄道、バス、タクシー、ライドシェア等複数の交通手段にまたがって移動する場合でも、あたかも 1 つの輸送サービスを受けているかのような利便性を実現することをめざす考え方である。

　MaaS の理念を実現するためには、ICT 技術のみならず、自動運転、コネクティッド等の技術も活用されることが期待される。

(3) 事例分析

　自動運転車を用いてビジネスを行う場合、交通手段提供サービスに付加されるサービスの内容がどのようなものであっても、そもそも、自動運転車を公道で走行させるものであるため、道路の走行に関する規制や車両に関する規制等の、道路運送の利用者の利益や自動車の安全性を守る観点から課せられる規制にどのように対応するかを検討する必要がある。また、自動運転車を用いたビジネスは、ドライバーが実際に自動車を運転しない、無人での運転が想定されるため、自動車事故が発生した場合に、どの主体が民事上の責任を負うことがあるのかについて考えておく必要がある。さらに、自動運転車を用いて行われるサービスが、宅配荷物や商品等の貨物の運送であったり、旅客の運送であったりする場合には、自動車の場合と同様、人の生命身体および財産に影響を及ぼしうるものであるため、貨物の運送に関する規制、旅客の運送に関する規制が問題となる。

　具体的には、自動運転車を使用して MaaS 関連ビジネスを行うためには、主に、次の点をクリアする必要がある（かっこ内は関係する法令）。

> ①　自動運転車が公道を走行するために遵守しなければならないルールを明確化（道路交通法）

150　第 2 編　各　論

② 自動運転車による公道での事故による責任を明確化（自賠法・製造物責任法）

③ 自動運転車がクリアしなければならない安全基準の明確化（道路運送車両法および道路運送車両の保安基準）

④ 自動運転車を使用することを前提とした旅客運送事業、貨物運送事業の許可の取得、または許可が不要であることを確認（道路運送法・貨物自動車運送事業法）

■キーワード

道路交通法

道路における危険の防止や円滑な交通の確保等を目的とし、道路における歩行者の通行ルール、車両・路面電車等の走行ルール、運転免許制度、道路使用許可等の規制を定めている。

自賠法

自動車損害賠償保障法。自動車事故の被害者の救済を主たる目的とし、加害者側による損害賠償を保障するための運行供用者責任や強制保険である自賠責保険等の制度を定める法律である。自賠法の定める各制度は、自動車事故の被害者の早期救済のために不可欠な制度として定着している。

道路運送法

道路運送事業の運営を適正かつ合理的な運営とし、輸送の安全の確保、利用者の利益の保護、および道路運送事業の総合的な発達を図ること等を目的とし、乗合バス、貸切バス、タクシー等の旅客自動車運送事業と、レンタカー事業等の自家用自動車有償貸渡事業、有料道路等の自動車道事業等について、事業許可・登録、運賃認可制等の事業規制を定めている。

道路運送車両法

自動車の所有権の公証、安全整備、環境保全のための対策、整備技術の向上等を目的とし、自動車登録制度、自動車の保安基準、自動車の点検整備制度、車検制度等について定めている。

第1章 自動運転 151

> **貨物自動車運送事業法**
>
> 　自動車による貨物運送事業について、輸送の安全を確保するとともに、貨物自動車運送事業の健全な発達を目的とし、事業の許可制度や事業者がとらなければならない安全確保措置等、貨物自動車運送事業に関する事業規制を定めている。

　しかしながら、当然ではあるが、これまでの関係法令は、AI 等の自動運転システムが自動車を制御することを前提とはしていない。この点、運転者が運転席におり、必要な場合には運転タスクの実行を行うことが期待されている場合には、従来の運転支援システムの延長として、現行法を適用できると解釈する余地がある。しかしながら、運転者が運転席におらず、自然人が自動車を制御することを前提としていない場合には、現行法をそのまま適用することは多くの場合困難となると考えられる。

　そのため、現在、政府において自動運転を前提とした新たな法規制が検討されているところであり、今後、自動運転車を使用したビジネスを準備するためには、この検討の状況を注視する必要がある。

2　法的問題点の概要

①　道路交通法（下記3(1)）	自動運転車が公道を走行することは道路交通法により許容されるか。 ⇒道路交通法は、運転者の安全運転義務（70条）等、運転者が乗車して自動車を運転することを前提とし、自動運転を前提とした規定となっていない。
②　自賠法（下記3(2)）	自動運転車両の自動運転システムが正常に動作しなかったことにより事故が発生した場合、誰が責任を負うか。 ⇒自賠法3条は、自動車の運行供用者が他人の生命・身体を害したことによる損害賠償責任を負うこととしている。この現行法における一次的には運行供用者が責任を負うというしくみは維持されるのか。

152　第2編　各　　論

③ 道路運送車両法 （下記3(3)）	SAE レベル3以上の自動運転車の安全基準はどうなるのか。 ⇒自動車の安全基準（道路運送車両法に関する保安基準）は SAE レベル2以下の自動車を想定しており、保安基準には規定がない。保安基準に適合していなければ、自動車検査証の交付がなされず、新規登録を取得することができない。
④ 道路運送法、貨物自動車運送事業法（下記3(4)）	自動運転車両を使用することを前提とした旅客運送事業、または貨物運送事業の許可を取得できるか。 ⇒法令では、運転者が車両を運転することを前提としている。

3 法的問題点の詳細

(1) 道路交通法について

　道路交通法は、たとえば70条において、「車両等の運転者は、当該車両等のハンドル、ブレーキその他の装置を確実に操作し、かつ、道路、交通及び当該車両等の状況に応じ、他人に危害を及ぼさないような速度と方法で運転しなければならない」と規定するなど、自然人である運転者が自動車の運転タスクを実施することを前提としている。このように自動車において自然人が運転者となることは、単に国内法において決められているだけではなく、道路交通に関する条約（1949年ジュネーブ条約）8条1項において、車両または連結車両には運転者がいなければならないと定められているなど、自動車の運転制御は自然人である運転者が行うこととされている点にも留意する必要がある。

　すなわち、自動運転を前提とした道路交通法の改正のためには、単に国内での問題にとどまらず、条約の改正やそのための国際的な議論が必要となる。現在、国際連合欧州経済委員会（UNECE）の道路交通安全経済部会（WP1）に、非公式専門家グループが設置され、日本も含めた国、機関の間

第1章　自動運転　153

で、自動運転と上記の 1949 年ジュネーブ条約の整合を図る方策について議論されているところである。

　以上の点に関し、2019 年 5 月 28 日、国会にて道路交通法の一部を改正する法律案が可決、成立した。同改正法の成立により、道路交通法にはSAE レベル 3 相当の自動運転を想定したと考えられる規定が盛り込まれることになった。すなわち、改正後の道路交通法には、自動運転に関連する定義として「自動運行装置」が追加され、自動運行装置を備えた自動車について、道路運送車両法に定められる予定の使用条件を充たさない場合や自動運転のための作動状態を記録する装置により作動状態の確認に必要な情報を正確に記録できる状態でない場合には運転してはならないこと、自動運転車の使用者は、作動状態の確認に必要な情報を保存しなければならないこと、作動状態の確認に必要な情報について視覚または聴覚により認識できる状態にするため警察官が自動運転車の製作者または輸入者に必要な協力を求めることができること、自動運転車について整備不良に該当せず、また道路運送車両法に定める予定の使用条件を充たし、かつ運転者が、これらを充たさなくなった場合にはすぐに認知し、自動車の操作を行うことができることを条件として、携帯電話の通話、画面の注視等を禁止する規定の適用を排除すること等が規定されている。

　なお、自動運転車および自動運転車を使用したビジネスの可能性を検討するためには、公道での実証実験が不可欠であるが、公道での実証実験については、すでに一定の条件を充たせば現行の条約下でも実行可能という方針が道路交通安全経済部会（WP1）において承認されている。これを受けて、警察庁は、2016 年 5 月に「自動走行システムに関する公道実証実験のためのガイドライン」を公表し、運転席に運転者を配置し、常に周囲や車両の状況を監視して、緊急時には安全確保のための措置をとること等を条件として公道での SAE3 レベルでの自動運転車の実証実験を認め、また2017 年 6 月には、「遠隔型自動運転システムの公道実証実験に係る道路使用許可の申請に対する取扱いの基準」を公表し、自動車外の遠隔に実証実験の管理・監視・操作者を配置する方法、すなわち SAE レベル 4 以上を想定した自動運転車の実証実験を認めている。現在、これらの基準に従った自動運転車の公道での実証実験が多数進められている。

154　第 2 編　各　　論

⑵　公道での事故による責任

　自動車による交通事故の結果、人の生命または身体に被害が生じた場合（いわゆる人身事故）には、自賠法に従い、その責任分担が定められる。自賠法3条は、人身事故の損害賠償責任について、一次的には自動車の運行供用者、すなわち自動車の運行に関する支配権（運行支配）を有し、その利益（運行利益）が帰属する者が損害賠償責任を負うこととなる。上記⑴に述べた改正道路交通法や改正道路運送車両法で想定しているSAEレベル3の自動運転車であっても、また、運転者が存在しない自動運転車であっても、たとえば、その所有者や、自動運転車を事業の用に供する事業者等、運行供用者は存在するため、少なくとも自賠法3条に基づく責任については、自動運転車についても同様に適用されると解釈することが可能であり、このことは、国土交通省の「自動運転における損害賠償責任に関する研究会」でも確認されている。

　なお、自賠法3条では、運行供用者が、「自己及び運転者が自動車の運行に関し注意を怠らなかったこと、被害者又は運転者以外の第三者に故意過失があったこと並びに自動車に構造上の欠陥又は機能の障害がなかったこと」のすべてを証明した場合には、自動車の運行供用者は損害賠償責任を免れることとなるが、現在の実務では、これらを立証して免責される場合はほぼなく、同条の責任は、実質的には無過失責任となっている。自動運転車については、自動運転システムに機能障害がなかったこと等の証明がより困難となる可能性があるが、免責が認められず、自賠法に基づき保険金が支払われることについては、従来の自動車と異なるところはない。自動運転車を用いた新規ビジネスを行うにあたっても、保険の重要性は変わらない。

　ただし、以下の2点については、注意が必要だと思われる。1点目は、自動運転車を制御する自動運転システムがハッキングされ、その結果人身事故が生じたようなケースでは、まったく無関係な第三者が自動車を窃取して起こした事故の場合と同様、運行供用者が自動車の管理責任を尽くしていた場合には、運行支配と運行利益が否定され、自賠法3条に基づく保険金が支払われない可能性がある点である。この場合には、自賠法72条1項

第1章　自動運転　155

後段の政府保障事業により損害の填補を受けるべきだと考えられるが、その制度設計には検討を要すると考えられ法改正が必要になる可能性もある。自動運転車のサイバーセキュリティは、これまでの多くのサイバーセキュリティの問題と異なり、人の生死に直接かかわるため、非常に重要な問題である。自動運転車特有の事故によって生じた損害で自賠法ではカバーされないものについては、新しい保険商品の設計も必要になると思われる。

2点目は、長期的に見たとき、自動運転の技術が進化し、運転者や自動車運送事業者等が運転タスクに関与する度合い（運行支配の程度）がますます低下していったとしても、運行供用者が自賠責保険の保険料を負担することに納得感・社会的受容性が認められるかどうかという問題である。これは、自動運転車の自律性が高まっていき、運転者等の運転タスクに関与する程度が減った場合、事故の原因は、自動運転システムを含む自動車を製造するメーカー側に存する場合が多くなると考えられるところ、保険会社が事故の原因を与えたと考えられる自動車メーカーに対して求償を行う環境が整っているかという問題だともいいかえることができる。長い目で見たとき、自動運転車が SAE レベル3から4、5へと進歩するに従い、現在の自賠責保険の枠組みは変更を余儀なくされる可能性がある。

最後に、人の生命や身体に被害を生じさせない物損事故の場合や、人身事故の場合における自賠法に基づいて支払われる保険金の上限を超える損害については、通常の不法行為法（民法709条等）や自動車に欠陥があった場合には製造物責任法に基づき解決することとなる。この点についても、従来の過失、欠陥や過失相殺の考え方が見直される可能性がある。

⑶ 自動運転車の保安基準について

道路運送車両法40条は、自動車の構造について「国土交通省令で定める保安上又は公害防止その他の環境保全上の技術基準に適合するものでなければ、運行の用に供してはならない」と規定している。この保安基準に適合していなければ、自動車検査証の交付がなされず、新規登録を取得することができないため（道路運送車両法60条1項、8条2号）、自動運転車について保安基準が定められなければ、自動運転車を運行の用に供することはできない。

2018年9月に国土交通省より公表された、「自動運転車の安全技術ガイドライン」には、自動運転車の安全性に関する基本的な考え方と、自動運転車の安全性に関する要件（10項目）が盛り込まれており（**図表2-1-4**参照）、今後、自動運転車に関する保安基準については、この基本的な考え方と要件を前提として検討されると見込まれる。保安基準に関しては、道路交通法と同様、2019年5月17日、道路運送車両法の一部を改正する法律案が、国会で可決、成立した。改正後の道路運送車両法には、自動運行装置の定義、自動運行装置を保安基準の対象とすること、自動運行装置を使用する条件（走行環境条件）を国土交通大臣が付すること、自動運行装置のプログラムの改変等のうち、その内容が適切でなければ保安基準に適合しなくなるおそれがある場合について新たに許可制度の対象とするなど、SAEレベル3相当の自動運転を想定した内容が盛り込まれている。今後は、保安基準の改正も行われると見込まれ、今後の改正動向に注視する必要がある。

図表2-1-4：自動運転車の安全性に関する要件

自動運転車の安全性に関する基本的な考え方

⇒「自動運転システムが引き起こす人身事故がゼロとなる社会の実現を目指す」ことを目標として設定する。

⇒自動運転車が満たすべき車両安全の定義を、「自動運転車の運行設計領域（ODD）において、自動運転システムが引き起こす人身事故であって合理的に予見される防止可能な事故が生じないこと」と定め、自動運転車が満たすべき車両安全要件を設定し、安全性を確保する。

自動運転車の安全性に関する要件（10項目）※概要

自動運転車は、次の安全性に関する要件を満たすことにより、その安全性を確保しなければならない。
① 運行設計領域（ODD）の設定
② 自動運転システムの安全性
③ 保安基準等の遵守等
④ ヒューマン・マシン・インターフェース（ドライバー状態の監視機能等の搭載）

第1章 自動運転 157

⑤　データ記録装置の搭載

⑥　サイバーセキュリティ

⑦　無人自動運転移動サービス用車両の安全性（追加要件）

⑧　安全性評価

⑨　使用過程における安全確保

⑩　自動運転車の使用者への情報提供

　なお、公道上での実証実験については、国土交通省は代替の安全確保措置がとられることを条件に保安基準の一部を緩和する措置をとっており、この制度により許容された車両を用いて走行試験を行うことできる。たとえば、運転者が運転席にいて周囲の状況を注視するかたちで行う自動運転車（SAE レベル 3 相当）の公道実証実験については、「道路運送車両の保安基準第 55 条第 1 項、第 56 条第 1 項および、第 57 条第 1 項に規定する国土交通大臣が告示で定めるものを定める告示」（平成 15 年 9 月 26 日国土交通省告示第 1320 号）が改正されたことにより、車両内の運転者による操作等を必要としない自動運転システムの公道実証実験を可能となった。また、運転者が運転席にいないかたちでの、SAE レベル 4 相当の自動運転車の公道実証実験については、遠隔型自動運転システムを搭載した自動車の基準緩和認定制度に従って、地方運輸局長から基準緩和の認定を受けることにより実施可能となった。

⑷　自動運転車を使用した旅客運送または貨物運送

　自動車で旅客を運送する旅客自動車運送事業を実施するためには道路運送法に基づく許可を取得する必要があり（道路運送法 4 条）、かつ運送の安全を確保するための措置をとる義務を負う（道路運送法 27 条）。しかし、輸送の安全を確保するための基準を定めた国土交通省令である旅客自動車運送事業運輸規則は、たとえば 50 条において「旅客自動車運送事業者の事業用自動車の運転者は、次に掲げる事項を遵守しなければならない」と定めるなど運転者が車両を運転することを前提とした規定となっている。

　また、自動車で貨物を運送する一般貨物自動車運送事業を行うためには貨物自動車運送事業法に基づく許可を取得し、かつ国が定める安全規格に

従って事業を実施しなければならない。しかし、貨物自動車運送業法に基づき運送の安全基準を定めた国土交通省令である貨物自動車運送事業輸送安全規則では、たとえば17条において、「貨物自動車運送事業者の運転者は、前条に定めるもののほか、事業用自動車の乗務について、次に掲げる事項を遵守しなければならない」と定めるなど、やはり運転者が自動車を運転することを前提としている。

したがって、自動運転車を用いて旅客運送または貨物運送を行うためには、これらの関連法令の改正が必要となるが、2018年12月に国土交通省が公表した「自動運転の実現に向けた今後の国土交通省の取り組み」によれば、自動運転車両の運送事業への導入については、現在、検討が進められており、運送事業者が対応すべき事項等についてガイドラインがとりまとめられるとのことであり、今後の検討の状況を注視する必要がある。

なお、仮に自動運転車が普及し、輸送と他のサービスが一体として提供されるビジネスが普及した場合、そもそも上記の旅客自動車運送事業の許可すら不要となる場合も考えられる。すなわち、2018年3月30日に国土交通省自動車局旅客課長名にて発出された事務連絡「道路運送法における許可又は登録を要しない運送の態様について」(平成30年3月30日国自旅第338号)によれば、「子供の預かりや家事・身辺援助の提供が中心となるサービスを提供するものであって、運送に対する固有の対価〔筆者注:ガソリン代等の実費も含む〕の負担を求めないものである場合は、当該送迎サービスの提供は有償の運送とは解さない」としている。これは、道路運送法に旅客自動車運送事業が、「他人の需要に応じ、<u>有償で</u>、自動車を使用して旅客を運送する事業……」(下線は筆者)と定義されていること(道路運送法2条3項)から、運送がサービスに付随するものとして行われ、運送自体に対する対価が支払われない場合、すなわち「有償ではない」場合には、道路運送法に定める旅客自動車運送事業には該当せず、許可を不要とする趣旨と解される。ただし、上記の事務連絡では、①運送を行う場合と行わない場合とで料金が異なる、②送迎を利用する者と利用しない者との間のサービスに差を設ける、③運送に対する反対給付が特定されるなどの場合には、許可が必要とされており、注意が必要である。

この点をふまえると、MaaS関連ビジネスとして、輸送を他のサービス

と一体として提供する場合において、サービス提供としての性質が強く、運送が付随的なものにとどまり、かつ運送の対価を受領しない場合には、道路運送法に基づく旅客自動車運送事業の許可が不要な場合もありうると考えられる。

4　解決へのアプローチ

　以上のとおり、自動運転車に関する法令は、その多くが検討段階にあり、これから新しいルールが作られていくことになる。したがって、自動運転車ビジネスを始めることを検討する場合には、今後の法令改正の状況を注視する必要がある。また、現在、ルール作りがなされていることをふまえれば、新たなビジネスアイデアを実現するため、自動運転車を使用したビジネスに関する法令改正等に対して、パブリックコメント等を通じて積極的に意見を述べたり、ロビイング活動を行っていくことも必要と考えられる。

　最後に、自動運転車によるものであるかどうかを問わず、自動車事故は、人の生死にかかわるものであり、海外での自動運転車の事故の事例からもわかるとおり、自動運転車を用いたビジネスにおける事故は、法的にはもちろん、社会的・レピュテーション上も大きなリスクがあるといえる。保険等によるリスクの転嫁はもちろん、社会的に受け入れられるために十分な安全対策がとられるべきだと考える。

第2章 スマートスピーカー

1 新規ビジネスの概要

(1) 事例

　スマートスピーカーとは、対話型の音声操作機能を有したスピーカーで、内蔵されているマイクで音声認識を行い、情報の検索や連携している家電等の操作が可能なものをいう。市場における主力なスマートスピーカーとしては、Google の提供する Google Home、Amazon の提供する Amazon Echo、LINE の提供する Clova 等がある。提供されている機能は、さまざまなものが順次アップデートされている状況であり、各社で異なるが、他事業者の音楽配信サービスと連携した音楽の視聴、ニュース等の視聴、インターネット検索、オンラインショッピング、電話、メッセージのやりとり等が可能となっている。たとえば、Google Home では、以下のような質問、指示を行う活用例が紹介されている（Google ウェブサイト「Google Home 概要」）。

> 「OK Google、一番近い薬局は？」
> 「OK Google、Spotify で Discover Weekly プレイリストを再生して」
> 「OK Google、Netflix でフラーハウスを再生して」
> 「OK Google、ベッドルームの電気をつけて」
> 「OK Google、最新ニュースを教えて」

　スマートスピーカーには、独自の AI が内蔵されているため、スマートスピーカーの販売を行うビジネスに際しては、まず、そのコアとなる AI の開発が必要になるが、その際には、特に音声認識等に関して、多量のデータを収集して、学習用データセットを作成したうえで、そのデータに基づき

AIを学習させることにより学習済みモデルの構築が必要になる。その際のデータの収集方法としては、当該プロジェクトのためにAIベンダーがセンサ等から新たに取得する場合もあれば、既存の他のビジネスにおいて自らが収集した情報を流用する場合、第三者が収集した情報を有償または無償で譲り受けて利用する場合や、一般に公開されアクセス可能な情報を利用する場合もあろう。そうしてコアとなるAIの開発ができれば、スマートスピーカーのハードとしての開発が行われる。これについては、自社で行う場合もあれば、デバイス製造を専門とする第三者に委託する場合もある。また、スマートスピーカーができあがった後も、通常の家電と異なる点は、常に機能のアップデートがなされる点である。各スマートスピーカーは、自社サービスのみならず、多くの提携事業者と提携することにより、その機能が拡張される。たとえば、音楽配信事業者のサービスに申し込み、連携することにより、スマートスピーカーで音楽が聴き放題となったり、各種メディアや情報提供会社からコンテンツを仕入れたりすることにより、スマートスピーカーでいろいろな情報を取得することができる機能が解放される。Google Home のしくみのイメージ図は**図表 2-2-1** 以下のとおりである。

図表 2-2-1：Google Home のしくみ

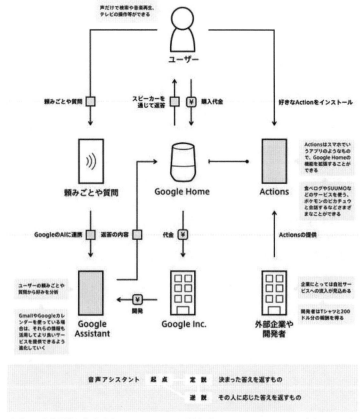

出典：近藤哲朗『ビジネスモデル 2.0 図鑑』（KADOKAWA、2018 年）186 頁

第 2 章　スマートスピーカー　163

■キーワード

AI

　Artificial Intelligence の略語で、日本語では人工知能。AI については、確立した定義は存在しないが、人工的に作られた人間のような知能、ないしはそれを作る技術、とされる場合もある。AI といっても、あらかじめ定められたルールに従い、処理を行うのみのものもあれば、自ら学習し、判断するものもある。たとえば、スマートスピーカーでは、ユーザーの発話を音声認識すること等に AI が用いられている。

学習用データセット

　生データに対して、欠測値や外れ値の除去等の前処理や、ラベル情報（正解データ）等の別個のデータの付加等、あるいはこれらを組み合わせて、変換・加工処理を施すことによって、対象とする学習の手法による解析を容易にするために生成された二次的な加工データをいう。

学習済みモデル

　「学習済みパラメータ」が組み込まれた推論プログラムをいう。「学習済みパラメータ」とは、学習用データセットを用いた学習の結果、得られたパラメータ（係数）をいう。

図表 2-2-2：スマートスピーカーの商流図

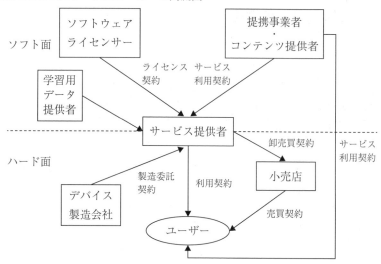

(2) 事例分析

　この章では、このようなスマートスピーカーを製作し、販売するビジネスを想定し、開発段階において問題となりうる法的論点、開発した AI 等の権利関係やスマートスピーカーサービス提供時における法的論点について取り上げる。スマートスピーカーの開発段階においては、そのコアとなる AI の開発が必要になるが、その際には、特に音声認識等に関して、多量のデータを収集して、学習用データセットを作成したうえで、そのデータを AI に入力することにより学習済みモデルの構築が必要になる。また、開発した AI をどのように保護するかも問題となり、製造事業者としては、開発した AI がどのように保護されるのかについて十分に理解しておく必要があろう。さらに、このような目に見えない権利に関する論点のほか、スマートスピーカーはハードの製造、販売も伴うため、デバイス、通信ネットワークに関する各種法規制が適用されることになる。加えて、スマートスピーカーを通じてオンラインショッピングを提供する場合において、音声の誤認識により想定と異なるものが発注されてしまった場合の法的整理についても取り上げる。

第 2 章　スマートスピーカー　165

2 法的問題点の概要

① 学習用データの収集・作成に関する法的論点（下記3(1)）	AI開発にあたってのデータの収集、加工、学習用データセットの利用に関してどのような法的問題がありうるか。 ⇒学習用データの内容により、著作権や不競法、個人情報保護法等で保護される可能性があるほか、データの提供主体との契約により、利用が制限されている場合がある。
② 学習済みモデルの保護と権利関係（下記3(2)）	学習済みモデルにどのような権利が発生し、どのように法的に保護されるのか。 ⇒学習済みモデルは、著作権、特許権、不正競争防止法等による保護がなされる場合がある。
③ デバイス、通信ネットワークに関する各種法規制（下記3(3)）	スマートスピーカーの提供にあたって留意すべき法規制はどのようなものか。 ⇒基本的にスマートスピーカーの提供にあたっては以下の法律に定める要件を充たす必要があり、事業届出・技術基準適合義務・表示義務等を負う。 　　i　電気用品安全法（下記3(3)ア） 　　ii　消費生活用製品安全法（下記3(3)イ） 　　iii　電波法（下記3(3)ウ）
④ オンラインショッピングにおける誤発注（下記3(4)）	スマートスピーカーを通じた商品の発注時に、スマートスピーカーがユーザーの注文を誤認識した場合や、発注者が言い間違えた場合に、商品の売買契約は成立するか。 ⇒スピーカー側の誤認識については、契約はそもそも成立していないと解される。一方、発注者が言い間違いをしてしまったケースでは、原則として発注に基づく売買契約は成立するが、発注者は、錯誤無効の主張ができる場合がある。

166　第2編　各　論

3 法的問題点の詳細

(1) 学習用データの収集・作成に関する法的論点

ア 学習用データの著作権による保護

　機械学習にあたっては、大量のデータが必要となる。データの収集方法としては、当該プロジェクトのために AI ベンダーがセンサ等から新たに取得する場合もあれば、既存の他のビジネスにおいて自らが収集した情報を流用する場合、第三者が収集した情報を有償または無償で譲り受けて利用する場合や、一般に公開されアクセス可能な情報を利用する場合もあろう。そして、このように何らかの方法で収集された生データは、一般的には、そのままでは学習を行うのに適していないことが多く、加工を行ったうえで、学習を行うのに適した学習用データセットを生成することが多い。

　では、このような生データの収集、加工、学習用データセットの利用に関して、どのような法的問題がありうるであろうか。

　これについては、当該生データの性質によって異なるが、データの羅列それ自体については、原則として、知的財産権で保護されない（ただし、下記イで述べる不競法に基づく保護を除く）。しかしながら、当該生データが画像やコンテンツ等の著作物である場合には、当該データは、著作権により保護されることになり、原則として著作権者の許諾なく複製、翻案、公衆送信等の利用行為が禁止される。ここにいう著作物とは、思想または感情を創作的に表現したものであって、文芸、学術、美術または音楽の範囲に属するものをいう（著作権法2条1項1号）。したがって、たとえば、第三者の制作したアニメを生データとして利用することは原則として著作権侵害になる。

　しかしながら、著作権法は、情報解析のための複製等を著作権者の許諾なく可能とする規定を置いている（旧著作権法47条の7。下記法改正により現在は著作権法30条の4第2号）。すなわち、著作物は、電子計算機による情報解析（多数の著作物その他の大量の情報から、当該情報を構成する言語、音、影像その他の要素に係る情報を抽出し、比較、分類その他の統計的な解析を行う

第2章　スマートスピーカー　167

ことをいう）を行うことを目的とする場合には、必要と認められる限度において、記録媒体への記録または翻案を行うことができることとされている（情報解析を行う者の用に供するために作成されたデータベースの著作物を除く）。したがって、解析のために必要な複製、加工行為については、同条により著作権者の許諾なく行うことが可能である。

　なお、情報通信技術の進展等の時代の変化に柔軟に対応できるようにすべく、著作物等の市場に悪影響を及ぼさない一定の著作物等の利用について、適切な柔軟性を備えた権利制限規定の整備を行うために、著作権法は、2018年5月に改正され、同改正法は、2019年1月1日に施行された。改正法によれば、上記の情報解析のための複製等に関する旧著作権法47条の7は、新たに設けられた、著作物に表現された思想または感情の享受を目的としない利用（著作権法30条の4）の類型として整理された。著作権法30条の4は、著作物に表現された思想または感情の享受を目的としない利用行為につき、必要と認められる限度において、包括的に許容するものであるが、改正法のもとでは、旧法で記録媒体への保存と翻案のみが許容されていたことに加えて、公衆送信等その他の著作物利用行為が広く許容されうるといわれており、人工知能（AI）の開発のための学習用データとして著作物を利用する行為も広く認められることになるものと思われる。もっとも、改正法においても、著作物の種類、用途、利用態様に照らして著作権者の利益を不当に害することとなる場合は例外とされており（同条ただし書）、具体的にどのような場合がこれに該当することになるかは今後の議論の集積を待つ必要があり、この点には留意が必要である。

イ　学習用データの不競法による保護

　すでに述べたとおり、単純なデータの羅列は著作物ではないとされるが、一方で、一定の場合には、営業秘密として保護される可能性がある。すなわち、不競法においては、秘密管理性、有用性、非公知性といった要件を充たした情報は営業秘密として保護されることになり（不競法2条6項）、営業秘密の不正取得行為や、正当に取得した営業秘密を不正に開示するなどの一定の類型の営業秘密侵害行為を不正競争行為としており、営業上の利益を侵害され、侵害されるおそれのある者は、侵害者または侵害するお

168　第2編　各　　論

それがある者に対して、差止め、損害賠償を請求することができる。したがって、第三者の営業秘密に該当するデータにつき、不正取得して学習用データにすることや、正当に取得したうえで、不正の利益を得る目的で、またはその保有者に損害を加える目的で、使用することはできないことになる。

さらに、不競法は、2018年5月30日に改正され、改正法では、価値あるデータを保護するため、限定提供データという概念を創設し、限定提供データの不正取得行為や、正当に取得した営業秘密を不正に開示するなどの一定の類型の限定提供データ侵害行為を不正競争としている。改正法において限定提供データとは、業として特定の者に提供する情報として電磁的方法により相当量蓄積され、および管理されている技術上または営業上の情報をいうとされている（改正不競法2条7項）。たとえば、商品として提供されるデータやコンソーシアム内で共有されるデータ等が保護される限定提供データの具体例であり、これらのデータを不正取得したり、取得したデータを目的外に利用したりすると不正競争行為に該当する可能性がある。同改正は、2019年7月1日施行である。

ウ　学習用データと個人情報保護

また、生データに個人情報が含まれている場合もあろう。その場合には、当該データの利用は、個人情報保護法上の規制に服する。すなわち、個人情報を取得する際には、利用目的をできる限り特定し（個人情報保護法15条1項）、本人に通知または公表する必要があり（個人情報保護法18条1項）、原則として、特定した利用目的の達成に必要な範囲内で利用する必要がある（個人情報保護法16条1項）。また、本人の同意を得ない個人データの第三者提供は原則として禁止される（個人情報保護法23条1項）。ここにいう「個人情報」とは、生存する個人に関する情報であって、その情報に含まれる氏名、生年月日その他の記述等により特定の個人を識別することができるもの、または個人識別符号が含まれるものを指す（個人情報保護法2条1項）。また、それ単体では特定の個人を識別することができなくても、これと容易に照合することができる他の情報を補うことによって、特定の個人を識別することができる情報も個人情報に含まれる。したがって、事業者

第2章　スマートスピーカー　169

において、特定の個人を識別できる情報と容易に照合が可能であれば、個人情報に該当するため、個人を特定しうる部分（氏名等）を削除すれば、個人情報保護法上の規制を受けることなく学習用データとして利用可能になるというわけではない点には留意が必要である。

さらに、「要配慮個人情報」については、取得時に本人の同意が必要であることとされている（個人情報保護法17条2項）。ここにいう要配慮個人情報とは、個人情報のうち、本人の人種、信条、社会的身分、病歴、犯罪の経歴、犯罪により害を被った事実その他本人に対する不当な差別、偏見その他の不利益が生じないようにその取扱いに特に配慮を要するものとして政令で定める記述等が含まれるものをいい（個人情報保護法2条3項）、政令で定めるものには、心身の障害や医師等による健康診断結果等が含まれている（個人情報保護法施行令2条）。

したがって、学習用データの収集時には、個人情報が含まれているかどうか、そしてそれは要配慮個人情報に該当するかの検討が必要であり、該当する場合には、上記のとおりの規制を遵守する必要がある。

エ　契約による保護

データによっては、そのデータの提供者等から契約上で利用が禁止されていたり、利用する目的が限定されていたりする場合があり、そのような場合には、当該データを利用すると、契約違反となり、損害賠償請求等を受ける可能性があるため、公表されている情報であったとしても、利用が可能かについては検討が必要である。たとえば、動画共有サービスであるYouTube については、同サービスの利用規約において、「お客様は、YouTube または関連する本コンテンツのライセンサーからの事前の書面による同意なく、コピー、複製、送信可能化、出版、翻案、配布、放送、表示、販売、ライセンス付与又はその他一切の他の目的のために利用されてはなりません」としていることから、YouTube 上のコンテンツを学習用データとすることは認められていないと解される。

(2)　学習済みモデルの保護と権利関係

膨大な学習用データを利用して学習済みモデルができあがった場合には、

当該学習済みモデルは、スマートスピーカーの命運を握る財産になりえ、企業として当該学習済みモデルの保護を図らなければならない。したがって、どのような権利が発生し、どのように保護されるのかを把握しておく必要があろう。

ア　学習済みモデルの著作権による保護

ここで、まずそもそも学習済みモデルはどのようなものであるかが問題となる。AIのプログラムに学習用データを読み込ませる（学習させる）ことにより、特定の機能を実現するために必要なパラメータが規定された学習済みモデルが生成される。一般に、学習済みモデルは、AIのプログラムとパラメータの組み合わせとして表現される関数であるとされている。その場合、学習済みモデルは、プログラムの著作物として保護される可能性がある。もっとも、学習済みモデルのパラメータ部分は、単なる数値行列であることが多く、思想または感情の表現であるのか、創作性があるのか、といった点が問題になり、当該部分を著作物といえるかどうかは、議論の分かれるところである。

イ　学習済みモデルの特許権による保護

学習済みモデルは、特許権による保護も考えられる。すなわち、学習済みモデルが全体として特許法上のプログラム等に該当する場合、特許法の要件を充たせば特許を受けることが可能であるし、さらには、ビジネス関連発明として特許を受けることも可能である。

ウ　学習済みモデルの不競法による保護

さらに、上記(1)で述べたとおり、一定の要件を充たした営業秘密は不競法により保護されることになるが、学習済みモデルも当該要件を充たせば営業秘密として保護される。また、限定提供データとしての保護についても要件を充たせば可能である。

⑶　デバイス、通信ネットワークに関する各種法規制

スマートスピーカーのデバイスの製造、販売に際しては、デバイス、通

第2章　スマートスピーカー　171

信ネットワークに関する法規制がかかる。

ア　電気用品安全法

　電気用品安全法は、電気用品の製造・販売等を規制するとともにその安全性確保に関するルール等を定める法律である（電気用品安全法1条参照）。

　スマートスピーカーは基本的に電気用品安全法に定める電気用品に該当する。電気用品の製造・輸入事業を行う者は、事業開始日から30日以内に、電気用品の型式の区分等所定の事項を経済産業大臣に届け出なければならない（電気用品安全法3条）。また、事業者は、届出を行った型式の電気用品を製造・輸入する場合には、省令で定める技術基準に適合させなければならない（電気用品安全法8条1項）。事業者は、電気用品について検査を行い、検査記録を作成し、保存しなければならない（同条2項）。

　さらに、事業者は、電気用品の技術基準に対する適合性について必要な検査等を履行したときは、PSE（Product Safety Electrical Appliances & Materials）マークを付することができる（電気用品安全法10条）。もっとも、事業者は、PSEマークの表示がなされていない電気用品を販売し、または販売目的で陳列してはならない（電気用品安全法27条1項）ことから、PSEマークの表示は必須である。

イ　消費生活用製品安全法

　消費生活用製品安全法は、一般の消費者が日常使用する製品による生命や身体に対する危害の防止を図ることを目的としている（消費生活用製品安全法1条参照）。主として一般消費者の生活の用に供される製品を「消費生活用製品」といい、このうち、特に危険が生じやすいものを「特定製品」（その構造や材質、使用状況から見て一般消費者の生命または身体に対して特に危害を及ぼすおそれが多いと認められる製品で政令で定めるもの）および「特定保守製品」（長期間の使用に伴い生ずる劣化（経年劣化）によって安全上支障が生じ、一般消費者の生命または身体に対して特に重大な危害を及ぼすおそれが多いと認められる製品であって、使用状況等から見てその適切な保守を促進することが適当なものとして政令で定めるもの）としている（消費生活用製品安全法2条1項～3項）。「特定製品」には、家庭用の圧力鍋・圧力釜、乗車用へ

172　第2編　各　　論

ルメット、登山用ロープ、石油給湯器、石油ふろがま、石油ストーブ、乳幼児用ベッド、携帯用レーザー応用装置、浴槽用温水循環器、ライターがあたるとされており、「特定保守製品」には、屋内式ガス瞬間湯沸かし器、屋内式ガスバーナー付ふろがま、石油給湯器、密閉燃焼式石油温風暖房機、ビルトイン式電気食器洗器、石油ふろがま、浴室用電気乾燥機があたるとされている。

消費生活用製品安全法では、消費生活用製品から除外される製品を特定している（消費生活用製品安全法2条1項。また、消費生活用製品安全法別表および消費生活用製品安全法施行令を参照）が、消費生活用製品を限定列挙していない。このため、消費生活用製品の範囲は広く、電気用品安全法の対象となる電気用品の多くは、消費生活用製品にも該当すると考えられる。

消費生活用製品に該当する場合には、製品事故情報報告・公表等の規制がかかり、①事故情報の収集と公表（消費生活用製品安全法34条1項）、②事故原因の究明と再発防止対策（消費生活用製品安全法38条1項）に係る努力義務を負うことになる。

ウ　電波法

電波法においては、原則として、無線局開設には総務大臣の免許または登録が必要とされており、電波を発するスマートスピーカーは、無線局に該当する可能性がある。しかしながら、電波法は、bluetooth端末等を含む小規模な小電力無線局等については、例外的に無線局免許の取得が不要になる場合を定めており、その場合、使用する無線設備に関する事前の技術認証である技術基準適合証明または工事設計認証を受け、デバイスに技適マークが付される必要がある。

(4)　オンラインショッピングにおける誤発注

スマートスピーカーを提供する事業者がスマートスピーカーで商品の注文ができるサービスを提供しているような事例を想定した場合に、当該スマートスピーカーがユーザーの注文を誤認識してしまうケースが考えられる。その場合に当該発注は、法的にどのように処理されるであろうか。この場合、発注者による発注の意思表示と解釈できる行為がないので、当該

注文による契約はそもそも成立していないと解される。

　一方、発注者が言い間違いをしてしまったケースでは、発注の意思表示は存在するため、原則として発注に基づく売買契約は成立するが、発注者は、当該契約が錯誤であるとして契約の無効を主張することができる（民法95条本文）。しかしながら、発注者に重過失がある場合には、発注者はその無効を主張することができなくなる（同条ただし書）。なお、2020年4月1日に施行が予定されている改正民法においては錯誤の効果は取消しとされ、条文番号にずれが生じる（上記民法95条本文は、95条1項、同条ただし書は同条3項）が、内容としての変更はないものと考えられる。

　なお、発注者が消費者の場合に、電子消費者契約及び電子承諾通知に関する民法の特例に関する法律（以下「電子消費者契約法」という）による規律が及ぶかという問題がある。電子消費者契約法においては、主にワンクリックでオンラインショッピングができる機能を想定し、電子消費者契約については、消費者の意思表示に際して当該意思表示の確認を求める措置、典型的には、購入内容の確認画面を設置するなどの措置を行っていない場合には、民法95条ただし書が適用されず、仮に消費者にデバイスの操作ミスがあり、それが重過失に基づくものであったとしても当該消費者は取引の無効主張ができることとされている（電子消費者契約法3条）。しかしながら、電子消費者契約法の対象となる電子消費者契約は、映像面を介して締結される契約とされており、また、その意思表示も当該映像面に表示する手続に従って消費者がその使用する電子計算機を用いて送信することによってその申込みまたはその承諾の意思表示を行うものとされているため、スマートスピーカーを経由した音声による発注には、適用されないものと考えられる。

4　解決へのアプローチ

　スマートスピーカーの市場は、まだまだ発展途上であるが、今後、連携される機能が増えていくことが想定され、多くの家庭に普及していくことが予想される。そのためには、まず基本となるAI部分の新規開発または機能強化を進め、連携サービスを拡張していくことになろう。その際、学習

174　第2編　各　　論

用データの元となる生データの収集時点においては、上記3⑴で述べたとおり、著作権法、不競法、個人情報保護法、データ提供者との契約等複数の観点からの検討が必要になる。著作権法に関しては、当該生データが著作物として保護されるのか、保護されるとして、自社が行おうとしている行為は、権利制限規定（著作権法30条の4）に該当するかの検討が必要であろう。不競法に関しては、生データの営業秘密、限定提供データへの該当性を検討することになる。また、個人情報保護法の観点からすると、生データに個人情報が含まれているのか、含まれている場合には、予定している利用が自社の個人情報の利用目的に含まれるかなどを検討する必要がある。データ提供者との契約に違反しないかどうかについては、そもそも取得しようとする生データをどのような契約関係のもとで取得するものであるかの精査が必要である。さらに、デバイス、通信ネットワークに係る各種法規制についても、監督官庁に事前に相談したりするなどの方法により漏れがないように検討しておく必要がある。

第3章

IoT（スマートホーム）

1　新規ビジネスの概要

(1)　事例

　本章では、IoT 関連ビジネスとして、スマートホーム実現のためのサービス（以下「スマートホームサービス」という）を解説する。

■キーワード

IoT
Internet of Things の略語。さまざまなモノに通信機能を持たせ、インターネット接続や相互通信により、自動認識・自動制御・遠隔計測等を行う情報通信システムやサービスを指す。

スマートホーム
家電製品等をネットワークでつないで一括管理して、快適な生活を実現する住まいのことを指す。スマートホームの関連事業に、広義では、スマートホーム対応デバイスや通信ネットワークのみを提供するビジネスも含まれるが、これらは旧来の家電メーカーや通信事業者のビジネスの延長であるともいえる。

　具体的には、たとえば KDDI は、「au HOME」という個人向けスマートホームサービスを提供している。従来の通信サービスのオプションサービスとして、スマートホーム対応デバイスを販売し、専用無線通信アダプタ

と専用アプリケーションを提供することにより、ユーザーに対して、月額利用料金ベースで、外出先から自宅のドア鍵や窓の開閉状況を確認したり、家族やペットの状況を見守ったり、スマートスピーカーとの接続により声で家電を操作可能にするなどの、インターネットを活用したさまざまな機能を利用できるサービスを提供する。サービス利用にあたり、ユーザーは、基本となる通信サービス契約を保有することが必要になる。そのうえで、ユーザーは、au HOME を申し込み、デバイスと専用無線通信アダプタを受領し、ルータに無線通信アダプタを接続し、au HOME アプリにデバイス情報を登録し、デバイスを家庭内に設置することで、アプリ経由で各種デバイスを操作等することができる。

また、大和ハウス工業は、戸建住宅建設を考える顧客に対し、Google 提供のスマートスピーカーである「Google Home」を活用したコネクテッドホームブランド、「Daiwa Connect（ダイワコネクト）」を提案している。同社リリース（「コネクテッドホームブランド『Daiwa Connect（ダイワコネクト）』プロジェクト始動」（2017 年 11 月 22 日））によれば、同社は、「戸建住宅が IoT・AI を活用し、日本の住環境の課題解決を目指す」をコンセプトとし、戸建住宅商品を通して、「家事の効率化」、「健康管理」、「防犯」、「エンターテインメント」、「資産維持管理」等さまざまな利便性の高いサービスを提供するとする。さまざまな企業との連携を行い、各デバイス機器をつなげるしくみを作り、「Google Home」をはじめとしたスマートスピーカーによる音声操作を可能とする。

かかるスマートホームサービスを商流図にすると、**図表 2-3-1** のとおりとなる。

(2) 事例分析

図表 2-3-1 の商流図のとおり、スマートホームサービスを提供するには、概要、デバイス、ネットワーク、プラットフォームおよびアプリケーションの提供が必要となる。そこで、まず、サービス構成要素に特有の各種法規制のクリアランスとして、①デバイスに関する各種法規制のクリアランス、②ネットワークに関する各種法規制のクリアランスが必要となる。また、サービス提供にあたりさまざまなデータを取り扱うことになるため、

図表 2-3-1：スマートホームサービスの商流図

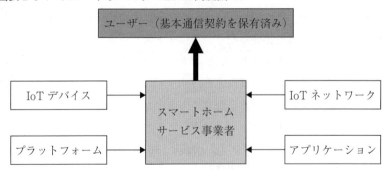

③データ利活用に関する各種法規制の遵守が必要となる。さらに、IoT においては、サイバー攻撃による機器の誤作動や情報漏えいといった問題が生じることが想定されることから、④サイバーセキュリティに関する法的論点の理解と対策実施が必要になる。かかる法的論点には、一部の業務を他社に業務委託する場合等には、スマートホームサービス事業者自身に直接適用されないものも含まれるが、関連法規制の全体像を把握し、いかなる方法でサービス提供するかを検討する必要もあることから、関連する全論点を取り上げる。

2　法的問題点の概要

| ① IoT デバイスに関する各種法規制(下記3(1)) | IoT デバイス提供にあたって留意すべき法規制はどのようなものか。
⇒基本的に IoT デバイスの提供にあたっては以下の法律に定める要件を充たす必要があり、事業届出・技術基準適合義務・表示義務等を負う。
　ｉ　電気用品安全法（下記3(1)ア）
　ii　消費生活用製品安全法（下記3(1)イ）
　iii　家庭用品品質表示法（下記3(1)ウ） |

② IoT 通信ネットワークに関する各種法規制（下記 3 ⑵）	IoT 通信ネットワーク提供にあたって留意すべき法規制はどのようなものか。 ⇒基本的に IoT 通信ネットワークの提供にあたっては以下の法律に定める要件を充たす必要があり、技術基準適合義務等を負う。 　i　電波法（下記 3 ⑵ア） 　ii　電気通信事業法（下記 3 ⑵イ）
③ データ利活用に関する各種法規制（下記 3 ⑶）	デバイスやアプリケーションが収集・保管する各種データの取扱いにあたって留意すべき法規制はどのようなものか。 ⇒以下のとおりの法規制に留意する必要がある。 　i　デバイスやアプリケーションが収集・保管する各種データが、ユーザー登録と紐付くなどの理由により特定個人の識別が可能な状態である場合には、個人情報保護法の適用があり、個人情報の利用目的特定、個人データの安全管理措置、第三者提供制限等の規制が課せられる（下記 3 ⑶ア）。 　ii　家電デバイス等が利用者の詳細な生活パターン、趣味趣向といったプライバシー性の高いデータを収集・蓄積する可能性があり、プライバシー権との関係に留意する必要がある（下記 3 ⑶イ）。

3　法的問題点の詳細

⑴　IoT デバイスに関する各種法規制

　スマートホームサービスにおいて用いられるセンサーつきの家電製品などの IoT デバイス（以下単に「デバイス」という）については、電気製品に適用される電気用品安全法が問題となる。また同様に、多くのデバイスにつき、消費生活用製品に適用される消費生活用製品安全法が問題となる。また、一部デバイスについては家庭用品品質表示法にも留意が必要である。

■キーワード

電気用品安全法

電気用品の製造・販売等を規制するとともにその安全性確保に関するルール等を定める法律である（電気用品安全法1条参照）。

消費生活用製品安全法

一般の消費者が日常使用する製品による生命や身体に対する危害の防止を図ることを目的としている（消費生活用製品安全法1条参照）。

家庭用品品質表示法

消費者が日常使用する家庭用品の品質について事業者が表示すべき事項や表示方法を定める法律である（家庭用品品質表示法1条参照）。

ア　電気用品安全法

(ア)　電気用品の定義

「電気用品」とは、一般用電気工作物、携帯発電機、蓄電池のうち、政令で指定されたものをいい（電気用品安全法2条1項）、スマートホームサービスに利用される一般的な家電用途のデバイスは基本的にこの「電気用品」に該当する。なお、電気用品の具体的な品目は経済産業省のホームページ上で一覧が公表されている。

(イ)　電気用品安全法の主な規制

a　事業の届出

電気用品の製造・輸入事業を行う者は、事業開始日から30日以内に、電気用品の型式の区分等所定の事項を経済産業大臣に届け出なければならない（電気用品安全法3条）。届出内容に変更があった場合や事業を廃止した場合も、経済産業大臣への届出義務がある（電気用品安全法5条、6条）。

b　技術基準適合義務

事業者は、届出を行った型式の電気用品を製造・輸入する場合には、省令で定める技術基準に適合させなければならない（電気用品安全法8条1項）。ただし、例外として、①特定の用途に使用される電気用品につき経済産業大

臣の承認を受けた場合や、②試験的に製造・輸入する場合には、適合性にかかわらず製造・輸入・販売をすることができるとされる（同項1号・2号）。

■キーワード

技術基準

　安全原則、安全機能を有する設計等、供用期間中における安全機能の維持、使用者および使用場所を考慮した安全設計、耐熱性等を有する部品および材料の使用等について規定されている基準である。電気用品の技術上の基準を定める省令（以下「技術基準省令」という）2条から6条によって定められ、「電気用品の技術上の基準を定める省令の解釈について」（平成25年7月1日20130605商局第3号（最終改正：平成30年7月20日20180629保局第1号）。以下「技術基準省令解釈」という）によって解釈が示されている。

---

c　自主検査・適合性検査

　事業者は、電気用品について検査を行い、検査記録を作成し、保存しなければならない（電気用品安全法8条2項）。また、製造・輸入するものが特定電気用品である場合、自主検査に加え、適合性検査（特定電気用品の販売時までに、経済産業大臣の登録を受けた者による検査を受け、適合性証明書の交付を受け、保存する）が必要となる（電気用品安全法9条1項）。

d　PSEマークの表示と販売制限

　事業者は、電気用品の技術基準に対する適合性について必要な検査等を履行したときは、PSEマークを付することができる（電気用品安全法10条）。事業者は、PSEマークの表示がなされていない電気用品を販売・陳列してはならない（電気用品安全法27条1項）ので、PSEマークの表示は事実上必須である。

■キーワード

PSEマーク

　PSEはProduct Safety Electrical Appliances & Materialsの略語。

電気用品の技術基準に対する適合性について必要な検査等を履行したこと
を示すもの。

(ウ) 遠隔操作機能

　スマートホーム実現には、IoT 技術により、外出先からスマートフォン
等を使用して自宅内のデバイスのスイッチを入れるなど、遠隔操作機能を
持たせることが必要となる。しかし、技術基準省令による規制上、遠隔操
作機能を持たせるためには、「危険が生ずるおそれのないもの」と評価され
る必要があり、そのために各種技術基準を充たす必要があるとされる（技
術基準省令解釈別表第八 1(2)ロ(ロ)b）。なお、一部の機器については、警告表
示等の義務が課されることにも留意が必要である（電気用品調査委員会「『解
釈別表第四に係わる遠隔操作』に関する報告書の追加検討報告書」（2016 年 3 月
22 日））。

イ　消費生活用製品安全法

(ア) 消費生活用製品の定義

　主として一般消費者の生活の用に供される製品を「消費生活用製品」と
いい、このうち、特に危険が生じやすいものを「特定製品」および「特定
保守製品」としている（消費生活用製品安全法 2 条 1 項～3 項）。

■キーワード

特定製品

　その構造や材質、使用状況から見て一般消費者の生命または身体に対し
て特に危害を及ぼすおそれが多いと認められる製品で政令で定めるもの。

特定保守製品

　長期間の使用に伴い生ずる劣化（経年劣化）によって安全上支障が生じ、
一般消費者の生命または身体に対して特に重大な危害を及ぼすおそれが多
いと認められる製品であって、使用状況等から見てその適切な保守を促進

182　第 2 編　各　　論

することが適当なものとして政令で定めるもの。

　消費生活用製品安全法では、消費生活用製品から除外される製品を特定している（消費生活用製品安全法 2 条 1 項。また、消費生活用製品安全法別表および消費生活用製品安全法施行令を参照）が、消費生活用製品を限定列挙していない。技術革新等によって新製品が次々と出るたびに、消費生活用製品として追加していくことは事実上困難であるため、一般消費者の安全の確保に支障をきたすことがないよう、除外製品のみを限定列挙する方式を採用している。このため、消費生活用製品の範囲は広く、電気用品安全法の対象となる電気用品の多くは、消費生活用製品にも該当すると考えられる。特に、スマートホームサービスに利用されるデバイスは、広く消費生活用製品に該当し、電気用品安全法と消費生活用製品安全法の双方が適用されると考えておくべきである。

㈶　製品事故情報報告・公表制度

　消費生活用製品全般に適用される規制で重要なものは、製品事故情報報告・公表制度である。これは大きく分けて、①事故情報の収集と公表、②事故原因の究明と再発防止対策からなる（詳細は、消費者庁＝経済産業省「消費生活用製品安全法に基づく　製品事故情報報告・公表制度の解説——事業者用ハンドブック 2018」（2018 年 4 月 12 日）参照）。

a　事故情報の収集と公表

　消費生活用製品の製造・輸入・小売事業者は、その製造・輸入・小売販売した製品について生じた製品事故に関する情報を収集し、一般消費者に適切に提供する努力義務を負う（消費生活用製品安全法 34 条 1 項）。

　次に、同製品の製造・輸入事業者は、その製造・輸入した製品について重大製品事故が生じたことを知ったときは、知った日を含めて 10 日以内に、事故の内容等を内閣総理大臣に報告する義務を負う（消費生活用製品安全法 35 条 1 項・2 項、消費生活用製品安全法の規定に基づく重大事故報告等に関する内閣府令 3 条）。また、同製品の小売販売・修理・設置工事事業者は、重大製品事故が生じたことを知ったときは、その旨を当該製品の製造・輸入事業者に通知する努力義務を負う（消費生活用製品安全法 34 条 2 項）。

■キーワード

> **重大製品事故**
>
> 　製品事故のうち、発生し、または発生するおそれがある危害が重大であるものとして、危害の内容または事故の態様に関し政令で定める要件に該当するものをいうとされ、具体的には、死亡、火災、一酸化炭素中毒、後遺障害、重傷（治療に要する期間が 30 日以上）が生じた場合をいうとされる（消費生活用製品安全法 2 条 6 項、消費生活用製品安全法施行令 5 条、消費生活用製品安全法の規定に基づく重大事故報告等に関する内閣府令 2 条）。

　内閣総理大臣は、事業者から報告を受けたこと等により重大製品事故の発生を知った場合には、一般消費者の生命や身体に対する重大な危害の発生および拡大を防止するための必要があると認めるときは、当該重大製品事故に係る事故の内容等を迅速に公表する（消費生活用製品安全法 36 条 1 項）。

　　b　事故原因の究明と再発防止対策

　消費生活用製品の製造・輸入事業者は、その製造・輸入した製品について製品事故が生じた場合には、その事故原因を調査し、危害発生や拡大を防止する必要があると認めるときは、製品の自主回収等の措置をとる努力義務を負う（消費生活用製品安全法 38 条 1 項）。また、同製品の販売事業者は、製造・輸入事業者が製品回収措置等を行うときは、当該措置等に協力する努力義務を負う（同条 2 項）。

　　(ウ)　特定製品および特定保守製品に対する主な規制

　特定製品に関する主な規制は、PSC マーク制度をはじめとした事業届出・技術基準適合・特定表示といった各種規制である。これは、電気用品安全法上の規制と類似している。①特定製品の製造・輸入には事業届出が必要であり、②特定製品は国が定める技術基準に適合させなければならず、③技術基準適合性について自主検査または適合検査を行わなければならず、④検査に合格すれば届出事業者は製品に特定の表示（PSC マーク）をつけることができ、当該表示がない特定製品の販売は禁止される。特定保守製品に関する主な規制は、長期使用製品安全点検・表示制度である。これは、

消費者自身による保守が難しく、経年劣化による重大事故の発生のおそれが高いものについて、経年劣化による製品事故を未然に防止するため、消費者による点検その他の保守を適切に支援する制度である。いずれも、スマートホームサービスとの関係では適用対象が限定されるため詳細解説は控えるが、適用対象用品の取扱いを検討する場合は留意されたい（詳細は経済産業省産業保安グループ製品安全課「消費生活用製品安全法　法令業務実施ガイド〔平成30年4月版〕」や経済産業省「消費生活用製品安全法等に基づく長期使用製品安全点検制度及び長期使用製品安全表示制度の解説（ガイドライン）」（2017年6月）参照）。

■キーワード

> **PSCマーク**
>
> 　PSCはProduct Safety of Consumer Products markの略語。消費生活用製品のうち、消費者の生命または身体に対して特に危害を及ぼすおそれが多いと認められる製品につけられる。

ウ　家庭用品品質表示法

「家庭用品」には、「電気機械器具」であって、「一般消費者がその購入に際し品質を識別することが著しく困難であり、かつ、その品質を識別することが特に必要であると認められるものであって政令で定めるもの」が含まれ（家庭用品品質表示法2条1項1号）、スマートホームサービス用デバイスのいくつかは、家庭用品品質表示法の適用対象となる可能性がある（詳細は、消費者庁と経済産業省により消費者庁ホームページで公開されている消費者庁＝経済産業省「家庭用品品質表示法ガイドブック」および「家庭用品品質表示法ハンドブック」（2017年4月現在の内容）等の情報を参照）。

　規制の内容は、対象品目として指定された製品につき、製造業者・販売業者・表示の委託を受けて行う表示業者に対し（家庭用品品質表示法2条2項）、製品ごとの表示の標準に沿った表示を行う義務を課すものであり（家庭用品品質表示法3条）、対象品目によりその要求は異なる。表示をしなかったり、表示の標準どおりの表示をしない事業者は、国から指示を受け、ま

た、指示に従わない場合には、事業者名・不表示の事実・不適正表示の事実を公表される可能性がある（家庭用品品質表示法4条）。また、内閣総理大臣または経済産業大臣に、事業者に対する報告徴収や立入検査権限等の監督指導権限が与えられている（家庭用品品質表示法19条）。

⑵ IoT通信ネットワークに関する各種法規制

スマートホームサービスには、デバイスとアプリケーションを接続するIoT通信ネットワークの構築が必須である。このために無線通信をする場合には電波法の規制を受け、電気通信事業法の規制対象となりうる。

■キーワード

電波法
電波法は、電波の公平かつ能率的な利用を確保するため、主として、電波を発射する無線設備について規制するものである（電波法1条参照）。

電気通信事業法
電気通信事業の運営を適正かつ合理的なものとし、その公正競争を促進することにより通信サービスの円滑な提供や利用者の利益保護を図る目的を持つ（電気通信事業法1条参照）。

ア　電波法

㋐　免許・登録制度

原則、無線局開設には総務大臣の免許または登録が必要とされているが、例外的に、微弱無線局、小電力無線局および特定小電力無線局は、免許・登録が不要とされている。

■キーワード

微弱無線局
発射する電波が著しく微弱な無線設備で総務省令で定めるもの。たとえ

186　第2編　各　論

ば、無線遠隔操縦を行うラジコンやワイヤレスマイク等がこれに含まれる。

小電力無線局

　小規模かつ特定の用途および目的のための無線局であり総務省令で定めるものであって一定の条件を充たすもの。たとえば、コードレス電話、小電力セキュリティシステム、小電力データ通信システム、デジタルコードレス電話、PHS の陸上移動局、狭域通信システム（DSRC）の陸上移動局、ワイヤレスカードシステム、後述の特定小電力無線局等がこれに含まれる。

特定小電力無線局

　日常生活やビジネスにおける近距離間での簡易連絡用のコミュニケーション手段の需要増加に伴い設けられた制度。たとえば、テレメータ・テレコントロール・データ転送、医療用テレメータ、無線電話、補聴援助用ラジオマイク、無線呼出、ラジオマイク、ミリ波レーダー、移動体識別、ミリ波画像伝送、音声アシスト用無線電話、移動体検知センサー等の用途が想定される。

　スマートホームサービスにおいては特定小電力無線局が多く活用される。IoT の分野で活用が広まっている LPWA も、使用される規格によるものの、この特定小電力無線局の枠組みで使用可能とされている製品が多い。

■キーワード

LPWA

　Low Power Wide Area の略語。低消費電力で広い領域を対象とする無線通信技術。小型バッテリーでの運用を想定しているデバイスの場合や、膨大なデバイス、もしくは通信が高頻度で発生するもののデータ量が非常に少ない場合等に有効とされ、現状、周波数帯や通信速度、通信距離等の違いで、「LoRa」、「SIGFOX」、「NB-IoT」といったさまざまな規格が存在している。

(イ)　無線設備に関する基準認証制度

　特定無線設備については、事前に基準認証を受け、総務省令で定める表示（技適マーク）が付されている場合、免許不要措置、包括免許の取得、免許手続時の検査省略等の特例措置が受けられる。スマートホームサービスで多用される特定小電力無線局も、免許・登録不要とされるためには、技適マークのある無線設備の利用が必須となる。

■キーワード

特定無線設備
特定小電力無線局で使用されるもの等免許不要局で使用される無線設備等。

　無線設備に関する基準認証制度は、①技術基準適合証明、②工事設計認証および、③技術基準適合自己確認であり、その概要は以下のとおりである（詳細は、総務省「電気通信機器基準認証制度マニュアル〔2004年春版〕」参照）。

図表 2-3-2：無線設備に関する基準認証制度の概要

無線設備に関する基準認証制度	内容
技術基準適合証明（電波法 38 条の 6）	総務大臣の登録を受けた登録証明機関が、特定無線設備について、電波法に定める技術基準に適合しているか否かについての判定を無線設備 1 台ごとに行う制度。技術基準適合証明を受けた特定無線設備には、登録証明機関が技適マークを付す。
工事設計認証（電波法 38 条の 24）	登録証明機関が、特定無線設備の設計図および製造等の取扱いの段階における品質管理方法を対象として、それらが技術基準に適合しているかどうかの判定を行う認証制度。特定無線設備そのものではなく設計を対象としており、実際の特定無線設備は認証後に製造される点が、技術基準適合証明と異なる。特定無線設備には、工事設計認証を受けた認証取扱業者が技適マークを付す。

188　第2編　各　論

技術基準適合自己確認 （電波法38条の33）	特定無線設備のうち、混信その他の妨害を与えるおそれの少ないもの（特別特定無線設備）の工事設計について、製造業者や輸入業者が自ら一定の検証を行い、電波法に定める技術基準への適合性を自ら確認する制度。特定無線設備には、自己確認を行い、所定の届出書を総務大臣に提出した製造業者または輸入業者（届出業者）が技適マークを付す。

イ　電気通信事業法

㋐　登録・届出制度

電波法上、免許・登録が不要な無線局を使用する場合であっても、電気通信事業法上の登録・届出が必要になる場合もある。電気通信事業法上、電気通信事業を営もうとする者は、例外事項に該当する場合を除き、総務大臣の登録を受けなければならないとされる（電気通信事業法9条）。登録を要する者を除く電気通信事業を営もうとする者は、総務大臣への届出が必要とされる（電気通信事業法16条）。

登録または届出の必要性の判断は、ビジネスの内容に応じての個別判断となるので、総務省「電気通信事業参入マニュアル」（2019年5月）等を参照のうえ、慎重に検討し、必要に応じて、総合通信局等の担当課に照会するなどの対応をとる必要があるが、以下、考え方の概要を示す。

図表2-3-3：電気通信事業法上の登録・届出の検討

検討事項	基準	適用
登録・届出の要否	提供サービスが「電気通信事業」（電気通信役務を他人の需要に応じるために提供する事業。電気通信事業法2条4号）にあたるか。「電気通信役務」とは、「電子通信設備を用いて他人の通信を媒介し、その他電気通信設備	スマートホーム関連ビジネスの展開を念頭に置くと、基本的には、デバイスの通信機能を活用して他人である顧客の通信を媒介するサービスを営利目的の事業として提供するものであるため、登録または

	を他人の通信の用に供すること」（電気通信事業法2条3号）とされている。	届出が必要な電気通信事業に該当することになると考えられる。
登録・届出のいずれが必要か	①　自前の電気通信設備回線を設置するか否か。 ②　設置する場合における電気通信回線設備の規模はどの程度か。	①　自前の電気通信設備回線を設置せず、もっぱら他の事業者の電気通信サービスを再販する場合等には届出で足りる。 ②　小規模、たとえば同一市区町村内限定のアクセスサービスを提供する場合等は届出で足りる。 これに対し、全国的なサービスを提供するにあたっては登録が必要。

(イ)　電気通信事業者に対する各種規制

　また、電気通信事業者は、検閲の禁止（電気通信事業法3条）、通信の秘密の保護（電気通信事業法4条）、利用の公平（電気通信事業法6条）、重要通信の確保（電気通信事業法8条）、業務の停止等の報告（電気通信事業法28条）等の一般的な義務を負う。

　さらに、電気通信事業者は、利用者に対する提供条件の説明や書面の交付等、電気通信事業者や代理店等が遵守すべき消費者保護に関する規律を遵守する必要がある（電気通信事業法26条、26条の2、26条の3、27条、27条の2、27条の3等）（詳細については総務省総合通信基盤局「電気通信事業法の消費者保護ルールに関するガイドライン」（2016年3月（最終改定：2019年5月））参照）。

(ウ)　端末設備の技術基準と電気通信事業法における基準認証制度

　デバイスをネットワーク接続するには端末設備の技術基準（電気通信事業法52条2項）を充たす必要があるが、端末設備の技術基準は、電気通信事業者の設備に接続する契約をした利用者に課せられ、原則的には、利用者が電気通信事業者による接続の検査を受けなければならない（電気通信

事業法52条1項)。ただし、登録認定機関から技術基準に適合していることの認定を受けるなどして総務省令で定める表示(技適マーク)が付された機器を接続する場合には、利用者は、電気通信事業者による接続の検査を受けることなくネットワークに接続し使用することができる(電気通信事業法69条)。このため、利用者自身による接続検査は現実的でないので、スマートホーム関連サービス提供にあたっては、かかる技適マークの取得が必須である。

このような技適マーク取得に必要な電気通信事業法における基準認証制度は、①技術基準適合認定、②設計認証および③技術基準適合自己確認である(詳細は、電波法上の制度と同様、総務省「電気通信機器基準認証制度マニュアル」(2004年)参照)。

図表2-3-4:端末機器に関する基準認証制度の概要

端末機器に関する 基準認証制度	内容
技術基準適合認定 (電気通信事業法 53条1項)	総務大臣の登録を受けた登録認定機関が、端末機器について技術基準に適合しているか否かについての判定を端末機器1台ごとに行う制度。技術基準適合認定を受けた端末機器には、登録証明機関が技適マークを付す。
工事設計認証 (電気通信事業法 56条1項)	登録証明機関が、端末機器の設計を対象として、それらが技術基準に適合しているかの判定を行う認証制度。端末機器そのものではなく、設計を対象としており、実際の端末機器は認証後に製造される点が、技術基準適合認定と異なる。端末機器には、設計認証を受けた認証取扱業者が技適マークを付す。
技術基準適合自己 確認 (電気通信事業法 63条1項)	端末機器のうち、端末機器の技術基準、使用の態様等を勘案して、電気通信回線設備を利用する他の利用者の通信に著しく妨害を与えるおそれが少ないものとして総務省令で定めるもの(特定端末機器)の設計について、製造業者や輸入業者が自ら一定の検証を行い、技術基準への適合性を自ら確認する制度。特定端末機器には、自己

第3章 IoT(スマートホーム) 191

	確認を行い、所定の届出書を総務大臣に提出した製造業者または輸入業者（届出業者）が技適マークを付す。

⑶　データ利活用に関する法規制

　スマートホームサービスを提供する場合、顧客におけるデバイスの使用履歴等の生活情報を収集して使用を最適化したり、インターネット経由で当該収集データを分析し、顧客向けアドバイス等の各種サービスを提供したりすることがあり、まさにその点に各事業者の独自性が現れる。その際、デバイスが収集する生活情報等のデータに個人データが含まれる場合には、個人情報保護法等のデータ保護法制が問題となる。

　スマートホームサービスにおいて想定されるデータの流れは以下のとおりである。

図表 2-3-5：スマートホームサービスにおいて想定されるデータの流れ

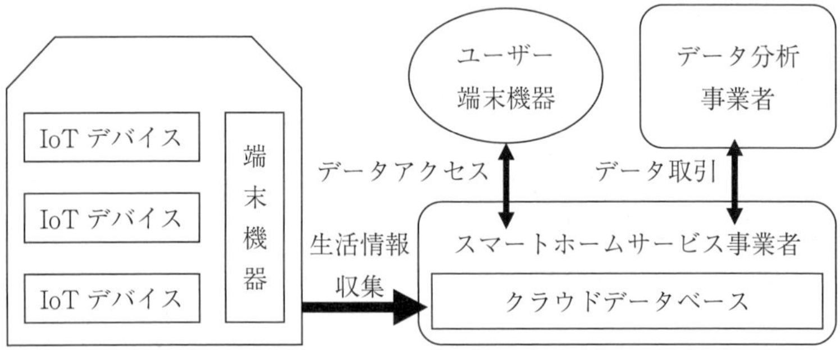

ア　個人情報保護法

㈠　個人情報保護法の適用対象

　デバイスが収集した生活情報等のデータのすべてが、それ単独で個人情報に該当するものではないが、デバイスのユーザー登録等と紐付いて生活情報等のデータが収集される場合や他の情報と組み合わせる場合等により、個人を特定することができるようになった場合には、個人情報に該当する。

192　第2編　各　　論

その場合、スマートホームサービスの提供事業者は、個人情報取扱事業者（個人情報保護法2条5項）として個人情報保護法上の各種規制を負う。

　なお、デバイスが収集する生活情報等のデータが個人情報に該当しないとしても、下記イのとおり、プライバシー権に配慮した取扱いが必要になることには留意が必要である。

㈠　個人情報に関する義務

　事業者は、個人データを取り扱うにあたり、利用目的をできるだけ特定し（個人情報保護法15条1項）、その利用目的を本人に通知または公表しなければならず（個人情報保護法18条1項）、本人の同意を得ずに、利用目的の達成に必要な範囲を超えて個人情報を取り扱ってはならない（個人情報保護法16条）。変更前の利用目的と関連性を有すると合理的に認められる範囲での利用目的変更は認められているが（個人情報保護法15条2項）、利用目的を変更した場合には本人に通知または公表しなければならない（個人情報保護法18条3項）。合理的に認められる範囲を超える場合の変更には、本人の同意が改めて必要になる。

　利用目的の特定については、個人情報保護委員会「個人情報の保護に関する法律についてのガイドライン（通則編）」(2016年11月（最終改正：2018年12月))3-1-1は、最終的にどのような事業の用に供され、どのような目的で個人情報を利用されるのかが、本人にとって一般的かつ合理的に想定できる程度に具体的に特定することが望ましいとする。スマートホームサービスとの関係においては、収集するデータの概要を示し、いかなる処理にて顧客の利便性を向上させるのかを示すことが望ましく、データ分析等のため第三者が介在する場合には、第三者提供することを利用目的に含めることが必要となろう。具体的な方法としては、サービス利用にあたり利用者に提供されるアプリやウェブサイト上においてプライバシーポリシーを掲載し、これらの情報を公表し、利用者の明示的な同意を得ることになる。

㈢　個人データに関する個人情報取扱事業者の義務

　事業者は、個人データについて、以下の各種義務を負う。

図表 2-3-6：個人データに関する個人情報取扱事業者の義務

義務の種類	義務の内容
データの正確性確保・消去（個人情報保護法 19 条）	利用目的の達成に必要な範囲内において、個人データを正確かつ最新の内容に保つとともに、利用する必要がなくなったときは、当該個人データを遅滞なく消去するよう努める義務
安全管理措置（個人情報保護法 20 条）	個人データの漏えい・滅失・毀損の防止その他の個人データの安全管理のために必要かつ適切な措置を講ずる義務
従業員の監督（個人情報保護法 21 条）	従業者に個人データを取り扱わせるにあたっては、当該個人データの安全管理が図られるよう、当該従業者に対する必要かつ適切な監督を行う義務
委託先の監督（個人情報保護法 22 条）	個人データの取扱いの全部または一部を委託する場合は、その取扱いを委託された個人データの安全管理が図られるよう、委託を受けた者に対する必要かつ適切な監督を行う義務
第三者提供関係の義務	第三者提供の制限（個人情報保護法 23 条、24 条）、第三者提供時の確認・記録保存義務（個人情報保護法 25 条、26 条）。詳細は下記。

(エ) 個人情報を第三者提供する場合の留意点

　事業者は、個人データを第三者に提供する際には、原則として、あらかじめ本人の同意を得る必要がある（個人情報保護法 23 条 1 項）。

　もっとも、個人データの提供が、①委託による場合、②事業承継による場合、③共同利用による場合は、データ提供先は「第三者」に該当せず、本人の同意は不要となる（個人情報保護法 23 条 5 項各号）。ただし、委託や共同利用の方法をとる場合であっても、個人情報を取得する際に特定した利用目的の範囲内で取扱いを行うことが前提となる。

(オ) 匿名加工情報の制度

　収集データの第三者提供にあたっては、匿名加工情報の制度を利用する

194　第 2 編　各　　論

ことも考えられる。匿名加工情報制度は、個人情報を特定の個人を識別できないように加工した情報について、一定の規制を遵守することを前提に、本人の同意を得ることなく目的外利用および第三者提供可能とすることにより、個人データの利活用を促進しようとする制度である。

■キーワード

> **匿名加工情報**
>
> 　個人情報の区分に応じて定められた措置を講じて特定の個人を識別することができないように個人情報を加工して得られる個人に関する情報であって、当該個人情報を復元することができないようにしたものをいう（個人情報保護法2条9項）。

　匿名加工の程度としては、通常人の能力等では、特定の個人を識別することができず、元の個人情報に復元することができない程度であればよいとされ、技術的側面から見て識別・復元についての全可能性を排除することまでは求められていない。個人情報保護委員会規則が定めている匿名加工情報に加工するための基準は以下のとおりであり、各号すべての措置を行う必要がある（個人情報保護法施行規則19条）。

> ① 　一般的な個人情報についてはデータの一部を削除または置換する。
> ② 　個人識別符号についてはその全部を削除または置換する。
> ③ 　個人情報と匿名化した情報についてID等で連結されている場合には、そのIDを削除するか連結できないIDに置換する。
> ④ 　特異なデータは削除または置換する。
> ⑤ 　個人情報や個人情報データベースの内容によって、適切な措置をとる。

イ　プライバシー権

　デバイスが収集する生活情報が個人情報に該当しないとしても、当該データは、個人の行動把握につながる情報であり、また、スマートホームサービスにおいては、利用者のみならず、収集データの分析者、分析結果

の利用者、デバイスの設置者等といった多くの関係者が関与する可能性が
あるので、利用者のプライバシー権侵害の結果を生じさせない慎重な配慮
が必要となる。特に、電気・水道・ガスの使用量や使用時間帯等の情報は
悪用されると空き巣等の犯罪行為につながり、かかるデータについての不
用意な取扱いは、大きな社会的批判にさらされる可能性がある（いわゆる
炎上リスク）。

　具体的な対応としては、仮に個人情報保護法の適用がない場合であって
も、データの取得・利用・第三者提供等について、個人情報保護法に準じ
た取扱いをすることが考えられる。アプリやウェブサイト上においてプラ
イバシーポリシーを掲載し、収集するデータの概要、その利用目的、第三
者提供先等について通知・公表し、利用者の明示的な同意を得ることが有
用である。

　なお、2020 年 1 月 1 日に施行予定の米国カリフォルニア州消費者プライ
バシー法においては、世帯レベルで識別できる情報も個人情報に該当する
との考え方がとられ、スマートホームサービスにて家庭単位で取り扱って
いるデータについても個人情報に含まれる可能性が高いとされており、こ
のようなプライバシー保護の考え方がより徹底されているといえる。

4　解決へのアプローチ

⑴　デバイス・ネットワークに関する各種法規制について

　デバイス・ネットワークに関する各種法規制のクリアランスには、各省
庁公表のガイドライン・ハンドブック・報告書等の詳細内容を把握し、こ
れに沿う対応をとる必要がある。本文等でも触れたが、以下、法令ごとに
押さえておくべき主要な関係ガイドラインを示す。これらの内容を把握し
つつ、必要に応じて、担当省庁の関連部署に照会するなどしながら、クリ
アランス対応を行う必要がある。

196　第 2 編　各　　論

図表 2-3-7：主要関係ガイドライン

法令	ガイドライン	内容
電気用品安全法	経済産業省製品安全課「電気用品安全法　法令業務実施ガイド——製造・輸入事業者向け〔第3版〕」（2017年1月1日）	全般
	電気用品調査委員会「『解釈別表第四に係わる遠隔操作』に関する報告書の追加検討報告書」（2016年3月22日）	デバイスの遠隔操作に関する規制
消費生活用製品安全法	経済産業省産業保安グループ製品安全課「消費生活用製品安全法　法令業務実施ガイド」（2018年7月2日）	全般
	消費者庁＝経済産業省「消費生活用製品安全法に基づく製品事故情報報告・公表制度の解説——事業者用ハンドブック2018」（2018年4月12日）	製品事故情報報告・公表制度
	経済産業省「消費生活用製品安全法等に基づく長期使用製品安全点検制度及び長期使用製品安全表示制度の解説（ガイドライン）」（2017年6月）	特定保守製品に対する主な規制
家庭用品品質表示法	消費者庁＝経済産業省「家庭用品品質表示法ガイドブック」（2017年4月）	全般
電波法	総務省「電気通信機器基準認証制度マニュアル」（2004年）	無線設備の基準認証制度
電気通信事業法	総務省「電気通信事業参入マニュアル」（2019年5月）	登録または届出の必要性の判断
	総務省「電気通信機器基準認証制度マニュアル」（2004年）	端末機器の基準認証制度
	総務省総合通信基盤局「電気通信事業法の消費者保護ルールに関するガイドライン」（2019年5月）	消費者保護に関する規律や所要の対応等の詳細

⑵ データ利活用に関する各種法規制について

データ利活用に関する各種法規制への対応については、まずは、「個人情報の保護に関する法律についてのガイドライン」等により、個人情報保護法上の規制を十分に把握することは必須である。

しかし、より実務的には、続いて、検討するスマートホームサービスにおいて、自社が保有することになるデータを識別し、個人情報を特定・整理したうえで、サービス提供におけるデータフローを整理することが必要になる。そのうえで、当該データフローを前提とすると、いかなる個人情報保護法の規制が自社に対して適用対象となるかを検討し、他方、現状における自社の個人情報管理規程やプライバシーポリシー等の内容が自社に対して適用される規制との関係で必要十分であるかを確認する。これにより、個人情報保護法上の規制と、自社における個人情報管理状況とのギャップを分析することが可能になるので、その結果を整理して記録する。

次に、かかる結果に基づき、自社におけるデータ管理体制を検討し、場合によっては、データフローの見直しを検討したり、新たな個人データ管理システムを導入するなどのセキュリティ強化策を検討し、法規制と自社による個人データ取扱い状況のギャップを実務的に埋める作業を行う。そのうえで、かかる対処等をふまえて、個人情報管理規程やプライバシーポリシー等一式を改定する作業を行う。

最後に、実際に、かかる個人情報管理体制をデータ取扱い実務に反映させることが重要であり、改定した規程やポリシー等に基づき、従業員等への教育を実施する必要がある。なお、仮に、サービス提供においてデバイスが収集するデータが、厳密には個人情報保護法上の個人情報に該当しない場合であっても、当該データはプライバシー情報であり、法的にも、炎上リスクとの関係においても、個人情報に準じた取扱いを行う必要があることは上記3⑶イのとおりである。

●コラム●IoT 機器のサイバーセキュリティに関する法的論点

ネットワークに接続する IoT 機器は年々増加し、2020 年には 530 億個にまで増加すると予測されている。このため、サイバー攻撃者の攻撃ポイントは多く、IoT 活用においてサイバーセキュリティ対策は重要である。特に、インターネットに接続されるコネクティッドカー等は、ひとたび攻撃されれば、人への物理的な危害が生じる可能性も高い。2015 年には、米 FCA が、ハッキングにより遠隔操作されるおそれがある車両 140 万台のリコールを実施するなど、企業も慎重な対応を迫られている。そこで、本コラムでは、IoT 機器のサイバーセキュリティに関する法的論点、すなわち、デバイスやネットワークに対してサイバー攻撃が行われ、ユーザーに何らかの被害が生じた場合、セキュリティ上の脆弱性があるデバイスの製造者や、ネットワークの管理者等、IoT 関連事業者がいかなる法的責任を負うのか分析・検討し、解説する。

1 製造物責任法上の責任

(1) 製造業者等の責任

まず、サイバー攻撃を受けたのが、IoT デバイスである場合、デバイス製造業者は、製造物責任法に基づく責任追及を受ける可能性がある。

「製造業者等」とは、当該製造物につき、①製造、加工または輸入した者、②氏名、商号、商標その他の表示（氏名等の表示）をした者または製造業者と誤認させるような氏名等の表示をした者、③製造、加工、輸入または販売に係る形態その他の事情から見て、当該製造物にその実質的な製造業者と認めることができる氏名等の表示をした者であるとされ（製造物責任法 2条 3 項）、実際に製造を行っていない場合であっても、当該デバイスの製造業者と誤認させる表示をしたり、製品企画・製造指示等を通じて、実質的に製造に関与し、消費者もこのことを信用して当該デバイスを購入していたりするといった実態がある場合には、製造業者等と判断される可能性がある。

製造業者等は、製造物の欠陥により他人の生命、身体または財産を侵害したときは、これによって生じた損害を賠償する責めに任ずるとされる（製造物責任法 3 条）。ここで、「欠陥」とは、当該製造物が「通常有すべき安全性」を欠いていることをいうとされる（製造物責任法 2 条 2 項）が、具体的には、一般的に、以下の 3 類型があるとされている。

> ① 製造上の欠陥：製造物が設計・仕様どおりに作られなかったことによって安全性を欠いた場合
>
> ② 設計上の欠陥：製造物が設計・仕様どおりに製造されたものの、そ

第 3 章　IoT（スマートホーム）　199

の設計・仕様自体が安全性を欠いていた場合
③　指示・警告上の欠陥：製造物の設計・仕様・製造には問題がなかったものの、当該製造物に残存する事故発生のリスクを防止するのに足りる適切な指示および警告がなされていなかった場合

　IoT デバイスに対するサイバー攻撃がなされ、ユーザーに損害が生じたような事案では、デバイスの設計にセキュリティ上の脆弱性が存在したことが設計上の欠陥として「通常有すべき安全性」を欠いたと評価できるかが争点となることが多いと考えられる。この点、「通常有すべき安全性」の備えの立証のため、いかなる程度のセキュリティ対策が求められるかについては、いまだ絶対的な基準はない。一般的には、「通常有すべき安全性を欠いている」かどうかは、「当該製造物の特性、その通常予見される使用形態、その製造業者等が当該製造物を引き渡した時期その他の当該製造物に係る事情を考慮して」判断するとされている（製造物責任法 2 条 2 項）ことから、デバイスの特性、使用形態、万が一被害が発生した場合の被害の性質や程度をふまえ、契約時点で、当該デバイスの安全性がどの程度期待されていたかを勘案して判断することになろう（下記の裁判例も参照）。

　問題となったデバイスのサイバーセキュリティ上の安全性に関して、官公庁や業界団体によるガイドラインや自主基準が策定・公表されている場合は、これらに記載されている各要素が、備えるべきセキュリティ対策の程度の判断に影響するものと考えられるため、これらに精通しておく必要がある。また、消費者庁が、製造物責任法による訴訟情報を収集し、これを「PL 法関連訴訟一覧」（最終更新：2019 年 3 月 28 日）として公表しており、こちらにより判断相場を把握しておくことも有用である。

(2)　製造業者等の抗弁

　製造業者等は、上記(1)のとおり「通常有すべき安全性」を欠いたか否かを争うほか、一般的には、以下の抗弁の主張立証を行うことにより、製造物責任を否定することができる。

①　開発危険の抗弁：当該製造物をその製造業者等が引き渡した時における科学または技術に関する知見によっては、当該製造物にその欠陥があることを認識することができなかったこと（製造物責任法 4 条 1 号）
②　部品製造者の抗弁：当該製造物が他の製造物の部品または原材料として使用された場合において、その欠陥がもっぱら当該他の製造物の製造業者が行った設計に関する指示に従ったことにより生じ、

かつ、その欠陥が生じたことにつき過失がないこと（製造物責任法4
条2号）

　しかしながら、開発危険の抗弁については、当該時点における最高水準の
科学技術の知見をもってしても欠陥の認識が不可能であったことを指すと
されていることから、認められる可能性はきわめて低い。

2　民法に基づく責任

　デバイスではなくネットワークに対してサイバー攻撃があり、情報漏え
いやインシデントが発生した場合、「製造物」の欠陥を観念できないため、
製造物責任法の適用はない。このケースでは、①ネットワーク管理者とユー
ザーとの間におけるサービス提供契約の条項に基づく責任追及を行う場合、
②当該サービス提供契約に付随する義務としてネットワーク管理者に適切
なセキュリティ対策を講じるべき義務があるとして、債務不履行責任に基
づく責任追及を行う場合、③民法709条の不法行為責任に基づく責任追及
を行う場合が考えられる。

　いずれの請求原因でも、究極的には、ネットワーク管理者が、「あるべき
セキュリティ対策を怠ったことに過失があるか」が争点になると考えられ
るが、この点に関しては、SQLインジェクション事件判決（東京地判平成
26・1・23判時2221号71頁）における裁判所の判断が参考になる。

　当該裁判例は、ウェブサイトにおける商品の受注システムが外部からの
サイバー攻撃（SQLインジェクション：情報セキュリティにおける脆弱性
をつく攻撃方法の1つであり、アプリケーションのセキュリティ上の不備
を意図的に利用し、アプリケーションが想定しないSQL文を実行させるこ
とにより、データベースシステムを不正に操作するもの）を受け、クレジッ
トカード情報を含む顧客の個人情報が流出した事案において、当該システ
ムの発注者が、システム設計・保守等を受託したベンダーに対して、債務不
履行責任に基づく損害賠償請求を行った事案である。

　本判決は、当事者間において、契約書に明示されていなくても、契約当時
の技術水準に従ったセキュリティ対策を施したプログラムを提供すること
が黙示的に合意されていたと認定した。そのうえで、被告であるベンダーは、
この合意に従って、顧客の個人情報の漏えいを防ぐために必要なセキュリ
ティ対策を施したプログラムを提供すべきであったところ、この義務に違
反したことから今回の損害が生じたと認定した。

　また、本判決は、その当時、経済産業省および独立行政法人情報処理推進
機構（IPA）が、①SQLインジェクションに関する脆弱性についてはこれを
指摘し、その対策の必要性を注意喚起していたことから、契約書に明示され

ていなくてもベンダーは当該対策を実施する義務を負うが、他方で、②クレジットカード情報の一定期間経過後の削除や重要データの暗号化処理については対応を講じることが望ましいとされていたにすぎないので、契約書に明示されていない以上は、ベンダーがこれを実施する義務を当然に負うとはいえない旨、認定した。

この裁判例は、事業者は、「契約当時の技術水準に従ったセキュリティ対策」を講ずる義務があるという一応の判断基準を提供している。このため、サイバー攻撃を受けたネットワーク管理者等の責任を考えるにあたっては、攻撃対象となったセキュリティ上の脆弱性について、官公庁・専門機関・業界団体における一定のセキュリティ基準が策定・公表されていたか注意喚起がなされていたか、対策を行うべきことが推奨されていたか、推奨されていたとしてどの程度要求されていたかといった点が、重要な考慮要素となるものと考えられる。

このため、サイバー攻撃によるインシデント発生時には、その発生時に公開されている各種セキュリティガイドラインが「当時の技術水準」を意味するものと解釈される可能性が高く、IoT 関連事業者としては、最低限、重要な関連ガイドラインの内容については普段から精通し、更新情報をキャッチアップし、適切なセキュリティ対策を随時アップデートする必要がある。

また、ビジネスパートナーやシステム管理の委託先等と契約を交わす際には、先方のサイバーセキュリティ対策の内容を明確にしたうえで契約を交わすことが重要である。これにより、万が一、サイバー攻撃によるインシデントが生じた場合でも、その責任の所在を明確化することができる。

3　情報セキュリティ関連ガイドライン

情報セキュリティ関連のガイドラインは多岐にわたり、すべてを列挙することは難しいが、現時点において、法的な意味でのあるべきセキュリティ対策水準を考察するうえで重要となる、国内の基本的な関連ガイドラインを列挙するとすれば、以下のとおりであろう。

(1)　経済産業省「IoT セキュリティガイドライン ver1.0」（2016 年 7 月）

サービス提供者と利用者双方に向けた、IoT セキュリティ全般にわたるガイドライン。IoT 機器の開発から IoT サービスの提供までの流れを、「方針」、「分析」、「設計」、「構築・接続」、「運用・保守」の 5 つの段階に分けたうえ、おのおのの段階に対するセキュリティ対策指針を示し、指針ごとに具体的な要点をあげ、これらについて解説・対策例を紹介している。

(2)　内閣サイバーセキュリティセンター（NISC）「安全な IoT システムのためのセキュリティに関する一般的枠組」（2016 年 8 月 26 日）

サービス提供者に向けて、安全な IoT システムが具備すべき基本的なセキュリティ要件を示すことを目的とする。IoT システムの設計・構築・運用に際してはセキュリティバイデザインを基本原則とし、安全性、機密性、完全性、可用性という基本的なセキュリティ要件が確保されることを、システムの稼働前に確認・検証できるしくみが求められるとする。そのためには、基本方針の設定、リスク評価、システム設計、システム構築、運用・保守の各段階で求められる要件を定義することが必要であるとし、その際に明確化すべき項目を列挙して示している。

(3) 独立行政法人情報処理推進機構（IPA）「IoT 開発におけるセキュリティ設計の手引き」（2019 年 4 月）

サービス提供者の、特にセキュリティ設計担当開発者に向けた手引き。概要以下の項目について解説している。

---

① IoT のセキュリティ設計において行うべき、脅威分析・対策検討・脆弱性への対応

② セキュリティを検討するうえで参考となる、IoT 関連のセキュリティガイド

③ IoT システムにおける脅威分析と対策検討の実施例

④ IoT システムのセキュリティを実現するうえで根幹となる暗号技術の重要性の説明と、実装した暗号技術の安全性を客観的に評価するためのチェックリスト

第 3 章　IoT（スマートホーム）　203

第4章
Fintech ① （家計管理）

1 新規ビジネスの概要

(1) 事例

ア PFM（Personal Financial Management）サービスの普及

いわゆる Fintech により実現される金融サービスにはさまざまなものがあるが、日本において 2017 年に行われた銀行法等改正（以下「2017 年改正」という）にも伴い注目されているのが、PFM（Personal Financial Management）サービスの分野である。PFM サービスとは、銀行や証券会社の口座残高等における入出金等の情報、クレジットカードの利用状況やポイントサービスのポイントの保有状況に関する情報、商品・サービスの購入履歴といった支出関する情報を収集し、自らの家計を統合的に管理するための環境を提供するサービスである。なかでも、自動的に家計簿を作成するサービス（以下「家計簿サービス」という）が広く利用されている。たとえば、2017 年改正時に金融審議会が公表した「金融制度ワーキンググループ報告——オープン・イノベーションに向けた制度整備について」（2016 年 12 月 27 日）においては、大手 2 社の利用者数は延べ約 1000 万人とされており、その後さらに利用者数が増加していることが想像される。下記 3 (1)で詳述する、2017 年改正により導入された電子決済等代行業者として登録している業者も、必ずしもすべてが家計簿サービスを提供しているものではないと考えられるが、施行から 1 年弱の 2019 年 7 月 5 日時点で 57 社を数えるなど、新規参入の者も増加していると見られ、今後も市場が拡大することが期待される。

204 第2編 各 論

■キーワード

> **2017年銀行法等改正**
>
> 　情報通信技術の進展等、日本の金融サービスの環境変化に対応し、金融機関と金融関連IT企業等との適切な連携・協働を推進するとともに、利用者の保護を確保する必要があるという観点から、電子決済等代行業者に関する法律の制度整備を行った法律である。

> **オープンAPI（Application Programming Interface）**
>
> 　電子決済等代行業の文脈においては、API（Application Programming Interface）とは銀行以外の者が銀行のシステムに接続し、その機能を利用することができるようにするためのプログラムを指し、オープンAPIとは、銀行がFinTech企業等にAPIを提供し、顧客の同意に基づいて、銀行システムへのアクセスを許諾することをいう。オープンAPIは、外部企業との安全なデータ連携を可能とする技術であり、オープン・イノベーションを実現していくためのキーテクノロジーの1つとの指摘がある。

図表2-4-1：PFMサービスの基本的なしくみ

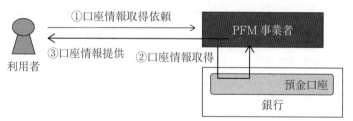

出典：金融審議会「金融制度ワーキンググループ」（第2回）資料2「中間的業者の取扱い」6頁。

　たとえば、株式会社マネーフォワードが提供するサービスにおいては、銀行、クレジットカード会社、証券会社のほか、航空会社（マイル）、ネットショッピング等、2650社以上（2019年4月8日現在）に対応し、これらのサービスの入出金履歴・残高を取得し、自動で家計簿の作成が可能となるとしている。

また、株式会社 Zaim が提供するサービスにおいても、約 1500（2019 年 4 月 8 日現在）の金融機関の公式サイトに接続して資産の自動管理を行うことを可能とし、銀行の情報やカードの情報が自動的に反映され、入力を行わずに家計簿作成が可能となるとしている。

　さらに、LINE Pay 株式会社が 2018 年 11 月 12 日に「LINE 家計簿」という名称で同様のサービスの提供を開始するなど、既存プラットフォーマーによる新規参入も開始されている。

　このような事例に加えて、本章で述べるとおり、2017 年改正により、①利用者が銀行等の金融機関の口座情報を取得するサービスに加えて、②利用者の金融機関に対する振込み等に関する指図の伝達等を行うビジネスのための法的基盤が整備されたことから、これらの特徴をあわせ持つサービス等、より便利かつ効果的な家計管理を可能とするサービスの登場も期待されよう。

イ　家計簿サービスにおける接続方式等

　このような家計簿サービスにおいては、当該サービスの提供者（以下「サービス提供者」という）が配信する専用のアプリケーション・ソフトウェア（以下「アプリ」という）をインターネット経由でモバイル端末にインストールしたうえでサービスを利用するケースが多い。利用者が、個々の金融機関が提供するサービスではなく、サービス提供者が提供するサービスを利用する実益は、サービス提供者のアプリが複数の金融機関から口座情報を取得し、集約する機能を備えている点にある。そのため、サービス提供者は、利用者が保有する各種口座情報を対応する複数の金融機関等から取得することができるアプリを提供する必要があるが、これらのアプリを通じ金融機関等から情報を取得する方法には、大きく分けて「ウェブスクレイピング方式」と、「API 方式」の 2 つが存在する。

㋐　ウェブスクレイピング方式

　ウェブスクレイピング方式とは、一般に、「ウェブページの HTML データを解析し、データの抽出や加工を施す方法により、必要なデータを収集する手法」と説明されるものである。これは、各金融機関が提供するサービスに基づきウェブ上に表示される情報を解析・収集するものであるから、

サービス提供者は、各金融機関のサービスにおける認証手続を経る必要がある。そのため、利用者はサービス提供者に対して、当該サービス提供者のアプリ上で、口座情報を取得する対象となる金融機関において利用しているIDやパスワード等の認証情報を提供することとなり、サービス提供者はこれを用いて顧客になり代わって金融機関にアクセスし、口座情報の取得等を行う。

　(イ)　API方式

　もう1つの接続方式であるAPI方式は、銀行等が提供するAPIを用いて、銀行のシステムに直接アクセスする方式である。APIとは、特定のプログラムを別のプログラムによって動作させるための技術仕様を意味するが、銀行等がサービス提供者に自行のAPIを開放すれば、サービス提供者がAPIを介して銀行システムを利用することが可能となる。また、この場合には、利用者のID・パスワード等の認証情報を用いる以外の方式による認証により口座情報を取得することが一般的であることから、サービス提供者が利用者から認証情報の提供を受ける必要がなくなる。

　なお、銀行等が公開するAPIには、単に銀行等から口座情報等を取得することができるものに限られず、銀行等が保有する口座情報に働きかけ、内容を更新することを可能にするものも存在する。前者のAPIが一般に「参照系API」と称され、後者のAPIは「更新系API」と称される。

ウ　2017年改正

　上記イのとおり、サービス提供者が銀行等のシステムにアクセスするには2つの方式が存在するが、API方式を用いるためには、銀行等がAPIをサービス提供者に開放することが必要になる。2017年改正の前においても、銀行等が、新規サービスを顧客に提供するという観点から、任意に特定のサービス提供者に対してAPIを開放することを検討するという事例はあったものの、サービス提供者は、少なくとも2017年改正の施行までにおいては、主としてウェブスクレイピングの方式により、銀行等のシステムから情報を取得していた。

　しかし、ウェブスクレイピングの方式による接続については、上記イ(ア)のとおり、サービス提供者が利用者の認証情報等を預かることから、当該

情報の漏えいや、漏えいした認証情報が悪用されることが懸念されていた。

　また、口座参照サービスの提供に関しては、決済に関する銀行システムに接続して銀行から口座に係る情報を取得するため、サービス提供者のセキュリティ等に問題があった場合には、銀行システムの安定性を害するおそれがあること、口座に係る情報が利用者に正確に提供されないことにより、決済に至るプロセスの的確性が確保されず、決済の安定性を害するおそれがあること等も懸念されていた。さらには、サービス提供者が法令上明確な位置づけを得られておらず、銀行をはじめとする金融機関等との連携・共同が進みにくいという問題も指摘されていた。2017年改正は、これらの懸念を解消するとともに、サービス提供者に法令上明確な位置づけを与えることで、新規ビジネスを促進するという観点から行われたものである。

　具体的には、①利用者が銀行等に対して行う為替取引に関する指図の伝達等を行うビジネスや、②口座情報を取得して、これを当該口座の利用者に提供するビジネス（詳細は下記3(1)）を行う者を「電子決済等代行業者」（銀行法2条17項1号・2号）と規定し、登録制（銀行法52条の61の2）を導入することによってその法令上の位置づけを明確化するとともに登録要件を規定し、かつ、銀行にAPIの公開を促すための方策をも含めて、銀行法等の改正による制度整備が行われることとなった（なお、農業協同組合法、水産業協同組合法、協同組合による金融事業に関する法律、信用金庫法、労働金庫法、農林中央金庫法等についても銀行法と同様の改正が行われているが、本文においては銀行法を例にとって説明することとする）。

(2)　事例分析

　上記制度整備が行われた結果、下記のとおり一般的な家計簿サービスは銀行法2条17項2号に掲げる電子決済等代行業の定義に基本的に該当するものとなり、同号の規定には同項1号に掲げる業務更新系の業務と異なり適用除外も存在しないことから、今後、家計簿サービスの提供を開始しようとする場合には、原則として電子決済等代行業の登録を行う必要があるものと考えられる。そのため、新規に家計簿サービスの提供を行う際には、登録に必要な期間（事前相談の期間も含む）も見越して、余裕を持ったスケジューリングを行うことが求められよう。

2 法的問題点の概要

銀行法	導入するサービスが、電子決済等代行業に該当するか否か（業該当性。下記3(1)）。 ⇒該当する場合は、銀行法上の登録が必要となる。
	電子決済等代行業に該当する場合に、登録に必要な要件（下記3(2)） ⇒法令上の「登録」は、「免許」（たとえば、銀行免許（銀行法4条1項））と異なり、登録拒否要件がなければ、原則として登録される。このうち、「電子決済等代行業を適正かつ確実に遂行する体制の整備が行われていない者」に該当しないようにすることが重要である。
	登録後、遵守しなければならない行為規制等（下記3(3)） ⇒登録後は、当局の監督下に置かれ、法令上化されている行為規制等を遵守する必要がある。当該行為規制等を遵守できる体制が整っているか否かは、登録審査においても審査対象となる項目である。また、その遵守方法等との関連で、利用規約等を適切に整備することも必要となる。

3 法的問題点の詳細

(1) 導入するサービスが、電子決済等代行業に該当するか否か

家計簿サービスに関連する行為は、銀行法2条17項2号において以下のとおり定義されており、これを営業として行う場合は、電子決済等代行業の登録が必要となる。

> 銀行に預金又は定期積金等の口座を開設している預金者等の委託（二以上の段階にわたる委託を含む。）を受けて、電子情報処理組織を使用する方法により、当該銀行から当該口座に係る情報を取得し、これを当該預金者等に提供すること（他の者を介する方法により提供すること及び当該情報を

第4章 Fintech ① （家計管理） 209

加工した情報を提供することを含む。)。

　当該定義は、口座情報の参照を行う行為を念頭に置いて規定されたものと考えられることから、その典型である家計簿サービスはこの範疇に入ってくると考えられる。よって、上記のとおり、家計簿サービスの提供者は、原則として登録が必要になると考えられる。

　また、金融庁における登録実務においては、サービス提供者の登録申請手続においては、まず、「財務局において、事前相談として、登録申請予定者から申請概要等の提出を受け、当該者及びサービスの概要等について、説明を受け」、「当該サービスが当該サービスが電子決済等代行業に該当する場合、まずは、登録申請書のドラフトを提出してもらい、申請書の記載内容に過不足がないか、当該者の体制等が『銀行法第52条の61の5（登録の拒否)』の要件を充たしているかなどについて、事前審査を行ったうえで、正式な申請を受けることとしている」ものとされている（金融庁「電子決済等代行業者の登録申請時の留意事項等」(2018年5月30日）(以下「留意事項」という))。そのため、登録申請手続の初期段階においては、サービス提供者において、業登録が必要となることを前提に、その提供するサービスが電子決済等代行業に該当することを説明することが必要となる。

(2)　登録に必要な要件

　電子決済等代行業は、「登録制」を採用していることから、サービス提供者が「登録拒否要件」（銀行法52条の61の5）に該当しない限りは、登録が認められることとなる（なお、以下ではサービス提供者が法人であることを前提とし、個人に係る登録拒否要件は検討の対象外とする）。当該登録拒否要件には、サービス提供者に係る資本金額が「純資産額が負の値ではないこと」（同条1項1号イ、銀行法施行規則34条の64の6）や、サービス提供者またはその役員等が一定の法令に違反し、もしくは行政処分を受けた場合または当該違反もしくは行政処分から5年を経過していない場合等の形式的なものもあるが（銀行法52条の61の5第1項1号ハ・ニ・ホ・2号等）、より重要なのは、実質的な要件である「電子決済等代行業を適正かつ確実に遂行する体制の整備が行われていない者」（同項1号ロ）に該当するか否かという

点である。

　金融庁は、この「電子決済等代行業を適正かつ確実に遂行する体制の整備」（銀行法 52 条の 61 の 5 第 1 項 1 号ロ）が行われているかに関しては、留意事項において、利用者保護を確保するため、システムリスク管理の審査に重点を置き、たとえば以下の項目（「審査する項目の例」）を、「当該電子決済等代行業者の規模、電子決済等代行業の内容、取り扱う情報の重要度、電子決済等代行業におけるコンピュータシステムの仕組みや占める役割などの特性を踏まえつつ、審査を行う」ものとしている。

審査する項目の例
　⑴　当該電子決済等代行業者におけるシステムリスクに対する認識等
　⑵　システムリスク管理態勢
　⑶　システムリスク評価
　⑷　情報セキュリティ管理
　⑸　サイバーセキュリティ管理
　⑹　システム企画・開発・運用管理
　⑺　システム監査
　⑻　外部委託管理
　⑼　コンティンジェンシープラン
　⑽　障害発生時等の対応

　これらの点は、法令上の要件である「電子決済等代行業を適正かつ確実に遂行する体制の整備」が行われているかの判断要素となるものだが、かかる判断は、システム構築等の技術的な要件を加味して行われることに留意が必要となろう。金融庁からは、明確な技術的要件が公表されているわけではないが、「オープン API のあり方に関する検討会」（事務局：一般社団法人全国銀行協会）が公表している「オープン API のあり方に関する検討会報告書——オープン・イノベーションの活性化に向けて」（2017 年 7 月 13 日）や、金融情報システムセンター（FISC）が公表している「API 接続チェックリスト〔2018 年 10 月版〕」（2018 年 10 月 12 日）等が参考になると考えられる。また、セキュリティに関しては、技術的安全管理措置の観点のほかにも、いわゆる組織的安全管理措置や人的安全管理措置を充実させることも重要となる。たとえば、情報管理に関する社内規程の整備や、重要な情報への

第 4 章　Fintech ①（家計管理）　211

アクセスの制限等の内部管理態勢の構築等が求められることになる。

当該要件が充足されているか否かの審査は、上記のとおり、事業者の規模や取り扱う情報の分量、重要性や、コンピュータシステムがビジネスの遂行に際して占める重要性等に照らし、具体的なリスクに応じて行われるとされている（リスクベースの審査）。そして、家計簿サービスの提供者が行う業務（銀行法2条17項2号に掲げる電子決済等代行業）については、決済指図の伝達を行う業務（同項1号に掲げる電子決済等代行業）よりも一般的にはリスクが小さい業務であることから、当該リスクに応じて対策を講ずべき事項に差異が生じることは否定されないと考えられる旨の見解が金融庁から示されていることも参考になろう。

(3) 登録後の行為規制等

電子決済等代行業者として登録が行われた後は、①利用者に対して、自らの権限や、利用者に対する損害賠償に関する事項等を説明する義務や、②利用者情報の適切な管理や電子決済等代行業の第三者への適切な委託等を行うために必要な措置をとる義務等を負うことになる（銀行法52条の61の8第1項・2項。これらの義務の遵守がない場合、業務改善命令等の対象となるおそれがある）。なお、当局による審査においては、これらの対応を的確に行うことができるか否かについても審査対象となることから、当該行為を実際に履践できるような体制を構築することは、登録後の行為規制の遵守という観点に加え、登録申請においても重要なファクターとなる。

また、これらの行為規制のうち、一部については利用規約に規定することが必要となるため、利用規約についても、サービスの観点からのみならず、法令上の事項についての対応という観点からも、適切に作成することが必要である。

さらに、業務を遂行するうえで重要な点として、電子決済等代行業者は、当該業務を遂行するにあたり、銀行との間で契約を締結しなければならないとされており（銀行法52条の61の10第1項）、当該契約において、法定の事項（同条2項）を定めたうえで、契約締結の事実を公表しなければならないという点がある（同条3項。ただし、家計簿サービスのみを提供する者は、この義務が施行の日（2018年6月1日）から2年間猶予されている）。新規にビ

ジネスを始める電子決済等代行業者にとっては、契約の内容は、事実上銀行側が準備するひな型をベースとせざるをえないことが多いと思われるが、たとえば、受領データの取扱い等の点がどのように規定されているかはよく確認することが必要である。

4 解決へのアプローチ

(1) 電子決済等代行業に係る登録におけるプロジェクト管理

　上記3(1)のとおり、今後家計簿サービスを行うに際しては電子決済等代行業に関する登録を常に念頭に置く必要がある。そして、当該登録に係る手続においては、まず登録申請書その他のドラフトを提出するとともに、上記3(2)の登録拒否要件に該当しないかの審査がなされるが、電子決済等代行業に係る登録申請においては、「電子決済等代行業を適正かつ確実に遂行する体制」を充足しているか否かが中心的な審査対象となる。

　当該体制の整備は、法令遵守という観点から、電子決済等代行業者として行うべき業務（一定の事項の表示義務・公表義務等を遵守することを含む）に関する社内規程の整備等、法務部門ないしコンプライアンス部門が主導的に行う事項がまず存在する。また、これに加え、留意事項に中心的に記載されていることにかんがみても、システムリスク管理体制が当局の重要な関心事であり、審査においても重点的に確認されるものと考えられる。この部分には、情報システム部門等の関与が不可欠となろう。

　このように、電子決済等代行業の登録においては、システムリスク管理体制に関連して、情報システム部門が関与する必要性が明確であることから、登録申請業務をマネジメントする部署は、情報システム部門の関与率をあげるなど、事業部や法務・コンプライアンス部門のみならず、情報システム部門を主体的に関与させるようなかたちでプロジェクトを推進させることが肝要となろう。また、登録に係る事前相談手続においては、サービス提供者からの提出書類に対して、当局が指摘というかたちでコメントを行うが、当該コメントをそのまま情報システム部門に対して送付した場合には、当該コメントに当局が込めた意図を情報システム部門がくみとれ

第4章　Fintech①（家計管理）　213

ないというケースが想定される。そのため、早期の登録を企図する場合には、マネジメントを行う部署において、当局の指摘の趣旨を斟酌し、情報システム部門に対して必要な資料の提供を求めることや、ありうる回答の方向性を示すなど、情報システム部門から適切な情報がタイムリーに出てくるようなかたちで対応の方向性を示すこと等も含め、総合的な対応が必要となろう。また、当局の指摘の趣旨が必ずしも明らかではない場合には、登録業務に精通した弁護士等の外部専門家の協力を仰ぐことも有効な選択肢となろう。

(2) 登録後の対応

登録手続において提出する資料等は、基本的には、登録後においてそれらの資料（たとえば、社内規程）に従って業務を行うことが求められるため、換言すれば、実際にそれに従って業務を行うことができない資料は提出すべきではない。そのため、当該社内規程の策定の場面において、社内で当該規程の内容を実際に実施できるかについて確認のうえで各種資料を提出することが重要である。また、当該提出した資料に基づいた業務運営ができているか否かについて、定期的に確認することが必要となろう。

4　その他の情報

(1) 業界の自主団体等の情報

2017 年 11 月 27 日付で、金融機関の決済システムや口座情報に接続する事業者の健全な発展を目的とした、銀行法に基づく認定を意図する自主規制団体である一般社団法人電子決済等代行事業者協会が設立（正確には、同協会の設立準備協会が設立）された。

本稿脱稿時点では、同協会は銀行法 52 条の 61 の 19 に基づく認定を受けていないが、今後、認定電子決済等代行事業者協会となることが予想される。当該認定がされた場合には、同協会は以下の業務を行うこととなる（同条 1 項〜8 号）。

① 同協会の社員となる電子決済等代行業者（以下「会員」という）が電子決済等代行業を営むにあたり、銀行法その他の法令の規定および以下③の規則を遵守させるための会員に対する指導、勧告その他の業務

② 会員の営む電子決済等代行業に関し、契約の内容の適正化その他電子決済等代行業の利用者の利益の保護を図るために必要な指導、勧告その他の業務

③ 会員の営む電子決済等代行業の適正化ならびにその取り扱う情報の適正な取扱いおよび安全管理のために必要な規則の制定

④ 会員の銀行法もしくは銀行法に基づく命令もしくはこれらに基づく処分または前号の規則の遵守の状況の調査

⑤ 電子決済等代行業の利用者の利益を保護するために必要な情報の収集、整理および提供

⑥ 会員の営む電子決済等代行業に関する利用者からの苦情の処理

⑦ 電子決済等代行業の利用者に対する広報

⑧ 前各号に掲げるもののほか、電子決済等代行業の健全な発展および電子決済等代行業の利用者の保護に資する業務

(2) 海外動向

EU においては、①決済サービス指令（PSD）の制定後に進展した、銀行等の預金提供金融機関と利用者の間に立って事業を行う中間的事業者に登録制を設ける、②中間的事業者の利用者を保護するルールを制定する、③中間的事業者と銀行等の関係の整備する、という内容を中核とする改正決済サービス指令（PSD2：2015 年）が発令され、各国はこれに沿った内容の国内法を制定することとされた。PSD2 のもとでは、中間的事業者は決済指図伝達サービス提供者（PISP）と口座情報サービス提供者（AISP）の 2 類型に分類され、それぞれ免許（PISP）、登録（AISP）が要求される。日本に先立ち制定されたこのような規律は、日本における 2017 年改正のモデルになったものと考えられる。また、PSD2 においては、銀行等の預金提供金融機関が API の開放を事実上義務づけられているのに対して、2017 年改正で日本の銀行等はあくまで API 開放の努力義務を負っているにすぎない点も留意に値する。

米国においては、PISP や AISP に免許や登録を求める連邦法は存在せず、

第 4 章　Fintech ①（家計管理）　215

また、銀行等にAPIの開放を求める連邦法も存在しない（ただし、PISPについては、各州法における送金業者法による規律を受けるかが問題となる）。しかしながら、データアグリゲーションとの関係を中心として、口座情報へのアクセスをどのようなかたちで許容するかの議論が進行しており、金融規制に関する分権的な構造を反映して、各規制機関（または所属する個人）が、それぞれの関心との関係で種々の議論を積み重ねているという現状にある。なお、APIの開放を求める法律が存在しない一方で、大手の金融機関を中心に、任意にAISPに関するAPIを開放する動きが見られる。これに対して、中小コミュニティバンクを中心に、API開放に伴うシステム投資を敬遠する見解もあるとされている。いわば、APIを開放して新規ビジネスを生み出すか、そのような選択をしないかという判断も、各金融機関の判断および自由競争に委ねられている状況であると考えられる。

●コラム●仮想通貨（暗号資産）に関する規制

1　資金決済法改正から仮想通貨 NEM の流出事案まで

　2016年3月4日に国会に提出され、同年5月25日に成立した「情報通信技術の進展等の環境変化に対応するための銀行法等の一部を改正する法律」により、資金決済法の改正が行われ、それまでは日本において明確に法規制がなされていなかった仮想通貨の定義づけがなされるとともに、仮想通貨交換業者（資金決済法2条8項）に登録制（資金決済法63条の2）が導入された（2017年9月30日施行）。

　同改正は、2014年に、日本おいて当時世界最大手であった仮想通貨の取引所において、大規模な仮想通貨の流出事件が発生したことや、仮想通貨についてG7サミットにおける国際的な要請等もふまえ、マネロン・テロ資金対策および利用者保護のためのルールを整備するため、口座開設時における本人確認の義務づけ、利用者が預託した金銭・仮想通貨の分別管理等のルール整備への制度面の対応を中心として行われたものであった。

　この規制の導入に伴い、既存業者を中心に登録申請等が行われたものと見られ、2017年9月29日には11社において、同年12月1日には4社、同月26日には1社において、それぞれ登録が行われた。この当時は、金融庁が公表する「事務ガイドライン（第三分冊：金融会社関係）」（2019年5月）の「16　仮想通貨交換業者関連」に記載の、①経営管理等、②法令等遵守（コ

216　第2編　各　　論

ンプライアンス）態勢等、③取引時確認の措置、④反社会的勢力による被害の防止、⑤不祥事件に対する監督上の対応、⑥利用者保護措置、⑦利用者が預託した金銭・仮想通貨の分別管理、⑧帳簿書類、⑨利用者に関する情報管理体制、⑩苦情等への対処（金融 ADR 制度への対応も含む）、⑪システムリスク管理、⑫事務リスク管理、⑬外部委託、⑭障碍者への対応等についての態勢整備の状況を審査し、登録が行われていたものと考えられる（以下では、これらの項目による審査を「旧審査基準」という）。

　しかしながら、2018 年 1 月 26 日に、改正資金決済法施行前から仮想通貨交換業を行っていた業者であって登録審査中の者である、いわゆる「みなし業者」である事業者から、仮想通貨の 1 つである NEM が、当時の換算レートで約 580 億円分流出したことにより、事態が一変することとなった。仮想通貨の登録審査および監督・検査を担当する金融庁は、当該事業者をはじめとして、登録を受けた仮想通貨交換業者およびみなし業者すべてへの立入検査を行い、実態把握や各事業者に対する業務改善の促進に集中的に取り組むこととなった。その結果、複数業者に対する業務停止命令・業務改善命令が行われるとともに、それらの検査結果が、同年 8 月 10 日に公表された「仮想通貨交換業者等の検査・モニタリング　中間とりまとめ」としてまとめられた。この間、新規登録申請を行おうとする業者に対する登録審査はすべてストップしている状態となっていた。

2　仮想通貨 NEM の流出事案後の登録申請

　その後、2018 年 10 月 24 日に金融庁から「仮想通貨交換業者の登録審査について」が公表され、そのなかで、金融庁が事務ガイドラインにおける監督上の着眼点を補足・敷衍し、事業者との対話を円滑に実施するためのツールとして利用しているものとされる「仮想通貨交換業者の登録審査に係る質問票」もあわせて公表されている。また、この金融庁による公表と相前後して、資金決済法 87 条に基づく認定資金決済事業者協会としての認定を一般社団法人日本仮想通貨交換業協会が取得し、その翌日に、同協会が定める自主規制規則が公表されることとなった。

　今後、仮想通貨交換業者として登録を受けようとする場合には、上記の質問票の項目（なお、当該質問票は 83 頁、質問数は 400 を超える）を検討し、当該体制を整備することが可能か否かを検討する必要がある。特に、当該質問票 69 頁以下では「事務ガイドライン項目」の欄が空欄となっていることから、協会の自主規制規則を遵守するために求められているものであると考えられる。

　質問票の当該箇所には、「勧誘・広告等」であるとか、「不適正取引防止」、

「仮想通貨関係情報管理」等が規定されており、決済の安全性、効率性および利便性の向上に資することを目的とする資金決済法（資金決済法1条参照）というよりも、投資者の保護をその目的とする金商法（金商法1条参照）上の広告規制（金商法37条）や適合性の原則（金商法40条1号）、不公正取引の防止（金商法第6章）や法人関係情報（金商業等府令1条4項14号）に親和性を有するものとなっている。そのため、人的構成として、旧審査基準下と比較して、金商法に係る規制等に精通した人材の確保を追加的に行う必要が生じているものと考えられる。また、上記の流出事案が生じた原因にかんがみ、システムリスク管理についても、従前よりもより高度な態勢整備が必要となろう。

　これらの観点から、現在の基準で登録を受けるために求められる水準は、旧審査基準下で登録されていた業者において求められていたものと比較して、相当程度高度になっていると考えられる。上記協会規則の制定前後において、160社以上の事業者が登録審査を待っており、具体的に作業を詰めている業者も50社ほどあるという報道が見られたが、今後、上記自主規制規則をふまえ、規制当局がどの程度の数の事業者を、どのような運用のもとで登録していくのかが注目される（なお、2019年に入り、新たに3社が上記の新しい審査基準のもとで登録されている）。

3　仮想通貨規制に関する今後

　上記のような流れのもと、自主規制団体のみならず、金融庁においても、さらなる仮想通貨規制に係る検討が行われてきた。具体的には、2018年3月8日に、「仮想通貨交換業等を巡る諸問題について制度的な対応を検討するため」に、「仮想通貨交換業等に関する研究会」が設置され、全11回の会議の開催の後、同年12月21日に「仮想通貨交換業等に関する研究会報告書」（以下「本報告書」という）が公表され、その内容は、「1.　仮想通貨交換業者を巡る課題への対応」、「2.　仮想通貨の不公正な現物取引への対応」、「3.　仮想通貨カストディ業務への対応」、「4.　仮想通貨デリバティブ取引等への対応」、「5.　ICOへの対応」、「6.　業規制の導入に伴う経過措置のあり方」、「7.　『仮想通貨』から『暗号資産』への呼称変更」等広範なものとなった。

　そして、本報告書の内容をふまえるかたちで、第198回国会に「情報通信技術の進展に伴う金融取引の多様化に対応するための資金決済に関する法律等の一部を改正する法律案」として、資金決済法および金商法の改正を中心とする法案が提出され、2019年5月31日に可決・成立した。

　当該改正法における、仮想通貨交換業者（同法律施行後は、「仮想通貨」という名称が「暗号資産」に改められることから、「暗号資産交換業者」と名称

が変更される）に対して直接的な影響がある資金決済法における主たる改正項目としては、①顧客から預託を受けた暗号資産を原則としてコールドウォレットで分別管理すること、②例外的にホットウォレットで顧客の暗号資産を管理する場合には、これと同種同量の暗号資産を、暗号資産交換業者自身の暗号資産としてコールドウォレットにて保持し、流出事案等の発生時に顧客に対する補償に用いる「履行保証暗号資産」とすることが義務づけられたこと、③暗号資産の広告・勧誘等に関して金商法に類似する広告規制、禁止行為に関する規制が導入されたこと等があげられる。

　本稿脱稿時点では、当該改正法の委任を受ける資金決済法施行令および関係する内閣府令の内容はいまだ公表されておらず、規制の全体像は明らかではないが、暗号資産に関するビジネスを営み、また営もうとする事業者にあっては、今後も規制当局の動向を注視する必要があるだろう。

第4章　Fintech ①（家計管理）　219

第5章
Fintech ②（AI 投資）

1　新規ビジネスの概要

(1)　業界の動向

　昨今、さまざまなサービスに AI（人工知能）が利用されている。資産運用の分野においても同様であり、最近注目されているものが、「ロボアドバイザー」によるサービス（以下「ロボアドバイザーサービス」という）である。ロボアドバイザーサービスとは、画一的な定義があるものではないが、おおむね、投資家の属性・リスク選好に係る意向等の各種質問をあらかじめ行い、これにより得られた回答に基づき、アルゴリズムを用いて分析した最適なポートフォリオに対する資産運用に関するサービスを提供するビジネスである。一口にロボアドバイザーサービスといってもさまざまなタイプがあり、上記の分析の結果得られた資産運用のプランの提示にとどまるものもあれば、当該分析結果に基づく金融商品の買付け等による運用まで行うものもあり、また、顧客への無償のサービスとして行われるものもあれば、投資家から報酬を得て提供されるものもある。そのなかでも、多くの（有償の）ロボアドバイザーサービスに共通する特徴として、以下の3点があげられる。

---
① 　非富裕層の個人投資家向けサービス（⇔富裕層・機関投資家向け）
② 　スマートフォン・PC 等を利用した非対面型サービス（⇔対面型サービス）
③ 　相対的に低額な手数料（⇔プライベートバンカー等、プロが運用する場合の手数料）

　これらの特徴は次のように説明できる。すなわち、ロボアドバイザーの

220　第2編　各　　論

強みは、AI による自動判断によりサービスの提供にかかるコストを下げられるところにあるが、コストを下げて手数料を安価にすることにより、これまで資産運用をプライベートバンカー等のプロに委託することができなかった非富裕層の個人投資家にリーチすることができる。また、そのような非富裕層の個人投資家は「安価で手軽な投資」を希望することが多いが、ロボアドバイザーにより、コストがかさんで敷居も高い対面型サービスではなく、スマートフォン等を利用した気軽な非対面型サービスを提供することができる。もっとも、ロボアドバイザーサービスは、非対面サービスであり、あらかじめ類型化された質問への投資家による回答をふまえてポートフォリオを構築するという性質を持つことから、個々の投資家の属性・意向に応じたものではあるものの、その運用は ETF 等への分散投資が中心であり、プライベートバンカーが提供するような顧客ニーズを詳細にふまえたうえでの多様な投資先を対象とした投資運用が行われるものではない。

■キーワード

AI

Artificial Intelligence（人工知能）の略語。投資における AI は、本文記載のとおりロボアドバイザーとして利用されることもあるが、そのほかにも、貸付型クラウドファンディングにおける借主の格付け、信用スコアリングによるローン審査の自動化、高速取引（HFT：High Frequency Trading）等に利用されている。

ETF

Exchange Traded Funds（上場投資信託）の略語。日経平均株価や東証株価指数（TOPIX）等の特定の指数の動きへの連動をめざす投資信託である。連動する指数は株式の価格だけでなく、債券、REIT（リート）、通貨、コモディティ（商品）の価格に基づき算出される指数もある。指数に連動するため投資家にとって値動きがわかりやすい、運用コストが比較的低い、分散投資によるリスク低減効果が期待できるなどの特徴がある。

米国におけるロボアドバイザーサービスの 2016 年末時点の運用資産残

高は、約830億ドルと推定され、2021年末までに約3850億ドルに拡大するとの試算もある。米国では当初はWealthfront、Betterment、Personal Capital等のFintechスタートアップ企業の台頭が著しかったが、最近ではVanguardやCharles Schwab等の大手金融機関も参入している。日本でも、2015年5月にエイト証券が「エイトナウ」というロボアドバイザーサービスの提供を開始したことを皮切りに、2019年7月11日時点で預かり資産が1600億円を超えたウェルスナビが提供する「WealthNavi」や（ウェルスナビのニュースリリース（2019年7月12日））、2019年3月31日時点で運用者が7.1万人を超えたお金のデザインが提供する「THEO」（お金のデザインのニュースリリース（2019年4月4日））、あるいはフォリオが2018年11月にリリースした「おまかせ投資」等のロボアドバイザーサービスが現在提供されている。

(2) 事例

図表2-5-1：商流図

ロボアドバイザーサービスに参入する場合、たとえば以下で記載する①または②のようなサービスを提供する事例が考えられる。

AIを用いたロボアドバイザーにより、顧客の情報をふまえつつ、投資対象となる有価証券の具体的な銘柄のレベルまで特定した投資ポートフォリオを構築したうえで、①当該投資ポートフォリオを顧客に提案して報酬を得るというサービスと、②ロボアドバイザーサービスの提供者において開設される利用者口座に入金される顧客の金銭を当該投資ポートフォリオに基づいて運用する旨の権限の委託を受け、実際に当該権限に基づいて投資を行うとともに、顧客から報酬を得るというサービスを提供する（毎月一定額を利用者口座に自動的に振り込む自動積立機能を有するものを含む）。なお、事例①②いずれについても、これらを行うのに必要な契約を顧客との間で

締結することを前提とする。

　また、ロボアドバイザーサービスを提供するにあたって、最も核となるアルゴリズムの設計はおそらく自社内で行うものと考えられるが、この開発の一部やウェブサイトの設計、顧客管理等に係るシステム開発は、外部のシステムベンダーに委託することがあると考えられ、以下においても、かかる外部委託を行うことを想定する。また、保守および運用についても当該システムベンダーに委託する事例を想定する。

(3)　事例分析

　ロボアドバイザーサービスは、AIの判断に基づくものではあっても、あくまで資産運用に関するサービスであるから、その内容によっては金商法上の各種業規制を受けることがあり、また、一定の場合には投資家から法的責任を追及されることもあり、それがシステムベンダーの責任領域におけるシステムトラブルに起因する場合にはシステムベンダーに対して法的責任を追及する必要もありうると考えられる。本章では、このようなロボアドバイザーサービスを提供するビジネスに参入する際に注意しなければならない法的規制や民事責任について、上記の具体例を用いて解説する。

2　法的問題点の概要

① 金商法上の業規制（下記3(1))	提供するロボアドバイザーサービスが、「投資助言・代理業」（下記3(1)ア）、「投資運用業」（下記3(1)イ）および／または「第一種金融商品取引業」（下記3(1)ウ）のそれぞれに該当するか否かが問題となる。 ⇒有価証券の価値等に関し、口頭、文書その他の方法により助言を行うことを約し、相手方がそれに対し報酬を支払うことを約する契約を締結し、当該投資顧問契約に基づき、助言を行う場合、投資助言・代理業の登録が必要となる。 ⇒顧客と投資一任契約を締結し、金融商品の価値等の分析に基づく投資判断に基づいて有価証券またはデリバティブ取引に係る権利に対する投資として、金銭その他の財産の運用を行うような場合、投資運用業の登録が必要となる。

第5章　Fintech ②（AI投資）　223

	⇒有価証券の売買の媒介、取次ぎまたは代理等を行う場合、また、金銭・有価証券の預託を受ける場合、第一種金融商品取引業の登録が必要となる。 登録要件としては、「第一種金融商品取引業」が最も厳格で、「投資運用業」、「投資助言・代理業」の順でゆるやかになる。登録に要する期間もこの順に長くなることが多い。 なお、これらのいずれかに該当する場合には、当該サービス提供事業者は「金融商品取引業者」に該当する。
② 適合性の原則（下記3(2)）	ロボアドバイザーサービスに適用されうる適合性の原則（金商法40条1号）とはどのようなものか。 ⇒一定の金融商品について、顧客の知識および経験等に照らして、説明を尽くしたとしても特定の顧客には勧誘を行ってはならない（狭義の適合性原則）。 ⇒顧客の投資意向、財産状態および投資経験等に適合した方法での投資勧誘を行わなければならない（広義の適合性原則）。
③ 説明義務等（下記3(3)）	ロボアドバイザーサービス提供事業者に課されうる説明義務には、どのようなものがあるか。 ⇒金融商品取引業者等は、金融商品取引行為を行うことを内容とする契約の締結前に、当該契約に係る重要事項を記載した書面である「契約締結前交付書面」を交付しなければならない（金商法37条の3第1項）。 ⇒金融商品取引業者等またはその役員もしくは使用人は、契約締結前交付書面を含む一定の書面の交付に関し、あらかじめ、顧客に対して、手数料の金額や、指標の変動により損失が生じるおそれがあること等一定の事項について、顧客の知識、経験、財産の状況および金融商品取引契約を締結する目的に照らして当該顧客に理解されるために必要な方法および程度による説明をすることなく、金融商品取引業契約を締結してはならない（金商法38条9号、金商業等府令117条1項1号）（実質的説明義務）。 顧客に対する説明義務を怠った場合には、監督官庁から業務改善命令（金商法51条）、業務停止命令、登録の取消し（金商法52条）等の行政処分を受けることがあるほか、顧客に対して民事上の責任を負うことがある。

224　第2編　各　　論

④ 投資判断に不備が認められる場合の債務不履行責任（下記3⑷）	ロボアドバイザーの投資判断について顧客に対し債務不履行に基づく損害賠償責任を負うことがあるか。 ⇒明らかに合理性を欠いた投資判断を行って顧客の財産を毀損した場合には、顧客から損害賠償を請求されるおそれがある。ただし、AIによる具体的な投資判断が適切でなかったという事実自体から債務不履行を認定することには困難な側面がある。
⑤ システムの瑕疵（下記3⑸）	ⅰ　ロボアドバイザーサービス提供事業者と顧客との関係 システムベンダーから納品されたシステムに「瑕疵」があり、当該瑕疵に起因した顧客に対する債務不履行責任を負う場合がある。 ⅱ　ロボアドバイザーサービス提供事業者とシステムベンダーとの関係 もっとも、上記の場合、システムベンダーに対して、瑕疵修補請求、損害賠償請求等をすることが考えられる（民法634条1項本文・2項）。
⑥ 情報開示に関する業界の自主的な取組み（下記3⑹）	情報開示に関する業界の自主的な取組みにはどのようなものがあるか。 ⇒「ロボアドバイザーの運用方針・運用実績等に係る情報開示の向上への取組み開始について」という情報開示に関する取組みが存在する。

3　法的問題点の詳細

⑴　金商法上の業規制

ア　投資助言・代理業への該当性

投資助言・代理業とは、有価証券の価値等に関し、口頭、文書（新聞、雑

誌、書籍その他不特定多数の者に販売することを目的として発行されるもので、不特定多数の者により随時に購入可能なものを除く）その他の方法により助言を行うことを約し、相手方がそれに対し報酬を支払うことを約する契約を締結し、当該投資顧問契約に基づき、助言を行うことを業とすること等をいう（金商法28条3項1号、2条8項11号）。

上記1(2)の事例①におけるサービス（以下「助言型ロボアドバイザーサービス」という）、すなわちどの銘柄の株式および債券を取得すべきといった具体的な投資ポートフォリオを提案するサービスは、有価証券の価値等に関し助言を行うものであり、それに対して報酬を受領する契約を締結したうえで助言を行う場合には、投資助言・代理業に該当することになる。したがって、助言型ロボアドバイザーサービスを行う場合には、投資助言・代理業の登録が必要になる。

他方、たとえば、投資ポートフォリオ中の株式や債券の比率を定めるだけの抽象的な資産配分を提案するのにとどまるのであれば、投資助言・代理業には該当しない。また、無償で投資助言を行うことも投資助言・代理業には該当しない。そのため、ロボアドバイザーサービスを提供している事業者のなかには、既存の顧客に対する既存のサービスの「おまけ」として、あるいは、投資助言に基づく有価証券の売買の取扱いや資産運用の手数料で利益を得ることを目的として、ロボアドバイザーによる無償での投資助言等を行う事業者もあるところ、最終的な判断は個別具体的な事実をふまえて行う必要があるが、基本的にはこれらの行為は投資助言・代理業には該当しないため、こうした事業者が改めて投資助言・代理業の登録をする必要はないと考えられる。

イ　投資運用業への該当性

顧客から、金融商品の価値等の分析に基づく投資判断の全部または一部を一任されるとともに、当該投資判断に基づき当該顧客のため投資を行うのに必要な権限を委任されることを内容とする契約を、投資一任契約という（金商法2条8項12号ロ）。そして、顧客との間でその投資一任契約を締結し、当該契約に基づき、金融商品の価値等の分析に基づく投資判断に基づいて有価証券等に対する投資として、金銭その他の財産の運用（その指

226　第2編　各　論

図を含む。以下同じ）を業として行うことは、投資運用業の一類型に該当する（金商法28条4項1号、2条8項12号ロ）。投資一任業務と投資助言業務は、最終的な投資判断の委任を受けているか否か、および投資を行うのに必要な権限の委任を受けているかという点により区別され、これらの委任を受けている場合は、もはや投資助言業務にとどまらず、投資一任業務を行っているものと判断される。

上記1(2)の事例②におけるサービス（以下「運用型ロボアドバイザーサービス」という）においては、顧客から投資判断の全部を一任され、そのために必要な権限も委任され、さらに有価証券に対する投資として顧客の金銭を運用しているから、当該行為は、投資一任業務として、投資運用業の登録が必要となるものである（AIが投資判断を自動的に行うことは、投資運用業に該当するか否かを考えるうえで決定的な要素ではない）。

ウ　第一種金融商品取引業への該当性

上場ETF等の流動性の高い有価証券（いわゆる第一項有価証券）に係る売買の媒介、取次ぎまたは代理等を業として行う場合や、これらの行為に関して顧客から金銭の預託を受けること（利用者口座を開設させること等）を業として行う場合、第一種金融商品取引業の登録が必要となる（金商法28条1項1号・5号、2条8項2号・16号）。

運用型ロボアドバイザーサービスにおいては、そのビジネススキームいかんでは、利用者口座を開設させて顧客から有価証券や金銭を預かり、また、預かった金銭等を用いてETF等の有価証券の売買の代理や取次ぎを行っている。このような場合には、第一種金融商品取引業の登録が必要となる。

なお、投資助言・代理業のみを行うつもりで顧客に対して投資ポートフォリオを提案する場合において、個別の有価証券の紹介にとどまらず、当該有価証券についての勧誘まで行うと評価された場合には、第一種金融商品取引業の登録が必要となる点に注意が必要である。勧誘とは、一般に他人に対してある行為を行うことを勧め誘う事実行為や、金融取引への誘引を目的として特定の利用者を対象として行われる行為として説明されるが、実務上は、その該当性が必ずしも明確ではなく、個別具体的な事実をふま

えた慎重な判断が必要となる。

(2) 適合性の原則

　ロボアドバイザー提供事業者が行う行為が上記(1)で述べたいずれかの業務（金融商品取引業）に該当する場合には、当該事業者は金融商品取引業者としての登録を受ける必要がある。また、かかる登録を受けた後においては、金融商品取引業者を名宛人とする各種行為規制が適用されることとなるが、特にビジネスモデルや、ウェブサイトのデザイン（特に、会員登録時のデザイン）にも関連し、留意が必要となるものとして、適合性の原則（金商法 40 条 1 号）があげられる。適合性の原則は、一定の金融商品について、顧客の知識および経験等に照らして、説明を尽くしたとしても特定の顧客には勧誘を行ってはならないという意味で用いられるもの（狭義の適合性原則）と、下記のとおり、実質的説明義務も関連するかたちで、顧客の投資意向、財産状態および投資経験等に適合した方法での投資勧誘を行うことが必要であるという意味で用いられるもの（広義の適合性原則）に峻別される。

　このうち、狭義の適合性原則については、ロボアドバイザーサービスが提供する運用が上記のとおり ETF 等への分散投資を中心とするものであることが多いことから、比較的リスクは低減されており、かつそのしくみについても、アルゴリズム自体はブラックボックス化されているとしても、そのリスク・リターンのしくみとしては難解なものではないことから、デリバティブ取引や仕組債等の複雑な金融商品と比較して、狭義の適合性に反する（すなわち、一定の顧客に対しては勧誘すら許されない）というケースは少ないと考えられる。しかしながら、その場合でも、各社の提供する個別具体的なサービスの内容により、サービスを提供することが不適切と考えられる類型の者が想定される場合には、当該類型の者に対しては勧誘を行わない（たとえば、口座開設手続で登録不可とするなど）ものとする対応が必要となる。なお、金融庁が定める「金融商品取引業者等向けの総合的な監督指針」(2019 年 7 月) Ⅲ-2-3-1 においては、適合性の原則の遵守について、顧客の属性等および取引実態を的確に把握しうる顧客管理態勢を確立することが重要であるとされており、「特に、インターネット取引については、その非対面性に鑑みて細心の注意を払うこと」とされているため、留

228　第 2 編　各　論

意が必要である。

　他方で、広義の適合性原則の観点からは、当該利用者の知識・経験、財産状況および投資目的等に照らして、適切な販売・勧誘を行わなければならないことは上記のとおりであるが、これは、換言すれば、当該顧客の属性に照らして、当該顧客に理解されるために必要な方法および程度による説明（すなわち、当該顧客に適合的なかたちでの説明）が義務づけられているということができる（いわゆる実質的説明義務（金商法38条9号、金商業等府令117条1項1号））。この点において、広義の適合性原則は、適合性原則が説明義務に取り込まれた部分であるということができよう。

　説明義務については下記(3)で改めて述べるが、狭義および広義の適合性原則のいずれにおいても、顧客属性に係る情報の入手が必要となることに留意が必要であり、当該情報を適切に取得できるようなビジネススキームを構築する必要がある。

(3)　説明義務等

　説明義務とは、基本的には金融商品・取引に関する顧客の投資判断に必要と考えられる重要情報の提供義務としてとらえられ、投資者の自己責任原則が成立するための前提として、金融商品・取引について金融商品取引業者と投資者との間に存在する構造的な情報格差を是正する趣旨のものである。金商法における説明義務に関連する規定としては、契約締結前交付書面の交付義務および上記(2)の実質的説明義務が重要である。

　まず、契約締結前交付書面（金商法37条の3第1項）の交付義務とは、金融商品取引契約すなわち金融商品取引行為を行うことを内容とする契約（金商法34条）の締結前に、当該契約に係る重要事項を記載した書面である「契約締結前交付書面」を交付する義務である。ロボアドバイザーサービスに係る契約（投資一任契約や投資助言に係る契約（投資顧問契約））もこれに該当することから、これらの契約の締結前に、あらかじめ当該書面を交付する必要がある。

　また、上記(2)の「広義の適合性原則」にも関連する実質的説明義務については、金商法上、契約締結前交付書面を含む一定の書面の交付に関し、あらかじめ、顧客に対して、手数料の金額や、指標の変動により損失が生

第5章　Fintech ②（AI投資）　229

じるおそれがあること等一定の事項について「顧客の知識、経験、財産の状況及び金融商品取引契約を締結する目的」に照らして当該顧客に理解されるために必要な方法および程度による説明をすることなく、金融商品取引契約を締結してはならない義務として規定されている（金商法38条9号、金商業等府令117条1項1号）。かかる規定は、ロボアドバイザーサービスのような非対面の取引にとどまらず、対面の取引において顧客に対する直接的な説明がなされる場合も含むものであり、非対面取引においては必ずしも妥当しない面もあると考えられる。このような点にかんがみ、金融商品取引業者向けの総合的な監督指針Ⅲ-2-3-4-(1)④においては、「金商業等府令第117条第1項第1号に規定する『当該顧客に理解されるために必要な方法及び程度による説明』について、金融商品取引をインターネットを通じて行う場合においては、顧客がその操作する電子計算機の画面上に表示される説明事項を読み、その内容を理解した上で画面上のボタンをクリックする等の方法で、顧客が理解した旨を確認することにより、当該説明を行ったものと考えられる」とされていることに留意が必要である。

　ここまで述べたところは、いわゆる業法である金商法に規定されているものであり、これらの義務に係る違反は、行政上のエンフォースメントである監督官庁から業務改善命令（金商法51条）、業務停止命令や金融商品取引業者としての登録の取消し（金商法52条）等の理由となる可能性はあるものの、直接民事責任は構成しない。しかしながら、これらの説明義務は信義則上（民法1条2項）も生じるという考え方が一般的であり（最判平成23・4・22民集65巻3号1405頁等参照）、説明義務違反は不法行為（民法709条）を構成しうることになる。そのため、説明義務違反が認定された場合には、行政上の処分のみならず、民事上の責任を投資家に対して負う可能性もある点に留意する必要がある。

　この民事上の責任に関しては、金融商品の販売等に関する法律（以下「金販法」という）の適用がありうる点についても留意が必要である。金販法は、元本欠損が生じるおそれがあること等の「重要事項」（金販法3条1項柱書）を、顧客の知識、経験、財産の状況および契約を締結する目的に照らして、当該顧客に理解されるために必要な方法および程度により説明しなければならない義務（同項・2項）、ならびに顧客に対し、不確実な事項について断

定的判断を提供し、または確実であると誤認させるおそれのあることを告げてはならない義務が課される（金販法 4 条。なお、同等の義務は金商法 38 条 1 号および 2 号においても規定されている）。

金販法の適用対象である「金融商品の販売等」は、有価証券を取得させる行為の代理または媒介を含む概念である（金販法 2 条 2 項・1 項 5 号）から、運用型ロボアドバイザーサービスにおいて、顧客が有価証券に対する直接的な権利を取得するような場合においては「金融商品の販売等」がなされることになり、当該事業者には上記の義務が課される。これらの義務は、上記の金商法上の義務とほぼ同様（顧客の知識経験等に基づく説明等）であるが、重要な点は、金商法への違反は、上記のように行政上のエンフォースメントしかなされないが、金販法は、民事上の効力を持つという点である。すなわち、金販法は、民事訴訟における説明義務の存否および説明義務違反と損害との因果関係について、立証責任を業者側に移転するとともに、これにより生じた元本欠損額を、顧客の損害と推定している（金販法 6 条）。そのため、ロボアドバイザーサービス提供事業者がこれらの説明義務に違反して顧客が損害を被った場合には、当該損害に係る責任を覆すことが金販法施行前と比較して困難となった。

⑷ 投資判断に不備が認められる場合の債務不履行責任

ロボアドバイザーサービスを提供する事業者は、投資判断のアルゴリズムの不備から明らかに合理性を欠いた投資判断をし、投資判断に不備が認められ、その結果、顧客において損害が発生した場合、顧客に対する債務不履行に基づき損害賠償責任を負うことがありうる。

もっとも、AI が投資判断し、AI が投資判断を行う場合の具体的な基準を人間が設定している場合には、当該基準を設定したことの合理性が問われるが、サービスの運用やそれに伴う学習の過程で、投資判断の基準がアップデートされる場合は、投資判断の基準に不備があるか否かが分析困難なものになる。

同様に、人間では覚知できないような事実の間の相関関係に基づいて投資判断を行うので、いかなる事実を投資判断の基礎としたか、また、いかなる事実を重視したかを可視化することができないため、債務不履行が

あったことの立証が困難な側面が存する。

したがって、AI による具体的な投資判断が適切でなかったという事実自体から債務不履行を認定することは困難な側面がある。

そのため投資判断の不備に債務不履行が認定されるのは、顧客側で、ロボアドバイザーサービス提供事業者の設定ミス等により、AI システムの投資判断の基礎となった事実やデータの誤認・取り違えを立証できたような例外的なケースに限定されよう。

⑸ システムの瑕疵

上記のほかにも、債務不履行（民法 415 条）または不法行為（民法 709 条）に基づき顧客に対して責任を負う場合がある。たとえば、使用するシステムに瑕疵があり、これによってシステムトラブルが生じ、あるいは当該瑕疵によりロボアドバイザーが明らかに不合理な投資判断をしたことによって顧客の財産を毀損した場合には、顧客に対して損害賠償責任を負うことがありうる。

もっとも、この場合には、顧客からの損害賠償請求だけでなく、サービス提供事業者からロボアドバイザーのシステムベンダーに対する損害賠償請求や瑕疵修補請求についても別途考える必要がある。

一般的には、サービス提供事業者とシステムベンダーとの間のシステム開発契約は、請負契約（民法 632 条）であることが多い。請負契約である場合において、供給されたシステムに「瑕疵」があったときは、サービス提供事業者は、民法上は下記の 3 つの法的手段をとることが考えられる。

---

① 瑕疵修補請求（民法 634 条 1 項本文）
② 損害賠償請求（民法 634 条 2 項）
③ 契約の解除（民法 635 条本文）

「瑕疵」とは、一般論としては、契約で予定されていた品質・性能を欠くこととされており、システム開発における瑕疵は、システムが約束した仕様・性能に仕上がっていない場合とされる。そして、システムにおける「瑕疵」には、機能要件（ユーザーがシステムによって実現したいこと）だけでなく、非機能要件（合目的性、信頼性、効率性、処理速度等、機能要件以外の要件

全般）における瑕疵も含まれる。そのため、サービス提供事業者としては、開発させるシステムの仕様・性能を契約において明確に定めておくことが望ましい。もっとも、本ビジネスにおけるシステムがAI技術を利用するものであるため、未知の入力データに対する事前の性能保証が難しいことや、性能がAIに学習させるデータの品質に依存すること等の特殊性があるため、達成すべきシステムの性能を詳細に規定することについてシステムベンダーの側から難色を示される可能性がある点に留意が必要である。その場合でも、サービス提供事業者としては、たとえば開発請負の対価の支払いや対価の額を契約で定めたKPI（投資判断の正誤、正確性等）の達成にかからせるなどの方法により、できる限り責任の分配を契約上明確化することが考えられる。

　では、仕様のレベルではなく、システムにバグがあったために何らかの問題が生じた場合、システムベンダーは常に瑕疵担保責任を負うことになるのか。この点について、システムとはきわめて複雑なものであり、バグを完全に防ぐことが事実上不可能である場合が多いことにかんがみ、「コンピューターシステムの構築後検収を終え、本稼働態勢となった後に、プログラムにいわゆるバグがあることが発見された場合においても、プログラム納入者が不具合発生の指摘を受けた後、遅滞なく補修を終え、又はユーザーと協議の上相当と認める代替措置を講じたときは、右バグの存在をもってプログラムの欠陥（瑕疵）と評価することはできないものというべきである。これに対して、バグといえども、システムの機能に軽微とはいえない支障を生じさせる上、遅滞なく補修することができないものであり、又はその数が著しく多く、しかも順次発現してシステムの稼働に支障が生じるような場合には、プログラムに欠陥（瑕疵）があるものといわなければならない」と判示した裁判例がある（東京地判平成9・2・18判タ964号172頁）。したがって、たとえシステムにバグが一定数存在していたとしても、軽微なものであって遅滞なく修補が行われれば「瑕疵」があったとは判断されないと考えられる。

　また、契約の解除は、一般的な請負契約における解除と同様、システム「に瑕疵があり、そのために契約をした目的を達することができないとき」（民法635条本文）でなければすることができないため、この意味でも軽微

第5章　Fintech②（AI投資）　233

な瑕疵については契約の解除事由にあたらないといえる。

　以上より、サービス提供事業者としては、システムベンダーに対して、ひと足飛びに損害賠償請求や契約の解除をするのではなく、まずは瑕疵修補請求を行う必要がある場合が多いと考えられる。

　なお、上記の説明は、2020年4月1日に施行が予定されている改正民法の施行前であることを前提としている。改正民法の施行後は、①「瑕疵」の概念が「契約内容不適合」に置き換えられるため、納品されるシステムの仕様・性能や責任分配を契約で明確化しておく必要性がより高まること、②瑕疵修補（追完）に代わる損害賠償、すなわち契約内容に適合したシステムが納品されたのに等しい地位を回復させるに足りるだけの損害賠償を請求するためには、原則としてまずは瑕疵修補（追完）を請求しなければならなくなること（改正民法415条2項参照）、③現行民法635条が削除されることにより、契約解除の要件が、瑕疵により「契約の目的を達することができないとき」から、請負以外の契約と共通する一般の催告解除・無催告解除の要件に置き換わること（改正民法541条、542条）等の点に留意が必要である。

⑹　情報開示に関する業界の自主的な取組み

　ロボアドバイザーサービスを提供する業者の一部の間では、「ロボアドバイザーの運用方針・運用実績等に係る情報開示の向上への取組み開始について」という自主的な情報開示のルールが定められている。これに従う法的義務はないが、開示を行わない場合には、他社と比べて情報開示が不十分と投資家に判断され、他社との競争において不利になることも考えられる。

　2017年8月1日時点で上記情報開示の取組みに参加している企業は、下記のとおりである。

図表 2-5-2：情報開示の取組みに参加している企業一覧

企業名	サービス名
ウェルスナビ	WealthNavi

お金のデザイン	THEO
財産ネット	資産の窓口
松井証券	投信工房
マネックス・セゾン・バンガード投資顧問	MSV LIFE
みずほ銀行	SMART FOLIO
楽天証券	楽ラップ

　また、上記情報開示の取組みにおいて定められている最低限の開示基準は下記のとおりである。

---

① 円建ての月次リターンを月末基準で開示。
② アドバイザリーフィー、信託報酬、取引コスト等、顧客が実質的に負担するコストを控除した運用パフォーマンスを開示。
③ 複数の資産運用プラン（ポートフォリオ）を提供している場合は、各社でのリスクレベル最低・中央・最大の３つを少なくとも開示。また推定リスクもあわせて明記。

4　解決へのアプローチ

　以上をふまえて、ロボアドバイザービジネスに参入する際の留意点を述べる。

(1)　金融商品取引業者の登録

　上記２で述べたとおり、顧客に対して汎用的なサービスを提供しようとすればするほど、金融商品取引業者としての登録に際してその要件が厳格となる。そこで、参入するにあたっては、はじめに、登録の難易度と提供するサービスの内容を相関的に勘案したうえで、いかなる業務を行う金融商品取引業者としての登録を行うのか決める必要がある。たとえば、第一種金融商品取引業や投資運用業の登録については、人的構成要件や業務遂

第5章　Fintech ②（AI 投資）　235

行体制要件の充足がネックとなることがしばしばあるため、まずは、自ら
の人的構成および社内体制を勘案したうえで、投資助言・代理業を行う金
融商品取引業者としての登録をして、その範囲でビジネスを始めた後、人
材や体制が整った時点で第一種金融商品取引業や投資運用業の登録を行っ
て、サービスの幅を広げることも考えられる。

　なお、各金融商品取引業の登録に要する要件の概要は、下記の**図表 2-5-3**
のとおりであるが、これらに限らず、当局からは詳細な審査がされる傾向
にあることに留意が必要である。

図表 2-5-3：各金融商品取引業の登録要件の概要

	第一種 金融商品取引業	投資運用業	投資助言・代理業
人的構成要件／業務遂行体制要件	① 常勤役職員のなかに、その行おうとする第一種金融商品取引業の業務を 3 年以上経験した者が複数確保されていること ② 営業部門とは独立してコンプライアンス部門（担当者）が設置され、その担当者として知識および経験を有する者が確保されていること等	① 権利者のために資産運用を行う者として、運用を行う資産に関する知識および経験を有する者が確保されていること ② 資産運用部門とは独立してコンプライアンス部門（担当者）が設置され、その担当者として十分な知識および経験を有する者が十分に確保されていること等	① 有価証券の価値等または金融商品の価値等の分析に基づく投資判断の助言を行う者として、有価証券や金融商品の価値等に関する知識および経験を有する者が確保されていること ② コンプライアンス担当者として知識および経験を有する者が確保されていること等
法人要件	あり（取締役会・監査役、監査等委員会または指名委員会等を設置する会社または取締役会設置会社に相当する外国の会社に限る）		なし

236　第2編　各　　論

国内営業所・事務所設置要件		あり		なし
財産要件	最低資本金・出資金要件	5000万円～30億円	5000万円	なし
	純財産要件	5000万円～30億円	5000万円	なし
	自己資本要件	あり（自己資本規制比率120％以上）	なし	
主要株主規制		あり		なし
兼業規制		あり		なし

⑵ 適合性の原則・説明義務の遵守

　適合性の原則や金商法および金販法等の説明義務を遵守するために、利用者登録時のユーザー・インターフェースのデザインには特に留意をする必要がある（なお、当該インターフェース自体についても、当局の審査対象となる可能性がある）。具体的には、どのような項目を設け（たとえば、氏名、住所、年齢、職業、投資経験、保有金融資産額等）、どのような粒度で入力させるか、あるいは自由記述欄を設けるか、といったものである。これは、ポートフォリオ確定のために必要となるリスク選好等の質問とあわせて、登録時に確実に取得するとともに、必要に応じてアップデートを要請する必要があろう（少なくとも、アップデートは可能である建付けにするとともに、利用規約上において、変更があった場合にはアップデートすることを義務づけることが必要と考えられる）。また、当該属性情報に基づき、ロボアドバイザーを用いたサービスを提供すべきでないような利用者の登録を拒否できるようにするような画面フローを構築するとともに、元本割れのリスク等がある

ことを明確に示すことが考えられる。具体的には、利用者登録時に元本割れ等のリスクについての説明が記載された画面を1度は表示させなければ登録画面までたどりつけないようにするとともに、内容を理解したことを確認させるチェックをつけさせるようなシステムにしてしまうなどの方策が考えられる。また、利用規約や約款に、元本割れ等のリスクがあることやAIによる判断も損失を生じさせうるものであることを理解した旨を確認する条項を盛り込むことも考えられ、さらには、これらに反する者については、解約ができるようにしておくといった方策があろう。

なお、適合性原則や説明義務への対応方法（会員登録フローを含む）は事案によって異なってくるため、具体的な事実関係をふまえた専門家のアドバイスを受ける必要があることに留意されたい。

(3) システム開発契約

顧客に損害が発生した場合、ロボアドバイザーサービス提供事業者は、顧客に損害を賠償する責任を負うことがありうる。請求を受けるリスクを避ける観点から、AIの適切な稼働を証明する資料として、システムベンダーに対し、開発フェーズにおいては、学習用およびテスト用データの十分性を担保させるとともに、保守・運用フェーズにおいても、当該AIの運用成績を当該AIの投資判断の精度を向上させるために継続的に用いることによって、品質の確保に努めることをベンダーに求めることが望ましい。

(4) 情報開示

必ず遵守しなければならないわけではないが、ロボアドバイザーサービスを提供している大手の事業者において、自主的な情報開示の取組みが行われていることから、これに比肩する程度の情報開示を行うことを検討する必要がある。

第6章
ビッグデータ

1 新規ビジネスの概要

(1) 業界の動向

　近年、ビッグデータの利活用により企業価値の向上に成功する企業が多数出てきている。現代においてビッグデータ利活用は、今後の企業戦略やマーケティング方針の決定等、あらゆる意思決定において重要度を増している。IoT（Internet of Things）やAI（人工知能）の活用への期待も日々高まっているが、これらも大量のビッグデータを分析・活用するしくみを用意することが前提となる。このようにビッグデータは、第4次産業革命ともいわれるこの新時代における必須の資源である。

■キーワード

ビッグデータ
一般的なデータ管理・処理ソフトウェアで扱うことが困難なほど巨大で複雑なデータの集合を表す用語。インターネットの普及等に伴い生成される、大容量のデジタルデータを指すことが多い。

　日本政府も、ビッグデータの活用を促すため、個人から取得したデータを第三者に提供する情報銀行の設立を後押しする方針であり、2018年6月には経済産業省および総務省から、情報銀行の認定基準に関する指針を定めた「情報信託機能の認定に係る指針 ver1.0」が公表され（同月26日）、その後も「情報信託機能の認定スキームの在り方に関する検討会」において、

その見直し等が検討されている。また、下記の医療分野の研究開発に資するための匿名加工情報に関する法律（以下「次世代医療基盤法」という）も、医療ビッグデータの利活用を促進するために、同年5月11日に施行された。

(2) 事例

ビッグデータの活用事例は多種多様であるが、たとえばGoogleは利用者の検索とGmail等の無料アプリの利用によって得られた膨大なデータを基に広告ビジネスを行っているし、一部の損害保険会社は、カーナビのGPS等から契約者の走行距離や運転状況を詳細に把握して、それを保険料に反映させるといういわゆるテレマティクス保険を提供している。また、取得したビッグデータを用いて第三者に対して分析サービスを提供する例もあり、たとえば、インテージは、全国5万2500人の消費者から継続的に収集している日々の買い物データを用いて市場分析・店舗分析を行い、データ利活用ツールや分析レポートの形式で、民間企業に対して情報提供する、「SCI（全国消費者パネル調査）」というサービスを展開している。このように事業者が自ら各種データを選択・収集・分析したうえで、その分析結果を第三者に提供するサービス（以下「ビッグデータ分析サービス」という）については、今後も、さまざまなビッグデータを選択・収集・分析することにより、さまざまな内容のレポートを提供するサービスが登場すると考えられる。そこで、この章では、かかるビッグデータ分析サービスを展開するうえで留意すべき法規制への対応を解説する。

図表 2-6-1：ビッグデータ分析サービスの商流

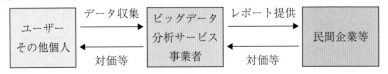

(3) 事例分析

　ビッグデータ分析サービス提供にあたっては、データの選択・収集・分析・結果提供というプロセスを経ることになる。取り扱うデータの種類はニーズに応じて多種多様である。上記⑵のインテージの提供する「SCI（全国消費者パネル調査）」では、性別・年代・職業等の属性データ、人生観、食意識、健康意識、買い物意識、情報感度等の意識データ、買い物をした日付と時間、買い物をした店舗のチェーン名称、さまざまな消費財に関する購入量、購入金額情報、その他商品属性データ等を収集・分析していたが、たとえば、ターゲティング広告に活用されるレポートを提供するためには、顧客情報やウェブサイトのアクセスログ等を含むデータを収集・分析する必要があり、また、AIによる病理診断に活用される情報を提供するためには、顧客の医療情報等を含むデータを収集・分析することが必要になるであろう。その際、多くの場合、個人の識別が可能なデータを取り扱う場面が出てくることとなるため、個人情報保護法への留意が必要になり、また取り扱うデータが医療情報等の場合には次世代医療基盤法への留意も必要となる。

　また、ビッグデータ分析サービスの提供にあたっては、必ずしも、日本国内に所在するデータのみがその収集・分析対象となるとは限らない。顧客の業態や具体的なニーズによっては、諸外国に所在するパーソナルデータが取扱対象データとなることもありうるだろう。その場合にはサービスの提供にあたって、GDPR等、諸外国のデータ保護法制の遵守が必要になる場合がある。

　さらに、データ分析結果を利活用するにあたって複数の関係者間の権利関係を明確にするため、データ管理・利活用に関する契約実務にも留意する必要がある。

●コラム●次世代医療基盤法
　2018年5月11日、「医療分野の研究開発に資するための匿名加工医療情報に関する法律」（平成29年5月12日法律第28号）（次世代医療基盤法）が施行された。

次世代医療基盤法は、医療ビッグデータの利活用の促進につながるルールを定めるものである。

　すなわち、個人情報保護法上は、要配慮個人情報は、オプトアウトによる第三者提供はできない。そして、医療機関の保有する医療ビッグデータには病歴・医学的検査結果等といった要配慮個人情報が含まれているため、オプトアウトによる第三者提供はできず（個人情報保護法23条2項）、第三者提供を行うためには、患者からの事前同意の取得や、医療ビッグデータの匿名加工といった措置をとる必要があるのが原則である。

　しかしながら、医療ビッグデータの第三者提供のために患者の事前の同意を取得する必要があれば、医療ビッグデータが円滑に利用できないし、また、医療ビッグデータを第三者提供前に匿名加工した場合、医療ビッグデータの有用性が失われる可能性がある。

　そこで、次世代医療基盤法では、「医療情報」について、利活用を促進するため、個人情報保護法の特則を定めている。すなわち、医療情報取扱事業者は、あらかじめ、一定の事項を本人に通知するとともに、主務大臣に届け出たときは、医療情報を認定匿名加工医療情報作成事業者に提供することができるとしている（次世代医療基盤法30条1項）。ただし、本人または遺族からの求めがあるときは、医療情報取扱事業者は、当該本人が識別される医療情報について認定匿名加工医療情報作成事業者への提供を停止しなければならない。

　この点、「医療情報」とは、①特定の個人の病歴その他の当該個人の心身の状態に関する情報であって、当該心身の状態を理由とする当該個人またはその子孫に対する不当な差別、偏見その他の不利益が生じないようにその取扱いに特に配慮を要するものとして政令で定める記述等であるものが含まれる個人に関する情報のうち、②ⅰ当該情報に含まれる氏名、生年月日その他の記述等により特定の個人を識別することができるもの（他の情報と容易に照合することができ、それにより特定の個人を識別することができることとなるものを含む）または、ⅱ個人識別符号が含まれるものとされている（次世代医療基盤法2条1項）。

　次世代医療基盤法を活用することにより、たとえば、①大量の実診療データをふまえた最適診療の提供、②異なる医療機関や領域の情報を統合した治療成績の評価、③最先端の診療支援ソフトの開発、④医薬品等の副作用の発生頻度の正確な把握や比較が可能になると期待されている。

2 法的問題点の概要

① 個人情報保護法（下記3(1)）	ビッグデータ分析サービス提供にあたっては、データの選択・収集・分析・結果提供というプロセスを経ることになるが、その際に留意すべき法規制はどのようなものか。 ⇒取り扱うデータに個人情報が含まれる場合、個人情報保護法が適用され、以下のとおりの各種規制が適用される。 　i　個人情報保護法の適用対象（下記3(1)ア） 　ii　個人データの利活用に対する各種規制（下記3(1)イ） 　iii　個人データの匿名加工に対する各種規制（下記3(1)ウ） 　　(i)　匿名加工の方法（下記3(1)ウ(ア)） 　　(ii)　匿名加工の程度（下記3(1)ウ(イ)） 　iv　匿名加工情報の利活用に対する各種規制（下記3(1)エ） 　　(i)　匿名加工情報の安全管理措置（下記3(1)エ(ア)） 　　(ii)　匿名加工情報の作成時の公表（下記3(1)エ(イ)） 　　(iii)　匿名加工情報の第三者提供（下記3(1)エ(イ)） 　　(iv)　再識別行為の禁止（下記3(1)エ(ウ)）
② GDPRその他諸外国のデータ保護法制（下記3(2)）	ビッグデータ分析サービス提供にあたって、諸外国に所在するパーソナルデータを取扱対象データとする場合に留意すべき法規制はどのようなものか。 ⇒取扱対象データに諸外国に所在するデータ主体のパーソナルデータが含まれる場合、諸外国のデータ保護法が適用され、特に以下の点に留意する必要がある。 　i　GDPRの適用対象と違反した場合の制裁（下記3(2)ア） 　ii　データ処理に関するGDPR上の各種規制（下記3(2)イ） 　iii　GDPRにおける個人データの匿名化（下記3(2)ウ） 　iv　越境データ移転に関する規制（下記3(2)エ） 　v　諸外国のデータ保護法制（下記3(2)オ）

第6章　ビッグデータ　243

3 法的問題点の詳細

(1) 個人情報保護法との関係

ア 個人情報保護法の適用対象

(ア) 個人情報の定義

個人情報保護法の適用対象となる「個人情報」とは、①生存している個人に関する情報であって、②特定の個人を識別することができるもの（他の情報と容易に照合することができ、それによって特定の個人を識別することができるものを含む）、または個人識別符号が含まれるもの（個人情報保護法2条1項）である。

「特定の個人を識別することができるもの」とは、通常の業務における一般的な方法で、他の情報と容易に照合することができ、特定の個人が識別可能になるものをいうとされる。

「個人識別符号」とは、まず、DNA配列、顔の容貌、虹彩の模様、声質、歩行の態様、手・指の静脈の形状、指紋または掌紋につき、特定の個人を識別することができる水準が確保されるよう、適切な範囲を適切な手法によりコンピュータで利用可能な状態に変換したデータがこれにあたる（個人情報保護法施行令1条1号、個人情報保護法施行規則2条）。また、個人に発行される公的書類に付される符号、たとえば、パスポート番号、基礎年金番号、運転免許証の番号、住民票コード、マイナンバー、国民健康保険の被保険者証等もこれにあたる（個人情報保護法施行令1条2号～8号、個人情報保護法施行規則3条、4条）。

(イ) 個人情報取扱事業者および匿名加工情報取扱事業者

個人情報保護法においては、個人情報取扱事業者および匿名加工情報取扱事業者の義務が定められている。

■キーワード

個人情報取扱事業者

　個人情報データベース等を事業の用に供している者（個人情報保護法2条5項）。なお、個人情報データベース等とは、個人情報を含む情報の集合物であって、①特定の個人情報をコンピュータを用いて検索することができるように体系的に構成したもの、または、②個人情報を一定の規則に従って整理することにより特定の個人情報を容易に検索することができるように体系的に構成した情報の集合物であって、目次、索引、その他検索を容易にするためのものを有するものをいう（同条4項、個人情報保護法施行令3条）。

匿名加工情報取扱事業者

　匿名加工情報データベース等を事業の用に供している者（個人情報保護法2条10項）。なお、匿名加工情報データベース等とは、匿名加工情報を含む情報の集合物であって、①特定の匿名加工情報をコンピュータを用いて検索することができるように体系的に構成したもの、または、②匿名加工情報を一定の規則に従って整理することにより特定の匿名加工情報を容易に検索することができるように体系的に構成した情報の集合物であって、目次、索引その他検索を容易にするためのものを有するものをいう（個人情報保護法2条10項、個人情報保護法施行令6条）。

　個人情報取扱事業者の義務は主として個人情報保護法15条から36条に、また、匿名加工情報取扱事業者の義務は主として個人情報保護法37条から39条に定められている。

イ　個人データの利活用に対する各種規制

㋐　本人の同意に基づくデータ利活用

　個人情報取扱事業者は、個人データを第三者に提供する際には、原則として、あらかじめ本人の同意を得る必要がある（個人情報保護法23条1項）。また、個人情報取扱事業者は、個人データを取り扱うにあたり、利用目的をできるだけ特定しなければならない（個人情報保護法15条1項）。このため、個人データを第三者提供することが予定されている場合には、あらか

じめ第三者提供することを利用目的として特定しておく必要がある。利用目的は関連性があると合理的に認められる範囲に限って変更することは認められているが（同条2項）、利用目的を変更した場合には、本人に通知または公表をしなければならない（個人情報保護法18条3項）。また、利用目的を合理的範囲を超えて変更しようとする場合には、改めて、本人の同意を取得することが必要になる（個人情報保護法16条）。

なお、個人データの提供が、①委託による場合、②事業承継による場合、③共同利用による場合は、データ提供先は「第三者」に該当せず、本人の同意は不要となる（個人情報保護法23条5項）。ただし、委託や共同利用の方法をとる場合であっても、あらかじめ特定している利用目的の範囲内でのデータ処理を行うことが前提となる（委託や共同利用の方法を用いることにより、目的外利用が正当化されるものではないことに留意が必要である）。

　㈡　記録保存・トレーサビリティ

個人データの第三者提供にあたっては、提供者および受領者双方において、第三者の氏名等についての記録を作成・保存する必要があり（個人情報保護法25条、26条）、また、受領者側において、提供者が個人データを取得した経緯等を確認する必要がある（同条1項）。

　㈢　保有個人データについての個人情報取扱事業者の義務

個人情報取扱事業者は、保有個人データについて各種義務を負う。「保有個人データ」とは、個人データのうち、①個人情報取扱事業者が開示・内容の訂正・追加・削除・利用の停止・消去・第三者提供の停止を行うことのできる権限を有するものであって、②6か月を超えて保有するものをいうとされる（個人情報保護法2条7項、個人情報保護法施行令5条）。

保有個人データについて、個人情報取扱事業者は、①利用目的等の開示・通知義務、および、②本人からの開示・内容訂正・追加・削除・利用停止・消去の各請求に応じる義務等を負う。これらは、データ主体である本人に対し、一定の範囲で、自己の個人データをコントロールする権利を認める内容であるが、下記2エ㈡の**図表2-6-8**のとおり、GDPRとは異なり、個人情報保護法においては、個人情報取扱事業者が6か月を超えて保有する個人データについてのみこれらの権利を認めている点に留意が必要である。

ウ　個人データの匿名加工に対する各種規制

　上記の個人情報保護法上の規制はビッグデータ分析サービスの提供にあたって制約となる側面も大きい。そこで、特定の個人を識別可能なままで分析・提供を行う必要のない場合、本人からの同意を取得しなくて済むよう、匿名加工情報の枠組みを用いてビッグデータ分析サービスを提供することも考えられる。

■キーワード

> **匿名加工情報**
>
> 　個人情報の区分に応じて定められた措置を講じて特定の個人を識別することができないように個人情報を加工して得られる個人に関する情報であって、当該個人情報を復元することができないようにしたものをいう（個人情報保護法2条9項）。なお、加工を行うことによって、「統計情報」（複数人の情報から共通要素に係る項目を抽出して同じ分類ごとに集計して得られるデータであり、集団の傾向または性質等を数量的に把握するもの）にまで至った情報のうち、特定の個人との対応関係が完全に排斥されるに至ったものは、個人情報保護法における「個人に関する情報」に該当するものではないため、「匿名加工情報」にも該当せず、個人情報保護法上のいかなる規制も適用されない。

　匿名加工情報の制度は、個人情報を特定の個人を識別できないように加工した情報について、一定の規制を遵守することを前提に、本人の同意を得ることなく目的外利用および第三者提供可能とすることにより、個人データの利活用を促進しようとする制度であり、2017年5月30日に全面施行された改正個人情報保護法において新たに設けられた制度である。

　以下、匿名加工に関する規制の内容を解説する。

(ア)　匿名加工の方法

　個人情報を匿名化するための加工の方法としては、一般の個人情報については、特定の個人を識別することができなくなるように当該個人情報に含まれる氏名、生年月日その他の記述等の一部を削除または置換する加工方法をとることとされ（個人情報保護法2条9項1号）、個人識別符号につい

第6章　ビッグデータ　247

ては、当該個人情報に含まれる個人識別符号の全部を特定の個人を識別することができなくなるように削除または置換する加工方法をとることとされる（同項2号）。

(イ) 匿名加工の程度

個人情報取扱事業者は、匿名加工情報を作成するときは、特定の個人を識別することおよびその作成に用いる個人情報を復元することができないようにするために必要なものとして個人情報保護委員会規則で定める基準に従って、個人情報を加工しなければならないとされる（個人情報保護法36条1項）。

ここで、「特定の個人を識別すること及びその作成に用いる個人情報を復元することができないようにする」とは、通常人の能力等では、特定の個人を識別することができず、元の個人情報に復元することができない程度であればよいとされ、技術的側面から見て識別・復元についての全可能性を排除することまでは求められていない。

個人情報保護委員会規則が定めている匿名加工情報に加工するための基準は以下のとおりであり、各号すべての措置を行う必要がある（個人情報保護法施行規則19条）。

---

① 一般的な個人情報についてはデータの一部を削除または置換する。
② 個人識別符号についてはその全部を削除または置換する。
③ 個人情報と匿名化した情報についてID等で連結されている場合には、そのIDを削除するか連結できないIDに置換する。
④ 特異なデータは削除または置換する。
⑤ 個人情報や個人情報データベースの内容によって、適切な措置をとる。

個人情報保護委員会事務局「個人情報保護委員会事務局レポート：匿名加工情報——パーソナルデータの利活用促進と消費者の信頼性確保の両立に向けて」（2017年2月）が、以下のとおり匿名加工に用いられる代表的な加工手法を参考情報として示しており、匿名加工情報作成にあたっての参考となる。

図表 2-6-2：代表的な加工手法

手法名	解説
項目削除	加工対象となる個人情報データベース等に含まれる個人情報の項目を削除するもの。例えば、年齢のデータを全ての個人情報から削除すること。
レコード削除	加工対象となる個人情報データベース等に含まれる個人情報のレコードを削除するもの。例えば、特定の年齢に該当する個人のレコードを全て削除すること。
セル削除	加工対象となる個人情報データベース等に含まれる個人情報の特定のセルを削除するもの。例えば、特定の個人に含まれる年齢の値を削除すること。
一般化	加工対象となる情報に含まれる記述等について、上位概念若しくは数値に置き換えること。例えば、購買履歴のデータで「きゅうり」を「野菜」に置き換えること。
トップ（ボトム）コーディング	加工対象となる個人情報データベース等に含まれる数値に対して、特に大きい又は小さい数値をまとめることとするもの。例えば、年齢に関するデータで、80歳以上の数値データを「80歳以上」というデータにまとめること。
レコード一部抽出	加工対象となる個人情報データベース等に含まれる個人情報の一部のレコードを（確率的に）抽出すること。いわゆるサンプリングも含まれる。
項目一部抽出	加工対象となる個人情報データベース等に含まれる個人情報の項目の一部を抽出すること。例えば、購買履歴に該当する項目の一部を抽出すること。
ミクロアグリゲーション	加工対象となる個人情報データベース等を構成する個人情報をグループ化した後、グループの代表的な記述等に置き換えることとするもの。
丸め（ラウンディング）	加工対象となる個人情報データベース等に含まれる数値に対して、四捨五入等して得られた数値に置き換えることとするもの。

第6章　ビッグデータ　　249

データ交換（スワッピング）	加工対象となる個人情報データベース等を構成する個人情報相互に含まれる記述等を（確率的に）入れ替えることとするもの。例えば、異なる地域の属性を持ったレコード同士の入れ替えを行うこと。
ノイズ（誤差）付加	一定の分布に従った乱数的な数値等を付加ことにより、他の任意の数値等へと置き換えることとするもの。
疑似データ生成	人工的な合成データを作成し、これを加工対象となる個人情報データベース等に含ませることとするもの。

出典：個人情報保護委員会事務局「個人情報保護委員会事務局レポート：匿名加工情報——パーソナルデータの利活用促進と消費者の信頼性確保の両立に向けて」（2017年2月）31頁図表4-3。

　また、同様に、同資料は、特定の個人を識別できるリスクについては情報の性質によって異なるとして、加工対象となる個人情報に含まれうる各情報の項目に対する加工例を、以下のとおり参考情報として示しており、こちらも匿名加工情報作成にあたっての参考となる。

図表 2-6-3：情報の項目と想定されるリスクおよび加工例

	項目	想定されるリスク	加工例 （「削除」は置き換えも含む）
個人属性情報	氏名	・それ自体で個人を特定できる。	全部削除
	生年月日	・住所（郵便番号）、性別との組合せにより、個人の特定につながる可能性がある。	・原則として、年か日の何れかを削除する。必要に応じて生年月、年齢、年代等に置き換える。（丸め） ・超高齢であることが分かる生年月日や年齢を削除する。 （セル削除／トップコーディング）

250　第2編　各　論

性別	・住所（郵便番号）、生年月日との組合せにより、個人の特定につながる可能性がある。	・他の情報との組合せによって必要がある場合は削除する。（項目削除）
住所	・生年月日、性別との組合せにより、個人の特定につながる可能性がある。 ・本人にアクセスすることができる。	・原則として、町名、番地、マンション名等の詳細を削除する。（丸め） ・レコード総数等に応じて、県単位や市町村単位へ置き換える。（丸め）
郵便番号	生年月日、性別等との組合せにより個人の特定に結び付く可能性がある。	下4桁を削除する。（丸め）
マイナンバー	それ自体で個人情報とされている。（個人識別符号）	全部削除する。（項目削除）
パスポート番号	それ自体で個人情報とされている。（個人識別符号）	全部削除する。（項目削除）
顔認証データ	それ自体で個人情報とされている。（個人識別符号）	全部削除する。（項目削除）
固定電話番号	・多くの事業者が収集しており、異なるデータセット間で個人を特定するための識別子として機能し得る。 ・本人にアクセスすることができる。	原則として、加入者番号（下4桁）を削除。（丸め）
携帯電話番号	・多くの事業者が収集しており、異なるデータセット間で個人を特定するための識別子として機能し得る。 ・本人にアクセスすることができる。	全部削除する。（項目削除）

第6章　ビッグデータ　251

クレジットカード番号	・多くの事業者が収集しており、異なるデータセット間で個人を特定するための識別子として機能し得る。 ・本人に直接被害を与え得る。	全部削除する。（項目削除）
サービスID、アカウントID	多くの事業者で共用されるIDの場合は、個人を特定するための識別子として機能する。	全部削除する。（項目削除）
電子メールアドレス	・多くの事業者が収集しており、異なるデータセット間で個人を特定するための識別子として機能し得る。 ・本人にアクセスすることができる。	全部削除する。（項目削除）
端末ID	多くの事業者で共用されるIDの場合は、個人を特定するための識別子として機能する。	全部削除する。（項目削除）
職業	・住所や年収等の組合せにより、個人の特定につながる可能性がある。	・勤務先名を職種等のカテゴリーに置き換える。（一般化）
年収	・職業や住所等の組合せにより、個人の特定につながる可能性がある。 ・超高年収の場合、それ自体から個人を特定できる可能性がある。	・具体的な年収を収入区分へ置き換える。（丸め） ・超高収入の値を削除する。（セル削除／トップコーディング）
家族構成	・住所等との組合せにより、個人の特定につながる可能性が高くなる。	・具体的な家族人数を人数区分へ置き換える。（丸め） ・詳細な家族構成を世帯構

252　第2編　各　論

			成区分（単身、親子、三世帯等）へ置き換える。(丸め)
履歴情報	購買履歴	・購入店舗や購買時刻に関する情報と他のデータセットに含まれる位置情報等との組合せにより、個人の特定につながる可能性がある。 ・特異な物品の購買実績と居住エリア等との組合せにより、個人の特定につながる可能性がある。	・購入店舗や購買時刻の詳細な情報を削除する。(丸め) ・特異な購買情報（超高額な利用金額や超高頻度の利用回数等）を削除する。（セル削除／トップコーディング）
	乗降履歴	・乗降実績の極めて少ない駅や時間帯の履歴から、個人の特定につながる可能性がある。 ・定期区間としての利用が極めて少ない駅の情報から、個人の特定につながる可能性がある。	・利用が極めて少ない駅や時間帯の情報を削除する。時刻情報を時間帯に置き換える。（セル削除／丸め） ・定期区間に極めて少ない利用駅が含まれるものを削除（セル削除）
	位置情報（移動履歴）	・夜間や昼間の滞在地点から自宅や勤務先等を推定できる可能性がある。 ・詳細な位置情報と時刻情報の組合せが異なるデータセット間で識別子として機能し得る。 ・所定エリア内の位置情報が極めて少ない場合に、個人の特定に結びつく可能性がある。	・自宅や勤務地点等の推定につながる始点・終点を削除する。(丸め) ・位置情報若しくは時刻情報の詳細部分を削除する。(丸め) ・位置情報が少ないエリアの値にノイズを加える。(ノイズ付加) ・所定数以上の位置情報になるようエリアを区切る。(丸め)
	電力利用履歴	・特異な電力使用量と他の	・極めて大きい電力使用量

第6章　ビッグデータ　253

	情報との組合せにより、個人の特定につながる可能性がある。 ・生活スタイルや家族構成を推定できる可能性がある。	の情報を削除する。（セル削除／トップコーディング）

出典：個人情報保護委員会事務局「個人情報保護委員会事務局レポート：匿名加工情報――パーソナルデータの利活用促進と消費者の信頼性確保の両立に向けて」（2017年2月）33頁図表4-4。

エ　匿名加工情報の利活用に対する各種規制

　上記ウのとおり、匿名加工情報は、本人の同意に変わる一定のルールを遵守することが前提の制度であり、その利活用は無制限に許されるものではない。

　個人情報取扱事業者（匿名加工情報作成者）と匿名加工情報取扱事業者（受領者）は以下の**図表 2-6-4** のとおりの義務を負う。以下、それぞれの規定について解説する。

図表 2-6-4：匿名加工情報の作成者・受領者が順守すべき規定

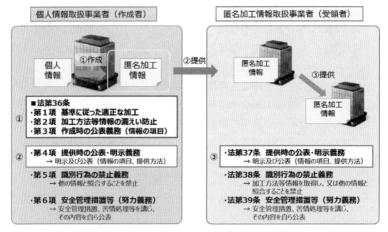

出典：個人情報保護委員会事務局「個人情報保護委員会事務局レポート：匿名加工情報――パーソナルデータの利活用促進と消費者の信頼性確保の両立に向けて」（2017年2月）13頁図表3-1。

㋐　匿名加工情報の安全管理措置

　個人情報取扱事業者は、データベース化した匿名加工情報を作成したときは、その作成に用いた個人情報から削除した記述等・個人識別符号や加工方法に関する情報漏えい防止等の安全管理のための措置を講じなければならない（個人情報保護法 36 条 2 項）。安全管理措置の具体的内容は、個人情報保護法施行規則 20 条において以下のとおり定められている。

---

① 　加工方法の情報を取り扱う者の権限および責任を明確に定めること（個人情報保護法施行規則 20 条 1 号）

② 　加工方法の情報の取扱いに関する規程類を整備し、当該規程類に従って加工方法等情報を適切に取り扱うとともに、その取扱いの状況について評価を行い、その結果に基づき改善を図るために必要な措置を講ずること（個人情報保護法施行規則 20 条 2 号）

③ 　加工方法の情報を取り扱う正当な権限を有しない者による加工方法等情報の取扱いを防止するために必要かつ適切な措置を講ずること（個人情報保護法施行規則 20 条 3 号）

　さらにこれらの事項について、個人情報保護委員会事務局「個人情報保護委員会事務局レポート：匿名加工情報──パーソナルデータの利活用促進と消費者の信頼性確保の両立に向けて」（2017 年 2 月）が、さらに具体的に、講じなければならない安全管理措置の例を以下のとおり示しており、参考になる。

図表 2-6-5：加工方法等情報の安全管理で求められる措置の具体例

講じなければならない措置	具体例
① 　加工方法等情報を取り扱う者の権限及び責任の明確化 （規則第 20 条第 1 号）	・加工方法等情報の安全管理措置を講ずるための組織体制の整備
② 　加工方法等情報の取扱いに関する規程類の整備及び当該規程類に従った	・加工方法等情報の取扱いに係る規程等の整備とこれに従った運用 ・従業員の教育

加工方法等情報の適切な取扱い並びに加工方法等情報の取扱状況の評価及びその結果に基づき改善を図るために必要な措置の実施 （規則第20条第2号）	・加工方法等情報の取扱状況を確認する手段の整備 ・加工方法等情報の取扱状況の把握、安全管理措置の評価、見直し及び改善
③　加工方法等情報を取り扱う正当な権限を有しない者による加工方法等情報の取扱いを防止するために必要かつ適切な措置 （規則第20条第3号）	・加工方法等情報を取り扱う権限を有しない者による閲覧等の防止 ・機器、電子媒体等の盗難等の防止 ・電子媒体等を持ち運ぶ場合の漏えい等の防止 ・加工方法等情報の削除並びに機器、電子媒体等の廃棄 ・加工方法等情報へのアクセス制御 ・加工方法等情報へのアクセス者の識別と認証 ・外部からの不正アクセス等の防止 ・情報システムの使用に伴う加工方法等情報の漏えい等の防止

出典：個人情報保護委員会事務局「個人情報保護委員会事務局レポート：匿名加工情報──パーソナルデータの利活用促進と消費者の信頼性確保の両立に向けて」（2017年2月）38頁（別表2）。図表中の「規則」は、個人情報保護法施行規則のことを指す。

(イ)　匿名加工情報の作成および第三者提供時の公表義務

　個人情報取扱事業者は、匿名加工情報を作成したときは、その匿名加工情報に含まれる個人に関する情報の項目を、作成後遅滞なく公表しなければならない（個人情報保護法36条3項）。

　また、匿名加工情報を第三者に提供するときは、①あらかじめ第三者に提供される匿名加工情報に含まれる個人に関する情報の項目およびその提供の方法について公表するとともに、②提供先の第三者に対して、提供された情報が匿名加工情報であることを明示しなければならない（個人情報保護法36条4項）。

(ウ)　再識別行為の禁止

　匿名加工情報取扱事業者は、データベース化した匿名加工情報を作成し

256　第2編　各　　論

て、自らがその匿名加工情報を取り扱う場合には、その匿名加工情報の作成に用いられた個人情報に係る本人を識別するために、その匿名加工情報と他の情報を照合してはならない（個人情報保護法36条5項）。

⑵　GDPR および諸外国のデータ保護法制との関係

■キーワード

GDPR
General Data Protection Regulation の略語。EU における個人データの処理と移転に関する法規制である。2018 年 5 月 25 日に施行された。

ア　GDPR の適用対象と違反した場合の制裁
㋐　個人データの定義

GDPR によると、「個人データ」とは「識別特定された、または識別特定されうる自然人（データ主体）に関連するあらゆる情報」であるとされる（GDPR 本文 4 条 1 号）。「識別特定され得る自然人」とは一定の識別子や属性要素を参照することによって、直接的・間接的に特定されうる個人とされる。

以下、GDPR における個人データの定義と、個人情報保護法における個人情報の定義を比較する。

図表 2-6-6：GDPR 上の個人データと個人情報保護法上の個人情報の定義の比較

GDPR	個人情報保護法
識別特定された、または識別特定されうる自然人（データ主体）に関連するあらゆる情報 識別可能な自然人とは、以下によって、直接的または間接的に、識別されうる者をいう。 　①　自然人の氏名	生存する個人の情報であって特定の個人を識別することができる、または個人識別符号が含まれる情報 　①　氏名、生年月日 　②　生体データに関する個人識別符号（DNA、顔、虹彩、声紋、歩容、指紋、静脈等政令で定め

第6章　ビッグデータ　257

② 識別番号	られたもの）
③ 所在地データ	③ 公的機関が生成する個人識別
④ メールアドレス	符号（マイナンバー、旅券番号、
⑤ 身体的、生理学的、遺伝子的、	年金番号、運転免許証番号等政
精神的、経済的、文化的、社会的	令で定められたもの）
固有性に関する要因	
⑥ オンライン識別子（IP アドレ	
ス、クッキー識別子等）	

GDPR 上の個人データの定義は、基本的には、日本の個人情報保護法における個人情報の定義と類似しているが、若干 GDPR の方が対象が広い。すなわち、GDPR においては、IP アドレス、クッキー識別子等、個人情報保護法上、原則として個人情報として扱われない情報も個人データに含まれうる。

(イ) 処理と移転

GDPR が適用される個人データの処理は、処理の全部または一部が自動的手段で行われる個人データの処理と、ファイリングシステムの一部を構成することが意図された個人データの処理のことをいうとされる（GDPR 本文2条）。これは要するに、自動的な手段であるか否かにかかわらず、個人データを体系的に取り扱うあらゆる行為が該当することを意味する。

また、個人データの域外移転については、GDPR において特段の定義はなく、European Economic Area という EU 加盟国に、ノルウェー、アイルランド、リヒテンシュタインの3か国を含めた合計 31 か国のエリア（以下「EEA」という）域外の第三者に対して個人データを閲覧可能にするためのあらゆる行為が該当するとされる。

(ウ) 地理的な適用範囲

GDPR の地理的な適用範囲は以下のとおりとされる（GDPR 本文3条）。

① 管理者または処理者が EEA 域内の拠点における活動と関係して行われる個人データの処理
② EEA 域内に事業所がない管理者または処理者についても、EEA 域内に

存在するデータ主体の個人データを処理する場合であって、

　ⅰ　その処理が、対価の有無を問わず、EEA 域内に存在するデータ主体
　　に対する商品またはサービスの提供に関連する場合、または、

　ⅱ　その処理が、EEA 域内でのデータ主体の行動の監視に関連する場合

　すなわち、EEA 域内に所在する個人の個人データの処理であれば、それは短期出張や短期旅行で EEA 域内に所在する日本人の個人データであっても GDPR の適用があることになる。

　また、EEA 域外からであっても、EEA 域内のデータ主体に対して商品やサービスを提供していたり、EEA 域内のデータ主体の行動を監視している場合には GDPR の適用があることになる。

　　㈔　データ主体・管理者・処理者

　GDPR における、「データ主体」とは、個人データに関する当該個人のことをいう（GDPR 本文 4 条 1 号参照）。また、「管理者」とは、「自然人又は法人、公的機関、部局又はその他の組織であって、単独で又は他の者と共同で、個人データの取扱いの目的及び方法を決定する者」（同条 7 号）と定義され、「処理者」とは、「管理者の代わりに個人データを取扱う自然人若しくは法人、公的機関、部局又はその他の組織」（同条 8 号）と定義される。

　なお、管理者は、処理者を利用する際には、GDPR の遵守を十分保証する処理者を選ぶ必要があるとされ（GDPR 本文 28 条 1 項）、処理者は、管理者から事前に個別的または一般的な書面による承認を得ないで、別の処理者を業務に従事させてはならず（同条 2 項）、処理者による処理にあたっては、管理者と処理者において、法定の事項を含む処理契約を締結のうえで実施する必要があるとされる（同条 3 項）。

　　㈺　GDPR に違反した場合の制裁

　GDPR に違反した場合の制裁金は、違反した義務に応じて、①企業の年間全世界売上高の 4％または 2000 万 EUR のうち高い方を限度とする金額、または、②企業の年間全世界売上高の 2％または 1000 万 EUR のうち高い方を限度とする金額となる（GDPR 本文 83 条）。

イ　データ処理に関する各種規制

㋐　データ取得の法的要件

個人データを取得するにあたっては、原則として、個人データ主体の同意が必要となる（GDPR 本文 6 条 1 項(a)）。

データ主体の同意は、①自由な状況で、②いかなる処理に対しての同意かが特定され、③事前説明のうえ、④明確に、⑤データ主体の陳述または明確な積極的行為により表明される必要がある（GDPR 本文 4 条 11 号）。

また、GDPR においては、データ主体の同意以外にも、契約履行、法的義務遵守、正当利益、公共の利益を根拠とする個人データ取得が認められている（GDPR 本文 6 条 1 項(b)～(f)）が、ビッグデータ分析サービスにおいて個人データを取得する場面においては、基本的には、原則どおり同意を根拠にデータを取得・処理することが必要となると考えられる。

また、個人情報保護法における要配慮個人情報の規制と同様、GDPR においても特別カテゴリーの個人データの取扱いに対する規制が存在する（GDPR 本文 9 条）。すなわち、人種的・民族的な出自、政治的意見、宗教上・思想上の信条、労働組合への加入を明らかにする個人データの処理、ならびに、遺伝的データ、個人を特定するための生体データ、健康に関するデータ、個人の性生活・性的指向に関するデータの処理は、原則として禁止され（同条 1 項）、処理するためには、データ主体の明確な同意等が必要となる（同条 2 項）。

㋑　データ処理の法的要件

データ処理を適法に行うための要件は詳細にわたるが、簡略にまとめると、概要、以下のとおりである。

図表 2-6-7：データ処理を適法に行うための要件

項目	内容
個人データ処理原則の遵守（GDPR 本文 5 条 1 項）	①　適法・公平・透明性ある手段で処理すること ②　明確・適法な目的のために収集され、目的に沿った処理を行うこと ③　処理目的との関係で、適切・関連性あり・最小限であること

260　第 2 編　各　　論

	④ 正確であり、必要な場合には最新に保たれること ⑤ 処理目的に必要な範囲を超えてデータ主体を識別可能な状態で保管しないこと ⑥ 適切なセキュリティを確保して取り扱うこと
説明責任原則の遵守（GDPR 本文 5 条 2 項）	処理行為が GDPR の要件を確実に遵守し、かつそれを実証できなければならない。
データ主体権利保護（GDPR 本文 12 条～22 条）	以下のデータ主体の権利を尊重し、各事項に応じた処理を行う義務を負う。 ① プライバシーノーティス（GDPR 本文 13 条、14 条）：個人データ提供の際に、適切な情報提供を受ける権利 ② アクセス権（GDPR 本文 15 条）：処理が行われている個人データにアクセスし、そのコピーを取得する権利 ③ 訂正権（GDPR 本文 16 条）：自己の個人データが不正確な場合、訂正を求める権利 ④ 削除権（GDPR 本文 17 条）：自己に関する個人データの削除を求める権利 ⑤ 制限権（GDPR 本文 18 条）：個人データについて保存以外の処理ができないよう制限を請求する権利 ⑥ データポータビリティ権（GDPR 本文 20 条）：自分に関する個人データについて、構造化され、一般的に利用され、機械読取可能なフォーマットで受け取って、他の管理者に直接移転することを求める権利 ⑦ 異議権（GDPR 本文 21 条）：個人データの処理が公益目的の業務遂行等を根拠として行われている場合、自分自身の個別事情を理由として、いつでも、個人データの処理の中止を求める権利 ⑧ 自動処理のみによる意思決定に服さない権利（GDPR 本文 22 条）：自己が提供した個人データおよび自己の行動監視から得られた個人データに対しての、自動的なプロファイリング（自動的に行う分

第 6 章　ビッグデータ　261

	析、評価、得点化の結果だけを根拠として人間による判断を介在させずに行われる処理）によって、法的効果を生じさせる意思決定に服さない権利
データプロテクションバイデザイン（GDPR 本文 25 条）	処理システムの設計・運用において、データ主体の権利を保護し、GDPR を確実に遵守するために、適切な技術的および組織的な措置を実行しなければならない。
記録保持義務（GDPR 本文 30 条）	個人データの処理行為の内部記録を保持する義務
個人データのセキュリティ対策の実施（GDPR 本文 32 条）	個別の個人データ処理に伴うリスクに応じたレベルのセキュリティ対策を実施すること
データ侵害通知（GDPR 本文 33 条）	個人データの侵害発生時、データ管理者は侵害を知った時点から 72 時間以内に担当するデータ保護監督機関に届け出なければならない。
データ保護影響評価（DPIA）の実施（GDPR 本文 35 条）	新技術の使用や処理の性質、対象、目的等に鑑みて、自然人の権利と自由が脅かされる高いリスクが予想される場合は DPIA を実施する義務がある。また DPIA の結果、管理者がリスクを軽減する対策をとらなければ処理が自然人の権利や自由に高いリスクを生じさせる可能性がある場合は、当該処理の前に監督機関と事前相談を行う義務がある。
データ保護責任者（DPO）の選任（GDPR 本文 37 条）	管理者または処理者は、管理者または処理者の「中心的義務」が、データ主体に対する「定常的かつ系統的」で「大規模」な監視を必要とする個人データ処理業務である場合等においては、DPO を選任しなければならない。

ウ　GDPR における個人データの匿名化

　GDPR 前文の 26 項において、「データ保護の基本原則は、匿名情報、すなわち、識別された自然人又は識別可能な自然人との関係をもたない情報、又は、データ主体を識別できないように匿名化された個人データに対しては、適用されない。本規則は、それゆえ、統計の目的又は調査研究の目的を含め、そのような匿名情報の取扱いに関するものではない」と規定されているとおり、GDPR においては、個人データが「匿名化」された場合には、もはやそのデータの取扱いに際しては GDPR は適用されない。

　しかしながら、個人情報保護法における匿名加工情報と、GDPR における匿名化には差異があることに留意が必要である。個人情報保護法における匿名加工情報は、あらゆる手法を用いて再識別ができない程度の匿名化を求めるものではなく、一般的な事業者の能力等を基準として再識別ができないような取扱いがなされていればよいとされている。これに対し、GDPR においては、同様に前文の 26 項において、「追加情報を使用しての利用によって自然人に属することを示しうる、仮名化を経た個人データは、識別可能な自然人に関する情報として考えられなければならない。ある自然人が識別可能であるかどうかを判断するためには、選別のような、自然人を直接又は間接に識別するために管理者又はそれ以外の者によって用いられる合理的な可能性のある全ての手段を考慮に入れなければならない」と規定されているとおり、匿名化するものの再識別に必要な情報は別に保管する場合を「仮名化」と呼び、これは GDPR の適用対象となるとしている。このため、GDPR 適用対象外の匿名化された個人データとするためには、再識別が一切不可能な状態にすることが求められている。この点、第 29 条作業部会は匿名化技術に関する意見を、「Opinion 05/2014 on Anonymisation Techniques」（2014 年 4 月 10 日）において公表している。当該意見では、匿名化技術の基準として、①個人を選別することが依然として可能かどうか、②個人に関する記録と紐付けすることが依然として可能かどうか、③個人に関する情報を導き出すことが可能かどうか、の 3 項目があげられており、これらの基準に基づき、匿名化処理の最適解をケースバイケースで判断することになるとしている。当該意見では、匿名化についてさまざまな推奨事項が解説され、また、複数の匿名化技術が紹介されてい

るので、かかる意見を参考にしながら、GDPR における匿名化を実施する必要がある。

　なお、これは下記エ(イ)のとおり、EU 域内から十分性認定に基づき個人データの提供を受け、その後に個人情報保護法の枠組みに沿って匿名加工情報とする場合においても同様に該当する、すなわち、再識別が一切不可能な状態にしなければ匿名加工情報に該当しないとされることに留意が必要である。

エ　越境データ移転に関する規制

(ア)　GDPR における越境データ移転の諸規制

　EEA 域外にある第三国への個人データの移転は、GDPR が規定する条件を満たす場合にのみ許可される。移転とは、上記ア(イ)のとおり、GDPR において特段の定義はなく、個人データの物理的な移転に限られず、EEA 域外の第三者に対して個人データを閲覧可能にするためのあらゆる行為が該当し、たとえば、別の管理者や処理者に対して当該個人データにアクセスする権限を付与することも該当する。

　越境データ移転に際しては、以下の措置を講ずる必要がある。

①　GDPR 相当の十分な保護措置を保障していると欧州委員会が認定（以下「十分性認定」という）した国、国の一部領域、国の一部セクター、または国際組織への移転（GDPR 本文 45 条）
②　データ移転元および移転先となる企業が、欧州委員会が承認した標準的契約条項（SCC）に準拠したデータ移転合意を締結する場合（GDPR 本文 46 条 2 項）
③　データの移転元および移転先となる企業群が、拘束的企業準則（BCR）を制定し監督機関の承認を受ける場合（GDPR 本文 47 条）
④　データ移転元および移転先となる企業間が締結する付随的なデータ移転契約について、監督機関が十分な保護措置を保障するものとして個別に承認する場合（GDPR 本文 46 条 3 項）

(イ)　十分性認定の枠組みに基づく越境データ移転

　従来、日本は EU から十分性認定を得られておらず、EEA 域外へのデータ移転に関しては、SCC または BCR の枠組みを利用することを想定して

いた。しかしながら、日本は、2019 年 1 月 23 日、EU から十分性認定を受け、十分性認定を根拠として、EU から日本への個人データの移転することが可能となった。もっとも、十分性認定を根拠として、個人データを受領した個人情報取扱事業者は、個人情報保護委員会「個人情報の保護に関する法律に係る EU 域内から十分性認定により移転を受けた個人データの取扱いに関する補完的ルール」（2018 年 9 月）を遵守する義務がある点に留意が必要である。

　当該補完的ルールは「EU 域内から十分性認定により移転される個人データを受領する個人情報取扱事業者を拘束し、個人情報取扱事業者はこれを遵守する必要がある」としており、これは法律に準ずるものとされる。個人情報取扱事業者が当該補完的ルールに定める 1 つ以上の義務を遵守しない場合、個人情報保護委員会は個人情報保護法 42 条に基づく措置を講ずる権限を有するなどとしており、違反に対して、その是正を求める勧告や命令が出される可能性がある。

　以下、当該補完的ルールの概要を示す。

図表 2-6-8：補完的ルールの概要

項目	内容
要配慮個人情報	EU 域内から十分性認定に基づき提供を受けた個人データに、GDPR において特別な種類の個人データと定義されている性生活、性的指向または労働組合に関する情報が含まれる場合には、個人情報取扱事業者は、当該情報について個人情報保護法 2 条 3 項における要配慮個人情報と同様に取り扱うこととする（補完的ルール(1)）とされている。 個人情報保護法と GDPR とで要配慮個人情報と特別カテゴリーの個人データとの定義が異なり、後者の方が範囲が広いことから、GDPR にあわせて要配慮個人情報の範囲を拡大し、「性生活、性的指向又は労働組合に関する情報」をこれに含めるものである。
保有個人データ	個人情報取扱事業者が、EU 域内から十分性認定に基づき提供を受けた個人データについては、消去することとしている期間にかかわらず、個人情報保護法 2 条 7 項における保有個人データとし

第 6 章　ビッグデータ　265

	て取り扱うこととする（補完的ルール(2)）とされている。 　個人情報保護法では、本人からの請求への対応等の義務を負うことになる「保有個人データ」は6か月以上保有するデータに限られるところ（個人情報保護法2条7項、個人情報保護法施行令5条）、GDPRでは保有期間要件を課すことなくデータ主体の管理権を規定しているので、GDPRにあわせて義務を拡大し、保有期間にかかわらず義務を課すものである。
利用目的の特定、利用目的による制限	EU域内から十分性認定に基づき個人データの提供を受ける場合、個人情報保護法26条1項および3項の規定に基づき、EU域内から当該個人データの提供を受ける際に特定された利用目的を含め、その取得の経緯を確認し、記録することとする（補完的ルール(3)）とされている。また、当初またはその後提供を受ける際に特定された利用目的の範囲内で利用目的を特定し、その範囲内で当該個人データを利用することとする（補完的ルール(3)）とされる。 　個人情報保護法26条は個人データ取得の経緯の確認・記録を求めているが、その際、当該データの提供を受ける際に特定された利用目的まで確認しなければならないとは解されていなかったが、補完的ルールにより、利用目的の確認・記録が必要となる。
外国にある第三者への提供の制限	外国にある第三者への提供にあたり、本人が同意に係る判断を行うために必要な移転先の状況についての情報を提供したうえで、あらかじめ外国にある第三者への個人データの提供を認める旨の本人の同意を得ること（補完的ルール(4)）とされている。 　個人情報保護法とGDPRとで外国にある第三者への提供の制限が異なり、後者の方が厳格であることから、GDPRにあわせて外国にある第三者への提供の例外事項を修正し、かつ、本人の同意取得が要求される場合の本人への移転先の状況についての情報提供を追加で要求するものである。
匿名加工情報	EU域内から十分性認定に基づき提供を受けた個人情報については、個人情報取扱事業者が、加工方法等情報（匿名加工情報の作成に用いた個人情報から削除した記述等および個人識別符号ならびに個人情報保護法36条1項の規定により行った加工の方法に関する情報（その情報を用いて当該個人情報を復元することができるものに限る）をいう）を削除することにより、匿名化された

個人を再識別することを何人にとっても不可能とした場合に限り、個人情報保護法2条9項に定める匿名加工情報とみなす（補完的ルール(5)）とされる。

個人情報保護法においては、匿名加工情報とするためには、必ずしも加工方法等情報を削除し、再識別することを何人にとっても不可能とする必要はなかったが、補完的ルールによって要件が追加される。

オ　諸外国のデータ保護法制

　ビッグデータ分析サービスにあたっては、その収集・分析対象のデータの所在によっては、GDPRに限らず、諸外国のデータ保護法制の遵守が必要となる。どの国のいかなる内容のデータ保護法制の遵守義務があるかについては、提供サービスの内容に応じて個別判断するほかないが、特に留意すべき規制内容は、越境データ流通に関する取扱いである。

　諸外国では、①プライバシーの保護、②自国内の産業保護、③安全保障の確保、④法執行／犯罪捜査等を目的として、越境データ流通の規制に関する法制度、いわゆる「データローカライゼーション」に関する法制度の制定・施行が行われているところがある。

　データローカライゼーションには、GDPRの越境データ移転の諸規制のように、データの移転そのものを制限するもの以外に、たとえば、サービス提供に必要なデータはすべて当該国内に存在しなければならないといったように、顧客等から収集したデータを自国内において保有・管理することを求めるものが存在する。特に、後者の種類の規制として近時注目されているのが、2017年6月1日に施行された中国のサイバーセキュリティ法である。重要情報インフラ運営者等に対して多くの義務が課されており、中国国内にて収集、または生成した個人情報やその他の重要データについては、中国国内で保存することを義務づけられ、当該データを国外に移転する際には、監督当局への報告と、セキュリティ評価を受ける義務を負うなどの規制がある。違反した場合には、業務停止や営業取消しの可能性もあるとされる。こうしたデータローカライゼーションの動きはその他諸外国にもあり、ロシア、インドネシア、ベトナム等において見られる。

第6章　ビッグデータ　267

データローカライゼーション規制については、三菱 UFJ リサーチ＆コンサルティング「平成 29 年度　内外一体の経済成長戦略構築にかかる国際経済調査事業（デジタル貿易に関連する規制等に係る調査）調査報告書」（2018年 2 月）において詳細な調査結果が報告されており、参考になる。

4　解決へのアプローチ

　個人情報保護法・GDPR への対応については、まずは、各種ガイドライン等により、各種法規制の概要を把握することが必要になる。そして、実務的には、続いて、検討するサービスにおいて、自社が保有することになるデータを識別し、個人情報を特定・整理したうえで、サービス提供におけるデータフローを整理することから始める必要がある。

　そのうえで、当該データフローを前提とすると、いかなる法規制が自社に対して適用対象となるかを具体的に検討する一方で、同時に、現状におけるかかる法規制への自社の対応状況を確認する。これにより、個人情報保護法・GDPR 上の規制と、自社における当該法規制への対応状況とのギャップを分析することが可能になるので、その結果を整理して記録する。

　次に、かかる結果に基づき、自社におけるデータ管理体制を検討し、場合によっては、データフローの見直しを検討したり、新たな個人データ管理システムを導入するなどのセキュリティ強化策を検討し、また、個人情報保護規程等の法的書類やマニュアルを整備するなど、法規制と自社による法規制への対応状況のギャップを実務的に埋める作業を行うことになる。

> ●コラム●ビッグデータに対する権利
>
> 　ビッグデータについては、どのような権利が生じるのであろうか。ビッグデータは、民法上所有権や占有権の対象とはならない。また、知的財産法上、ビッグデータが保護される場合もあるが、保護される場合は限定的である。たとえば、著作権による保護の対象となる著作物は「思想又は感情を創作的に表現したもの」（著作権法 2 条 1 項 1 号）に限定されているため、データ自体が写真等の著作物に該当しない限り、単なるデータの集合体であるビッグデータは原則として著作物には該当しない。「データベースで情報の選択

268　第 2 編　各　　論

又は体系的な構成によって創作性を有するもの」(著作権法12条の2第1項)に該当すれば著作物として保護されるが、単に時系列で体系化したり、データの加工・分析の処理を行っただけでは、情報の選択または体系的な構成における創作性があるとは認められず、保護のハードルは高い。また、「営業秘密」に該当すれば不競法により保護されるが、①秘密管理性、②有用性、③非公知性の要件を充たす必要があり、やはり保護のハードルは高い。

そこで、2018年の不競法の改正により、限定提供データを保護するための制度が設けられることになった。限定提供データとは、「業として特定の者に提供する情報として電磁的方法……により相当量蓄積され、及び管理されている技術上又は営業上の情報(秘密として管理されているものを除く。)」をいう(不競法2条7項)。限定提供データに該当するデータについては、不正取得等がなされた場合に民事上の救済措置を受けることができる。

もっとも、法令上ビッグデータに対する権利は常に認められるわけではないため、契約上データの管理権を明確にしたり、技術的にビッグデータを保護するための措置をとっておくことが重要になる。

この点、データの管理権や取扱いについて契約上どのように定めるかは、原則として契約当事者の自由であり、契約の内容はケースバイケースで定められることになる。もっとも、現時点ではデータ契約の実務の集積が十分とはいえないため、取引費用を削減し、データ契約を普及させ、データの利活用を促進すること等を目的として、経済産業省がガイドラインを提供している。特に、2018年6月15日に公表された経済産業省「AI・データの利用に関する契約ガイドライン」は、従前のガイドラインの不備や環境の変化もふまえ、具体的な事案に基づく専門家の議論を反映したものであり、モデル契約書案も盛り込まれているため、契約書のドラフトにおいて参考になる。

なお、ビッグデータビジネスにおいても、他のビジネスと同様に独占禁止法の適用があり、契約の締結等においては留意する必要がある。データに関する競争法上の問題については、公正取引委員会競争政策研究センター「データと競争政策に関する研究会報告書」(2017年6月6日)で詳しく議論されているため、参考にされたい。

第6章 ビッグデータ　269

第7章

ターゲティング広告

1 新規ビジネスの概要

(1) 業界の動向

ア インターネット広告の現状

　日本に初めてインターネット広告が登場してから現在までの間に、インターネット広告市場はめざましい成長を遂げた。電通が試算した 2018 年のインターネット広告費は 1 兆 7589 億円と、新聞・雑誌・ラジオの合計額（7903 億円）を大幅に上回り、首位のテレビメディア（1 兆 9123 億円）を追い抜くのも時間の問題であると予測されている（電通「2018 年日本の広告費」（2019 年 2 月 28 日））。このようなインターネット広告の躍進を支えたのは、精緻な広告効果測定やターゲティングといったインターネット広告ならではの強みであり、またそれを可能としたアドテクノロジーの進化であった。現在、インターネット広告にはさまざまなプレーヤーがかかわり、そのしくみは複雑化している。また、ターゲティングに用いるデータの種類や量も増大し、利用できる情報の種類や量、正確性や鮮度、あるいは情報分析の巧拙がターゲティング広告の価値を決めるようになっている。

■キーワード

アドテクノロジー

　インターネット広告を効率的・効果的に配信するためのさまざまな技術の総称。ターゲティング広告において個人の好みにあわせた広告出稿を可能にするためのしくみのほか、データ分析ツール、広告コンテンツの制作管

270　第 2 編　各　　論

理ツール、広告効果測定ツール等、インターネット広告におけるあらゆるプロセスに関する技術が含まれる。

アドネットワーク

　複数の事業者が運営するウェブサイトに設置された広告枠を一括して管理するネットワークを指す。アドネットワーク事業者は、アドネットワークに参加するウェブサイトにおけるユーザーの訪問履歴や広告閲覧履歴を幅広く収集して、ターゲティング広告の配信に利用することができる。

イ　ターゲティング広告の種類とオーディエンスデータ

　ターゲティング広告には**図表 2-7-1** にあるような種類があるが、これらはすべて、ユーザーに関する行動履歴、属性情報、位置情報等のデータに基づいて、最適な広告を選択し、配信するしくみである。本章ではこれらのユーザーに関するデータを総称してオーディエンスデータと呼ぶことにする。

図表 2-7-1：ターゲティング広告の種類

行動ターゲティング広告（BTA）	ウェブ上でのユーザーの行動履歴（ウェブサイトの訪問履歴、EC サイトでの購買履歴、広告閲覧履歴、検索サイトの検索履歴等）に基づいて広告を配信する。広告主のウェブサイトを訪問したことのあるユーザーや、同種の広告をクリックしたことのあるユーザーに対して広告を配信する「リターゲティング」もある。
デモグラフィックターゲティング広告	ユーザーの年齢、性別、年収等の属性情報に基づいて広告を配信する。ユーザーが会員登録の際に提供した情報等を用いる場合のほか、ウェブ上の行動履歴等からユーザーの属性情報を推測して用いる場合もある。
ジオグラフィックターゲティング広告	ユーザーの位置情報に基づいて広告を配信する。PCの場合には Wi-Fi、ネットワークの IP アドレス情報を用いて現在位置情報を取得しているが、スマートフォンの場合には GPS や携帯電話基地局の位置情報を用いてより正確な現在位置を取得することが可能である。

第 7 章　ターゲティング広告　271

ウ　Cookie

　行動ターゲティング広告を行うためには、ユーザーのウェブ上での行動履歴をあらかじめ収集しておく必要があり、また広告配信時には広告を閲覧するユーザーを識別する必要があるが、その際に利用されるのがCookieと呼ばれる技術である[1]。Cookie自体はサーバの指示を受けてブラウザが作成・保存するファイルであり、簡略化するとおおむね次のような働きをする。

図表2-7-2：1st Party Cookie

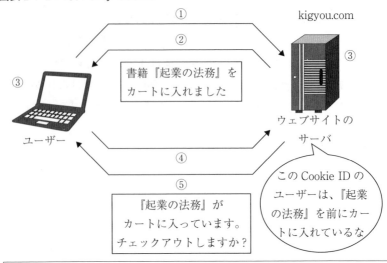

①　ユーザーがウェブサイト（ドメイン名：(例) kigyou.com）を訪問すると、ブラウザがサーバにウェブページの内容をリクエストする。
②　サーバはブラウザからのリクエストを受けて、ウェブページの内容を返信する。この際、サーバはブラウザに対して、Cookieの作成を指示するとともに、Cookieごとに割り当てられる識別子（Cookie ID）もいっしょに伝える。
③　ブラウザ側ではCookieが作成され、Cookie IDが保存される。サーバ側ではCookie IDと紐付くかたちでウェブサイトの訪問履歴（訪問時、ウェ

1) スマートフォンについては、Cookieの代わりにIDFA（iOSの場合）やADID（Androidの場合）といった広告識別子が用いられる場合がある。以下ではCookieが利用される場合を念頭に置いて検討する。

ブサイトの URL、直前に訪問していたウェブサイトの URL、OS 情報等）が保存される。

④　ユーザーが再びドメイン名「kigyou.com」のウェブサイトを訪問すると、ブラウザはサーバにウェブページの内容をリクエストすると同時に、保存してあった Cookie ID を送信する。

⑤　サーバ側では Cookie ID をもとに過去の訪問履歴を参照し、それをふまえた適切なウェブページを表示する。

　Cookie については、1st Party Cookie と 3rd Party Cookie の区別が重要である。1st Party Cookie は、ユーザーが訪問しているウェブサイトのドメインから直接発行されている Cookie のことである。上記の例ではドメイン名「kigyou.com」のサーバから Cookie が発行されているため、この Cookie は 1st Party Cookie ということになる。これに対して、3rd Party Cookie はユーザーが訪問しているウェブサイトのドメイン以外から発行されている Cookie のことをいう。たとえば、アドネットワークを運営する事業者が、ネットワークを構成する各事業者のウェブサイトを介して発行する Cookie は 3rd Party Cookie である。この方法によって、アドネットワーク事業者は、アドネットワークに参加するウェブサイトにおけるユーザーの訪問履歴や広告閲覧履歴を幅広く収集することができるようになり、収集された情報を用いて行動ターゲティング広告を配信することが可能となる。アドネットワーク事業者による 3rd Party Cookie を用いた行動ターゲティング広告について、簡単にしくみを説明するとおおむね次のようになる。

第 7 章　ターゲティング広告　273

図表 2-7-3：3rd Party Cookie とアドネットワーク

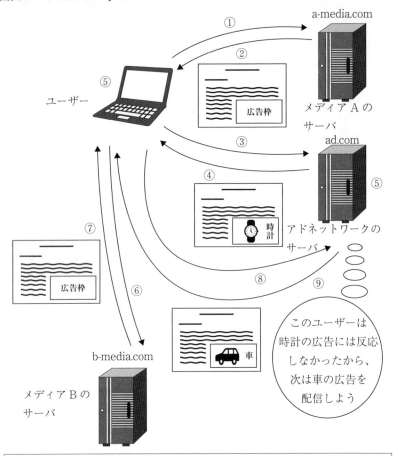

①	ユーザーがアドネットワークに参加するメディアAのウェブサイト（ドメイン名：a-media.com）を訪問すると、ブラウザがメディアAのサーバにウェブページの内容をリクエストする。
②	メディアAのサーバはブラウザからのリクエストを受けて、アドネットワークの広告枠を含むウェブページの内容を返信する。
③	ブラウザは広告枠に表示する広告コンテンツを取得するため、アドネットワークのサーバ（ドメイン名：ad.com）に対して広告コンテンツをリクエストする。

④　アドネットワークのサーバは、ブラウザからのリクエストを受けて時計の広告コンテンツを返信する。この際、アドネットワークのサーバはブラウザに対して、Cookie の作成を指示するとともに、Cookie ID もいっしょに伝える。

⑤　ブラウザ側では Cookie が作成され、Cookie ID が保存される。アドネットワークのサーバ側では Cookie ID と紐付くかたちでウェブサイトの訪問履歴や広告閲覧履歴が保存される。

⑥　ユーザーがアドネットワークに参加するメディア B のウェブサイト（ドメイン名：b-media.com）を訪問すると、ブラウザがメディア B のサーバにウェブページの内容をリクエストする。

⑦　メディア B のサーバは、ブラウザからのリクエストを受けて、アドネットワークの広告枠を含むウェブページの内容を返信する。

⑧　ブラウザは広告枠に表示する広告コンテンツを取得するため、アドネットワークのサーバに対して広告コンテンツをリクエストするが、その際に保存してあった Cookie ID もいっしょに送信する。

⑨　アドネットワークのサーバはブラウザからのリクエストを受けて広告コンテンツを返信するが、その際、送信されてきた Cookie ID を元に過去の訪問履歴や広告閲覧履歴を参照し、それらの情報に基づいた最適な車の広告コンテンツを返信する（行動ターゲティング広告）。

　このように、3rd Party Cookie は事業者がウェブサイトの垣根を越えてユーザーをトラッキングすることを可能とするものであるが、他方でユーザーからすれば訪問しているウェブサイトとは直接関係がない第三者が、包括的・連続的なユーザーの行動履歴を収集することを可能とするものであり、利用に際してはプライバシーの観点からの配慮が必要となる。

エ　Cookie Sync

　複数の事業者が持つオーディエンスデータをターゲティング広告に用いることで、ターゲティングの精度をいっそう向上させることが可能となる場合がある。たとえば、**図表 2-7-3** のメディア A がログイン機能を有しており、ユーザーのアカウント情報として年齢や性別に関する情報を持ってい

るとする。そうすると、アドネットワークが有するユーザーの訪問履歴・広告閲覧履歴と、メディアAが持つユーザーの年齢・性別に関するデータを掛け合わせることで、よりピンポイントでの広告配信が可能となる。しかし、そのためにはアドネットワークが持つデータとメディアAが持つデータをブラウザ単位で結びつけなければならない。このときに用いられる手法のうち代表的なものが、Cookie Syncという、次のような概要の手法である。

図表2-7-4：Cookie Sync

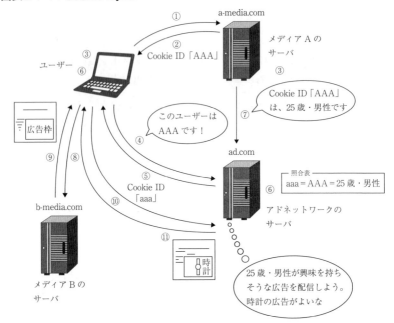

①	ユーザーがメディアAのログイン画面でアカウントIDとパスワードを入力し、ログインボタンを押すと、ブラウザはメディアAのサーバ（ドメイン名：a-media.com）に会員専用ページの内容をリクエストする。
②	メディアAのサーバは、ブラウザからのリクエストを受けて、アドネットワークの配信枠[2]を含む会員専用ページの内容を返信する。この際、メディアAのサーバはブラウザに対して、Cookieの作成を指示するととも

2) この配信枠は広告枠である必要はなく、たとえばユーザーからは識別できないようなごく小さな画像の配信枠（いわゆるウェブビーコン）でもよい。

に、Cookie ID「AAA」もいっしょに伝える。

③　ブラウザ側では Cookie が作成され、Cookie ID「AAA」が保存される。メ
ディア A のサーバは Cookie ID「AAA」をユーザのアカウント情報と紐
付けて保存しておく。

④　ブラウザは、配信枠に表示するコンテンツを取得するため、アドネット
ワークのサーバ（ドメイン名：ad.com）に対してコンテンツをリクエスト
する。この際、ブラウザはアドネットワークのサーバに対して、ブラウザ
が Cookie ID「AAA」を持つことを伝える。

⑤　アドネットワークのサーバは、ブラウザからのリクエストを受けてコン
テンツを返信する。この際、アドネットワークのサーバはブラウザに対し
て、Cookie の作成を指示するとともに、アドネットワークの Cookie ID
「aaa」もいっしょに伝える。

⑥　ブラウザ側では Cookie が作成され、Cookie ID「aaa」が保存される。ア
ドネットワークのサーバは、Cookie ID「AAA」と Cookie ID「aaa」が同一
のブラウザを指すことを記録しておく（このような記録のリストを以下「照
合表」と呼ぶ）。

⑦　メディア A は、Cookie ID「AAA」のユーザが 25 歳・男性であるという
オーディエンスデータをアドネットワークに提供する。アドネットワーク
は、照合表を用いることにより Cookie ID「aaa」のユーザが 25 歳・男性
であると認識する。

⑧　ユーザがアドネットワークに参加するメディア B のウェブサイト（ド
メイン名：b-media.com）を訪問すると、ブラウザがメディア B のサーバに
ウェブページの内容をリクエストする。

⑨　メディア B のサーバは、ブラウザからのリクエストを受けて、アドネッ
トワークの広告枠を含むウェブページの内容を返信する。

⑩　ブラウザは広告枠に表示する広告コンテンツを取得するため、アドネット
ワークのサーバに対して広告コンテンツをリクエストするが、その際に保
存してあったアドネットワークの Cookie ID「aaa」もいっしょに送信する。

⑪　アドネットワークのサーバはブラウザからのリクエストを受けて広告コ
ンテンツを返信するが、その際、送信されてきた Cookie ID「aaa」を元に過
去の訪問履歴や広告閲覧履歴を参照するだけでなく、ユーザが 25 歳・

男性であるという情報もふまえて、最適な広告コンテンツを選択する（行動ターゲティング広告×デモグラフィックターゲティング広告）。

オ　データマネジメントプラットフォーム（DMP）

　DMP はオーディエンスデータを集約して整理する機能を有するシステムであり、外部データと自社データの統合、ターゲティングに向けた適切なユーザーセグメントの生成等のさまざまな機能を有する。DMP にはプライベート DMP とオープン DMP の 2 種類が存在する。前者は企業が収集した自社顧客の会員情報、自社ウェブサイトでの行動履歴等を管理するものである。プライベート DMP には、実店舗での購買履歴やコールセンターでの対応等オフラインの情報が蓄積される場合も多い。これに対して、オープン DMP はさまざまなウェブサイトから取得した行動履歴等が蓄積される DMP であり、オープン DMP の事業者は、広告主や広告事業者からの依頼を受けてオーディエンスデータを提供したり、要望にあったセグメントリスト（広告配信条件に合致する Cookie ID のリスト等を意味する）を作成したりする役割を担っている。

(2)　事例

広告配信会社 A	複数のキュレーションメディアが参加するアドネットワークを運営するほか、自らポータルサイトを運営している。また、アドネットワークやポータルサイトを介して収集したユーザーのオーディエンスデータを管理するためにオープン DMP を運用している。
旅行会社 B	実店舗およびインターネット上で旅行ツアー等の旅行商品を販売している。ポイント会員制度を採用しており、自社ウェブサイトまたは実店舗で簡単なアンケートに答えて会員登録した顧客には、購入額に応じたポイントを付与するほか電子メールで旅行商品に関する広告を配信している。

278　第 2 編　各　　論

広告配信会社 A は、ターゲティング広告に利用するために、Cookie を用いてユーザーのオーディエンスデータ（たとえば、ポータルサイトの訪問履歴や検索履歴、アドネットワークにおける広告閲覧履歴、位置情報等）を収集している（**事例①**）。

　旅行会社 B はゴールデンウィークに向けた旅行商品のプロモーション施策を行いたいと考えている。具体的には、旅行会社 B は広告配信会社 A のアドネットワークを通じたインターネット広告を行う予定であるが、その際には、広告配信会社 A が保有するオーディエンスデータを利用して、ユーザーが興味関心のありそうな旅行ツアーに関する広告を配信したいと考えている（**事例②**）。また、旅行会社 B は、広告配信会社 A が保有するオーディエンスデータに加えて自らが保有するポイント会員に関するオーディエンスデータも活用することで、インターネット広告のターゲティングの精度を上げられないか検討している（**事例③**）。他方で広告配信会社 A は、旅行会社 B が保有するポイント会員に関するオーディエンスデータを入手して、他の会社がアドネットワークで配信するターゲティング広告の精度向上のために利用したいと考えている（**事例④**）。

　旅行会社 B はポイント会員に向けた電子メール広告の配信も実施する予定であるが、その際には、広告配信会社 A が保有するオーディエンスデータを利用して、ポイント会員が興味関心のありそうな旅行ツアーに関する広告を配信したいと考えている（**事例⑤**）。

(3)　事例分析

　上記(2)の広告配信会社 A と旅行会社 B の取組みは、ユーザーやポイント会員に関するオーディエンスデータの取得、利用または提供を伴う。そのため、オーディエンスデータが個人情報に該当するか否かの検討と、該当する場合における個人情報保護法の遵守が求められる。また、オーディエンスデータが個人情報に該当しない場合であっても、業界団体による自主規制が問題になりうるほか、ユーザーの離反やいわゆる炎上を防止するためにどのような対応をすべきか検討する必要がある。さらに、オーディエンスデータを提供する場合には、提供先との契約でデータの取扱いに関してどのような内容を定めておくべきかが問題となる。

第 7 章　ターゲティング広告　279

2 法的問題点の概要

① 事例①：ユーザーやポイント会員からのデータの取得（下記3(1)）	ユーザーやポイント会員から取得するオーディエンスデータが個人情報に該当するか。 ⇒ブラウザやデバイスを識別できるにとどまるオーディエンスデータは、それ単体では個人情報保護法に定める「個人情報」に該当しないと考えられているが、氏名、住所等と紐付けて管理されている場合や、正確な位置情報等が継続的に収集・蓄積されている場合は個人情報に該当する場合もある。 また、個人情報に該当しないオーディエンスデータについても、国際的潮流や業界団体の規制を参考にし、適切な情報提供やオプトアウトのしくみ作りを行うことが望ましい。
② 事例②：広告配信会社Aのデータを用いたインターネット広告（下記3(2)）	広告配信会社Aが、自ら保有するオーディエンスデータを利用して広告を配信する場合、個人情報保護法上どのような義務が課されるか。 ⇒オーディエンスデータが個人情報に該当する場合、利用目的の通知・公表等を行う必要があるものの、オーディエンスデータの提供は発生しないため提供に係る対応は不要である。
③ 事例③：旅行会社Bのデータを用いたインターネット広告（下記3(3)）	広告配信会社Aによる旅行会社Bの広告の配信に活用するために、旅行会社Bが保有するポイント会員に関するオーディエンスデータを広告配信会社Aに提供する場合、個人情報保護法上どのような義務が課されるか。 ⇒オーディエンスデータが個人データに該当する場合、オーディエンスデータを旅行会社Bから広告配信会社Aに提供するにあたり、個人情報保護法上、委託先に対する提供と整理する方法か、会員本人の同意を得て第三者提供する方法によって対応する必要がある。

280　第2編　各　論

	委託先に対する提供と整理できる場合、本人同意は不要となるが、旅行会社Bには委託先である広告配信会社Aに対する監督義務が課せられ、データの取扱いに関する契約の締結等を行う必要がある。
④ 事例④：旅行会社Bのデータを用いた他の広告主のインターネット広告（下記3⑷）	広告配信会社Aによる旅行会社B以外の広告主の広告配信に活用するために、旅行会社Bが保有するポイント会員に関するオーディエンスデータを広告配信会社Aに提供する場合、個人情報保護法上どのような義務が課されるか。 ⇒旅行会社Bは、ポイント会員のオーディエンスデータを広告配信会社Aに提供するにあたり、会員本人の同意を取得する必要がある。 ただし、旅行会社Bが当該オーディエンスデータを匿名加工情報に加工したうえで広告配信会社Aに提供し、広告配信会社Aが受け取った当該匿名加工情報を統計情報として集計・分析して利用するにとどまる場合は、本人の同意を得なくても個人情報保護法に違反しないと考えられる。
⑤ 事例⑤：広告配信会社Aのデータを用いた電子メール広告（下記3⑸）	旅行会社Bによる自らのポイント会員に対する電子メール広告配信に活用するために、広告配信会社Aが保有するオーディエンスデータを旅行会社Bに提供する場合、個人情報保護法上どのような義務が課されるか。 ⇒広告配信会社Aが旅行会社Bに提供するオーディエンスデータが、広告配信会社Aにおいて氏名等と紐付けて管理されているのであれば、個人データの第三者提供にあたりユーザー本人の同意を取得する必要がある。 他方で、広告配信会社Aが氏名等の情報を保有しない場合には、現行の個人情報保護法の解釈としては、提供にあたって本人の同意を取得する必要はないと考えることができる。ただし、この場合であっても、オプトアウト手段の提供等のユーザーのプライバシーに配慮した対応を検討すべきであると考えられる。

第7章 ターゲティング広告 281

■キーワード

個人情報保護法

　個人情報の保護に関する法律。生存する個人に関する情報であって、氏名等の特定の個人を識別することができる記述等が含まれるもの（他の情報と容易に照合することができ、それにより特定の個人を識別することができるものを含む）を「個人情報」とし、その適切な取扱いを定めることによって、個人のプライバシー等の権利利益を保護することを目的としている。

GDPR

　EU 一般データ保護規則。個人データを保護するための EU における統一的ルール。日本企業であっても、EU 域内に拠点を有している場合、EU 域内にいる個人に対して商品やサービスを提供している場合、および EU 域内の個人の行動のモニタリング（ウェブサイト上の行動履歴の追跡等）をしている場合には GDPR が適用されうる。

インフォマティブデータ

　郵便番号、メールアドレス、性別、職業、趣味、顧客番号、クッキー情報、IP アドレス、契約者・端末固有 ID 等の識別子情報および位置情報、閲覧履歴、購買履歴といったインターネットの利用に係るログ情報等の個人に関する情報で、個人を特定することができないものの、プライバシー上の懸念が生じうる情報、ならびにこれらの情報が統計化された情報であって、特定の個人と結びつきえないかたちで使用される情報の総称。広告事業者・メディア事業者等の業界団体である JIAA（一般社団法人日本インタラクティブ広告協会）のガイドライン上で定義されている。

3 法的問題点の詳細

(1) 事例①：ユーザーやポイント会員からのデータの取得

図表 2-7-5：事例①

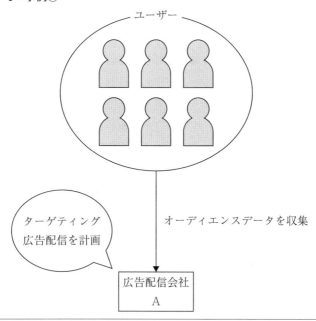

広告配信会社 A は、ターゲティング広告に利用するために、Cookie を用いてユーザーのオーディエンスデータ（たとえば、ポータルサイトの訪問履歴や検索履歴、アドネットワークにおける広告閲覧履歴、位置情報等）を収集している。

ア 個人情報保護法上の規制

広告配信会社 A は、ユーザーのオーディエンスデータを収集するために Cookie を用いているが、上記 1(1)ウで述べたように、Cookie には 1st Party Cookie と 3rd Party Cookie が存在する。本事例において、広告配信会社 A がポータルサイトで発行する Cookie は 1st Party Cookie、アドネット

ワークに参加するウェブサイトを介して発行する Cookie は 3rd Party Cookie となる。

　広告配信会社 A がポータルサイトやアドネットワークから収集するオーディエンスデータが個人情報保護法上の個人情報に該当する場合、広告配信会社 A は当該オーディエンスデータを「偽りその他不正の手段」により取得してはならず、また、利用目的の特定および通知・公表等の個人情報保護法上の義務を遵守する必要がある（個人情報保護法 15 条 1 項、17 条 1 項、18 条 1 項）[3]。広告配信会社 A としては、「偽りその他不正の手段」による取得ではないかとの疑義を生じさせないように、ポータルサイトや、アドネットワークに参加するウェブサイトにおいて、個人情報の取得に関する公表が適切になされるように配慮すべきである[4]。

　個人情報保護法は、氏名、生年月日その他の特定の個人を識別することができる記述等を含む情報はそれ単体で個人情報に該当すると定めている（個人情報保護法 2 条 1 項）。そのため、オーディエンスデータによりブラウザやデバイスを識別できるにとどまる場合は、特定の個人を識別することができないため、当該オーディエンスデータはそれ単体では個人情報に該当しないと考えられている。たとえば、Cookie ID からはブラウザを識別できるのみでありユーザー個人を識別できるものではないため、Cookie ID は単体では原則として個人情報に該当しないと考えられる。

---

3)　アドネットワークを介して収集される個人情報については、その第一次的な取得者が広告配信会社 A（アドネットワークの運営事業者）であるか、ユーザーが実際に訪問したウェブサイトの運営事業者（アドネットワークに参加する事業者）であるかについては議論の余地がある。この点、ユーザーの立場から見たわかりやすさを重視して、ウェブサイトの運営事業者がいったん個人情報を取得したうえでこれを広告配信会社 A に第三者提供することになるという考え方もありうる。しかしながら、ユーザーのブラウザから広告配信会社 A に対して直接データが送信されるという事象に着目すれば、広告配信会社 A が個人情報を直接取得していると整理することが自然であると思われ、本章においてはそのような考え方を前提にして論じる。

4)　フェイスブックの「いいね！」ボタンが設置されたウェブサイトをユーザーが訪問した場合に、当該ボタンを押さなくともユーザーのウェブサイト訪問履歴等がフェイスブックに送信されるというしくみに関して、個人情報保護委員会は 2018 年 10 月 22 日付でフェイスブックに対しユーザーへのわかりやすい説明の徹底等を求める行政指導を行っている。アドネットワークによる 3rd Party Cookie を用いた個人情報の取得についても、ユーザーへの説明が不十分であれば同様の問題が生じうる。

ただし、個人情報保護法はさらに、「他の情報と容易に照合することができ、それにより特定の個人を識別することができることとなるもの」も個人情報に含まれると規定しているため（個人情報保護法2条1項）、広告配信会社Aが、ユーザーの氏名、住所等とオーディエンスデータを紐付けて管理しているような場合は、当該オーディエンスデータは個人情報に該当することとなる。たとえば、広告配信会社AがGoogleやYahoo! Japanといったポータルサイトと同様にユーザーによるログイン機能を提供しており、ユーザーの氏名等のアカウント情報と上記オーディエンスデータを紐付けて管理しているような場合には、当該オーディエンスデータは個人情報に該当することとなる。

　また、当初は個人情報に該当しなかったオーディエンスデータであっても、大量に蓄積されることによって個人情報に該当することとなる場合もある。たとえば、正確な位置情報が継続的に収集・蓄積される場合は、これにより自宅や職場の場所等を知ることができ、特定の個人の識別につながる（個人情報に該当する）ことがありうる。

イ　Cookieについての国際的潮流および業界団体の規制

　3rd Party Cookieは、ユーザーが訪問しているウェブサイトとは別のドメインから発行されるため、ユーザーにとっては、予期しない第三者によってオーディエンスデータが取得されることとなる場合が多い。また、3rd Party Cookieの発行者はアドネットワーク事業者等である場合が多く、複数のウェブサイトにおいて3rd Party Cookieを発行することで、ウェブサイトの垣根を越えてユーザーをトラッキングすることが行われている。

　このように、Cookie（特に3rd Party Cookie）は、個人のオンラインの行動履歴を包括的・連続的に把握することが可能なものであり、個人の属性・趣味嗜好・活動動向等を分析することができるものであるため、たとえ本人の氏名等を直接知ることができないとしてもプライバシーに与える影響は無視できない。このような問題意識をふまえ、EUにおける個人情報保護ルールであるGDPRでは、個人の氏名等を知ることができない場合であってもCookie IDをPersonal Dataに該当するものとして扱っており、また、EUのePrivacy指令は、ターゲティング広告を目的としたCookieによ

るデータ取得等についてユーザーの同意を得ることを要求している（なお、本稿脱稿時点において、ePrivacy 指令に代わる ePrivacy 規則の制定に向けた手続が進んでいる）。米国でも、たとえばカリフォルニア州の CalOPPA（California Online Privacy Protection Act）は、事業者に対して、ユーザーからオンライントラッキングの停止を求められた場合の対応方法を公開するよう求めている。また、2020 年施行予定の同州の California Consumer Privacy Act of 2018（CCPA）は、保護対象となる Personal Information を Cookie ID や IP アドレス等を含むものとして広く定義したうえで、事業者に対して、収集する Personal Information のカテゴリーや利用目的を消費者に周知することを義務づけている。加えて、同法はユーザーに対して、Personal Information の開示・削除を求める権利や事業者による Personal Information の販売からオプトアウトする権利を与えている[5]。さらに、FTC（Federal Trade Commission）の指導のもと業界団体による自主規制のしくみも発達しており、たとえば Google や Microsoft といった多数のアドネットワーク事業者が参加する NAI（Network Advertising Initiative）は、参加事業者のアドネットワークにおけるトラッキングから一括してオプトアウトするしくみを提供している。このように、国際的には、Cookie を利用した行動ターゲティング広告について、法律や業界団体のルールによる規制が広まっている。

　また、日本においても広告事業者・メディア事業者等の業界団体である JIAA（一般社団法人日本インタラクティブ広告協会）は、「プライバシーポリシーガイドライン」（2004 年 11 月（最終改定：2017 年 5 月））を策定し、個人に関する情報のうち個人情報に該当しないもの（クッキー情報・IP アドレス・端末識別 ID 等）をインフォマティブデータと定義している。そのうえで、同ガイドラインは、個人情報およびインフォマティブデータから統計情報等を除いた部分を個人関連情報と総称し、プライバシーポリシーにおいて個人関連情報の利用目的・第三者提供の有無等を明記することや、個人関連情報を第三者に提供する場合は少なくともオプトアウトのしくみを提供することを求めている。また、JIAA の「行動ターゲティング広告ガ

5）　ただし、同法については、本稿執筆時点までにその内容を修正する複数の法案が提出されている。

イドライン」(2009年3月（最終改定：2016年5月))は、会員企業が自らのウェブサイトを通じて広告事業者に行動履歴情報を取得させる場合（たとえば、アドネットワークを運営する事業者が3rd Party Cookieを用いて広告閲覧履歴を取得している場合）には、その旨をウェブサイト内に表示するよう求めているほか、ユーザーに対してオプトアウトの機会を与えるよう求めている。

Cookieを用いてオーディエンスデータを収集する場合には、上で述べたような国際的潮流や業界団体の規制を参考にしつつ、ユーザーの離反やいわゆる炎上が生じないように、適切な情報提供やオプトアウトのしくみ作りを行うことが望ましい。

(2) 事例②：広告配信会社Aのデータを用いたインターネット広告

図表2-7-6：事例②

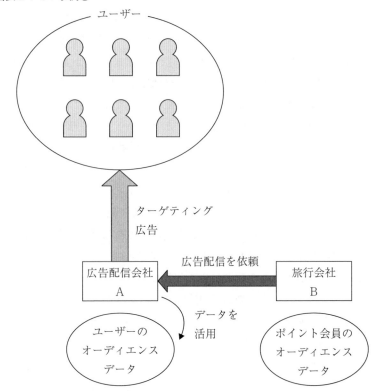

旅行会社Bは広告配信会社Aのアドネットワークを通じたインターネット広告を行う予定であるが、その際には、広告配信会社Aが保有するオーディエンスデータを利用して、ユーザーが興味関心のありそうな旅行ツアーに関する広告を配信したいと考えている。

　広告配信会社Aは、ポータルサイトやアドネットワークを通じて自ら収集したオーディエンスデータを利用して、アドネットワーク内でターゲティング広告を配信することができる。そのため、旅行会社Bは、広告配信会社Aに対してアドネットワークでの広告配信を依頼する際に、旅行商品に興味がありそうなユーザー（厳密にはユーザー個人ではなくブラウザ単位での識別となる。以下同じ）に限定して広告を配信するよう依頼することができる。

　たとえば、女性向けにプランニングされた沖縄ツアーの広告については、広告配信会社Aのポータルサイトで最近「沖縄旅行」と検索したことがあるユーザーや同社のアドネットワーク内で過去の一定期間に旅行関連の広告をクリックしたことがあるユーザーに限定して広告を配信したり（行動ターゲティング）、過去の検索履歴やウェブサイト訪問履歴から女性であると推測されるユーザーに限定して広告を配信したり（デモグラフィックターゲティング）、位置情報から沖縄に所在するとわかったユーザーを配信対象から外したり（ジオグラフィックターゲティング）することが考えられる。

　この場合、広告配信会社Aは自身が保有するオーディエンスデータを自らの広告配信事業のために利用しているにすぎず、広告配信会社Aから旅行会社Bに対するデータの提供は生じない。広告配信会社Aが利用するオーディエンスデータが個人情報に該当するのであれば、当該オーディエンスデータの利用はプライバシーポリシー等で通知・公表される利用目的の達成に必要な範囲でのみ許されることとなるから、オーディエンスデータのターゲティング広告への利用が許容されるような利用目的をあらかじめ設定しておく必要がある（個人情報保護法15条1項、18条1項）。また、広告配信会社Aが利用するオーディエンスデータが個人情報に該当しない場合であっても、オーディエンスデータを用いてターゲティング広告の配信を行っている旨をプライバシーポリシー等で説明することが望ましい。

(3) 事例③：旅行会社Bのデータを用いたインターネット広告

図表2-7-7：事例③

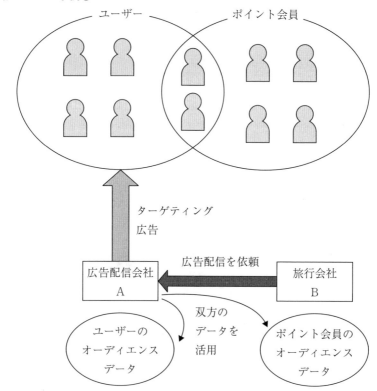

旅行会社Bは、広告配信会社Aが保有するオーディエンスデータに加えて自らが保有するポイント会員に関するオーディエンスデータも活用することで、インターネット広告のターゲティングの精度を上げられないか検討している。

　上記(2)では、広告配信会社Aが保有するオーディエンスデータのみを用いてターゲティング広告を配信する場合について述べた。しかし、旅行会社Bはポイント会員の会員情報を保有しているから、このデータを利用することでターゲティング広告の精度をさらに向上させることが可能な場合がある。たとえば、上記(2)は広告配信会社Aが保有するオーディエンス

データから女性であることを推測してターゲティングを行っていたが、この推測が常に正しいとは限らない。他方で、旅行会社 B が会員の性別に関する登録情報を保有しているのであれば、これを利用してほぼ確実に女性だけに広告を配信することが可能となる。

広告配信会社 A と旅行会社 B は、Cookie Sync を利用することによりこのようなターゲティング広告を実現することができる。具体的には、まず旅行会社 B のウェブサイトの会員ログイン画面において Cookie Sync を行い、広告配信会社 A の Cookie ID と旅行会社 B の Cookie ID の照合表を作成する（Cookie Sync のしくみについて上記 1 (1)エを参照）。その後、旅行会社 B が女性として登録されている会員の Cookie ID を広告配信会社 A に提供することにより、広告配信会社 A は自らのオーディエンスデータと旅行会社 B が保有する性別に関する情報の双方を利用したターゲティング広告を行うことができる。

図表 2-7-8：Cookie Sync の活用

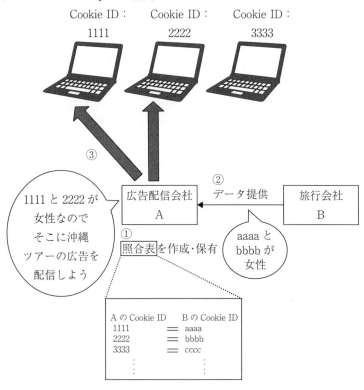

　このように、旅行会社 B から広告配信会社 A に提供されるデータは、ポイント会員の Cookie ID および性別に関する情報である。これらのデータはそれ単体では特定の個人を識別することができる情報を含まないが、旅行会社 B においてはポイント会員の氏名等の情報と Cookie ID および性別に関する情報を容易に照合することができるから、Cookie ID および性別に関する情報も個人情報に該当することとなる。その結果、旅行会社 B によるデータ提供は個人データの提供に該当し、旅行会社 B は原則として提供について事前にポイント会員の同意を得る必要がある（個人情報保護法 23 条 1 項本文）[6]。

　もっとも、旅行会社 B によるデータ提供は、同社が広告配信会社 A に委託したターゲティング広告の精度を向上させる目的で行われるものである

から、当該データ提供が「個人データの取扱いの全部又は一部を委託することに伴って当該個人データが提供される場合」（個人情報保護法23条5項1号）に該当するものとして、本人同意が不要な個人データの提供と整理することも可能であると解される。ただし、このように整理する場合には、オーディエンスデータのターゲティング広告への利用が許容されるような利用目的をあらかじめ設定しておく必要があるほか（同号）、旅行会社Bが個人データの取扱いを委託した者として広告配信会社A（委託先）に対する監督義務を負うこととなる点に留意を要する（個人情報保護法22条）。また、広告配信会社Aは、旅行会社Bから提供を受けたデータを委託の範囲を超えて利用してはならない。

委託先に対する提供として本人の同意を得ずに個人データを提供する場合（以下「委託提供」という）においても、本人の同意を得たうえで個人データを提供する場合（以下「第三者提供」という）においても、旅行会社Bはデータ提供に先立って広告配信会社Aとの間でデータの提供に関する適切な契約を締結しておくべきである。委託提供の場合には、提供元が監督義務（個人情報保護法22条）を果たすために委託契約でデータの取扱方法を定めておくことが必要となる。他方で、第三者提供の場合には、提供元の事業者が個人情報保護法上の監督義務を負うものではない。しかし、ユーザーは適切なプライバシー保護が図られることを期待して第三者提供に同意するのが通常であると解されるから、このようなユーザーの期待を裏切ることのないように、第三者提供の場合でも提供先が従うべき個人データの取扱方法を定めておくことが望ましい。また、ユーザーのプライバシー

6) この場合に、個人データの提供がどのタイミングで行われたのかについては議論がありうる。旅行会社Bから広告配信会社Aに対してCookie IDおよび性別に関する情報が直接提供される際（上記1(1)エの**図表 2-7-4**における⑦）に個人データの提供があることは疑いないが、これに加えて、Cookie IDの照合表を作成するためにブラウザからアドネットワークのサーバにCookie IDが提供される段階（**図表 2-7-4**における④）でも旅行会社Bから広告配信会社Aに対する個人データの提供があったものと解される可能性がある。なぜなら、ユーザーのPCは旅行会社Bから受け取ったCookie ID（個人データ）を、同社のサーバの指示に従って、通常はユーザーの意思を介することなく、機械的に広告配信会社Aに送信するものであり、実質的には、広告配信会社Aはユーザーからではなく旅行会社BからCookie ID（個人データ）を取得しているものと評価する余地があるからである。

保護の観点だけではなく、提供元が保有するデータの資産としての価値を守るためにも、委託提供であるか第三者提供であるかにかかわらず、提供先がデータを利用できる範囲を明確化しておくことが重要である。以上をふまえると、提供先と提供元の間の契約においては、提供先がデータを利用することができる範囲、提供先におけるデータの保管・管理方法、提供元の立入調査権その他の監査権限、契約終了時のデータの取扱い等を規定するとともに、データの不正流用や漏えい事故が生じた場合の提供先の義務および責任について明確にしておくことが望ましい[7]。

7) 提供先がDMP事業者等である場合には、実務上は、個別に契約を作成・締結するのではなく、提供先の利用約款によりデータの取扱いが規律される場合が多いと考えられる。この場合、提供元は当該約款が上で述べたような観点で満足できる内容か確認し、提供の適否を判断すべきことになる。

(4) 事例④：旅行会社Bのデータを用いた他の広告主のインターネット広告

図表 2-7-9：事例④

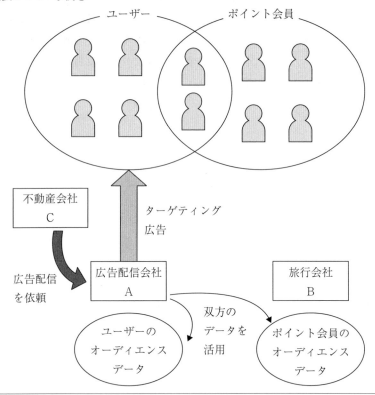

広告配信会社Aは、旅行会社Bが保有するポイント会員に関するオーディエンスデータを入手して、他の会社がアドネットワークで配信するターゲティング広告の精度向上のために利用したいと考えている。

　広告配信会社Aが旅行会社B以外の広告主のインターネット広告を配信する際にも、旅行会社Bのデータを用いることによってターゲティングの精度を上げることが技術上は可能である。たとえば、子どものいる家族をターゲットとして新築マンションのインターネット広告を配信したいと

いう不動産会社 C がいた場合には、広告配信会社 A は旅行会社 B が保有するポイント会員の家族構成に関する情報を利用したターゲティング広告を行いたいと考えるであろうし、旅行会社 B にしてもデータを提供することで広告配信会社 A からデータ利用料を得たいと考えるかもしれない（このようなデータ利用料は広告配信料というかたちで不動産会社 C に転嫁されることになるであろう）。

上記(3)と同様に Cookie Sync を用いれば、このような広告配信も技術的には可能である。しかし、そのためには旅行会社 B から広告配信会社 A に対する個人データ（Cookie ID および家族構成に関する情報）の提供が必要となり、また、上記(2)の場合と異なり本人同意が不要な委託提供と解することもできない。

そのため、Cookie Sync の方法によるターゲティング広告を実施するためには、提供前にポイント会員の同意を得ておくことが必要となる。たとえば、旅行会社 B のウェブサイトの利用規約等に第三者提供を行う旨を明記することにより、会員登録の際に第三者提供の同意を取得する方法が考えられる。しかし、第三者提供に心理的抵抗のあるユーザーが会員登録せずに離脱してしまうリスクがあるほか、事後的にニーズが生じた場合にすでに会員登録を終えた者から第三者提供の同意を取得することは容易ではない。このように、ポイント会員から同意を得る方法が妥当でない場合や現実的でない場合がありうる。

そのような場合に旅行会社 B がとりうる方法として、会員情報を匿名加工したうえで匿名加工情報として広告配信会社 A に提供することが考えられる。旅行会社 B は、会員情報を個人情報保護法で定められた方法で匿名加工したうえで、匿名加工情報の作成・提供につき公表を行うなどの義務を果たせば、本人の同意を取得せずとも当該匿名加工情報を第三者に提供することができる（個人情報保護法 36 条、37 条）。ただし、匿名加工情報については、特定の個人を識別することや元データとなった個人情報を復元することができないような加工方法で作成されなければならず（個人情報保護法 36 条）、また、提供先が本人を識別するために匿名加工情報を他の情報と照合すること（識別行為）も禁じられている（個人情報保護法 38 条）。

このため、広告配信会社 A が、旅行会社 B から受け取った匿名加工情報

第 7 章　ターゲティング広告　295

をCookie Syncの方法により自らが保有するオーディエンスデータと照合してターゲティング広告に利用するという方法は、個人情報保護法およびプライバシーの観点から課題が多い[8]。

　一方で、広告配信会社Aが、旅行会社Bから受け取った匿名加工情報を統計情報として集計・分析したうえで、この分析結果を用いてターゲティングの精度を高める方法であれば、識別行為に該当せず、個人情報保護法に違反しないと考えられる。たとえば、旅行会社Bがポイント会員の家族構成に関する情報を、旅行商品の購入履歴とともに匿名加工したうえで広告配信会社Aに提供したとする。この場合において、広告配信会社Aが当該匿名加工情報を分析して「山梨県のいちご狩りツアーの参加者の80%以上が親子連れである」などといった統計的な知見を得たうえで、同社ポータルサイトで「山梨県」「いちご狩り」といったワードで検索を行ったユーザーに対して不動産会社Cの広告を配信することは、個人情報保護法に違反することなく行いうる。

8）　広告配信会社Aが保有するオーディエンスデータが個人情報である場合には、当該オーディエンスデータと匿名加工情報をCookie Syncにより照合することは、個人情報保護法上禁止される識別行為に該当することとなる。他方で、オーディエンスデータが個人情報ではない場合には、当該オーディエンスデータと匿名加工情報の照合が識別行為に該当するかについては個別具体的に検討する必要がある。この点について、個人情報保護委員会が作成した「個人情報の保護に関する法律についてのガイドライン（匿名加工情報編）」（2016年11月（最終改正：2017年3月））は、匿名加工情報との照合が禁止される「他の情報」に限定はなく、本人を識別する目的をもって行う行為であれば、個人情報及び匿名加工情報を含む情報全般と照合する行為が禁止されるとする。

296　第2編　各　　論

⑸　事例⑤：広告配信会社Aのデータを用いた電子メール広告

図表2-7-10：事例⑤

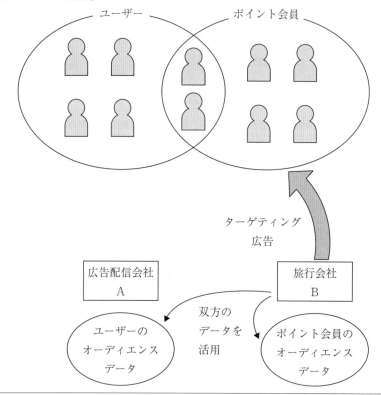

旅行会社Bはポイント会員に向けた電子メール広告の配信も実施する予定であるが、その際には、広告配信会社Aが保有するオーディエンスデータを利用して、ポイント会員が興味関心のありそうな旅行ツアーに関する広告を配信したいと考えている。

　旅行会社Bがポイント会員に電子メール広告を行う際に広告配信会社Aが保有するオーディエンスデータを利用することは可能だろうか。たとえば、広告配信会社Aのポータルサイトで沖縄に関する検索をしたポイント会員に対しては沖縄ツアーに関する電子メール広告を配信し、北海道に関する検索をしたポイント会員に対しては北海道ツアーに関する電子メー

ル広告を配信するような場合である。このようなターゲティング広告も、Cookie Sync を用いることにより技術的には実施することができるが、問題は広告配信会社 A から旅行会社 B に対するユーザーの Cookie ID および検索履歴の提供が個人情報保護法によって制限されないかである。

　もし、広告配信会社 A がポータルサイトにおいてログイン機能を提供していて、Cookie ID や検索履歴を氏名等のアカウント情報と紐付けて管理しているのであれば、Cookie ID および検索履歴は「他の情報と容易に照合することができ、それにより特定の個人を識別することができることとなるもの」（個人情報保護法 2 条 1 項）として個人情報に該当することとなり、広告配信会社 A から旅行会社 B に対する Cookie ID および検索履歴の提供は個人データの提供に該当することとなる。この提供を委託提供と見ることはできないため、広告配信会社 A は提供に先立ってユーザーから第三者提供に関する同意を取得しなければならない。

　他方で、広告配信会社 A が氏名等の情報を保有しない場合はどうであろうか。この場合であっても、広告配信会社 A から旅行会社 B に提供された Cookie ID や検索履歴は、Cookie Sync によって作られた照合表を用いることによって旅行会社 B が保有するポイント会員の登録情報（個人情報）と紐付けられることとなる。しかし、「他の情報と容易に照合することができ、それにより特定の個人を識別することができることとなるもの」に該当するか否かは提供元を基準に判断され、提供先における容易照合性は考慮しないこととされている（提供元基準説）[9]。このため、現行の個人情報保護法上の解釈としては、提供元である広告配信会社 A が氏名等の情報を保有していないのであれば、通常、Cookie ID および検索履歴の提供は個人データの提供に該当せず、ユーザー本人の同意を得る必要はないということになる。しかしながら、結果として旅行会社 B がユーザーの氏名等と紐付くかたちで検索履歴を取得することや、広告配信会社 A がそのことを認識しつ

---

9)　個人情報保護委員会の「『個人情報の保護に関する法律についてのガイドライン（通則編）（案）』に関する意見募集結果」（2016 年 11 月 30 日）No. 19 では、提供先において、取得情報と提供先の保有する個人情報を容易に照合することができる場合であっても、あくまで個人情報該当性は提供元における容易照合性の有無によって判断するという提供元基準説の考え方が示されている。

つデータを提供することをふまえれば、ユーザーのプライバシーに与える影響という点では個人データの第三者提供が行われる場合と実質的に異ならないとも評価しうる。そのため、提供されるデータの内容やその利用方法等に応じて、ユーザーがデータ提供からオプトアウトできるしくみを整えるなど、ユーザーのプライバシーに配慮した対応を検討すべきであろう。

4　解決へのアプローチ

オーディエンスデータをターゲティング広告のために利用する場合には、まず当該データが個人情報に該当するか否か判断する必要がある。個人情報に該当する場合には個人情報保護法を遵守した取扱いが必要となるが、データ提供に関しては委託提供や匿名加工情報の利用によって本人同意の取得というハードルを回避することが可能な場合がある。オーディエンスデータが個人情報に該当しない場合には個人情報保護法の規制は受けないが、その場合であっても、国際的潮流や業界団体の規制を参考にしつつ、ユーザーの離反やいわゆる炎上を防止する観点からできる限りプライバシーに配慮した取扱いとすることが望ましい。また、データの提供に際しては、ユーザーのプライバシーの保護という観点だけでなく、会社の重要な資産であるデータを保護するという観点からも、提供先との契約においてデータの取扱方法を定めておくことが必要である[10]。

---

10)　本章の執筆にあたっては、技術的な事項や専門用語に関して中井博氏から助言をいただきました。この場を借りてお礼申し上げます。

第**8**章
CtoC マーケットプレイス

1 新規ビジネスの概要

(1) 事例

　本章では、商品販売型の CtoC（ユーザー対ユーザー）のマーケットプレイス、特にフリーマーケット（フリマ）の場を提供するアプリ（以下「フリマアプリ」という）について解説する。

　フリマアプリの市場は近年急成長を遂げており、昨今はフリマアプリのようなユーザー同士で取引を行うプラットフォームに対する市場の関心、ニーズは小さくないと考えられる。

■キーワード

CtoC

　Consumer to Consumer（個人間の取引）の略語。一般消費者同士が互いに契約当事者となり、商品やサービスの取引を行う形態を指す。関連する語句として、BtoC（Business to Consumer、事業者と一般消費者との間の取引）、BtoB（Business to Business、事業者間の取引）等がある。

プラットフォーム、プラットフォーマー

　本来的には、「アプリケーションが動作する環境」およびその提供者のことを指すが、ビジネス用語としては、商品、サービス、情報を提供する者と、それを求める者を集めた「場」、およびその運営者のことを指すことが多い。プラットフォーマーは、一般に、プラットフォームの参加者を増やし、市場

300　第2編　各　　論

> での優位性を確立するビジネスモデルをめざす。

　フリマアプリ上では、一般に、ユーザーが所有する家電製品や洋服等といった不要となった私物を自ら値段を設定したうえで出品し、購入を希望する他のユーザーと必要に応じて商品の状態や値段交渉等に関してやりとりを行いながら、最終的にユーザー間で直接売買契約が成立することになる。プラットフォーマーは取引の場を提供するだけであり、実際の取引には関与しない。
　本章において解説の対象とするプラットフォーマーによるフリマアプリのビジネスにおいては、以下の**図表 2-8-1** のとおりの商流を想定している。

図表 2-8-1：フリマアプリの商流図

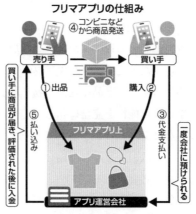

出典：時事通信社「【図解・経済】フリマアプリの仕組み」（2018 年 6 月）

　上記の商流図においては、以下の①～⑤の流れでビジネスが行われることになる。

①	一般消費者である「売り手」がフリマアプリ上で商品を出品する。
②	一般消費者である「買い手」がフリマアプリ上で商品を購入する。

第 8 章　CtoC マーケットプレイス

③	「買い手」が代金を支払う。「買い手」が支払った代金は1度フリマアプリ運営会社に預けられる。
④	「売り手」が「買い手」に対してコンビニ等から商品を発送する。
⑤	「買い手」に商品が届き、評価された後で「売り手」に入金される。

　本章において解説の対象とするフリマアプリのビジネスには、ユーザーに取引の場を提供するだけではなく、ユーザーのロイヤリティ向上の観点から、フリマアプリ上でプラットフォーマーがユーザーに対して独自ポイントを付与し、そのポイントを別の商品を購入する際の支払いに利用させるというサービスもあわせて提供することを想定している。

(2)　事例分析

　本章において解説の対象とする事例は、CtoC 型のマーケットプレイスを運営するビジネスである。CtoC 型のビジネスは、BtoB 型や BtoC 型に比べると、取引当事者間において違法または不正な取引が行われることを未然に防ぐことが難しい。たとえば、フリマアプリのプラットフォーマーは、ユーザー同士で偽物のブランド品や違法薬物を取引する場合のように、ユーザーが違法行為を行う可能性を完全に払しょくすることはできない。したがって、このようなビジネスのプラットフォーマーとなる事業者においては、違法または不正な取引が行われた場合に、法律上の責任を負う可能性があるか検討しておく必要がある。

　仮に法律上の責任を負わないとしても、ユーザー間で行われている取引が社会的に妥当性を欠くものであった場合（たとえば、現金の売買が行われていた場合）、ビジネスの健全性が害されることになるため、プラットフォーマーとして対応しておくべきことがないか検討しておく必要がある。

　また、本章が解説の対象とする事例においては、プラットフォーマーがフリマアプリ上でユーザーに対して独自ポイントを付与し、そのポイントを別の商品を購入する際の支払いに利用させるという決済サービスもあわせて提供することを想定している。しかし、このようなサービスについては、決済サービスを提供する事業者が不適切な取扱いを行わないように、

利用者保護の観点から法律において一定の規制が定められていることが多い。したがって、このような決済サービスを提供するプラットフォーマーにおいては、法律上監督官庁に対する登録等が義務づけられることがないか検討しておく必要がある。

さらに、上記(1)の事例においては、ユーザーの会員情報を保有することになるので、個人情報保護法上の規制に留意する必要がある。

また、フリマアプリ上では1度使用されたり取引されたりした物品が取引されることになるため、盗品等の売買の防止の観点から定められた法律上の規制にも留意する必要がある。

2　法的問題点の概要

①　プラットフォーマーの責任（下記3(1)）	プラットフォーマーは、プラットフォーム上で違法または不正な取引が行われた場合に法的責任を負うことはあるか。 ⇒「取引に実質的に関与しない場合」には原則責任を負わないが、警察本部長等から競りの中止の命令を受けたにもかかわらず、オークション事業者が当該出品物に係る競りを中止しないなどの例外的な場面では、落札者が盗品等を購入し、盗品等の所有者から返還請求を受けた場合等について、損害賠償義務を負う可能性がある。
②　サービスの健全性（下記3(2)）	プラットフォーマーは、提供されるサービスの適法性妥当性等に応じ、詐欺、偽造品、現金の出品等について、事実上何らかの対応をとることが必要となることがある。
③　決済規制（資金決済法との関係）（下記3(3)）	プラットフォーム上で提供する決済手段が、資金決済法上の「第三者型前払式支払手段」、「資金移動業」に該当するかどうか。 ⇒該当する場合、プラットフォーマーは、主務大臣への登録が必要になるなどのクリアランスが求められる可能性がある。

第8章　CtoC マーケットプレイス　303

④ 個人情報保護法 （下記 3 (4)）	プラットフォーマーが、ユーザーの会員情報等の個人データを保有するか。 ⇒保有する場合、プラットフォーマーには、個人データの安全管理措置義務（個人情報保護法 20 条）、第三者提供制限（個人情報保護法 23 条 1 項、24 条）等の規制が課せられる。
⑤ 古物営業法（下記 3 (5)）	古物営業法上の「古物競りあっせん業」（古物営業法 2 条 2 項 3 号）に該当するかどうか。 ⇒該当する場合、プラットフォーマーは、営業開始の届出義務（古物営業法 10 条の 2 第 1 項）、帳簿等への記録義務（古物営業法 21 条の 4）等の義務が課されることになる。

■キーワード

> サービスの健全性
>
> サービスが正常に機能して、健全と評価できる状態にあること。本章においては、事業者の提供するサービスの適法性に限らず、一般消費者からの見え方や、事業の発展可能性、持続可能性の観点から適切性を備えているといえるかどうかという趣旨で用いている。

> 資金決済法
>
> 資金決済に関する法律。近年の IT 技術の発達や利用者ニーズの多様化等の資金決済システムをめぐる環境の変化に対応して、①前払式支払手段（プリペイドカード等。紙型、磁気式、IC 型、サーバ型に分類される）、②資金移動業（為替取引）、③資金清算業（銀行間の資金決済の強化・免許制）、④暗号資産交換業（暗号資産の売買、交換、媒介等を行う事業者に係る登録制度）を内容とする。

> 個人情報保護法
>
> 個人情報の保護に関する法律。生存する個人に関する情報であって、氏名等の特定の個人を識別することができる記述等が含まれるものを「個人情

304　第 2 編　各　論

報」とし、その適切な取扱いを定めることによって、個人のプライバシー等
の権利利益を保護することを目的としている。

古物営業法

取引される古物のなかに窃盗の被害品等が混在するおそれがあることか
ら、盗品等の売買の防止等を目的として、古物商（古物の売買業）、古物市場
（古物取引の場の経営）、古物競りあっせん業（インターネットオークション
サイトの運営）を規制する。

3　法的問題点の詳細

(1)　プラットフォーマーとしての法律上の責任

　フリマアプリのプラットフォーマーとして、ユーザーによる違法行為に
関して法的責任を負うことがあるかどうかが問題となる典型的な場面に関
しては、経済産業省が2018年7月27日に改訂・公表している「電子商取
引及び情報財取引等に関する準則」（以下「準則」という）において有益な解
説がなされている。

　準則は、「サービス運営事業者はシステムを提供する形で取引の仲介を
する役割を果たすが、実際の取引行為の当事者となるわけではない。この
ような場合、一般にサービス運営事業者は、単に取引の場やシステムの提
供者にすぎず、個別の取引の成立に実質的に関与するわけではない。した
がって原則としてユーザー間の取引に起因するトラブルにつき責任を負わ
ないものと解される（利用規約においても、ユーザー間の売買契約に関してサー
ビス運営事業者は一切関与せず、したがって責任を負わない旨規定していること
が多い）」（79頁）として、ユーザー同士の取引に直接関与しない形態のプ
ラットフォーム上におけるユーザーの違法行為に関するプラットフォー
マーとしての法律上の責任を原則として否定している。もっとも、そこで
は、インターネットオークションにおける出品物について、警察本部長等
から競りの中止の命令を受けたにもかかわらず、オークション事業者が当

第8章　CtoCマーケットプレイス　**305**

該出品物に係る競りを中止しなかったため、落札者が盗品等を購入し、盗品等の所有者から返還請求を受けた場合等について、損害賠償義務を負う可能性があるとされているので注意が必要である（準則79頁、80頁）。

　そのため、プラットフォーマーとして、仮にプラットフォーム上でユーザーが偽物のブランド品の販売や、購入者に対する詐欺等といった何かしらの違法行為を行った、出品者であるユーザー（企業等）が商品の販売後（商品代金の受領後）に倒産してしまったことを理由に商品が買主ユーザーに対して配送されず、かつ返金も行わない、配送された商品が明らかに不良品であり買主ユーザーがその交換や返品を求めているのにもかかわらず売主ユーザーがこれに応じない（なお、いわゆる「ノークレーム・ノーリターン」特約の効力については、「I-7-4『ノークレーム・ノーリターン』特約の効力」（準則90頁以降）に詳しい説明がなされている）などといった場合であって、これによってほかのユーザーその他の第三者が損害を被ったという場合においても、自らがその責任を法律上負うことになるということは原則としてないと考えてよい（もっとも、利用規約において、ユーザーによる行為に関しては一切責任を負わない旨を明示的に定めておくことはユーザーに対する注意喚起の意味でも望ましいと考えられる）。

　一方で、上記のように、ユーザーが偽物のブランド品等の違法性のある商品を販売しようとしている場合で、警察をはじめとする政府当局から直々にこれを防止するように指示があり、かつ、これを実際に防止することができる立場にあったにもかかわらずこれを黙認したというような場合では、プラットフォーマーの側にそのような違法取引の実行に関して一定の寄与があると認められるとして、プラットフォーマーが法律上の責任を負うことになる可能性があることになる。

　さらに準則は、マーケットプレイスにおける商標権侵害、著作権侵害の物品の販売があったケースにおいて、商標権者（利用者ではない）がネットショッピングモール運営者に対して店舗による商標権侵害の責任を追及した事案において、裁判所は、「ウェブページの運営者は、商標権者等から商標法違反の指摘を受けたときは、……その侵害の有無を速やかに調査すべきであり、これを履行している限りは、……責任を負うことはないが、これを怠ったときは、……出店者と同様、これらの責任を負うものと解され

る」旨、判示しており、一定の場合に、管理するサイト上の不法行為について、プラットフォーマーが責任を負う場合があることを認めている（知財高判平成24・2・14判時2161号86頁（チュッパチャップス事件））ことも指摘している。さらに、オークション事業者がユーザー名で出品行為を代行し、出品に伴う手数料や落札に伴う報酬を受領する（プラットフォーマーが出品代行者である）場合や、プラットフォーマーが単に一定の料金を徴収してウェブサイト内で宣伝することを超えて、特定の売主の特集ページを設け、インタビューを掲載するなどして積極的に紹介し、その売主の出品物のうち、特定の出品物を「掘り出し物」とか「激安推奨品」等としてフィーチャーするような場合においても、プラットフォーマーは、単なる場の提供者ではないとして、ユーザー間で売買トラブルが発生した際に責任を負う可能性がないとは限らないとされている（準則80頁、81頁）。このこともふまえれば、プラットフォーマーとして、公的機関からの指示のみならず、権利者からの警告や他のユーザーからいわゆる「通報」が行われたことによって、あるユーザーが法律に違反した行為を行っている、または行おうとしていることを知るに至ったような場合には、広く、ユーザーとの利用規約に基づき、すみやかにその商品の出品をマーケットから削除する、同一のユーザーがこのような行為を複数回行っているといった場合には、当該ユーザーによる利用を一時停止、中止するといった対応を機敏に講じていくことができる運用フローを整備しておくことが、法的責任の回避のために重要である。

　上記に加えて、準則で規定されるその他の事項についても、ビジネスの内容に応じてその適用の有無を確認し、必要であればこれらを遵守する必要がある（「Ⅰ-7-6　ユーザー間取引に関するサービス運営事業者に対する業規制」（準則98頁）、「Ⅰ-7-7　アプリマーケット運営事業者の責任」（準則101頁）等）。

⑵　サービスの健全性について

　ユーザー間の取引について、詐欺、偽造品の販売、現金の出品等といった法令違反行為等があった場合におけるプラットフォーマーとしての法律上の責任については上記のとおりであるが、これらの法令違反行為、また

は法令には直接違反しないとしてもユーザーその他の第三者から見て社会的に妥当性を欠くと認められうる取引がある場合に、サービスの健全性が害され、ユーザーがそのサービスを安心して利用することができなくなることが懸念される。

　このような点をふまえ、プラットフォーム内で違法または不正な取引が行われた場合に、特定の出品に関してその出品停止や、特定のユーザーの利用停止をはじめとする措置をとっている事例は少なくない。

　たとえば、フリマアプリ大手のメルカリでは、フリマアプリ「メルカリ」のサービス健全性維持のための取組みとして、利用規約において、利用規約に違反したユーザーの登録の取消しや利用停止といった内容を定めているほか、365日24時間体制での出品商品や取引内容のモニタリング、違反商品の削除や不正取引の排除、違反者の利用制限等、初回の出品時における住所、氏名、生年月日の登録の必須化、登録氏名と売上金振込口座との照合の実施や、さらに、過去に発生した違反行為を分析して不正検知を行う人工知能（AI）等の新技術、盗品であると警察の確証が得られた商品については盗難にあった被害者に対して損害額の補填を行うしくみの導入を検討しており、進んだ動きを見せている（同社のプレスリリース「違法・規約違反行為への対策強化のお知らせ」（2017年10月12日））。また、ユーザーに対して、出品が禁止されているものや、アプリ上での禁止行為等についてわかりやすいかたちで説明をした「メルカリガイド」の策定・公表も行っている。たとえば、禁止出品物として、「偽ブランド品、正規品と確証のないもの」、「使用済みのスクール水着、体操着、学生服類など」、「現金、金券類、カード類」、「手元にないもの」等が明記されている。

　また、楽天の運営する「ラクマ」（旧フリル）では、ユーザーが偽造品を購入してしまった場合において、一定の要件を充たすことを条件に商品代金に対する補償を実施するなど、顔の見えない（かつ、多くの場合で法人ではなく個人の）相手との取引に不安を覚えるユーザーの敬遠を回避するための取組みを行っている。

⑶　決済規制との関係

ア　「前払式支払手段」との関係

　フリマアプリ上でプラットフォーマーがユーザーに対して独自ポイントを付与する場合には、独自ポイントがフリマアプリ上で、あるいはフリマアプリ外でユーザーにより利用される態様によっては、資金決済法上の規制の対象となる可能性があるため、その発行にあたっては留意が必要である。

　このうち、問題となるものが資金決済法上の「前払式支払手段」である。「前払式支払手段」とは、①金額等の財産的価値が記載・保存されること（価値の保存）、②対価を得て発行されること（対価発行）、③代金の支払い等に使用されること（権利行使）の 3 要件を充たすものをいう（資金決済法 3 条 1 項各号）。ただし、発行日から有効期間が 6 か月未満である場合には、資金決済法の適用対象外となる（資金決済法 4 条 2 号、資金決済法施行令 4 条 2 項）。

　上記の「前払式支払手段」に該当するプラットフォーム内で使用できるポイントを発行することを想定している場合には、商品の販売主体が各販売ユーザーになるため（ポイントを発行するのはプラットフォーマーであるのに対して、これを受け取ったユーザーは、プラットフォーマーとの関係で第三者にあたる各販売ユーザーとの取引において代金の支払手段として使用することができるものであるため）、原則として、「第三者型前払式支払手段」として、内閣総理大臣の登録を受ける義務を負うことになる（資金決済法 7 条）。

図表2-8-2：前払式支払手段のしくみ

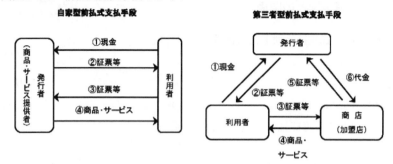

出典：一般社団法人日本資金決済業協会「前払式支払手段についてよくあるご質問」（2015年8月）Q3。

　また、自家型前払式支払手段の発行者として届出を行った場合（自家型発行者となる場合）、あるいは第三者型前払式支払手段の発行者として登録を行った場合（第三者型発行者となる場合）には、資金決済法に基づく表示（情報の提供）を行う必要があるほか（資金決済法13条）、前払式支払手段発行者（自家型発行者および第三者型発行者）は、法定の基準日において、前払式支払手段の未使用残高が1000万円を超えるときは、発行保証金としてその基準日における未使用残高の2分の1以上の額に相当する金銭を主たる営業所・事務所の最寄りの供託所に供託する義務を負う（資金決済法14条、資金決済法施行令6条）。
　さらに、前払式支払手段発行者に情報の安全管理のために必要な措置を講じることが求められるほか（資金決済法21条）、金融庁「事務ガイドライン（第三分冊：金融会社関係）」（2019年5月）の「5　前払式支払手段発行者関係」に従った適切な情報管理、システム管理を行うことも求められる（Ⅱ-2-3、Ⅱ-3-1）。

イ　「資金移動業」との関係
　資金移動業とは、銀行等以外の者が為替取引（100万円以下のものに限る）を業として営むことをいう（資金決済法2条2項、資金決済法施行令2条）。
　この「為替取引」とは、「顧客から、隔地者間で直接現金を輸送せずに資金を移動する仕組みを利用して資金を移動することを内容とする依頼を受

けて、これを引き受けること、又はこれを引き受けて遂行すること」（最判平成13・3・12刑集55巻2号97頁）をいうものと解されている。

このような為替取引を行うことができるのは、原則として銀行等に限定されており、銀行等以外の事業者が行うには資金移動業の登録が必要となる（資金決済法37条）。

フリマアプリにおいては、買主ユーザーから売主ユーザーに対する商品代金の送金についてプラットフォーマーが介在することになるため、資金移動業登録が必要になるかどうかが問題となることが多い。

もっとも、収納代行サービス、すなわち、商品・サービスの代金の支払いにあたって、売主から代金の受領権限が与えられている事業者（収納代行サービス業者）に対して買主が支払いを行い、収納代行サービス業者が受け取った金銭を売主に渡すサービスに関しては、収納代行サービス業者が代金を受領した時点で売主と買主の決済が完了することになるため、収納代行サービス業者が資金移動の依頼を受けているわけではないとして、上記の「為替取引」に該当しないとの見解（藤池智則「事業会社による決済サービスにかかる公法上の規制の検討」金法1631号（2002年）20頁・21頁）があり、実務的に参考にされることが多い。この見解に従えば、フリマアプリにおけるプラットフォーマーも為替取引に該当しないという整理が可能である場合もあろう。もっとも、「収納代行サービス」と称していても、サービスの建付けによっては、実質的に為替取引にあたると判断されることもありうるため、個別具体的なケースに基づいて「資金移動業」の登録の要否を判断すべきである。

(4) 個人情報保護法との関係

個人情報保護法上、個人データを取得、利用する場合には、利用目的を特定したうえ、通知・公表する必要があるほか（個人情報保護法15条1項、18条1項・2項）、個人データの安全管理措置義務（個人情報保護法20条）、第三者提供制限（個人情報保護法23条1項、24条）等の規制が課せられる。

そのため、プラットフォーマーとしてユーザーの会員登録情報やプラットフォームの利用状況等についての個人データを取得、利用するという場合には、その利用目的を通知または公表し、第三者提供を行う場合にはこ

れに対する本人同意を取得するなどの対応が必要になる。

⑸　古物営業法との関係

　事業の内容が、古物営業法上の「古物商」（古物を売買し、もしくは交換し、または委託を受けて売買し、もしくは交換する営業であって、古物を売却することまたは自己が売却した物品を当該売却の相手方から買い受けることのみを行うもの以外のものを営む者をいう（古物営業法 2 条 3 項・2 項 1 号））や「古物市場主」（古物市場（古物商間の古物の売買または交換のための市場をいう）を経営する営業を営む者をいう（同条 4 項・2 項 2 号））に該当する場合には、前者については営業所等が所在する都道府県ごとに、後者については古物市場が所在する都道府県ごとに、都道府県公安委員会の許可が必要となるが（古物営業法 3 条 1 項・2 項）、インターネットオークションやフリマサービス等において、サービス事業者自身が取引の当事者とはならない場合には、これらに該当しないものと解されるため、古物営業法上の許可は不要である。

　もっとも、売り手が売買金額を指定する形式ではなくユーザーにおいて競りを行う形式のインターネットオークションを営む場合には、プラットフォーマーが「古物競りあっせん業」として公安委員会に届出書を提出するなどといった義務が課される（古物営業法 10 条の 2）。

4　解決へのアプローチ

⑴　違法または不正な取引への対応

　本章が解説の対象とする CtoC 型のマーケットプレイスを運営するビジネスは、取引当事者間において違法または不正な取引が行われることを未然に防ぐことが難しい。

　もっとも、このようなビジネスのプラットフォーマーが、ユーザー同士の違法または不正な取引に関して法律上直接の責任を負う場合は限定的である。しかしながら、仮にプラットフォーマーが法律上の責任を負わないとしても、プラットフォーム内で違法または不正な取引が広がり、サービスの健全性が害されるような事態となった場合、ユーザーが安心してサー

ビスを利用できなくなり、利用者が減少するおそれ、また、そのような取引を放置していた事業者であるとして社会的耳目や批判の対象となり、レピュテーションが低下するおそれがある。

　実務的な対応としては、①利用規約においてプラットフォーマーの免責条項を定める、②利用規約においてユーザーの違法・不正な取引を禁止する旨を定めておく、③違法・不正な出品の削除や問題のあるユーザーの利用停止を行う運用フローを作成する、④ユーザーによる通報制度を設けてユーザーによる自浄作用に期待する、⑤プラットフォーマー自ら定期的なモニタリングを実行し、必要に応じ、当該運用フローに沿った行動をとるなどの対応が考えられる。

⑵　業規制への対応

　本章が解説の対象とするのはフリマアプリであるが、フリマアプリは、そこに備えられた機能やしくみの内容によって、資金決済法、個人情報保護法、古物営業法といったさまざまな業規制の適用を受ける可能性がある。フリマアプリの新規ビジネスを始める事業者においては、あらかじめビジネスの内容について分析を行い、そのビジネスに適用のある法令があるか確認したうえで、必要なクリアランスを行うことが重要になる。

　実務的な対応としては、資金決済法との関係では、①自社のビジネスが資金決済法上の「前払式支払手段」と「資金移動業」に該当するか確認したうえで、該当する場合には資金決済法において求められる登録等を行わなければならない。個人情報保護法との関係では、プラットフォーマーが個人情報を保有する商流とする場合は、②会員情報の取扱いについてプライバシーポリシー等を作成し、その利用目的や第三者提供等について適切な記載をして、必要に応じて同意を取得する必要がある。古物営業法との関係では、③自社のビジネスが古物営業法上の「古物商」、「古物市場主」および「古物競りあっせん業」に該当するか確認する必要がある。

第9章

スキルシェア（副業）

1　新規ビジネスの概要

(1)　業界の動向

　2019年4月1日に働き方改革関連法が施行されたこともあいまって、世の中の「働き方」は日々変化しており、今働いている企業を辞めずに副業を希望する者や、個人でさまざまな企業との仕事を希望する者等が増えている。他方で、企業の側においても、少しでも能力の高い者を自社の仕事にかかわらせたいという要望があることから、労働力やスキルの提供を希望する人材とそれらを求める企業等とのマッチングビジネス（以下「人材マッチングビジネス」という）がにわかに注目を集めている。

■キーワード

働き方改革関連法

　正式名称を「働き方改革を推進するための関係法律の整備に関する法律」といい、長時間労働の是正、また、正規社員・非正規社員の格差の是正等を目的としている。

(2)　事例

　人材マッチングビジネスは、大きく

ケース①：雇用のかたちで、短時間労働者として副業する者とのマッチング

> ケース②：雇用ではなく、短期間の業務委託等でスキル等を提供する個人
>   とのマッチング

に分けられる。

　ケース②において、雇用関係を前提とせずに、スキル等を提供する個人（いわゆるフリーランスを指し、以下「フリーランス」という）は、特定の企業や団体に所属せず、独立して仕事を請けて生計を立てる者のほか、定年退職後に、それまで培った経験や見識をスポットで提供する者等形態は多様である。

■キーワード

> フリーランス
> 　特定の企業や団体、組織に専従しておらず、自らの技能を提供することにより社会的に独立した個人事業主または個人企業法人を指す。

図表2-9-1：人材マッチングビジネスのイメージ

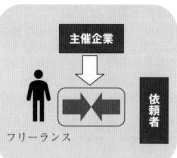

　人材マッチングビジネスは、まず、マッチングの場を主催する企業（以下「主催企業」という）が、仕事の依頼のために人材を求めている者（多くの場合は企業であるが、個人も想定しうる。以下「依頼者」と総称する）と、労働者やフリーランス（以下「人材」と総称する）を集め、インターネット上に

マッチングサイトを構築することが一般的である。

　主催企業の収益のしくみはまちまちであるが、依頼者からのみ報酬を得て、人材からは報酬を得ないケースが多い。また、依頼者から報酬を得る場合に登録費等の一定の費用の支払いを求めるケースもあるが、この場合、依頼者が優秀な人材を獲得できないにもかかわらず、一定の費用だけ支払うことになるという事態が生じうる。このような依頼者のビジネスリスクを低減させるため、主催企業としては、マッチングが成約した場合に成功報酬として一定額の支払いを求めるケースも多い。

　人材と依頼者とのマッチングまでの流れは、おおむね以下のとおりである。

---

① 　人材／依頼者がマッチングサイトに登録
　　　↓
② 　人材が興味のある仕事を探し、あるいは、依頼者が人材を探す
　　　↓
③ 　詳細情報の交換（経歴書の送付等）
　　　↓
④ 　面談の実施
　　　↓
⑤ 　マッチングが成立した場合には、人材が依頼者の業務を開始する

　短時間労働者との人材マッチングビジネスの事例としては、社食コレクションが、普段は会社勤務の労働者に、平日夜や土日等の空いた時間に、得意な分野で副業できるベンチャー企業を紹介する「シューマツワーカー」をリリースした例があげられる。

　また、フリーランスとの人材マッチングビジネスは世の中に多数存在するが、たとえば、クラウドワークスが主催する「クラウドワークス」や、ランサーズが主催する「ランサーズ」がある。また、ビザスクは、個人が有するビジネスに関する経験や知見について、スポットでコンサルティングを依頼するというコンセプトの「ビザスク」を運営している。さらに、アメリカで誕生し、その後急速な勢いで世界各国に広がっている「Uber」は、一般人が自分の空き時間と自家用車を使って他人を運ぶしくみを提供するビジネスであるが、これも人材マッチングビジネスの一種である。

316　第2編　各　論

⑶ 事例分析

　まず、人材が依頼者との間で雇用契約を締結する場合、それが副業としてであっても職業安定法上の職業紹介事業における「求人」に該当するため、求人に係る諸規制を検討する必要がある。また、副業として勤務する人材（短時間労働者）については、どのような労務管理規制が及ぶのかが問題となる。

　他方で、人材が依頼者との間で雇用の形態をとらずに短期間の業務委託等の契約を締結し、フリーランスのかたちをとる場合は、契約形式のみならず、実質的にも雇用に該当しないよう留意する必要がある。また、依頼者との関係において、人材が不利な立場に置かれる可能性があることから、下請代金支払遅延等防止法（以下「下請法」という）等の事業者保護を目的とした規制との関係にも留意する必要がある。

■キーワード

> **職業安定法**
>
> 　職業紹介や労働者供給等について定めることにより、労働者各人にその有する能力に適合する職業に就く機会を与え、産業に必要な労働力を充足し、職業の安定を図るとともに、経済および社会の発展に寄与することを目的としている。

> **職業紹介事業**
>
> 　求人および求職の申込みを受け、求人者と求職者との間の雇用関係の成立をあっせんすることを業として行うことをいう。有料職業紹介事業については、港湾運送業務に就く職業および建設業務に就く職業以外の職業について行うことができるが、無料職業紹介事業については特に制限がない。

> **下請法**
>
> 　低額な賃金や過酷な労働条件を押しつけられることの多かった下請業者の立場を改善するにあたり、下請業者の正当な対価と権利を確保することを目的として、書面の交付、下請代金の支払期日の明確化、遅延利息の支払

第9章　スキルシェア（副業）　317

い等を義務づけている。

2 法的問題点の概要

主催企業が検討すべき法的問題点（下記3(1)）	
① 職業紹介該当性（下記3(1)ア）	マッチングサイトによる求人や求職者の情報提供が、許可業種である職業紹介に該当するか。 ⇒職業紹介に該当する場合、有料の職業紹介事業を行おうとする者は、厚生労働大臣の許可を受けなければならない。これに違反した場合は1年以下の懲役または100万円以下の罰金に処される可能性がある。
② 求人広告該当性（下記3(1)イ）	雇用と短期間の業務委託等のいずれを目的としているかによって、労働条件等の明示義務の有無に相違が生じるか。
依頼者が検討すべき法的問題点	
短時間労働者と依頼者のマッチングの場合（下記3(2)）	
① 労働時間管理・健康管理（下記3(2)ア）	i 本業先が副業先の労働時間を管理・把握する法的義務があるか。 ⇒本業先が労働時間管理を行う法的義務があるにもかかわらずこれを怠った場合、30万円以下の罰金に処される可能性がある。 ii 本業先による健康診断の実施義務があるか。 ⇒本業先が健康診断を実施する義務があるにもかかわらずこれを怠った場合、50万円以下の罰金に処される可能性がある。
② 割増賃金の支払い（下記3(2)イ）	本業先と副業先での労働時間を通算した結果、労働者の労働時間が法定時間外労働に該当するに至った場合、いかなる取扱いをすべきか。

③ 保険適用のあり方（下記3⑵ウ）	ⅰ 副業先で労災保険給付が必要か。 ⅱ 副業先で雇用保険、社会保険の適用がなされるか。 ⅲ 本業先から副業先へ向かう途中の災害は通勤災害に該当するか。
フリーランスと依頼者のマッチングの場合（下記3⑶）	
① 契約類型（下記3⑶ア）	フリーランスと依頼者との間の契約関係において、当該フリーランスが労働者に該当しないか。 ⇒フリーランスが労働者に該当する場合、労働関係法令を適用する必要がある。
② 契約内容（下記3⑶イ）	ⅰ フリーランスと依頼者が締結する契約が、当該フリーランスに対して不当に不利な条件を課す内容となっていないか。 ⅱ 下請法の適用がある場合、依頼者は、下請法の親事業者としての義務を遵守しているか。 ⇒依頼者が下請法の親事業者としての義務を遵守していない場合、公正取引委員会による勧告がなされる可能性がある。

3 法的問題点の詳細

(1) 主催企業の法的問題点

ア マッチングサイトによる情報提供の職業紹介該当性

(ア) 問題の所在

　有料の職業紹介事業を行おうとする者は、厚生労働大臣の許可を受けなければならない（職業安定法30条1項）。ここで、職業紹介とは「求人及び求職の申込みを受け、求人者と求職者との間における雇用関係の成立をあっせんすること」（傍点は筆者）をいう（職業安定法4条1項）。したがって、主催企業が、短時間労働者と依頼者とを結びつけるマッチングサイトを運営する場合には、当該サイトを通じた求人や求職者の情報提供について職業紹介該当性が問題となる。

第9章 スキルシェア（副業）　319

マッチングサイトによる情報提供が「職業紹介」に該当するか否かの判断については、厚生労働省が公表する「民間企業が行うインターネットによる求人情報・求職者情報提供と職業紹介との区分に関する基準について」と題するガイドライン（以下「マッチングガイドライン」という）が基準となる。

(イ) 判断基準

マッチングガイドラインでは、「インターネットによる求人情報・求職者情報提供」について、情報提供事業者がホームページ上で求人情報または求職情報を求職者または求人者の閲覧に供することであると定義づけたうえで、以下のいずれかに該当する場合には「職業紹介」に該当するとしている。

① 提供される情報の内容または提供相手について、あらかじめ明示的に設定された客観的な検索条件に基づくことなく情報提供事業者の判断により選別・加工を行うこと
② 情報提供事業者から求職者に対する求人情報に係る連絡または求人者に対する求職者情報に係る連絡を行うこと
③ 求職者と求人者との間の意思疎通を情報提供事業者のホームページを介して中継する場合に、当該意思疎通のための通信の内容に加工を行うこと

なお、上記①～③に該当する場合のほか、情報提供事業者による宣伝広告の内容、情報提供事業者と求職者または求人者との間の契約内容等から判断して、情報提供事業者が求職者に求人者を、また、求人者に求職者をあっせんするものであり、インターネットによる求人情報・求職者情報提供がその一部として行われているものである場合には、全体として「職業紹介」に該当するとしている。

(ウ) 職業紹介に該当する場合と該当しない場合の具体例

まず、マッチングガイドライン上、マッチングサイトによる情報提供が職業紹介に該当する場合として、以下の具体例があげられている。

① 主催企業が自ら積極的に求職者または求人者に連絡を行い、応募や採用の勧奨、採用面接日時の調整、情報の追加的提供等を行う場合

② 主催企業が「貴方にふさわしい仕事を面倒見る」、「貴社に最適の人材を紹介する」などと宣伝して求職者または求人者を募り、その求職者または求人者に対して、あっせんしようとする求人者や求職者の事業所名、氏名、電話番号等をインターネットを通じて提供する場合

次に、マッチングガイドライン上、マッチングサイトによる情報提供が職業紹介に該当しない場合として、以下の具体例があげられている。

・ マッチングサイト上にある求人の求人者または求職者に対し、求職者または求人者がそのホームページを経由してメールを送ることにより直接オンライン上で応募または勧誘できるしくみを設けるだけで、主催企業がその当事者間の通信内容に加工を行わない場合

イ マッチングサイトによる情報提供の求人広告該当性

職業安定法 5 条の 3 は、労働者の募集を行う場合には、同条の定めに従って、労働条件等を明示することを定めている。

短時間労働者を対象とした情報提供は「労働者の募集」に該当するため、職業安定法に従った労働条件等の明示が必要となる。他方で、フリーランスを対象とした情報提供は「労働者の募集」（傍点は筆者）に該当しないため、原則として職業安定法に従う必要はない。ただし、下記(3)アのとおり、依頼者が求める業務委託の実態が実質的に雇用にあたると評価される場合、当該情報提供は求人広告に該当すると判断される可能性があるため、留意が必要である。

(2) 短時間労働者と依頼者とのマッチングの場合

短時間労働者と依頼者との間でマッチングがなされた場合、他に本業を有している労働者にとって依頼者は副業先となる。この点、2018 年 1 月に、

① （副業を原則容認するかたちで）厚生労働省モデル就業規則の改訂
② 「副業・兼業の促進に関するガイドライン」（以下「副業ガイドライン」という）の公表

がなされている。

第 9 章 スキルシェア（副業） 321

依頼者が短時間労働者とマッチングされる場合、副業ガイドラインに従った労務管理に関する配慮が必要となる。特に、副業ガイドライン（「『副業・兼業の促進に関するガイドライン』Q&A」も含む）のなかで、以下の内容が問題となっている。

ア 労働時間管理・健康管理

(ア) 本業先が副業先の労働時間を管理・把握する法的義務があるか

副業ガイドライン上、「長時間労働を招くものとなっていないか確認する観点から、副業・兼業の内容等を労働者に申請・届出させることも考えられる」というように、本業先が副業先の労働時間を把握するにあたっては、労働者からの申告を求めるのが基本とされている。そのため、本業先が当該労働者の副業先での労働時間を管理・把握する法的義務まではないと考えられている。

(イ) 本業先による健康診断の実施義務があるか

所定労働時間の3/4以下の短時間労働者は労働安全衛生法66条1項に基づく健康診断の対象とはならないが、副業をすることにより所定労働時間の3/4を超えてしまう場合に、本業先に、当該労働者に対して健康診断の実施義務があるかが問題となる。

健康診断の実施義務との関係では、本業先の労働時間と副業先の労働時間を通算することは不要であると考えられているから、この場合、本業先に健康診断の実施義務はないといえる。

イ 割増賃金の支払い

- 本業先と副業先での労働時間を通算した結果、労働者の労働時間が法定時間外労働に該当するに至った場合、いかなる取扱いをすべきか

使用者は、労働者に法定時間外労働が生じる場合、36協定を締結し、割増賃金を支払う必要がある。

たとえば、本業先で1日8時間勤務していた労働者が、後から副業先と1日2時間勤務の労働契約を締結した場合に、労働時間を通算すると、合計10時間勤務となり、法定時間外労働が生じることになる。この場合、一般的には、通算して法定労働時間を超えることとなる労働契約を後から締

結した使用者（上記の例でいえば、副業先）が、労働基準法上の義務を負うこととなる。そのため、後から労働契約を締結した副業先に、36協定の締結義務があるとともに、労働者に対する割増賃金の支払義務が生じる。

図表2-9-2：本業先で1日8時間勤務していた労働者が、後から副業先と1日2時間勤務の労働契約を締結した場合

本業先8時間	副業先2時間

⇒具体的には、副業先での2時間の労働が法定時間外労働になり、割増賃金の支払義務が生じることになる。

他方で、1日の所定労働時間について、本業先で5時間とし、副業先で3時間とする労働契約を締結していたものの、本業先で勤務時間を1時間延長し、6時間労働して、その後副業先で3時間労働したというような場合には、本業先が通算した所定労働時間がすでに法定労働時間に達していることを知りながらさらに労働時間を延長しているため、本業先に、36協定の締結義務とともに、労働者に対する割増賃金の支払義務が生じる。

図表2-9-3：1日の所定労働時間について、本業先で5時間とし、副業先で3時間としていた労働者が、本業先で勤務時間を1時間延長した場合

本業先5時間	1時間	副業先3時間

⇒本業先での6時間の労働のうち1時間が法定時間外労働になり、割増賃金の支払義務が生じることになる。

ウ　保険適用のあり方

㋐　副業先で労災保険給付が必要か

事業主は、労働者が副業・兼業をしているかにかかわらず、労働者を1人でも雇用していれば、労災保険に加入しなければならないため、副業先でも労災保険給付は必要となる。また、その給付額の算定にあたっては、災害が発生した就業先の賃金分のみに基づくことになるため、副業先で労

第9章　スキルシェア（副業）　323

働災害が生じた場合には副業先での賃金分のみに基づいて労災保険給付額を算定することになる。

(イ) 副業先で雇用保険、社会保険の適用がなされるか

雇用保険、社会保険については、一定の所定労働時間を超えるか否かによりその適用の有無が判断されることになるため、副業先での所定労働時間によって、これらの保険の適用の有無が判断されることになる。

(ウ) 本業先から副業先へ向かう途中の災害は通勤災害に該当するか

本業先と副業先で働く労働者が、本業先で勤務を終え、副業先へ向かう途中に災害に遭った場合、通勤災害に該当する。この場合、労働者は、副業先の労災保険を適用して保険給付を受けることができる。

(3) フリーランスと依頼者とのマッチングの場合

ア 契約類型に関する問題

労働法規に基づく雇用主の労務管理義務や安全配慮義務等は、雇用を前提としないフリーランスと契約を締結する依頼者には、原則として生じない。しかし、契約形式は業務委託契約であるものの、実態として、労働基準法上の労働者と同様の取扱いをしている場合には、フリーランスとの間で雇用関係が成立しているとみなされ、依頼者は雇用主としての義務を負うことになる。そのため、フリーランスが実質的に労働者に該当するか否かの判断基準が重要となる。

この点、一般的には、使用従属関係の有無で決せられており、具体的には、①仕事の依頼への諾否の自由、②業務遂行上の指揮監督、③時間的・場所的拘束性、④代替性、⑤報酬の算定・支払方法が主要な判断要素と解されている。

たとえば、依頼者が、フリーランスに対して、仕事の依頼への諾否の自由を与えることなく、勤務時間や勤務地を制限したり、自社への常駐を求め、業務に対して逐一指示を与える場合には、実質的に使用従属関係があるとして、両者の契約が雇用に該当すると判断される可能性が高い。その場合、依頼者は、フリーランスを労働基準法上の労働者として扱わなければならず、雇用主としての義務を果たさなければならないことに留意が必要である。

イ 契約内容に関する問題

　フリーランスと依頼者の関係においては、契約上の立場や交渉力、資力等の強さから、フリーランスが不当に不利な条件を押しつけられる事態が起こりうる。そのため、厚生労働省は、2018年2月に「自営型テレワークの適正な実施のためのガイドライン」（以下「テレワークガイドライン」という）を公表し、フリーランスと企業が適切な内容の契約を締結するためのガイドラインを定めた。

　テレワークガイドラインは、フリーランスと企業との間における事後の紛争を防ぐために、基本的な内容は文書で明確にすべきとし、また、契約内容についても、企業による一方的打切りに際しては事前の予告を推奨するなど、フリーランスに対して不当な不利益を被らせないよう配慮を求めている。また、選考の過程あるいは依頼業務のなかで知的財産権が生じることがあるため、当該知的財産権の帰属について、明示する必要があることも指摘されている。

　テレワークガイドラインが示している問題点や留意事項は、人材マッチングビジネスにより成約に至ったフリーランスと依頼者との間の契約においても妥当するため、両者においては、テレワークガイドラインに沿った適切な内容の契約を締結することが望ましい。

　さらに、フリーランスと依頼者との間の契約関係に、下請法の適用がある場合、依頼者は、下請法上の親事業者としての義務を遵守しなければならない。

■キーワード

テレワーク
ICT（情報通信技術）を利用し、時間や場所を有効に活用できる柔軟な働き方をいう。企業に勤務する被雇用者が行うテレワーク（雇用型）と、個人事業者等が行うテレワーク（自営型）がある。

4 解決へのアプローチ

(1) 主催企業について

ア マッチングサイトによる情報提供の職業紹介該当性

主催企業が、自ら積極的に、人材や依頼者と連絡をとったり、両者の宣伝をしたりする場合には、主催企業の意思がマッチングに介在しているとして「職業紹介」に該当すると判断される可能性が高くなる。他方で、主催企業が人材と依頼者のやりとりに主体的に関与せず、マッチングのしくみを構築するだけの場合には、「職業紹介」に該当すると判断される可能性は低い。

そのため、主催企業としては、どこまでマッチングサイトの運営に関与するかを決する必要がある。

イ マッチングサイトによる情報提供の求人広告該当性

主催企業としては、マッチングサイトによる情報提供が短時間労働者を対象としている場合には、依頼者に対して、労働条件等を明記するよう求め、記載事項が不足している場合には、情報の掲載をとりやめる必要がある。

(2) 短時間労働者と依頼者とのマッチングの場合

上記3⑵ア㋐のとおり、本業先と副業先とで相互に労働者の労働時間を管理・把握する法的義務はないが、本業とともに副業も行う労働者は過重労働に陥りやすいため、本業先と副業先はともに、労働者の健康状態に十分留意する必要がある。具体的には、

- ・ 上司と部下との間で、労働時間、健康状態に関する密なコミュニケーションを定期的に図る

といった措置をとることが考えられる。

また、特に、本業先が労働者に副業を推奨しているような場合には、法

的義務の有無いかんにかかわらず、労使間の話し合いを通じ、副業の状況もふまえて、健康診断等、必要な健康管理を実施することが望ましい。

(3) フリーランスと依頼者とのマッチングの場合

依頼者は、フリーランスと契約を締結する際に、勤務時間や勤務地を制限せず、また、業務遂行上の指示を最低限にとどめるなど、同契約が雇用契約に該当しない内容とする必要があるほか、業務開始後も、定期的に委託の実態を確認し、実質的に雇用契約に該当する事実が生じないように運用する必要がある。

また、主催企業は、フリーランスと依頼者との間の契約当事者にはなりえず、原則として、当該契約関係に関与する機会がないため、その契約内容の適切さを強制的に担保することはできない。もっとも、マッチング後にフリーランスが不当に不利な立場に置かれる状況は望ましくないため、主催企業としては、マッチングサイトの利用者に対するサービスの安全性を確保するべく、

> ① 依頼者がテレワークガイドラインに従った適切な契約を締結することを義務化するよう利用規約に定める
> ② フリーランスからの苦情受付窓口等を設ける

などの対策を講じることが考えられる。

なお、主催企業は、フリーランスの業務や成果物の内容には関与しえないため、委託業務の結果や成果物の品質を保証しないことについて、あらかじめ依頼者から了承を得ておくことが望ましい。具体的には、マッチングサイトの利用規約に、委託業務の結果や成果物の品質について、主催企業には何らの責任がない旨を定めることになる。

第9章　スキルシェア（副業）　327

第10章
民泊

1　新規ビジネスの概要

(1)　事例

　民泊とは、法令上の明確な定義はないが、一般的には、住宅の全部また
は一部を活用して、宿泊サービスを提供するビジネスをいう。

　現在、さまざまな企業が民泊ビジネスを行っている。たとえば、Airbnb
は、民泊物件の提供者と宿泊希望者とをマッチングさせる場を提供するプ
ラットフォーマーとしてビジネスを展開している。また、住宅メーカー、
EC事業者、航空・鉄道等の運送事業者、農林関係事業者、さらには人材派
遣会社等、さまざまな業種の企業がさまざまな形態で民泊事業に参入して
いる。最近では、大手ホテル事業者も民泊事業に参入した。そして企業だ
けでなく、一般人も、自らの所有する物件を民泊のために提供することに
より、民泊にかかわっている。民泊に供される物件は、ここ数年で大幅に
増加し、下記3(1)の住宅宿泊事業法の施行後約1年を経過した本稿脱稿時
点でも、届出の総件数は堅調に増加を続けている。

　本章は、住宅宿泊事業法を主な解説対象とする。住宅宿泊事業法に基づ
く民泊は、以下の**図表2-10-1**の商流図のとおりの商流となる。

328　第2編　各　論

図表 2-10-1：商流図

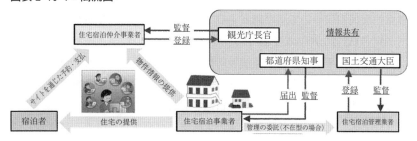

出典：観光庁「住宅宿泊事業法の概要」

■キーワード

プラットフォーマー

　ビジネス用語としては、多数の事業者間または事業者と多数のユーザー間で、商品、サービス、情報を提供する者と、それを求める者を集めた「場」を設け、これらの者を仲介することおよびその運営者のことを指すことが多い。民泊におけるプラットフォーマーは、宿泊物件の提供者と宿泊者とをマッチングさせる立場にある者であり、住宅宿泊事業法においては、住宅宿泊仲介業者がプラットフォーマーに該当する。

(2) 事例分析

ア　業規制等の検討

　旅館・ホテル営業等の人を宿泊させる事業は、旅館業に関する法律（以下「旅館業法」という）により規制される。民泊ビジネスの普及に伴い、近時、旅館業法の改正や、住宅宿泊事業法の制定がなされた。

　まず、民泊ビジネスを行うにあたっては、いかなる法令に基づき、民泊ビジネスを行うかが問題となる。なぜなら、法令上、「民泊」の定義は存在せず、現在、民泊は、基本的に、①住宅宿泊事業法に基づく住宅宿泊事業、②旅館業法に基づく簡易宿所営業（旅館業法2条3項）、③国家戦略特区の「特区民泊」制度（国家戦略特別区域法13条1項）、の3つの形態のいずれかに該当するものとして規制され（このほかに、一定の場合に旅館業に該当しないものとして宿泊サービスを提供できるイベント民泊がある）、それぞれの規

制に応じて、規制内容が異なるからである。このうち、住宅宿泊事業法は、典型的な民泊について届出制とするなどの基本的ルールを定めたものとして制定され、2018 年 6 月 15 日より施行された、いわゆる民泊新法である。

　住宅宿泊事業法は、旅館業法と同様、人を宿泊させる事業を規制する法律である。業として人を宿泊させる場合には、宿泊者の安全を確保しなければならず、また、業として人を宿泊させれば人の往来が増大するため、それにより、宿泊施設の近隣住民の生活環境が悪化しないようにする必要がある。さらに、民泊は、人を宿泊させるという点においては、旅館業や貸室業と同様であるため、それらとも区別する必要がある。したがって、住宅宿泊事業法には、①宿泊者の安全確保、②近隣住民の生活環境悪化の防止、③隣接事業である旅館業（簡易宿所営業）・貸室業との区別、という 3 つの観点からの規制がある。

　本章においては、これら 3 つの観点に着目し、住宅宿泊事業法を中心として、民泊ビジネスにおける法的問題について解説する。

イ　民事責任の検討

　民泊ビジネスにおいては、住宅の提供者（住宅宿泊事業法においては住宅宿泊事業者）、住宅の提供者に代わって住宅を管理する者（住宅宿泊事業法においては住宅宿泊管理業者）、プラットフォーマー（住宅宿泊事業法においては住宅宿泊仲介業者）、宿泊者、住宅の近隣住民と、多くの当事者が登場するところ、それぞれの間でトラブルが生じ、ある当事者が損害を負えば、民事責任の問題となる。そのため、民泊ビジネスの当事者間のトラブルに着目して、民事責任の問題についても解説する。

■キーワード

住宅宿泊事業法

　急速に増加するいわゆる民泊について、安全面・衛生面の確保がなされていないこと、騒音やゴミ出し等による近隣トラブルが社会問題となっていること、観光旅客の宿泊ニーズが多様化していること等に対応するため、一定のルールを定め、健全な民泊サービスの普及を図るものとして、新たに制

定された法律。

　事業主体として、民泊への関与形態に応じ、「住宅宿泊事業者」、「住宅宿泊管理業者」、「住宅宿泊仲介業者」を定義づけ、各事業主体の権利義務等を規定する。住宅宿泊事業者は、住宅を提供する者で個人から企業まで幅広く存在する。住宅宿泊管理業者は、住宅宿泊事業者に代わって住宅を管理するもので、不動産会社が行うものが目立つが個人も行っている。住宅宿泊仲介業者は、民泊のプラットフォーマーであり、Airbnb 等がこれにあたる。

旅館業法

　旅館業に関する法律。旅館・ホテル営業、簡易宿所営業、下宿営業が旅館業であるとし、それぞれの営業について規制する。「民泊」との関係では、「民泊」が、簡易宿所営業に該当し、旅館業法に基づき、規制されることがある。

貸室業

　法令上の定義はないが、一般に、不動産賃貸業の一種で、建物の一室を賃貸する事業をいう。具体例としては、マンスリーマンション、アパート、マンション等の賃貸業があげられる。

国家戦略特別区域法

　国家戦略特別区域とは、「世界で一番ビジネスをしやすい環境」を作ることを目的に、地域や分野を限定することで、大胆な規制・制度の緩和や税制面の優遇を行う規制改革制度であるとされている。国家戦略特別区域においては、旅館業法の特例が適用され、簡易宿所営業の許可等を受けることなく、都道府県知事、市長または区長の認定を受ければ「民泊」が可能となる。当該認定は、簡易宿所営業の許可等を取得するよりは容易である一方、自治体の条例により、3 日から 10 日までの最低滞在期間が定められている（国家戦略特別区域法施行令 12 条 2 号。たとえば、条例が最低滞在期間を 3 日と定めた場合、2 泊 3 日以上の期間で宿泊させなければならない）。東京都大田区、大阪府大阪市等で、国家戦略特別区域法に基づく民泊が可能である。

第 10 章　民泊　331

2　法的問題点の概要

①　住宅宿泊事業法（下記3(1)）	・　住宅宿泊事業の概要 「住宅宿泊事業」に該当する場合、どのような点を検討する必要があるか。 ⇒貸室業との区別、180日制限要件、居住要件、賃借物件の民泊（以上、下記3(1)ア）、住宅宿泊事業者・住宅宿泊管理業者・住宅宿泊仲介業者の義務等（下記3(1)イ）、条例による上乗せ規制（下記3(1)ウ）、消防法（下記3(2)）との関係を検討する必要がある。
②　民法（下記3(4)）	ⅰ　住宅宿泊事業者・住宅宿泊管理業者の責任（下記3(4)ア） 住宅宿泊事業者・住宅宿泊管理業者がサービス提供者として、どのような場合に、宿泊者との関係で責任を負うか。 ⇒住宅宿泊事業者またはその履行補助者は、民泊契約上の義務に違反し、それによって宿泊者に損害を発生させた場合、債務不履行責任を負う可能性がある。 ⇒住宅宿泊管理事業者は、宿泊者との直接の契約関係がないため、住宅宿泊管理事業者の権利・利益侵害によって宿泊者に損害を発生させた場合、不法行為責任を負う可能性がある。 ⅱ　住宅宿泊仲介業者の責任（下記3(4)イ） 住宅宿泊仲介業者が、プラットフォーマーとして、どのような場合に、宿泊者との関係および住宅宿泊事業者・住宅宿泊管理業者との関係で責任を負うか。 ⇒宿泊者との関係では原則として責任を負わないが、一定の場合には例外的に責任を負う可能性がある。 ⇒住宅宿泊事業者・住宅宿泊管理業者との関係では、レーティングの削除等が問題となることがあるが、合理的な批評・評価の内容である限り、レーティングの削除が認められるべき場合はかなり限られる。

3 法的問題点の詳細

⑴ 住宅宿泊事業法について

ア 住宅宿泊事業とは

㋐ 居住要件について（ウィークリーマンション、マンスリーマンションとの違いについて）

「住宅宿泊事業」とは、旅館業法3条の2第1項に規定する営業者以外の者が宿泊料を受けて住宅に人を宿泊させる事業であって、人を宿泊させる日数として国土交通省令・厚生労働省令で定めるところにより算定した日数が1年間で180日を超えないものをいう（住宅宿泊事業法（以下「法」という）2条3項）。

「人を宿泊させる事業」は、旅館業法2条3項における「人を宿泊させる営業」（以下「宿泊営業」という）の考え方と同様であり、一般的な施設の使用貸借にとどまるか宿泊営業としての性質を有するかの判断基準としては、以下の2つを充たすものが、宿泊営業に該当するとされている（厚生労働省医薬・生活衛生局ほか「住宅宿泊事業法施行要領（ガイドライン）」（2017年12月26日策定。その後の改正を含む。以下「ガイドライン」という）1-1⑵②）。

> ① 施設の管理・経営形態を総体的に見て、宿泊者のいる部屋を含め施設の衛生上の維持管理責任が営業者にあると社会通念上認められること
> ② 施設を利用する宿泊者がその宿泊する部屋に生活の本拠を有さないことを原則として、営業しているものであること

①の施設の衛生上の維持管理責任については、清掃やシーツ交換等を営業者が行っているか否か、そして、②の生活の本拠にあたるか否かは、住居、職業、生計を一にする配偶者その他の親族の存否、資産の所在等の客観的事実等を総合的に判断するものと考えられる（第193回国会衆議院厚生労働委員会会議録第27号〔塩崎恭久厚生労働大臣答弁〕）。また、個別の事案ごとに判断されるものではあるものの、一般的には、主に1週間程度の利用が想定されるウィークリーマンションは、客室の衛生管理を営業者が行っ

ている例が多いと考えられることから、この場合には、宿泊営業（法では、「人を宿泊させる事業」）に該当することとなり、一方、主に1か月程度の利用が想定されるマンスリーマンションは、客室の衛生管理は入居者自らが行っている例が多いと考えられることから、賃貸業に該当するとの説明がなされている（第193回国会衆議院国土交通委員会会議録第22号〔北島智子政府参考人答弁〕）。

これらを前提とすると、個別具体的な事情により判断は変わりうるものの、1つの目安としては、物件を宿泊に提供する期間が1か月を超えれば貸室業に該当し、1か月未満であれば住宅宿泊事業に該当すると考えられる。

㈡　180日制限について

住宅宿泊事業は、1年間で180日に制限されている（法2条3項）。その算定方法は、毎年4月1日正午から翌年4月1日正午までの期間において「人を宿泊させた日数」とされており、1日とは、正午から翌日の正午までの期間とされている（住宅宿泊事業法施行規則（以下「規則」という）3条）。

「人を宿泊させた日数」は、宿泊者を募集した日数ではなく、実際に人を宿泊させた日数で算定する。したがって、人を1度宿泊させると、短時間であるかどうか、また、日付を超えているかどうかを問わず、人を1日宿泊させたと算定されることとなる。また、日数の算定については法3条1項の届出がなされた住宅（以下「届出住宅」という）に人を宿泊させた日数について算定するとされているため、複数の宿泊グループが同一日に宿泊していたとしても、同一の届出住宅における宿泊であれば、複数ではなく、1日と算定するとされている。さらに、2019年4月1日から施行された改正ガイドラインは、複数の住戸や複数棟の建物を1つの届出住宅として届け出ている場合は、これらのうちいずれかの建物に人を宿泊させた場合は、1日と算定すると新たに規定し、1つの届出住宅が複数の住戸や複数棟の建物から成る場合の解釈を明確にした（以上につき、ガイドライン1-1⑵①）。

㈢　賃借物件の民泊

住宅宿泊事業を営むには、都道府県知事に住宅宿泊事業を営む旨の届出をする必要があり（法3条1項）、法は、当該届出への記載事項（同条2項各号、規則4条3項各号）、届出への必要書類（法3条3項、規則4条4項各号）

を定めている。

　届出者自らが賃借している物件を用いて住宅宿泊事業を営もうとする場合には、当該物件の賃貸人が住宅宿泊事業の用に供することを目的とした賃借物の転貸を承諾している旨を届出書に記載する必要があり（法3条2項7号、規則4条3項11号）、届出とともに、当該物件の賃貸人が住宅宿泊事業の用に供することを目的とした賃借物の転貸を承諾したことを承諾した書面を提出する必要がある（法3条3項、規則4条4項1号リ）。また、届出者自らが転借している物件を用いて住宅宿泊事業を営もうとする場合には、賃貸人および転貸人が住宅宿泊事業の用に供することを目的とした転借物の転貸を承諾している旨を届出書に記載する必要があり（法3条2項7号、規則4条3項12号）、届出とともに、当該物件の賃貸人および転貸人が住宅宿泊事業の用に供することを目的とした転借物の転貸を承諾したことを承諾した書面を提出する必要がある（法3条3項、規則4条4項1号ヌ）。

　なお、改正ガイドラインによれば、「賃借物の転貸を承諾したことを承諾した書面」および「転借物の転貸を承諾したことを承諾した書面」の内容としては、住宅宿泊事業を行うことが可能かどうかについて明記されている必要があり、賃貸借契約書にその旨が明記されていない場合は、別途、賃貸人等が住宅宿泊事業を行うことを承諾したことを証する書類が必要であるとされている（ガイドライン2-1(3)）。

イ　住宅宿泊事業者、住宅宿泊管理業者、住宅宿泊仲介業者の義務等

　法は、住宅宿泊事業者（法2条4項）、住宅宿泊管理業者（同条7項）および住宅宿泊仲介業者（同条10項）の三当事者を想定している（各当事者の関係は上記1(1)の**図表2-10-1**のとおり）。

　以下、それぞれの義務等について概説する。

■キーワード

住宅宿泊事業者、住宅宿泊管理業者、住宅宿泊仲介業者
「住宅宿泊事業者」とは、法3条1項の届出（住宅宿泊事業を営む旨の届出）をして住宅宿泊事業を営む者をいう（法2条4項）。住宅を宿泊者に提

第10章　民泊　　335

供する者がこれにあたる。「住宅宿泊管理業者」とは、法22条1項の登録（住宅宿泊管理業の登録）を受けて住宅宿泊管理業を営む者をいう（法2条7項）。住宅宿泊事業者から委託を受けて報酬を得て住宅の管理を行う者がこれにあたる。「住宅宿泊仲介業者」とは、法46条1項の登録（住宅宿泊仲介業の登録）を受けて住宅宿泊仲介業を営む者をいう（法2条10項）。宿泊者と住宅宿泊事業者の間の宿泊サービス提供契約の締結を仲介（代理、媒介または取次ぎ）をする者がこれにあたる。

㋐ 住宅宿泊事業者

住宅宿泊事業者とは、法3条1項の届出（住宅宿泊事業を営む旨の届出）をして住宅宿泊事業を営む者をいう（法2条4項）。

住宅宿泊事業者の義務等については、法、規則、住宅宿泊事業法施行令（以下「令」という）、厚生労働省関係住宅宿泊事業法施行規則（以下「厚労省規則」という）および国土交通省関係住宅宿泊事業法施行規則（以下「国交省規則」という）が定めており、以下の**図表2-10-2**のように整理できる。

図表2-10-2：住宅宿泊事業者の義務等

義務の概要	根拠規定
宿泊者の衛生確保	法5条、厚労省規則
宿泊者の安全の確保	法6条、国交省規則1条
外国人観光旅客である宿泊者の快適性および利便性の確保	法7条、国交省規則2条
宿泊名簿の備付け等	法8条、規則7条
周辺地域の生活環境への悪影響の防止に関し必要な事項の説明	法9条、規則8条
苦情への対応	法10条
住宅宿泊管理業務の委託	法11条、規則9条
宿泊サービス提供契約の締結の代理等の委託	法12条、規則10条
標識の掲示	法13条、規則11条

都道府県知事への定期報告	法 14 条、規則 12 条

㈦ 住宅宿泊管理業者

住宅宿泊管理業者とは、法 22 条 1 項の登録（住宅宿泊管理業の登録）を受けて住宅宿泊管理業を営む者をいう（法 2 条 7 項）。住宅宿泊管理業とは、住宅宿泊事業者から法 11 条 1 項の規定による委託を受けて、報酬を得て、住宅宿泊管理業務を行う事業をいい（法 2 条 6 項）、住宅宿泊管理業務とは、法 5 条から 10 条までの規定による業務および住宅宿泊事業の適切な実施のために必要な届出住宅の維持保全に関する業務をいう（法 2 条 5 項）。

住宅宿泊管理業者の義務等については、法、規則、令、国交省規則が定めており、以下の**図表 2-10-3** のように整理できる。

図表 2-10-3：住宅宿泊管理業者の義務等

義務の概要	根拠規定
業務処理の原則	法 29 条
名義貸しの禁止	法 30 条
誇大広告等の禁止	法 31 条、国交省規則 12 条
不当な勧誘等の禁止	法 32 条、国交省規則 13 条
管理受託契約の締結前の書面の交付	法 33 条、国交省規則 14 条、15 条、令 3 条
管理受託契約の締結時の書面の交付	法 34 条、国交省規則 15 条、17 条、令 3 条
住宅宿泊管理業務の再委託の禁止	法 35 条
住宅宿泊管理業務の実施	法 36 条（法 5 条～法 10 条を準用）
証明書の携帯等	法 37 条、国交省規則 18 条
帳簿の備付け等	法 38 条、国交省規則 19 条
標識の掲示	法 39 条、国交省規則 20 条

第 10 章　民泊　337

住宅宿泊事業者への定期報告	法 40 条、国交省規則 21 条

㈡ 住宅宿泊仲介業者

　住宅宿泊仲介業者とは、法 46 条 1 項の登録（住宅宿泊仲介業の登録）を受けて住宅宿泊仲介業を営む者をいう（法 2 条 10 項）。住宅宿泊仲介業とは、旅行業法 6 条の 4 第 1 項に規定する旅行業者以外の者が、報酬を得て、住宅宿泊仲介業務、すなわち、①宿泊者のため、届出住宅における宿泊のサービスの提供を受けることについて、代理して契約を締結し、媒介をし、または取次ぎをする行為、または、②住宅宿泊事業者のため、宿泊者に対する届出住宅における宿泊のサービスの提供について、代理して契約を締結し、または媒介をする行為（法 2 条 8 項 1・2 号）を行う事業をいう（同条 9 項）。

　住宅宿泊仲介業者の義務等については、法、規則、令、国交省規則が定めており、以下の**図表 2-10-4** のように整理できる。

図表 2-10-4：住宅宿泊仲介業者の義務等

義務の概要	根拠規定
業務処理の原則	法 53 条
名義貸しの禁止	法 54 条
住宅宿泊仲介業約款の制定等	法 55 条、国交省規則 34 条〜36 条
住宅宿泊仲介業務に関する料金の公示等	法 56 条、国交省規則 37 条、38 条
不当な勧誘等の禁止	法 57 条
違法行為のあっせん等の禁止	法 58 条、国交省規則 39 条
住宅宿泊仲介契約の締結前の書面の交付	法 59 条、国交省規則 40 条、41 条
標識の掲示	法 60 条、国交省規則 42 条、43 条

ウ　条例の上乗せ規制

　都道府県等は、住宅宿泊事業に起因する騒音の発生その他の事象による生活環境の悪化を防止するために必要があるときは、合理的に認められる限度において、政令で定める基準に従い条例で定めるところにより、区域を定めて、住宅宿泊事業を実施する期間を制限することができる（法18条）。

　法18条の政令で定める基準は、以下のとおりである（令1条）。

① 　区域ごとに、住宅宿泊事業を実施してはならない期間を指定して行うこと
② 　区域の指定は、土地利用の状況その他の事情を勘案して、住宅宿泊事業に起因する騒音の発生その他の事象による生活環境の悪化を防止することが特に必要である地域内の区域について行うこと
③ 　期間の指定は、宿泊に対する需要の状況その他の事情を勘案して、住宅宿泊事業に起因する騒音の発生その他の事象による生活環境の悪化を防止することが特に必要である期間内において行うこと

　したがって、各自治体の条例によっては、住宅宿泊事業の実施が制限されるため、住宅宿泊事業を実施するにあたっては、各自治体条例における規制を確認する必要がある。2019年4月1日現在、都道府県および保健所設置市（政令市、中核市等、特別区）の全154自治体のうち、54の自治体が区域・期間制限を含む条例を制定し、4の自治体が区域・期間制限はせず、行為規制のみの条例を制定している（観光庁「minpaku（民泊制度ポータルサイト）」）。これらの条例は、住宅宿泊事業の実施要件を厳しく制限する内容となっているものが多い。

(2)　消防法との関係

　住宅宿泊事業を行うにあたっては、宿泊に提供する住宅につき、消防法が適用されるため、消防法にも留意する必要がある。「住宅宿泊事業法に基づく届出住宅等に係る消防法令上の取扱いについて（通知）」（平成29年10月27日消防予第330号）は、届出住宅の消防法上の取扱いについて、次のように定めている。

　すなわち、届出住宅については、消防法施行令別表第1(5)項イに掲げる防火対象物（旅館、ホテル、宿泊所その他これらに類するもの）またはその部

第10章　民泊　339

分として取り扱われる。ただし、人を宿泊させる間、住宅宿泊事業者が不在とならない旨の届出（規則4条3項10号）が行われた届出住宅（以下「家主滞在型住宅」という）については、宿泊室の床面積の合計が50平方メートル以下になるときは、当該届出住宅は、住宅（消防法9条の2に規定する住宅の用途に供される防火対象物（消防法施行令別表第1(5)項ロに掲げる防火対象物（寄宿舎、下宿または共同住宅）の部分を含む）をいう）として取り扱われる。

　したがって、届出住宅については、原則として、旅館、ホテル等と同様の消防設備を備える必要があるが、例外的に、家主滞在型住宅であり、かつ、宿泊室の床面積の合計が50平方メートル以下であれば、消防法9条の2に定める基準の消防設備を備えればよい。

　このように、住宅宿泊事業を行うに際しては、法だけでなく、消防法の規制も遵守する必要があり、旅館やホテルと同等の消防設備の設置等が法に基づく住宅宿泊事業の障害となっている点は否定できない。

■キーワード

> **消防法**
>
> 　火災の予防、警戒および鎮圧、国民の生命、身体および財産の火災からの保護、火災または地震等の災害による被害の軽減等を目的とする法律である。防火対象物への自動火災報知器、誘導灯、スプリンクラー設備、誘導標識、消火器等の消防用設備の設置義務や消防用設備等の点検報告義務等が規定されている。

(3) 旅館業法上の簡易宿所営業との比較

　上記1(2)アで述べたように、旅館業法上の簡易宿所営業（旅館業法2条3項）も、民泊の1つの形態として利用されている。住宅宿泊事業および簡易宿所営業については、180日の営業日数の制限の有無や、不在時等の第三者への業務委託義務の有無が大きな違いであるが、このほかにも、たとえば、事業開始の手続が住宅宿泊事業においては届出であり、簡易宿所営業においては許可であるというように異なる点がある。一方、施設の衛生

340　第2編　各　論

確保義務のように同じ点もある。住宅宿泊事業と簡易宿所営業とを比較すると、おおむね、**図表 2-10-5** のように整理できる。

なお、近時、住宅宿泊事業法上の民泊の届出総数は増加しているものの、民泊事業を廃止して簡易宿所営業に移行する例も増加している。ただし、簡易宿所営業への転用を行うためには、容積率の制限（既存建築物の用途変更の場合）、接道・窓先空地に関する規制、検査完了済証の確保等、建築基準法に関する規制に対応する必要がある点には留意が必要である。

■キーワード

簡易宿所営業

宿泊する場所を多数人で共用する構造および設備を主とする施設を設け、宿泊料を受けて人を宿泊させる営業で、下宿営業以外のものをいう（旅館業法 2 条 3 項）。簡易宿所営業は、典型例としては、ゲストハウス、合宿所および一部の民宿やカプセルホテルがあげられるが、民泊の一形態としても利用されている。

届出、許可

「届出」とは、「行政庁に対し一定の事項の通知をする行為（申請に該当するものを除く。）であって、法令により直接に当該通知が義務付けられているもの（自己の期待する一定の法律上の効果を発生させるためには当該通知をすべきこととされているものを含む。）」と定義されている（行政手続法 2 条 7 号）。一方、「許可」には法令上の定義はないが、「法律が一律に禁止した活動について、行政が市民の申請に基づいて審査し、個別に禁止を解除すること」とされている。届出と許可との大きな違いは、行政による審査の有無にある。

図表 2-10-5：住宅宿泊事業と簡易宿所営業の比較

	住宅宿泊事業	簡易宿所営業
事業・営業開始の手続	都道府県知事への届出（法3条）	都道府県知事による許可（旅館業法3条）
営業日数の制限	180日以内（法2条3項）	なし
居室の床面積	宿泊者1人あたり3.3平方メートル以上を確保する必要がある（法5条、厚労省規則1号）	① 宿泊者の人数を10人以上とする場合、33平方メートル以上を確保する必要がある。 ② 宿泊者の人数を10人未満とする場合、3.3平方メートルに当該宿泊者の人数を乗じて得た面積以上を確保する必要がある（旅館業法3条2項、旅館業法施行令1条2項1号）。
施設の衛生確保	あり（法5条）	あり（旅館業法4条）
宿泊をさせる義務	なし	あり（旅館業法5条）
宿泊者名簿の備付け等	あり（法8条）	あり（旅館業法6条）
周辺地域の生活環境への悪影響の防止に関し必要な事項の説明義務	あり（法9条）	なし
周辺地域の住民からの苦情および問合せの対応義務	あり（法10条）	なし
標識の掲示義務	住宅宿泊事業を営んでいる旨の標識を掲示しなければならない（法13条）	なし

第三者への業務の委託義務	① 法11条1項各号の場合、住宅宿泊管理業者に対して住宅宿泊管理業務を委託しなければならない（同項各号）。 ② 宿泊サービス提供契約（宿泊者に対する届出住宅における宿泊のサービスの提供に係る契約）の締結の代理または媒介は、住宅宿泊仲介業者または旅行業者に委託しなければならない（法12条）。	なし
条例による実施の制限	あり（法18条）	なし（ただし、条例により、玄関帳場（フロント）の設置等につき定めがある場合がある）

(4) 民法

ア 住宅宿泊事業者・住宅宿泊管理業者の責任

　住宅宿泊事業者・住宅宿泊管理業者がサービス提供者として、どのような場合に、宿泊者との関係で責任を負うかが問題となる。

　宿泊者との間で想定されるトラブル事例としては、たとえば、以下のようなものがあげられる。

事例①

宿泊者が利用条件を遵守しない。

　ⅰ　宿泊者がチェックイン予定時間に来ない。

　ⅱ　宿泊者がチェックアウト時間後も退室せず、清掃が間に合わない。

　ⅲ　宿泊者が鍵を紛失する。

　ⅳ　宿泊者がポケットWi-Fiを外に持ち出し、紛失する。

　ⅴ　宿泊者が家具等を破損する。

第10章　民泊　343

事例②

宿泊者からの宿泊以外に関するクレーム対応等をしなければならない。

ⅰ 部屋が写真とは違うというクレーム。

ⅱ Wi-Fiがうまくつながらないというクレーム。

ⅲ 宿泊者の忘れ物をゴミとして廃棄してしまう。

ⅳ おすすめの飲食店等、宿泊以外の質問が多数寄せられ、工数をとられる。

住宅宿泊事業者と宿泊者とは、宿泊サービス提供契約（以下「民泊契約」という）を締結しているため、両当事者間のトラブルは、原則として、民泊契約における債務不履行責任の問題として処理される。したがって、民泊契約に、具体的なトラブルを想定した利用条件、免責条項等を規定する必要がある。

なお、法およびガイドラインは、あくまで取締法規であるため、民泊契約の内容が法およびガイドラインに違反するものであったとしても、理論的には、それだけでただちに民泊契約が公序良俗違反（民法90条）等を理由に無効になるわけではない。もっとも、レピュテーションリスク、他の住宅宿泊事業者の遵守状況等をふまえると、民泊契約は法およびガイドラインを遵守する内容にすべきである。

また、住宅宿泊事業者が住宅宿泊管理業者に対して、住宅宿泊管理業務を委託する場合、住宅宿泊管理業者が宿泊者に対して、民泊物件に関するサービス等の提供等を行うため、住宅宿泊管理業者は、住宅宿泊事業者の民泊契約に基づく宿泊者に対する債務の履行補助者となる。そのため、住宅宿泊管理業者の行為により、宿泊者が損害を被った場合には、住宅宿泊事業者は、履行補助者たる住宅宿泊管理業者の行為について、宿泊者に対し、債務不履行に基づく損害賠償責任を負いうる。一方、この場合、住宅宿泊管理業者は、宿泊者との間に契約関係はないため、宿泊者に対し、不法行為に基づく損害賠償責任を負いうる。したがって、住宅宿泊事業者が住宅宿泊管理業者に対して宅宿泊管理業務を委託する場合には、住宅宿泊管理業者の責めに帰すべき事由により宿泊者に対して損害を与えた場合の求償に関する条項等、管理受託契約において、宿泊者に対して損害賠償責任を負う場合に備え、適切な責任分配の規定を定める必要がある（なお、法

33条1項、国交省規則14条7号は、住宅宿泊管理業者が住宅宿泊事業者に対して、管理受託契約の内容およびその履行に関する事項として、「責任及び免責に関する事項」を管理受託契約の締結にあたって説明しなければならないと定めている)。

イ　住宅宿泊仲介業者の責任

住宅宿泊仲介事業者が、プラットフォーマーとして、どのような場合に、①宿泊者との関係、および、②住宅宿泊事業者・住宅宿泊管理業者との関係で責任を負うかが問題となる。

㈎　宿泊者との関係

民泊契約は、住宅宿泊事業者と宿泊者との間において締結されている一方、住宅宿泊仲介業者は、通常、あくまで、プラットフォーマー、すなわち、場の提供者にすぎない。そのため、サービス提供にあたって、トラブルが生じた場合、当該トラブルは、住宅宿泊事業者と宿泊者との間で解決されるのが原則であって、プラットフォーマーたる住宅宿泊仲介事業者は、原則として責任を負わない。なお、下記の①事件の第2審においては、控訴人より、インターネットオークションサイトの運営者は仲立人にあたるため、民事仲立人としての義務違反があるとの主張がなされたが、裁判所は、「仲立人は、他人間の法律行為の媒介をすること、すなわち他人間の法律行為（本件では売買契約の締結）に尽力する者をいう。本件においては、……被控訴人が落札に向けて何らかの尽力をしているとは認められない」と判示した。そのため、プラットフォーマーたる住宅宿泊仲介業者には、住宅宿泊事業者と宿泊者との間の民泊契約の成立への尽力がない限り、仲立人には該当せず、原則として、仲立人としての責任も負うことはないと考えられる。

しかし、プラットフォーマーとしての責任が問題となった、①オークションサイト事件（名古屋高判平成20・11・11自動車保険ジャーナル1840号160頁。以下「①事件」という）、②ショッピングモール事件（知財高判平成24・2・14判時2161号86頁。以下「②事件」という）をふまえると、住宅宿泊仲介事業者が、プラットフォーマーとして、例外的に責任を負う場合があると考えられる。

まず、①事件は、インターネットオークションサイトにおいて詐欺の被害にあった当該サイト利用者が当該サイトの運営者に対し、欠陥のないシステムを構築してオークションサイトを提供する義務等の不履行があったとして損害賠償を求めた事案である。裁判所は、第1審（名古屋地判平成20・3・28判時2029号89頁）において（第2審においても維持）、結論としてプラットフォーマーとしてのオークションサイトの責任を否定したものの、「被告が負う欠陥のないシステムを構築して本件サービスを提供すべき義務の具体的内容は、そのサービス提供当時におけるインターネットオークションを巡る社会情勢、関連法規、システムの技術水準、システムの構築及び維持管理に要する費用、システム導入による効果、システム利用者の利便性等を総合考慮して判断されるべきである」と判示した。これによれば、たとえば、プラットフォーマーが容易かつ低コストでシステムを構築でき、これによりトラブル・紛争を解決・回避できるにもかかわらず、かかるシステムを構築しなかったというような場合には、プラットフォーマーの利用者に対する責任が認められる可能性がある。

図表 2-10-6：①事件の当事者関係

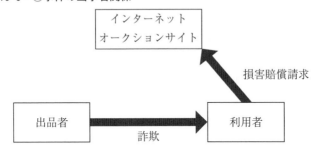

　次に、②事件は、インターネットショッピングモールにおいて、店舗が商標権を侵害する商品を販売したとして、商標権者（サイトの利用者ではない）から当該モールを運営するプラットフォーマーに対して、商標法および不競法に基づく差止請求および損害賠償請求がなされた事案である。裁判所は、「ウェブページの運営者が、単に出店者によるウェブページの開設のための環境等を整備するにとどまらず、運営システムの提供・出店者か

らの出店申込みの許否・出店者へのサービスの一時停止や出店停止等の管理支配を行い、出店者からの基本出店料やシステム利用料の受領等の利益を受けている者であって、その者が出店者による商標権侵害があることを知ったとき又は知ることができたと認めるに足りる相当の理由があるに至ったときは、その後の合理的期間内に侵害内容のウェブページからの削除がなされない限り、上記期間経過後から商標権者はウェブページの運営者に対し、商標権侵害を理由に、出店者に対するのと同様の差止請求と損害賠償請求をすることができる」と判示し、一定の場合に、プラットフォーマーが商標権者に対して責任を負う可能性を示している。

図表 2-10-7：②事件の当事者関係

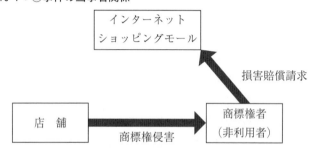

これらの裁判例からは、住宅宿泊仲介業者のプラットフォーマーとしての責任は、具体的に認識しまたは認識しえたトラブルをどのように対処するかという問題が中心となるといえる。すなわち、トラブルに対応するシステムの構築という点については、プラットフォーマーに一定の裁量があり、責任を負う場面は限定的である一方（①事件）、一定の具体的なトラブルが発生し、それを認識または認識しえた場合には、当該トラブルに対する個別的な対応に不備があれば、責任を負う可能性が高くなると考えられる（②事件）。

　(イ)　住宅宿泊事業者・住宅宿泊管理業者との関係

住宅宿泊仲介業者と住宅宿泊事業者とはプラットフォームの利用に関し、契約関係にあるので、住宅宿泊仲介業者と住宅宿泊事業者との間でのトラブルについては、契約責任の問題として処理される。また、住宅宿泊仲介

業者と住宅宿泊管理業者とは、契約関係があれば契約責任の問題となり、契約関係がなければ、不法行為責任の問題となる。

　この点に関して注意すべき問題として、レーティング（格付け評価）に関するトラブルがあげられる。近年、シェアリングエコノミーに関するものを含むさまざまなプラットフォームにおいて、利用者によるプラットフォームに提供された商品・サービスに対するレーティングシステムが導入されている。民泊ビジネスにおいても、住宅宿泊事業者および宿泊者のレーティングは、安心して民泊を利用できるようにするため、非常に重要な意味を持っており、住宅宿泊仲介業者が提供するプラットフォームにおいて、住宅宿泊事業者や宿泊者に対するレーティングシステムが導入されている例が多いため、今後、低い評価を受けた住宅宿泊事業者が住宅宿泊仲介業者に対して当該評価の削除を求めるなどのレーティングに関するトラブルも増える可能性がある（なお、口コミサイトにおけるランキング等が、「役務の質、内容について誤認させるような表示」（不競法2条1項14号に定める不正競争）に該当するとした大阪地判平成31・4・11公刊物未登載（平成29年（ワ）第7764号）も参照）。

　一般に、事業者が名誉毀損あるいは営業妨害的な評価の投稿をされた場合において、当該事業者は、当該投稿先の掲示板等のウェブサイトを運営管理するプラットフォーマーに対し、当該投稿の削除を請求できる場合がある。この問題については、レーティングに関する③口コミサイト事件（札幌高判平成27・6・23公刊物未登載（平成26年（ネ）第365号）。以下「③事件」という）が参考になる。③事件は、飲食店の口コミサイトにおいて、店舗の名称（以下「本件名称」という）とともに自らの店舗（飲食店）に関する低い評価・不利な情報を掲載されたとして、当該サイトの運営者に対し、人格権に由来する名称権等を侵害するものであるなどとして、当該評価・情報の削除を求めた事案である。裁判所は、第2審において、飲食店について「顧客の評判によって利益を得たり、損失を受けたりすることを甘受すべき立場にある」と述べたうえで、「控訴人の意に沿わないからという理由で本件ページを削除することは、口コミ投稿をするユーザーの表現の自由や飲食店の情報を知りたいと考える一般消費者の情報にアクセスする機会を害することになりかねないものであること等の諸事情を総合考慮すると、

348　第2編　各　論

被控訴人による本件ページへの本件名称の掲載が違法であると評価することはできない」と判示し、飲食店による口コミサイト運営者に対する削除請求を認めなかった。

レーティングで低い評価、不利な評価がなされたとして、住宅宿泊事業者から削除請求を受けたとしても、合理的な批評・評価の内容である限り、かかるレーティングの削除が認められるべき場合はかなり限られると考えられる。

図表2-10-8：③事件の当事者関係

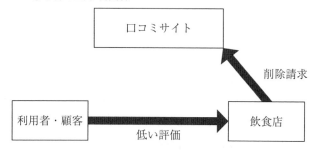

4　解決へのアプローチ

(1)　住宅宿泊事業法等の業規制への対応

本章は、住宅宿泊事業法に基づく民泊を対象としているが、住宅宿泊事業法においては、住宅宿泊事業者、住宅宿泊管理業者、住宅宿泊仲介業者の三当事者が存在し、それぞれに対する規制内容も異なる。そのため、住宅宿泊事業法に基づく民泊ビジネスを行う際には、自分がどの当事者として民泊ビジネスを行うのかをふまえ、住宅宿泊事業法の規制に対応する必要がある。また、住宅宿泊事業法だけではなく、消防法、民泊ビジネスを行おうとする地域の条例の規制をも確認したうえで、必要なクリアランスを行うことが重要になる。また、民泊事業に関しては、今後も住宅宿泊事業法のみならず旅館業法（特に簡易宿所営業）やガイドライン等の改正がな

される可能性が高く、最新の動向に注意すべきだろう。

(2)　民事責任への対応

　住宅宿泊事業者および住宅宿泊管理業者は、宿泊者との関係で責任を負うリスクを検討する必要がある。この場合においては、宿泊者との間で発生しうる具体的なトラブルを想定した利用条件、免責条件等を民泊契約に規定しておくべきである。また、住宅宿泊事業者が住宅宿泊管理業者に対して住宅宿泊管理業務を委託する場合には、住宅宿泊管理業者の責めに帰すべき事由により宿泊者に対して損害を与えた場合の求償に関する条項等、管理受託契約において、宿泊者に対して損害賠償責任を負う場合に備え、住宅宿泊事業者と住宅宿泊管理業者との間の適切な責任分配の規定を定める必要がある。

　次に、住宅宿泊仲介業者は、プラットフォーマーであり、場の提供者にすぎないため、上記3(4)イで述べたように、法律上の責任を負う場面は限定的である。しかし、宿泊者に対するきめ細やかなサービスを提供するため、住宅宿泊仲介業者が、住宅宿泊事業者と宿泊者との間のサービスの提供等に関与する程度を高めると、単なる場の提供者の範囲を超えることにもなりえ、それにより住宅宿泊仲介業者の責任が発生しやすくなるジレンマがある。この意味で、住宅宿泊仲介業者としては、どの程度各住宅宿泊事業者が提供する民泊サービスの内容にコミットするか、悩みが生じることは否定できない。しかしながら、住宅宿泊仲介業者としては、住宅宿泊事業者および住宅宿泊管理業者や宿泊者との間でトラブルが絶えず、サービスの健全性が害されるような事態となった場合、宿泊者が安心して利用できなくなり、宿泊者が減少するおそれや、そのようなトラブルを放置していた事業者であるとして社会的批判の対象となり、レピュテーションが低下するおそれがある。したがって、住宅宿泊仲介業者としては、利用規約にプラットフォーマーの免責条項を規定すること、住宅宿泊事業者および住宅宿泊管理業者に対するモニタリングを実施すること、レーティングシステムを導入すること等の積極的な対応を行うことは必要となると考えられる。

　なお、レーティングシステムを導入するのであれば、住宅宿泊仲介業者

は、レーティングで低い評価、不利な評価がなされたとして、住宅宿泊事業者から削除や修正の請求をされた場合の対応も考えておく必要がある。法的にはかかる請求が認められるべき場合は限られるが、プラットフォーマーたる住宅宿泊仲介業者としては、サービスの健全性確保のためには、かかる請求に対して、個別の事情に応じて適切に対応を行うべきだと考えられる。かかる削除請求または修正請求に応じるのか否か、応じる場合の要件等について、住宅宿泊事業者との利用規約において定めておくことも有益だろう。また、住宅宿泊仲介業者としては、かかる請求やクレームが出ないよう、あらかじめ、適切なレーティングのしくみの構築を工夫する必要もあるだろう。たとえば、宿泊者によるレビューの信用性を確保する観点から、民泊物件の提供者たる住宅宿泊事業者・住宅宿泊管理業者も宿泊者をレビューするという相互レビューのしくみを取り入れることも考えられる。

●コラム●住宅宿泊事業者・住宅宿泊管理者の民泊物件の近隣住民に対する法的責任

　住宅宿泊事業者・住宅宿泊管理業者が他に責任を負いうる主体としては、民泊物件の近隣住民（以下「近隣住民」という）が考えられる。近隣住民との間で想定されるトラブル事例としては、たとえば、以下のようなものがあげられる。

> 事例①
> 宿泊者の騒音がうるさい、ゴミ捨てに関するマナーが悪いなどとして、近隣住民からクレームを受けた。
> 事例②
> 宿泊者が民泊物件を覚せい剤の輸入拠点とするなど犯罪行為の拠点としていた。近隣住民は、ホストに対して、住宅宿泊事業の終了・撤退を求めている。

　住宅宿泊事業者・住宅宿泊管理業者と近隣住民との間には契約関係はない。そのため、近隣住民との関係では不法行為責任の問題となる。

　たとえば、宿泊者の本人確認を十分に行う、民泊契約に禁止行為として、

> ①　犯罪行為または犯罪を誘発する行為

第10章　民泊　351

② 公序良俗に反する行為

③ 反社会的行為

④ 近隣住民の平穏を害するまたは迷惑となる行為

と明確に規定すること等が考えられる。

第11章
カーシェア・ライドシェア

1　新規ビジネスの概要

(1)　事例

　シェアリングとは、物・サービス等を複数人にて共有・共同利用する形態を意味する。代表例としては、複数人で共同してマンションやオフィス等を賃借するルームシェアやオフィスシェア等があげられる。しかしながら、カーシェアビジネスは、ルームシェアやオフィスシェアとは異なり、単に自動車を複数人で所有または使用するという形態にとどまるものではない。

　現在、カーシェアに関してはさまざまなサービスが提供されているが、その形態は一様ではない。まず、カーシェアは、単に自動車を使用させるにとどまる狭義のカーシェアと、自動車だけでなく運転サービスも付加するライドシェアに分類できる。そして、ライドシェアは、目的地を同じくする複数人が運転や費用を分担して自家用自動車に相乗りする相乗り型と、一方が対価を受けて運送サービスを提供する運送提供型に細分化でき、狭義のカーシェアは、自動車を有償で貸渡すレンタカー型と、自家用自動車を複数人で共同して使用する共同使用型に分類できる。

図表 2-11-1：カーシェアの分類

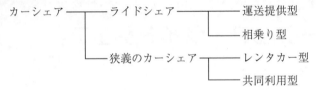

■キーワード

カーシェア
複数人において、自動車の使用・費用負担・運転等を分担すること。単に自動車を共同して使用するものから、実質的に運送サービスを提供するものまでその範囲は幅広い。

ライドシェア
カーシェアのうち、単に自動車を使用させ、または共同して使用するにとどまらず、自動車の運転や運行に要する費用を分担したり、または運送サービスを提供する形態。

ア　運送提供型ライドシェア

　運送提供型のライドシェアビジネスは、運送サービスを受けたい人（顧客）と自家用車を使用して運送サービスを提供したい人（運送提供者）をマッチングするためのプラットフォームを通じて行われ、運送サービスの提供、およびマッチングのためのプラットフォームの提供がビジネスとして成立している。

　プラットフォームとは、たとえば米国にて Uber Technologies Inc.（Uber）が提供している Uber X のように、あらかじめ運送提供者がアプリ等を通じて登録し、自動車の位置情報が共有されるようにすることにより、システムを通じて、その運送提供者の希望や位置に見合った顧客を紹介する（顧客から見れば希望にあった運送提供者が配車される）しくみである。

図表 2-11-2：運送提供型ライドシェア商流図

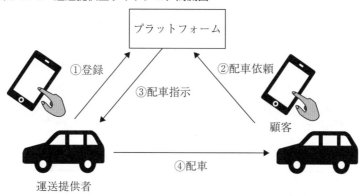

イ　相乗り型ライドシェア

　相乗り型ライドシェアとは、ある目的地へ自動車での移動を希望する人同士が、プラットフォームを通じてマッチングされ、自家用自動車に同乗してガソリン代等の費用や運転等の労力を分担することを意味する。この場合のビジネスの中心は、マッチングのためのプラットフォームの提供にある。このようなプラットフォームとしては、たとえば日本で notteco という名称で提供されているサービスがある。運送提供型との違いは、あくまで費用や運転等を分担するにとどまり、一方が一方から対価を受け取る関係にはない点にある。

図表 2-11-3：相乗り型ライドシェア商流図

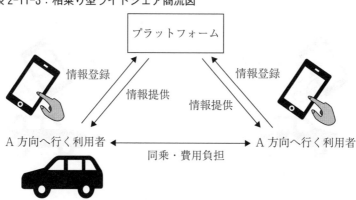

ウ　狭義のカーシェア（レンタカー型）

　狭義のカーシェアのうち、レンタカー型は、事業者が有償で自動車を貸し渡す形態を意味する。実態としては従来のレンタカー事業と大きく異なるものではないが、たとえば短時間のレンタルを行うものや、路上等の駐車スペースで借り入れ、乗り捨て可能とするなどのワンウェイタイプが、カーシェアという名称で提供されているようである。

図表2-11-4：狭義のカーシェア（レンタカー型）商流図

エ　狭義のカーシェア（共同使用型）

　狭義のカーシェアのうち、共同使用型は、自家用自動車を保有する貸渡人が、借受けを希望する人（借受人）に対して、自家用自動車を貸し渡す形態を指す。レンタカーとの違いは、貸渡人はあくまで自らも自家用自動車を使用すること、すなわち自動車を共同で使用するという点にある。この場合のビジネスは、やはりマッチングのためのプラットフォームを提供するサービスが中心となる。

図表2-11-5：狭義のカーシェア（共同使用型）商流図

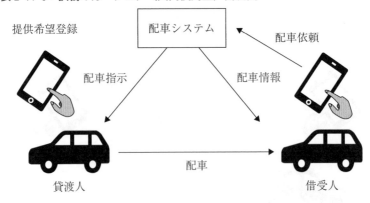

(2) 事例分析

　上記(1)のとおり、カーシェアは、その形態によって細分化できるが、そのなかには既存のタクシー事業やレンタカー事業等と類似し、事業性が強いものも存在する。タクシー事業等の旅客自動車運送事業やレンタカー事業は、下記のとおり、法律によって許可を取得しなければ実施できない許可事業であるところ、これらの事業に類似することによって、カーシェアについても同様の規制に服するか否かが、大きな法的論点となる。また、本来、法令に定めた要件を充たし、許可を受けた事業者が提供してきたサービスを私人が提供することにより、事故の際の責任負担が不明確となるおそれもある。

2　法的問題点の概要

①　道路運送法①（運送提供型ライドシェアへの規制）（下記3(1)）	運送提供型ライドシェアが道路運送法に規定する旅客自動車運送事業に該当し、許可が必要となるか。⇒現状では、「他人の需要に応じ、有償で、自動車を使用して旅客を運送する事業」として、運送提供者が許可を取得しなければならないと考えられている。
②　道路運送法②（相乗り型ライドシェアへの規制）（下記3(2)）	相乗り型ライドシェアが道路運送法に規定する旅客自動車運送事業に該当し、許可が必要となるか。⇒「有償で」提供されないと整理できる場合には、許可を取得する必要はない。
③　道路運送法③（レンタカー型への規制）（下記3(3)）	狭義のカーシェア（レンタカー型）が道路運送法80条に規定する有償貸渡事業に該当し、許可を取得する必要があるか。⇒許可を取得する必要あり。
④　道路運送法④（共同使用型への規制）（下記3(4)）	狭義のカーシェア（共同使用型）が道路運送法80条に規定する有償貸渡事業に該当し、許可を取得する必要があるか。

第11章　カーシェア・ライドシェア　357

		⇒現状、スキームを工夫することにより許可が不要という解釈をしている例が見られるが、規制当局の公式見解は示されていない。
⑤	自賠法（下記3(5)）	狭義のカーシェア（共同使用型）の貸渡人は、運行供用者として自賠法に基づく賠償責任を負うか。 ⇒運行供用者として一次的な賠償責任を負う可能性あり。
⑥	不法行為法（プラットフォーム提供事業者の責任）（下記3(6)）	仮にプラットフォームでマッチングされた利用者が違法な業務を行った場合、プラットフォーム提供事業者は損害賠償責任を負うか。 ⇒プラットフォーム提供事業者が、プラットフォームを利用した運送サービス提供者を一定程度管理支配し、利益を得ているなどの要件を充たせば、損害賠償責任を負う可能性あり。

3 法的問題点の詳細

(1) 道路運送法①（運送提供型ライドシェアへの法規制）

　道路運送法では、「他人の需要に応じ、有償で、自動車を使用して旅客を運送する事業」を旅客自動車運送事業と定義し（道路運送法2条3項）、たとえば、タクシー事業を実施する場合には、旅客自動車運送事業のうち、一般乗用旅客自動車運送事業の許可を取得しなければならない（道路運送法4条、3条1項ハ）。

　運送提供型ライドシェアの場合も、上記1(1)アのとおり、運送提供者が自家用車を使用して、顧客から対価を受け取って、顧客に運送サービスを提供しているため、字義どおり読めば、上記の旅客自動車運送事業の定義に該当し、道路運送法に基づく許可が必要と解釈することも可能である。しかしながら、道路運送法に基づき一般乗用旅客自動車運送事業の許可を取得することは容易ではない。運送提供型ライドシェアの場合、1人が1

358　第2編　各　　論

車両を有する個人タクシーに類すると考えられるが、その場合であっても、二種運転免許を保有していること、5年ないし10年間以上、タクシーまたはハイヤーの運転手としての経歴を有すること等をはじめとしたさまざまな要件が課される（国土交通省自動車交通局長「一般乗用旅客自動車運送事業（1人1車制タクシーに限る。）の申請に対する処分に関する処理方針」（平成13年9月12日国自旅第78号（最終改正：平成17年4月28日））。

　加えて、新規許可の際には、特定地域及び準特定地域における一般乗用旅客自動車運送事業の適正化及び活性化に関する特別措置法に基づき、特定地域に指定された地域であれば原則許可が禁止され（同法14条の2）、準特定地域に指定された地域においては、供給過剰となる場合には許可が禁止されている（同法14条の4）。2019年7月現在、たとえば神奈川県横浜市等は特定地域に、東京都特別区等は準特定地域に指定されており、ライドシェアビジネスを始めるため、多数の個人が新たに個人タクシー事業者として一般乗用旅客自動車運送事業の許可を取得することは困難な状況にある。

■キーワード

> **道路運送法**
>
> 　道路運送事業の運営を適正かつ合理的な運営とし、輸送の安全の確保、利用者の利益の保護、および道路運送事業の総合的な発達を図ること等を目的とし、乗合バス、貸切バス、タクシー等の旅客自動車運送事業、レンタカー事業等の自家用自動車有償貸渡事業、および有料道路等の自動車道事業等について、事業許可・登録、運賃認可制等の事業規制を定めている。

　なお、一般乗用旅客自動車運送事業の許可を取得する例外として、道路運送法78条に定める自家用有償旅客運送の登録または許可を取得する方法も考えられる。しかしながら、自家用有償旅客運送は、①災害のため緊急を要する場合、②市町村等が当該市町村等の区域内で運送サービスを提供する場合、③NPOが公共交通空白地域や介助が必要で単独でタクシー等を利用できない方のために運送サービスを提供する場合、または、④国

第11章　カーシェア・ライドシェア　359

土交通大臣の許可を得て地域または期間を限定して公共の福祉を確保するために運送サービスを提供する場合に限られている（道路運送法 78 条、道路運送法施行規則 49 条 1 項）。このような例外事由に該当する形態で、ライドシェア事業をビジネスとして成立させることは容易でない。

　他方で、運送提供型ライドシェアを、上記の旅客自動車運送事業の定義から外れるスキームで実施することにより、道路運送法による許可を不要とする方法も考えられるところであるが、運送提供型ライドシェアを旅客自動車運送から外す解釈について、国土交通省と継続的に協議・交渉することが重要である。

　また、国土交通大臣も、ライドシェアについて、安全の確保、利用者の保護等の観点から問題があり、きわめて慎重な検討が必要と考えているとの見解を示しており（2016 年 10 月 7 日の石井国土交通大臣会見要旨）、運送提供型ライドシェアについては、旅客自動車運送事業に該当することを前提として、道路運送法による規制を厳しく適用すべきとの立場をとっていると考えられる。

　現在、Uber は、日本では、運送提供型ライドシェアについては、旅行業法に基づく第二種旅行業の登録をしたうえで、顧客の依頼を受けて、旅行手配として一般乗用旅客自動車運送事業の許可を取得している事業者の車両を配車するサービスを提供している。しかしながら、運送提供型ライドシェアの特長の 1 つは、一般の私人が自家用車を使用して運送提供が可能という手軽さと参入障壁の低さから、運送提供者間において絶え間のない競争が発生し、不適切な運送提供者が排除され、顧客がタイムリーに質の高いサービスを得られる点にあるのであり、道路運送法に基づく許可を取得できた事業者を配車するだけでは、この特長が減殺され、従来のタクシー事業と大きく異ならないものとなってしまう。

　真の意味で日本において運送提供型ライドシェア提供サービスが根づくためには、道路運送法に基づく規制の見直しが期待される。

⑵　道路運送法②（相乗り型ライドシェアへの法規制）

　上記 1 ⑴イのとおり、相乗り型ライドシェアでは、他人同士が、費用を分担し（相互に金銭を支払い）、運転を交代しながら（相互に運送サービスを

提供しながら）目的地をめざすものであるため、道路運送法2条3項に規定する旅客自動車運送事業、すなわち「他人の需要に応じ、有償で、自動車を使用して旅客を運送する事業」と解釈される余地もあると考えられるところである。

しかしながら、相乗り型ライドシェアについては、産業競争力強化法に基づくグレーゾーン解消制度に基づき照会がなされ、関係省庁が検討した結果、「ドライバーがユーザーから収受する費用については、運送のために生じるガソリン代及び道路通行料を上限値として設定されるものであり、これらの費用の範囲内の金銭の収受であることから旅客自動車運送事業に該当せず、道路運送法上の許可又は登録を要しない」との回答がなされている（経済産業省「中距離相乗りマッチングサービスに係る道路運送法の取扱いが明確になりました——産業競争力強化法の『グレーゾーン解消制度の活用』」（2017年5月18日））。すなわち、道路運送法2条3項に定める定義のうち、「有償で」提供されるものではないため、旅客自動車運送事業として道路運送法に基づく規制を受けないと判断されている。

⑶　道路運送法③（狭義のカーシェア（レンタカー型）への法規制）

道路運送法80条は、「自家用自動車は、国土交通大臣の許可を受けなければ、業として有償で貸し渡してはならない」と規定している。この規定は、対価を受け取って一定期間、自動車を貸し渡す行為、すなわちレンタカー事業を念頭に置いた規制であり、狭義のカーシェアであってもレンタカー型の場合には、同条に基づく許可を取得しなければならない。

⑷　道路運送法④（狭義のカーシェア（共同使用型）への法規制）

狭義のカーシェアのうち共同使用型の場合、上記⑶のレンタカー事業と同様に、道路運送法80条に基づく許可を取得する必要があるかが問題となる。仮にこの場合であっても貸渡人が許可を取得しなければならないのであれば、個人が手軽に自家用自動車を第三者に提供し、対価を得られるというカーシェアビジネスの特長を大きく減殺するおそれがある。

現在、日本でも共同使用型のマッチングサービスを提供している事業者はいくつか存在するが、これらの事業者は、スキームを工夫することによ

り、道路運送法 80 条に基づく許可が不要という論理を採用しているようである。

たとえば、狭義のカーシェア（共同使用型）では、貸渡人と借受人の間に、自動車の共同使用契約を締結させている場合がある。これは、道路運送法 80 条 1 項ただし書において、「ただし、その借受人が当該自家用自動車の使用者である場合は、この限りでない」と規定し、許可が必要な場合の例外としていることから、借受人を、「自動車の使用者」とすることにより、同ただし書を適用して許可が不要という構成をとっているようである。

かかる道路運送法 80 条の解釈については、現時点では、国土交通省は公式には見解を示していないようであり、また明示的に判断した裁判例も見つからなかった。しかしながら、かかる解釈が国土交通省によっていかに判断されるかは不透明なところであり、ビジネスを実施するうえでは、国土交通省等の政策方針を注視する必要がある。

(5) 自賠法（カーシェアと運行供用者責任）

自賠法 3 条は、「自己のために自動車を運行の用に供する者は、その運行によって他人の生命又は身体を害したときは、これによって生じた損害を賠償する責に任ずる。ただし、自己及び運転者が自動車の運行に関し注意を怠らなかったこと、被害者又は運転者以外の第三者に故意又は過失があったこと並びに自動車に構造上の欠陥又は機能の障害がなかったことを証明したときは、この限りでない」と規定している。すなわち、自動車により人身事故が発生した場合には、運行供用者が、運行供用者にとって他人に発生した身体または生命の損害を賠償するしくみとなっている。したがって、カーシェアにおいても、人身事故が発生した場合に、誰が運行供用者なのか法的に明らかにしておく必要がある。特に、カーシェアの場合は、運送提供者やプラットフォーム提供事業者のいずれが運行供用者に該当するかによって、どのような保険に加入するかなど、ビジネスのしくみ作りに影響があるため留意が必要である。

この点について、自動車の運行供用者とは、自動車の運行に関する支配権を有し、その利益が帰属する者と解釈されている。この観点からすると、カーシェアの類型ごとに、運行供用者は次のとおり解釈できる。

362　第 2 編　各　　論

■キーワード

> **自賠法**
>
> 　自動車損害賠償保障法。自動車の運行によって人の生命または身体が害された場合（人身事故）における損害賠償を保障する制度の確立による被害者保護等を目的とする法律であり、人身事故があった場合に、故意過失に関する立証責任について、民法の原則から転換し、運行供用者に立証責任（過失がなかったことに関する立証責任）を負担させること（3条）や自動車賠償責任保険または共済への加入を強制する（5条）こと等を規定している。

ア　運送提供型ライドシェア

　運行供用者に該当するかは、雇用関係等運転者との密接な関係の有無、自動車の運転および管理状況等客観的外形的な事情に基づき判断される（最判昭和39・2・11民集18巻2号315頁）。そうすると、上記1(1)**ア**のとおり、運送提供型ライドシェアは、運送提供者が運送利用者に対して、自家用自動車等を使用して運送サービスを提供するものであり、運送提供者が運行供用者に該当し、マッチングの場を提供するだけのプラットフォーム提供事業者は運行供用者には該当しないという解釈が原則となると考えられる。

　しかしながら、プラットフォーム提供事業者と運送提供者との関係、および運送の管理の態様は一様ではない。実質的にプラットフォーム提供事業者が運送提供者を管理し、雇用関係等に類する密接な関係を形成している場合には、プラットフォーム提供事業者も運行供用者とされる余地もある。たとえば、英国では運送提供者がプラットフォーム提供事業者であるUberに対して、実質的には雇用関係にあると主張した訴訟において、プラットフォーム提供事業者による運送提供者の管理の方法等を考慮して、労働者に類似する立場に該当すると認定する判決がなされており、ビジネススキームによっては、プラットフォーム提供事業者が運行供用者とされる可能性があると考えられる。

イ　相乗り型ライドシェア

　上記1(1)**イ**のとおり、運送提供型ライドシェアと異なり、相乗り型ライ

第11章　カーシェア・ライドシェア　363

ドシェアは同じ方向に向かう者同士をマッチングするサービスという側面が強い。したがって、運送提供型ライドシェアと比較して、運送提供者への管理は弱く、プラットフォーム提供事業者が運行供用者と解釈される可能性は比較的低いと考えられる。この場合、自動車の提供者や運転者等が単独または共同での運行供用者となると考えられる。

ウ　狭義のカーシェア（レンタカー型）

レンタカー事業の場合、レンタカー事業者が利用者に貸渡しを行っても運行供用者性を失わないと解釈されている（最判昭和46・11・9民集25巻8号1160頁）。したがって、実質的にレンタカー事業と同様と考えられる狭義のカーシェア（レンタカー型）ついては、事業者が単独または利用者と共同での運行供用者となると考えられる。

エ　狭義のカーシェア（共同使用型）

共同使用型の狭義のカーシェアの場合には、借受人が共同使用者となる場合もあるが、実体としては貸渡人が対価を受けて自家用自動車を貸し渡す関係にあることはレンタカー型と同様であり、借受人の利用態様にもよるが、貸渡人が単独または共同での運行供用者とされる可能性がある。

⑹　不法行為法（プラットフォーム提供事業者の責任）

シェアリングビジネスの中心の1つは、マッチングの場となるプラットフォームの提供にあるが、プラットフォームを使用した取引が違法となる場合もありうる。ライドシェアの場合は、道路運送法上の許可を取得していない事業者がプラットフォームを使用して旅客自動車運送事業の提供を行うことが想定されるし、ほかにも著作権フリーの著作物を共有するプラットフォームを作成したところ、第三者の著作権を侵害する著作物のやり取りがなされる場合もありうる。このような場合に、プラットフォーム提供事業者は法的責任を問われる可能性があるだろうか。

この点について、インターネットショッピングモールに商標権を侵害する商品が出品され、ショッピングモールの運営者に対し損害賠償請求がなされた事案において、ウェブページの開設等の環境等を整備するにとどま

らず、運営システムの提供、出店者の申込みの拒否、不適切な出店者の一時停止等の管理支配を行い、基本出店料やシステム利用料の受領等の利益を受けている運営者が、商標権侵害の事実を知り、または知ることができたと認められる相当な理由がある場合には、運営者に対し損害賠償請求できると判示した裁判例がある（知財高判平成24・2・14判時2161号86頁）。

　この考え方は、シェアリングのプラットフォームを提供する場合にも、基本的には同様に適用されうると考えられ、プラットフォーム提供事業者は単に場の提供をしているという理由では責任を免れず、かかる上記のような管理支配を行っているプラットフォーム提供事業者が、法的リスクを避けて事業を運営するためには、不適切な利用者を相当な期間内に排除するしくみを整備する必要がある。

4　解決へのアプローチ

　上記のとおり、ひとくくりにカーシェアといっても、その形態により細分化され、形態ごとに適用される規制も異なる。したがって、カーシェアビジネスを始める場合には、そのビジネススキームを明確にしたうえで、まずはどのような法規制が適用されるかを把握する必要がある。

　そのうえで、法規制の適用が不明確な場合には、規制当局の問合せ、ノーアクションレター制度の活用等により、規制の適用について確認していく必要があるが、この場合において漫然と確認した場合、あいまいな回答しか得られないか、または保守的な判断がなされてビジネス遂行の大きな障害となることも少なくない。したがって、法規制の適用を確認する際には、規制当局と交渉することも視野に入れ、事前に弁護士を交えて適法と評価できるスキームと法的論理を固めるなど万全の準備を行っておく必要がある。

第12章
ヘルスケアビジネス

1 新規ビジネスの概要

⑴ 業界の動向

　少子高齢化が急速に進むなかで、社会保障費の増大は深刻な社会問題となっているが、医療費を抑制する方策として、予防や早期診断、早期治療への関心が高まっている。ヘルスケアビジネスの市場は、2025年には100兆円規模にものぼるといわれ、魅力的な市場として注目を集めており、他業種からヘルスケアビジネスへの進出も積極的に行われている。

　他方で、ヘルスケアビジネスは、関連法令も少なくないため、新規参入や企画運営に際しては、慎重な検討を要する。

　以下、具体例を用いて、ヘルスケアビジネスに関連する主な法令について説明する。なお、本章においても、紙面の関係上、各ケースに関して関連法令を網羅するものではないことにご留意いただきたい。本章で取り上げていない法令のうち、注意が必要なものとしては、たとえば、病歴について、要配慮個人情報として厳格に取り扱うことを定めている個人情報保護法等がある。

(2) 事例

ア ケース1：運動指導・栄養指導サービス

図表2-12-1：運動指導・栄養指導に係るビジネスのイメージ

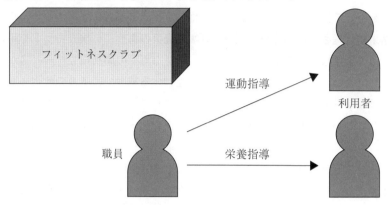

　国民の健康に対する意識の高まりを受けて、フィットネスクラブは人気を集めているが、フィットネスクラブも利用者の期待に応えるべく、運動の機会を提供するにとどまらず、会員の健康づくりを全面的にサポートするために趣向を凝らしている。その1つに、職員による運動指導や栄養指導のサービスを提供する例がある。

イ ケース2：簡易検査サービス

図表2-12-2：簡易検査サービスに係るビジネスのイメージ

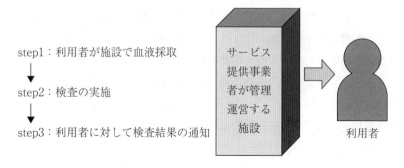

従来、健康状態に関する検査は病院等の医療機関で行われることが一般的であったが、最近は、検査キットの開発が進み、素人でも手軽に検体を採取することができるようになり、医療機関以外でも健康状態に関する検査サービスが提供されるようになっている。たとえば、購入した検査キットを用いて採取した唾液や血液等の検体を検査事業者に郵送すると、検査結果が返送される形態や、従来の妊娠検査薬のように、検査キットを用いてその場で検査結果がわかる形態等、多様な形態の簡易検査サービスが登場している。本章では、民間事業者が運営する施設で、職員のサポートを受けながら検体を採取すると、後日、アプリに検査結果が表示されて通知されるという形態（以下「施設採取型簡易検査サービス」という）を取り上げる。

　施設採取型簡易検査サービスは、主として、以下の3つのステップで構成される。まず、サービス提供事業者が管理運営する施設で、利用者が、血液を採取する（step1）。次に、サービス提供事業者がその検体を検査する（step2）。最後に、利用者に対して、検査結果をアプリに表示することによって通知する（step3）。

(3)　事例分析

ア　ケース1：運動指導・栄養指導サービス

　国民の生命健康を守るために、国は、医療の安全性を確保し、一定の質を担保する必要がある。そのため、医療に関し、一定の行為を行うためには、資格が必要であると法律で定められている。

　たとえば、医師法は、医師でなければ医業を行ってはならないと定めており、保健師助産師看護師法（以下「保助看法」という）は、看護師等でなければ、原則として、診療の補助を行ってはならないと定めている。

　フィットネスクラブの運動指導・栄養指導サービスは、資格を有しない職員によって提供されることが一般的である。そこで、当該職員によるサービス提供が、医業や診療の補助に該当しないかが問題となる。

368　第2編　各　　論

■キーワード

> **医師法**
>
> 医師の役割は、医療および保健指導を掌り、公衆衛生の向上および増進に寄与し、もって国民の健康な生活を確保することにあるとしたうえで、医師の資格について厳格に定めるとともに、業務に対して規制を行う法律。

> **保助看法**
>
> 保健師助産師看護師法。保健師、助産師および看護師の資質を向上し、もって医療および公衆衛生の普及向上を図ることを目的とし、保健師、助産師および看護師の免許や業務について定める法律。

イ　ケース2：簡易検査サービス

施設採取型簡易検査サービスの3つのステップでは、それぞれ異なる法令が問題となる。

まず、step1の血液の採取は、身体への侵襲を伴う行為であるが、施設採取型簡易検査サービスにおいては、施設スタッフがこれをサポートすることが想定される。血液採取をサポートする行為については、上記アの運動指導・栄養指導サービスと同様、医業該当性が問題となる。

次に、臨床検査技師等に関する法律（以下「臨床検査技師等法」という）において、衛生検査所は都道府県知事の登録を要すると定められているところ、step2の検査行為を行う施設について、当該登録の要否が問題となる。

最後に、医薬品、医療機器等の品質、有効性及び安全性の確保等に関する法律（以下「薬機法」という）は、医療機器の製造や販売等について規制しているところ、step3の検査結果のアプリ表示について、当該アプリが医療機器に該当しないかが問題となる。また、表示する結果の内容については、医行為該当性も問題となりうる。

第12章　ヘルスケアビジネス　369

■キーワード

臨床検査技師等法

　臨床検査技師等に関する法律。医療に関する検査に従事する者の資格を
定め、検査が行われる衛生検査所について登録の制度を設け、検査の適正を
確保すること等を目的とする法律。

医療法

　医療を受ける者による医療に関する適切な選択を支援するために必要な
事項、医療の安全を確保するために必要な事項、病院、診療所および助産所
の開設および管理に関し必要な事項ならびにこれらの施設の整備ならびに
医療提供施設相互間の機能の分担および業務の連携を推進するために必要
な事項を定めること等により、医療を受ける者の利益の保護および良質か
つ適切な医療を効率的に提供する体制の確保を図り、もって国民の健康の
保持に寄与することを目的とする法律。

薬機法

　医薬品、医療機器等の品質、有効性及び安全性の確保等に関する法律。医
薬品、化粧品および医療機器等の品質、有効性および安全性の確保ならびに
これらの使用による保健衛生上の危害の発生および拡大の防止のために必
要な規制を行う法律。

2　法的問題点の概要

ケース1：運動指導・栄養指導サービス（下記3(1))	
医業該当性（医師法17条）および診療補助該当性（保助看法31条）	運動指導・栄養指導サービスは、医師でなければ行うことができない医業、または看護師等でなければ行うことができない診療の補助に該当しないか。 ⇒医師が民間事業者による運動や栄養指導サービスを受けても問題ないと判断した者に対し、自ら診断等の医学的判断を行うことなく、医師が診断し、発出した指導・

370　第2編　各　　論

	助言に従って、その範囲内で、医学的判断および技術を伴わない方法による場合は、医業や診療の補助に該当せず、資格を有しない者も行うことができる。
ケース2：簡易検査サービス（下記3(2)）	
① 医業該当性（医師法17条）	i 利用者による血液の採取をサポートする行為は、医師でなければ行うことができない医行為に該当しないか。 ⇒指先に針を刺す行為や血液を絞り出すことは医行為に該当する。他方で、採血に際して手指の血行を促進する行為や指先を消毒することは医行為に該当せず、資格を有しない者がこれらの行為をサポートすることはできる。 ii 資格を有しない者は、いかなる範囲で検査結果を通知することができるか。 ⇒検査結果に基づいて診断等の医学的判断を行うことは医行為に該当するため無資格者が行うことはできない。他方で、検査測定値や検査項目の一般的基準値を通知することは医行為に該当せず、資格を有しない者であっても通知することができる。
② 衛生検査所の登録の要否（臨床検査技師等法20条の3）	検査施設は、衛生検査所の登録が必要か。 ⇒検査結果を診療の用に供しない場合には、衛生検査所としての登録は不要。
③ 医療機器該当性（薬機法2条4項）	アプリを用いて、検査結果を通知する場合、当該アプリは医療機器に該当するか。 ⇒日常的な健康管理のため、個人の健康状態を示す計測値を表示するような健康管理用プログラムは、医療機器には該当しない。

第12章 ヘルスケアビジネス 371

3 法的問題点の詳細

(1) ケース1：運動指導・栄養指導サービス

ア 医師法、保健師助産師看護師法

上記のとおり、医療に関する行為は生命身体に危害を及ぼす可能性が高いため、法律上、高度な専門性を有する有資格者でなければ一定の行為を行うことはできないと定められている。ヘルスケアビジネスを企画運営するうえで、しばしば障壁となるのがこの点である。ヘルスケアビジネスは、医療と密接な関係にあることが多いため、有資格者でなければ行うことができない範囲を侵さないよう慎重な検討を要する。

まず、医師法17条は、医師でなければ、「医業」をなしてはならないと定めており、判例（最判昭和28・11・20刑集7巻11号2249頁）によれば、「医業」とは、「医行為」を反復継続する意思をもって行うことを意味する。また、厚生労働省の通知によれば、「医行為」とは、「当該行為を行うに当たり、医師の医学的判断及び技術をもってするのでなければ人体に危害を及ぼし、又は危害を及ぼすおそれのある行為」とされている（「医師法第17条、歯科医師法第17条及び保健師助産師看護師法第31条の解釈について」（平成17年7月26日医政発第0726005号））。「医学的判断や技術」や「危害を及ぼすおそれ」といった抽象的な表現が用いられていることからもわかるとおり、医行為該当性は一義的に判断できるものではなく、個別具体的に検討せざるをえない点には留意が必要である。

また、保助看法31条は、看護師、保健師または助産師でない者は、原則として、傷病者もしくは褥婦（出産後間もなく、まだ産褥にある女性を意味する）に対する療養上の世話または診療の補助を行ってはならないと定めている。

以上のとおり、ヘルスケアビジネスを企画運営する場合に、資格を有しない者が行うときは、医行為にも、療養上の世話および診療の補助にも該当しない範囲で行わなければならず、その判断は慎重に行う必要がある。

イ　健康指導・栄養指導サービスの医業該当性等

　上記アをふまえ、運動指導・栄養指導サービスについて具体的に検討する。

　医行為該当性について一義的に判断することができないことは上記アですでに述べたとおりであるが、厚生労働省と経済産業省が連名で公表した、「健康寿命延伸産業分野における新事業活動のガイドライン」（2014年3月31日）（以下「新事業活動ガイドライン」という）では、複数の新規事業の医行為該当性について見解を示しており、かかる見解が参考になる。

　新事業活動ガイドラインは、フィットネスクラブの利用者等の身体機能やバイタルのデータに基づき、特定の疾病に該当すると判断したり、治療法を決定したりすることは、医学的判断を要するものであるから、医業に該当すると明記している。また、傷病や障害を有する者に対して、傷病の治療にあたるような医学的判断や技術を伴う運動指導や栄養指導のサービスを提供することも、医業または診療の補助に該当するとの見解を示している。以上をふまえ、新事業活動ガイドラインでは、「医師が民間事業者による運動や栄養指導サービスの提供を受けても問題ないと判断した者に対し、自ら診断等の医学的判断を行うことなく、医師が利用者の身体機能やバイタルのデータなどに基づいて診断し、発出した運動や栄養に関する指導・助言に従い、医学的判断および技術が伴わない範囲内で、運動指導や栄養指導のサービスを提供することができる」との基準を明らかにしている。実際には、当該基準に沿って個別具体的に判断する必要があるが、医業に該当することなく、運動指導・栄養指導サービスを提供するためには、少なくとも、疾病や障害の治療行為と評価される行為を行ってはならず、生命や健康に影響が生じかねない場合には、医師の指導や助言を受け、それに従う必要がある。

(2)　ケース2：簡易検査サービス

ア　血液採取（step1）

　他人の身体から検体として血液を採取する行為は、身体への侵襲を伴うため、人体へ危害を及ぼすおそれのある行為として、医行為に該当する。したがって、血液の採取は、資格を有しない者が他人に対して実施するこ

第12章　ヘルスケアビジネス　　373

とはできず、利用者自身によって行われる必要がある。

施設採取型簡易検査サービスの場合、利用者による血液採取に対して、施設スタッフがサポートすることが想定されるが、どの範囲であれば医行為に該当しない行為として許容されるかが問題となる。血液を採取するに至る過程を細かく観察すると、複数の行為に分けられるが、行為ごとに医業該当性を検討する必要がある。

まず、他人の指先に針を刺す行為や他人の身体から血液を絞り出す行為は、身体への侵襲を伴ったり、有形力を行使したりするものであるから、身体に危害を及ぼす可能性があるとして医行為に該当し、施設スタッフがサポートすることはできない。したがって、必ず、利用者が自ら行う必要がある。

他方で、採血に際して他人の手指の血行を促進する行為や他人の指先を消毒する行為等は身体に危害を及ぼすものではないため、医行為には該当しない。したがって、これらの行為については、資格を有しない者であってもサポートすることができる。

簡易検査サービスは国民の健康の確保の一助となることが期待され、国としてもその可能性に注目しているものの、他方で、国民が簡易検査サービスの結果を過大評価して、疾病の発見や医療機関の受診が遅れるといったデメリットも考えられるため、適切な運用が不可欠である。そこで、厚生労働省は、2014年4月に「検体測定室に関するガイドライン」（以下「検体測定室ガイドライン」という）を公表した。検体測定室ガイドラインには、検体測定室を開設する際には届出が必要であるなど一定の手続や留意点が定められている。簡易検査施設を設置する事業者は、検体測定室ガイドラインに従って管理運営する必要がある。

イ　検査の実施（step2）

臨床検査技師等法20条の3は、衛生検査所を開設しようとする者は、その衛生検査所について、都道府県知事の登録を受けなければならないと定める。

「衛生検査所」とは、人体から排出され、または採取された検体について、所定検査を業として行う場所（病院、診療所または厚生労働大臣が定める施設

374　第2編　各　　論

内の場所を除く）を意味する。文言上、サービス提供事業者が、利用者から提供を受けた血液について、生化学的検査を行う場合も、衛生検査所の登録が必要となるようにも解される。そこで、この場合にも、衛生検査所の登録が必要となるかが問題となる。

　この点、以前は解釈に疑義があったが、厚生労働省が発出した告示（「臨床検査技師等に関する法律第20条の3第1項の規定に基づき厚生労働大臣が定める施設」（昭和56年3月2日厚生省告示第17号（最終改正：平成26年11月21日厚生労働省告示第439号）））により、「人体から採取された検体（受検者が自ら採取したものに限る。）について生化学的検査を行う施設」であって、診療の用に供する検体検査を行わないものは、衛生検査所から除外することが明らかにされた。

　したがって、利用者自らの健康管理の一助として活用する目的であるなど、検査結果を診療の用に供しない場合には、生化学的検査を実施する施設について、衛生検査所の登録は不要である。

ウ　結果の通知（step3）

　まず、結果の通知について、医師ではないサービス提供事業者が、検査結果に基づいて診断等の医学的判断を行うことは、医業に該当し、医師法に反して許されない。たとえば、サービス提供事業者が検査結果を用いて、利用者の健康状態を医学的に評価し、食事や運動等の生活上の注意を提供したり、医薬品を紹介したりすることは認められない。サービス提供事業者は、医学的判断を伴わない範囲、具体的には、検査測定値や検査項目の一般的基準値を通知することにとどめなければならない。なお、検体測定室ガイドラインでも、結果の報告は、測定値と測定項目の基準値のみにとどめることが明記されている。

　また、検査結果をアプリで表示する場合に、当該アプリが医療機器に該当するかが問題となる。薬機法2条4項によれば、「医療機器」とは、人もしくは動物の疾病の診断、治療もしくは予防に使用されること、または人もしくは動物の身体の構造もしくは機能に影響を及ぼすことが目的とされている機械器具等であって、政令で定めるものをいうとされており、プログラムも対象となるとされている。

第12章　ヘルスケアビジネス　375

プログラムの医療機器該当性の考え方については、「プログラムの医療機器への該当性に関する基本的な考え方について」（平成26年11月14日薬食監麻発1114第5号（最終改正：平成30年12月28日薬生監麻発1228第2号））（以下「医療機器プログラム通知」という）が発せられている。医療機器プログラム通知において、日常的な健康管理のため、個人の健康状態を示す計測値を表示するような健康管理用プログラムは、医療機器には該当しないとしていることからすると、簡易検査の結果を表示するにとどまる場合には、医療機器に該当しないと考えられる。

4　解決へのアプローチ

(1)　総論

上記のとおり、ヘルスケアビジネスは、医業等に該当しない範囲で行う必要があるが、その判断は容易ではない。厚生労働省は、通知や告示で解釈見解を数多く公表しており、それらは、厚生労働省法令等データベースサービスで検索閲覧することが可能であるから、適宜参照することが望ましい。

また、ヘルスケアビジネスは、関連法令が多く、調査すべき範囲が広範に及ぶため、事前に当局に照会するか、専門家に確認することが望ましい。当局への確認手段の1つとして、具体的には、経済産業省のグレーゾーン解消制度がある。グレーゾーン解消制度は、現行規制の適用範囲が不明確な場合に、現在計画している新規事業への適用の有無について、経済産業省を経由して、所管省庁の見解を求めることができる制度である。ヘルスケアビジネスの分野でも多く利用されており、本章で取り上げたビジネスもグレーゾーン解消制度を利用した例である。

(2)　ケース1：運動指導・栄養指導サービス

運動指導・栄養指導サービスについては、すでに厚生労働省より適法に行える範囲の判断基準が公表されているため、それに従って提供する必要がある。具体的には、利用者に対してストレッチやマシントレーニングの

376　第2編　各　　論

方法を教えたり、医師による診断結果に基づいた食事メニューを作成したりするといった範囲にとどめる必要がある。厚生労働省が公表する基準を超えてサービスを展開する場合は、当局に照会するなどして、医業に該当しない範囲であることを確認する必要がある。

(3)　ケース2：簡易検査サービス

まず、step1の血液採取は、利用者自らが行うことを原則とし、施設スタッフがサポートする場合でも、指先の消毒や傷口の手当てといった医行為に該当しない行為に限定する必要がある。また、サービス提供事業者が設置する検体採取のための施設は、検体測定室ガイドラインに従って管理運営する必要がある。

次に、step2の検査については、衛生検査所に該当しないという整理をする以上は、診療目的であってはならず、利用者に対してもその点をあらかじめ書面上で明示するなどの方策も必要となる。

さらに、step3の結果の通知については、医業該当性との関係で、利用者に対して通知する内容は、検査測定値や検査項目の一般的基準値に限定する必要がある。また、結果を通知するアプリについては、結果表示機能を有するにとどまる場合は、当該アプリが医療機器に該当すると評価される可能性は低いものの、身体に危害を及ぼしうる機能を追加する場合等には、医療機器該当性を確認する必要がある。医療機器に該当する場合には、厚生労働大臣の承認をとる必要があるが、承認申請手続に対応する際には高度な専門性が要求され、手続に対応するための時間と費用も必要となるので、申請者の負担は軽くない。医療機器承認審査業務を担う独立行政法人医薬品医療機器総合機構（通称：PMDA）には、事前に相談に応じてくれる制度もあるので必要に応じて活用したい。

●コラム●オンライン診療
1　オンライン診療とは
　技術の進歩は、医療の世界にもさまざまな変化をもたらしている。そのうちの1つがオンライン診療の可能性の拡大である。オンライン診療とは、自

宅等にいる患者と、遠隔地にある病院や診療所にいる医師が、テレビ電話やインターネットでつながり、対話を通じて患者の心身の状態を確認しつつ、医師が診察するものである。患者が医療機関に赴いて医師の診察を受けたり、あるいは、医師が患者の家に往診したりという Face to face を原則とする従来型の診療（対面診療）に対置する概念である。下記 2 のオンライン診療指針のなかでは、「遠隔医療のうち、医師―患者間において、情報通信機器を通して、患者の診察及び診断を行い診断結果の伝達や処方等の診療行為を、リアルタイムにより行う行為」と説明されている。

わが国においてオンライン診療が本格的に世に登場したのは 1990 年代のことであり、決して歴史は浅くないが、近年の情報通信技術の目覚ましい発達により、画像の鮮明度があがったり、動画でのスムーズでスピーディな双方向コミュニケーションが可能となったりするなど、オンライン診療で実現できることの幅が広がり、再び注目を集めている。

2　無診察診療の禁止とオンライン診療の関係

オンライン診療は、初期の段階より、無診察診療を禁止した医師法 20 条との関係が議論されてきた。1997 年には、厚生省（当時）の通知により、遠隔診療は、あくまで直接の対面診療の補完であるが、直接の対面診療に代替しうる程度の患者の心身の状況に関する有用な情報が得られる場合は、ただちに医師法 20 条に抵触するものではないとの見解が示された。また、1997 年の通知では、「直接の対面診療を行うことが困難である場合（例えば、離島、へき地の患者の場合など往診又は来診に相当な長時間を要したり、危険を伴うなどの困難があり、遠隔診療によらなければ当面必要な診療を行うことが困難な者に対して行う場合）」や、「直近まで相当期間にわたって診療を継続してきた慢性期疾患の患者など病状が安定している患者に対し、患者の病状急変時等の連絡・対応体制を確保した上で実施することによって患者の療養環境の向上が認められる遠隔診療（例えば別表に掲げるもの）を実施する場合」において、患者側の要請に基づき、患者側の利点を十分に勘案したうえで、直接の対面診療と適切に組み合わせて行われるときは、遠隔診療によっても差し支えない旨記載されていたが、2015 年に、厚生労働省の見解として、「離島、へき地の患者の場合」や症状の安定している患者の「別表の患者の場合」は例示であること、および、遠隔診療は、直接の対面診療を行ったうえで行わなければならないものではないこと等が示され、さらに、遠隔診療の可能性が広がったといえる。

オンライン診療は、医師の不足や偏在の課題を解消する手段として考えられており、情報通信技術の進展も相まって、よりいっそう、普及が進むこ

とが予想されているが、このような状況において、医師法20条との関係を含めオンライン診療の位置づけを整理するとともに、適切なルールを整備することの必要が主張され、2018年3月に、厚生労働省より、「オンライン診療の適切な実施に関する指針」（以下「オンライン診療指針」という）が公表された（2019年7月に一部改訂）。オンライン診療指針でも、初診については原則として直接の対面で行うべきであるとの立場が維持され、オンライン診療の開始後であっても、オンライン診療の実施が望ましくないと判断される場合については対面による診療を行うべきであるとの立場が示された。そのほか、オンライン診療の実施に際しては、医師と患者との間で同意を取得する必要があることや、オンライン診療システムでは、セキュリティリスクを十分に勘案し、対策を講じること等が示されている。

3　オンライン診療と新規ビジネスの可能性

　診療行為自体は、医師でなくてはこれを行うことはできないため、民間事業者がオンライン診療を提供することはできないが、オンライン診療のための通信機器の開発や、医師と患者との間のコミュニケーションの用に供するアプリケーションの開発等、民間事業者が参入するチャンスは少なくない。

第13章

ゲームアプリ

1 新規ビジネスの概要

(1) 事例

　本項では、スマートフォン用のアプリケーション（アプリ）としてゲームをリリースするビジネスについて取り扱う。

　アプリをリリース、運営することによりマネタイズ（収益化）する有効な手段の1つとして、ゲーム内通貨を発行する方法がある（そのほか、アプリ内でバナーや動画による企業広告を配信し、企業ウェブサイトへの遷移や商品・サービスの注文等の成果（コンバージョン）に応じて広告主から得る広告費を収益源とする方法等がありうる）。

図表 2-13-1：App Store での課金のしくみ

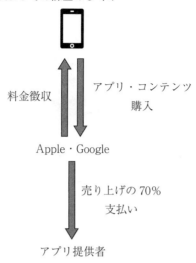

　この方法は、アプリのインストール自体は無料として敷居を下げつつ、他のユーザーよりも有利にゲームを進めるために、アプリ内で使用することができる武器、コスチューム、アバターといったアイテムや、あるいはそのようなアイテムを抽選の方法により入手することができるいわゆる「（有料）ガチャ」の権利を取得するために利用できるゲーム内通貨の購入代金を収益源とするものであり、アプリそのもののインストールを有料化するよりも、ユーザー数そのものが増加しやすく、話題性を獲得しやすいというメリットがある。

(2) 事例分析

　もっとも、ゲーム内通貨を発行する場合には、その仕様によっては、資金決済法上の規制の対象となる可能性があるし、また、ゲーム内通貨を用いる有料ガチャの実施方法についても、一定の場合には、景品の上限額や有料ガチャの当たり（レアキャラの出現）確率についての広告表示に関する規制の対象となりうるため、留意が必要である。

　さらには、App Store や Google Play といったプラットフォームでのアプリの配布を行う際には、プラットフォーマーとの間の契約関係に従ってこ

れを行う必要があり、法律上の規制とは別の観点からの留意が必要となるので、本章では、代表的なアプリのプラットフォーマーの1つであるAppleを例にこれを概説する。

■キーワード

> **プラットフォーム、プラットフォーマー**
>
> 　本来的には、「アプリケーションが動作する環境」およびその提供者のことを指すが、ビジネス用語としては、商品、サービス、情報を提供する事業者と、それを求める顧客を集めた「場」を提供することで利用者を増やし、市場での優位性を確立するビジネスモデル、およびその運営者のことを指すことが多い。アプリをダウンロードするプラットフォームとしては、Appleの「App Store」とGoogleの「Google Play」が圧倒的なシェアを持っている。

> **App Store、Google Play**
>
> 　それぞれ、Apple社の自社開発OSである「iOS」、Google社の自社開発OSである「Android」を搭載したスマートフォン等の端末向けのアプリケーションのダウンロード・プラットフォーム。Apple、Googleではなくアプリ提供者（アプリを開発し、運営する事業者）が、一般ユーザーとの間でアプリケーションの配信主体となるが、App StoreやGoogle Play上でアプリケーションの配信を行うためには、それぞれのプラットフォームの管理者（プラットフォーマー）であるApple、Googleの実施する所定の審査を経る必要がある。また、両社はアプリ提供者がアプリケーションの運営を通じて一般ユーザーから得る収益の一部をプラットフォーム利用のための手数料として収受する。

2　法的問題点の概要

　アプリとしてゲームを提供するにあたり、以下のような法的問題点が考えられる。

① 資金決済法（下記 3(1)）	ゲーム内通貨が、「前払式支払手段」に該当するか否かが問題となる。 ⇒該当する場合、金融庁への届出が必要になるほか供託義務や前払式支払手段の管理等が求められる。
② 景品表示法（景品規制）（下記 3(2)）	ゲーム内でのプロモーションのためのアイテム付与等が、「景品」の提供に該当するか否かが問題となる。 ⇒景品表示法上の「景品」提供にあたる場合、景品の上限額等について制限を受ける。
③ 景品表示法（表示規制）（下記 3(3)）	ガチャ等に関する表示が優利誤認表示（景品表示法5条2号）に該当することが近時問題となっている。 ⇒該当する場合、課徴金の対象となる可能性がある。景品表示法のチェック体制を構築する必要がある。
④ デベロッパー規約（下記 3(4)）	アプリ開発を行ううえでプラットフォーマーにより求められる具体的な仕様に従う必要がある。

■キーワード

資金決済法

　資金決済に関する法律。近年の IT 技術の発達や利用者ニーズの多様化等の資金決済システムをめぐる環境の変化に対応して、①前払式支払手段（プリペイドカード等。紙型、磁気式、IC 型、サーバ型に分類される）、②資金移動業（為替取引）、③資金清算業（銀行間の資金決済の強化・免許制）、④暗号資産交換業（暗号資産の売買、交換、媒介等を行う事業者に係る登録制度）を内容とする。

景品表示法

　不当景品類及び不当表示防止法。消費者がよりよい商品やサービスを自主的かつ合理的に選べる環境を整備することを目的として、商品やサービスに関して実際よりよく見せかける表示や、過大な景品付き販売が行われることを防止する。

第13章　ゲームアプリ　383

3 法的問題点の詳細

(1) 資金決済法の「前払式支払手段」との関係

アプリ内においてゲーム内通貨を発行する場合には、ゲーム内通貨が、資金決済法上の規制の対象となる「前払式支払手段」に該当するかどうかの検討が必要である。

資金決済法上、「前払式支払手段」とは、①金額等の財産的価値が記載・保存されること（価値の保存）、②対価を得て発行されること（対価発行）、③代金の支払い等に使用されること（権利行使）の3要件を充たすものをいう（資金決済法3条1項各号）。ただし、発行日から有効期間が6か月未満である場合には、資金決済法の適用対象外となる（資金決済法4条2号、資金決済法施行令4条2項）。

上記の「前払式支払手段」に該当するゲーム内通貨を発行することを想定している場合には、（これが当該ゲーム内のみで使用可能であるという場合には）「自家型前払式支払手段」として、法定の基準日における未使用残高が1000万円を超えた場合に内閣総理大臣への届出義務を負うことになる（資金決済法5条1項、14条1項、資金決済法施行令6条）。なお、ゲーム内通貨が発行者以外の第三者との間での支払手段としても利用可能である場合には、当該通貨は「第三者型前払式支払手段」に該当し、発行前に登録が必要となる（資金決済法7条）。

また、自家型前払式支払手段の発行者として届出を行った場合（自家型発行者となる場合）、あるいは第三者型前払式支払手段の発行者として登録を行った場合（第三者型発行者となる場合）には、資金決済法に基づく表示（情報の提供）を行う必要があるほか（資金決済法13条）、前払式支払手段発行者（自家型発行者および第三者型発行者）は、法定の基準日において、前払式支払手段の未使用残高が1000万円を超えるときは、発行保証金としてその基準日における未使用残高の2分の1以上の額に相当する金銭を主たる営業所・事務所の最寄りの供託所に供託する義務を負う（資金決済法14条、資金決済法施行令6条）。

さらに、前払式支払手段発行者に情報の安全管理のために必要な措置を講じることが求められるほか（資金決済法21条）、「事務ガイドライン（第三分冊：金融会社関係）」（2019年5月）の「5　前払式支払手段発行者関係」に従った適切な情報管理、システム管理を行うことも求められる（Ⅱ-2-3、Ⅱ-3-1）。

　また、資金決済法上の前払式支払手段に該当するゲーム内通貨（一次コンテンツ）を用いて、さらに一次コンテンツ以外のゲーム内コンテンツ（二次コンテンツ）を購入できる場合に、二次コンテンツが前払式支払手段に該当しないかという問題がある。これについては、金融庁のノーアクションレター内において、利用者に対して、そのゲーム内の二次コンテンツ（ただし、一次コンテンツを統合したもの等、実質的に一次コンテンツと同じ性質を有するものは除く。さらに、二次コンテンツの特徴として、一定のゲーム内の仮想空間においてそのゲーム内の用途にのみ使用されること、その金額も比較的少額であるものが多いこと、一方で、その取得・使用によって生じる効果の内容、範囲、発生時期が多種多様であり、かつ、変化する場合があるほか、その後に獲得できるアイテムやイベントとの連続性が不明瞭である場合もあることから、その取得をもって（一次コンテンツと引換えに）商品・サービスの提供があったのかなどが利用者等にとって必ずしも明確に判断できない客観的仕様を有するものがあげられている）の取得をもってこれに係る商品・サービスの提供がなされたものとし、前払式支払手段に該当しない旨を周知したうえで、これに関して利用者からの同意を取得した場合には、二次コンテンツは、上記③権利行使の要件を欠くために、前払式支払手段に該当しないとの見解が示されている。また、一般社団法人モバイル・コンテンツ・フォーラムも、この論点に関して、ガイドラインを公表している（本稿脱稿時点において、当該ガイドラインは会員企業のみが閲覧可能とされている）。実務上、二次コンテンツの前払式支払手段該当性に関しては、これらの見解を参考にしつつ、慎重な検討が求められる。

図表 2-13-2：前払式支払手段のしくみ

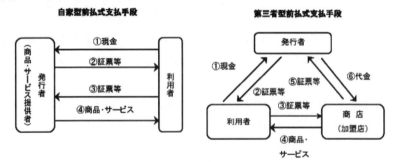

出典：一般社団法人日本資金決済業協会「前払式支払手段発行者からよくあるご質問」（2015 年 8 月）Q3。

(2) 景品表示法（景品規制）との関係

アプリ内で、ユーザーに対するプロモーションの一環としてプレゼント企画を行う場合には、そこでプレゼントの対象となるコンテンツ等が景品表示法上の「景品類」に該当するかどうかが問題となる。景品表示法上、「景品類」に関しては、その上限等について制限が課されている。

「景品類」とは、①顧客を誘引するための手段として、②商品・サービスの取引に付随して提供する、③物品、金銭その他の経済上の利益とされている（景品表示法2条3項）。

このうち、アプリ内で配布されるアイテムやレアキャラとの関係では、特に②の要件が問題となると考えられる。

ア ②について対象とならない場合

プレゼント企画の内容が、「○月○日にログインしたユーザー全員に、レアアイテム（やキャラ）がプレゼントされる」というものであれば、当該ゲームが誰でも無料でプレイできるものであることを前提とすると、アイテムやキャラは、アプリ運営者が提供する商品やサービスの取引に関係なく、対象期間中にログインをしたユーザーに対して無条件に配布されるものであるため、これらの配布は、「取引に付随」して提供されるものにあたらないと考えられる。したがって、この場合には、プレゼント企画におけ

るアイテムやキャラの配布に関して景品表示法の景品規制は適用がないと
いえよう。

イ　②について対象となる場合

　一方で、プレゼント企画の内容が「○月○日に××アイテムを購入した
ユーザーに、レアアイテム（やキャラ）がプレゼントされる」というもので
あれば、ユーザーがアイテム購入という取引を行ったことを条件として他
の経済上の利益を提供しており、取引付随性が充たされることになる。

　また、仮に取引を「条件」とはしない場合であっても、レアアイテムを
ゲットするためには特定のクイズに回答する必要があるという設定がある
場合に、アイテムを購入したユーザーにのみその回答やヒントが与えられ
るなど、ある特定の取引を行ったユーザーが、他のユーザーと比して、経
済上の利益の提供を受けることが可能または容易になる場合にも、やはり
取引付随性が充たされることになる[1]。

　そして、このように、「懸賞」（くじ等の偶然性、特定行為の優劣等によって
景品類を提供することをいう）によらずに提供される景品類は、一般に「総
付景品（そうづけいひん）」と呼ばれ、以下の限度額規制に従う必要があ
る。

取引価額	景品類の最高額
1000 円未満	200 円
1000 円以上	取引価額の 10 分の 2

　たとえば、あるレアアイテムをゲットするために通常アイテム（ゲーム
内通貨で500円相当）を購入する必要があるという場合では、プレゼントさ
れるレアアイテムは、200円相当以下のものでなければならないというこ
とになる。

　また、懸賞により景品類を提供する場合（例：一定期間内に特定のアイテ

---

1)　「景品類等の指定の告示の運用基準について」（昭和 52 年 4 月 1 日事務局長通達
　（最終改正：平成 26 年 12 月 1 日消費者庁長官決定））。

第 13 章　ゲームアプリ　387

ムを購入したユーザーのうち抽選で選んだ数名に対して限定アイテムや現金を
提供する場合）には、その取引価額に応じて、以下の限度額規制に従う必要
がある。

取引価額	景品類の限度額	
	景品類1件ごとの最高額	景品類の総額
5000円未満	取引価額の20倍	懸賞に係る売上予定総額の2％
5000円以上	10万円	

　そのため、たとえば、上の例で懸賞に申し込むために購入が必要となる
特定アイテムが200円であれば、抽選で提供される限定アイテムや現金は、
1件につき上限が4000円ということとなり、懸賞として提供される景品類
の総額は当該特定アイテムの懸賞対象期間中の売上予定総額の2％以下で
なければならないということになる。

　さらに、上記の景品額の上限規制とは別に、いわゆるコンプガチャ（有
料ガチャのうち、特定の数種類のアイテム等を全部揃える（コンプリートする）
と、オンラインゲーム上で使用することができる別のアイテム等を新たに入手で
きるというしくみを備えたもの）に関しては、その提供そのものが禁止され
る「カード合わせ」に該当するため、これを行うこと自体が景品表示法違
反になる[2]。さらに、この点について、一般社団法人日本オンラインゲーム
協会（JOGA）から「オンラインゲームにおけるビジネスモデルの企画設計
および運用ガイドライン」が策定されており、ここでは、具体的なサービ
ス設計ごとに景品表示法上の適法性が検討されており、参考になる。

(3)　景品表示法（表示規制）との関係

　景品表示法5条は、事業者が、自己の供給する商品・サービスの取引に
関して、以下のような不当な表示をすることを禁止している。

---

2)　消費者庁「オンラインゲームの『コンプガチャ』と景品表示法の景品規制につい
　　て」（2012年5月18日（最終改定：2016年4月1日））。

① その品質、規格その他の内容について、一般消費者に対し、ⅰ実際のものよりも著しく優良であると示すもの、または、ⅱ事実に相違して競争関係にある事業者に係るものよりも著しく優良であると示すものであって、不当に顧客を誘引し、一般消費者による自主的かつ合理的な選択を阻害するおそれがあると認められる表示（優良誤認表示）
② 商品または役務の価格その他の取引条件について、実際のものまたは競争関係にある事業者に係るものよりも著しく有利であると一般消費者に誤認される表示であって、不当に顧客を誘引し、一般消費者による自主的かつ合理的な選択を阻害するおそれがあると認められる表示（有利誤認表示）

　たとえば、有料ガチャにおいて、レアキャラの出現確率を実際の確率よりも高い数字で示した場合、優利誤認表示に該当することになる。

　当該規制に違反した場合には、消費者庁により、不当表示により一般消費者に与えた誤認の排除、再発防止策の実施、今後同様の違反行為を行わないこと等を命ずる措置命令を受ける可能性があり（景品表示法7条）、またこの場合には、一定の場合に、消費者庁から課徴金の納付を命じられることになる（景品表示法8条）。

　実際に、消費者庁は、2018年1月、実際はレアキャラの出現確率が0.333％しかないのにもかかわらず、3％であるかのようにアプリ内で表示をした行為が優利誤認表示の禁止に違反するとして、アプリ配信元である企業に対して再発防止等を求める措置命令を出している（**図表2-13-3**は、実際に違反を指摘された画面。その他「ガチャでピックアップの格闘家があたる」や「万能破片と格闘家確定」といった、実際よりも有利な表示をしていたことも指摘されている）。

第13章　ゲームアプリ　389

図表 2-13-3：消費者庁の摘発例

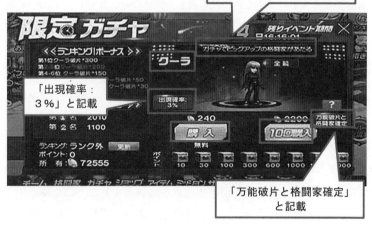

出典：消費者庁「アワ・パーム・カンパニー・リミテッドに対する景品表示法に基づく措置命令について」（2018 年 1 月 26 日）。

⑷　デベロッパー規約

　スマートフォン用のアプリをユーザーに対して配布するためには、多くの場合、リリース企業がユーザーに直接配布するのではなく、両者の間に、プラットフォーマーとして、Apple、Google や携帯キャリア等といった第三者が介在することになる。そのため、リリース企業は、プラットフォーマーの定める「ルール」に従ってアプリのリリース・運営を行わなければならない。以下では、代表的なプラットフォーマーの 1 つである Apple を例に、「ルール」の内容を簡単に説明する。

　Apple のプラットフォーム「App Store」を経由してアプリのリリースを行うためには、Apple との間で以下の所定の契約を締結する必要がある。

①　Apple Developer Agreement
②　Apple Developer Program License Agreement

　上記のほか、プラットフォームを利用して自らが行おうとする活動の内

容に応じた規約への同意が必要になる。

　さらに、上記のデベロッパー規約に加えて、アプリ開発を行ううえでプラットフォーマーにより求められる具体的な仕様に従う必要がある。具体的には、App Store でリリースしたいアプリの開発後、Apple に対して審査の申請を行う。Apple は、申請を受けると「App Store Review ガイドライン」の内容に従ってこれを審査し、これに則したアプリであると承認されれば無事にリリースされ、そうでなければ却下（リジェクト）されることになる。Apple は、リリース審査の際のリジェクト理由になりやすいものを自身のウェブページ上で紹介している[3]。具体的にはクラッシュやバグ、ユーザーインターフェイスが基準に達していないこと、類似アプリの複数提出、ユーザーに誤解を与えること等があげられている。アプリの開発にあたっては、特にこれらに気をつけるとよいであろう。

　App Store Review ガイドラインでは、たとえば以下のようなアプリが具体的に禁止されており（1.1）、これを理由としてリジェクトや、アプリの仕様等の変更を求められた事例も発生している。**図表 2-13-4** は、アプリのインストール画面でのキャプチャ画像が「Apple の指摘によってアイコンを変えさせられた」とされている例（左が変更前）である。

---

① 宗教、人種、性的指向、性別、出身国／民族、その他特定のグループへの偏った言及または解釈など、中傷的、差別的、悪意のあるコンテンツ

② 人間または動物の殺害、負傷、拷問、虐待のリアルな描写。または暴力を助長するようなコンテンツ

③ 武器や危険物の違法使用や配慮に欠けた使用を助長するような表現、または銃の購入を助長するような表現

④ あからさまに性的またはわいせつなコンテンツ

---

3)　Apple「App Review」。

第13章　ゲームアプリ　391

図表 2-13-4：App Store Review ガイドラインによって修正することになった例

出典：「iPhone のゲームから銃が消える!?　AppStore のスクリーンショットに銃があるゲームを却下。」iPhone Game Cast（2015 年 2 月 13 日）。

　また、App Store Review ガイドラインでは「App のコンテンツまたは機能（例：サブスクリプション、ゲーム内通貨、ゲームレベル、プレミアムコンテンツへのアクセス、フルバージョンの利用）は、App 内課金を使用して解放する必要があります。コンテンツや機能を解放するため、ライセンスキー、拡張現実（AR）マーカー、QR コードなど、App 独自の方法を用いることはできません」(3.1.1) と、アプリ内課金（App Store での決済）を迂回する決済手段を禁止しており、アプリ内のコンテンツのみならず、その仕様についても具体的な制限を課している。

4　解決へのアプローチ

　以上に見てきたように、アプリビジネスにおいては、資金決済に関する規制や、景品・表示等に関する規制を主とした法律上の規制が適用される可能性がある。そのため、これらの法律の適用の有無の検討、および適用があると判断された場合の適切な対応が求められることになる。

　加えて、プラットフォームを用いてアプリをリリースする場合には、法律上の規制に加えて、プラットフォーマーの定めるルールに則ったアプリ

の運営を行うことが求められるという点が特徴的であるといえる。特に、プラットフォーマーは、ルールに違反した事業者に対して、違反となったアプリをプラットフォームから除外するといった対応をとることがあり、また、ルールは基本的に Apple や Google の米国本社を主導として、随時アップデートがなされることから、今日までは何ら問題なくリリースすることができていたアプリであっても、明日にはこれがルールに抵触するとして違反措置の対象となる可能性すらあることから（もっとも、実際には、アプリがルールに違反した場合には、まずプラットフォーマーから違反の是正を求める警告が行われた後、事業者がこれに応じなかったことをもって、除外等の措置がとられることも多い）、こういった法律上、事実上のリスクに常にアンテナを張りながらビジネスを行っていくことが求められる。

第14章

e スポーツ

1 新規ビジネスの概要

(1) 事例

本章では、e スポーツの大会を実施するビジネスについて検討する。

大会においては、プレイの結果に応じて、成績優秀者に賞金を出すことを想定している。また、大会会場の観客から入場料を徴収し、大会の様子をインターネット配信して、放映権料を得ることも検討している。

■キーワード

e スポーツ
スポーツ・競技としてのコンピューターゲーム、ビデオゲームを使ったプレーヤー間の対戦（その技能により勝敗が決まる競技）。日本でも近時注目されているが、海外においては以前から賞金つき大会も多数開催されており、2018 年ジャカルタで開催されたアジア競技大会では、デモンストレーション競技として採用された。

想定される商流としては、以下のとおりである。

394　第2編 各　論

図表 2-14-1：商流図

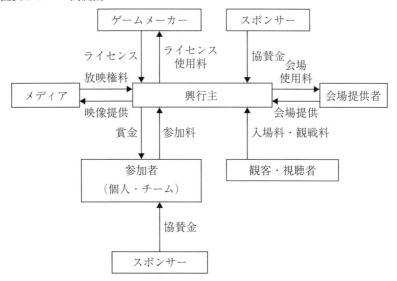

(2) 事例分析

　賞金つきeスポーツ大会を実施・運営するにあたって、法律上留意すべき点は以下のとおりである。
　まず、①大会において自社のゲームではなく他社のゲームを利用する場合には、当該他社のコンテンツ（著作権等の知的財産権）を利用することになるので、その権利処理が必要になる。
　次に、②大会運営費や賞金については、たとえば、大会参加者からの参加料等を賞金の原資とする場合は、ゲームの結果に応じて、一部の参加者（上位者）だけが賞金を獲得し、それ以外の参加者（下位者）はこれを得られないという相互関係が生じることから、刑法上の賭博罪等に該当しないかを検討する必要がある。
　また、③ゲームメーカーが主催者あるいはスポンサーとして、賞金を提供する場合は、ゲームという商品の取引に関連して賞金（景品）を与えることになるので、景品表示法上の景品規制が及ばないかが問題となる。
　さらに、④賞金つきeスポーツ大会の運営に関しては、一定の場所にて

営業・興行を行うことから、ゲームセンター営業に関する規制（風俗営業法）や、興行場に関する規制（興行場法）を検討する必要がある。

■キーワード

景品表示法

　不当景品類及び不当表示防止法。一般消費者の利益保護を目的として、①商品やサービスに関して実際よりよく見せかける表示に関する規制（表示規制）と、②過大な景品つき販売が行われ規制（景品規制）について定めている。②の景品規制に関しては、景品の金額（個別の景品額および景品全体の総額）や景品提供の方法について、規制している。

風俗営業法

　風俗営業等の規制及び業務の適正化等に関する法律。接待飲食営業、麻雀、パチンコ、ゲームセンター等の営業を「風俗営業」として、これらの営業時間、営業区域等の営業に関する規制を定めることにより、風俗営業の健全化を図ることを目的としている。ゲームセンター営業に関する規制としては、設置される機械に関する規制、年少者の立ち入り制限、賞品の提供禁止等を定めている。

興行場法

　映画、演劇、音楽、スポーツ、演芸または観せ物を、公衆に見せ、または聞かせる施設を「興行場」と定義して、興行場の営業に関する要件等を定めている。興行場を業として営業する場合には、都道府県知事等の許可が必要となり、そのうえで、営業者の義務の規制を遵守する必要がある。

2　法的問題点の概要

①　著作権等の知的財産権（下記3(1)）	他社のゲームを利用して大会を行う場合、著作物であるゲームの利用につき、著作物の権利者から許諾が必要となるか。 ⇒大会実施のためには著作物利用の許諾が必要であり、そのためのライセンス契約等が必要となる。
②　刑法（下記3(2)）	賞金つき大会の開催・参加は、「賭博」に該当するか。 ⇒参加者が、「財物の得喪を争う」関係にある場合は、「賭博」に該当し、刑事罰の対象となりうる。
③　景品表示法（下記3(3)）	大会における賞金の提供は、景品表示法に定める「景品類」の提供に該当し、金額の制限等を受けるか。 ⇒賞金提供は「懸賞」による「景品類」提供にあたる可能性があり、その場合、賞金の上限額等の制限を受ける。
④　風俗営業法（下記3(4)）	大会の運営は、「ゲームセンター等の営業」に該当するか。 ⇒「テレビゲーム機」を備える「店舗」にて「客に遊技をさせる営業」に該当する場合、「ゲームセンター等の営業」にあたり、都道府県公安委員会の許可が必要となる。また、その場合は、遊技の結果に応じて賞金や賞品を提供できない。
⑤　興行場法（下記3(5)）	興行場としての営業に該当するか否か。 ⇒興行場としての営業に該当する可能性があり、該当する場合は、都道府県知事の許可が必要となる。

3　法的問題点の詳細

(1)　著作権等の知的財産権との関係

　ビデオゲームについては、古くは映画の著作物の該当性について争われたこともあるが、近時のビデオゲームは、一般的に映画の著作物として著

第14章　eスポーツ　397

作物性が認められると考えられる。そして、他社製のビデオゲームをeス
ポーツ大会で利用することは、第三者の著作物を上映・公衆送信等の方法
により利用することとなる。

したがって、これについては、著作権者から上映権・公衆送信権等に関
するライセンス許諾を受けるなど、適切な権利処理が必要となる。

(2) 刑法（賭博罪等）との関係

「賭博」とは、①偶然の勝敗に関して、②財物を賭け、③その得喪を争う
ことをいうと解釈されている。「得喪を争うこと」とは、勝者が財産を得て、
敗者がこれを失うことを意味するものとされる。

賞金つきeスポーツ大会においては、大会の参加者の能力が結果に影響
するものの、偶然の事情の影響を受けることがあるために、①および②の
要件は肯定される。そのため、参加者が一定の参加料を支払って参加して
いる場合には、参加者が③「その得喪を争う」といえるかが問題となる。

(3) 景品表示法との関係

景品表示法は、①顧客を誘引するための手段として（顧客誘引性）、②事
業者が自己商品・サービスの取引に付随して提供して相手方に提供する(取
引付随性)、③物品・金銭その他の経済上の利益である「景品類」の提供を
制限している。具体的には、特定の行為の優劣または正誤によって定める
方法といった「懸賞」により提供される景品類の最高額や総額を以下のと
おり制限している。

図表 2-14-2：景表法における景品類の金額制限

景品類の最高額	取引価格の 20 倍まで（ただし上限として 10 万円を超えることはできない）
景品類の総額	売上予定総額の 2％まで

①「顧客誘引性」の有無については、賞金の提供者の主観的意図やその
企画の名目のいかんを問わず、客観的に顧客誘引のための手段となってい
るかによって判断される。

398　第 2 編　各　　論

また、②「取引付随性」は、「自己が供給する商品又は役務の取引」に関する場合だけでなく、他の事業者が行う企画であっても、「自己が当該他の事業者に対して協賛、後援等の特定の協力関係にあって共同して経済上の利益を提供していると認められる場合」等にも、充たすとされている（「景品類等の指定の告示の運用基準について」（昭和52年4月1日事務局長通達第7号（最終改正：平成26年12月1日消費者庁長官決定））4⑵ウ）。そのため、ゲームメーカーが大会を主催していなくとも、当該大会の主催・協賛・後援等に加わる場合は、「取引に付随する」と評価されて、景品表示法の規制対象となる可能性がある。さらに、「取引付随性」は、取引を条件として経済上の利益を提供する場合はもちろん、取引を条件としない場合であっても、「商品又は役務を購入することにより、経済上の利益の提供を受けることが可能又は容易になる場合」にも認められる。

③「景品類」の該当性については、賞金つきeスポーツ大会においては、参加者の競技、遊技の優劣によって賞金を提供することから、「懸賞」によるものといえると考えられる。

そして、ゲームメーカーが主催者あるいはスポンサーとして、賞金を提供する場合の大会においては、ゲームを購入した者やゲームセンターにて有料でゲームをした者がeスポーツ大会の賞金を受けることが可能または容易となる場合が多いと考えられ、参加者が賞金目当てに当該ゲームを購入する可能性も否定できないことから、当該ゲームメーカーが提供する賞金は、景品表示法が規制する「景品類」に該当する可能性がある。

大会の賞金が上記の規制を受ける場合には、賞金の最高額が10万円に制限され、高額な優勝賞金を出す海外の大会に比べて大きく見劣りするため、この該当性が問題となる。

⑷　風俗営業法との関係

風俗営業法上、「ゲームセンター等の営業」（風俗営業法2条1項5号）に該当する場合、都道府県公安委員会の許可が必要となり（風俗営業法3条1項）、かつ、遊技の結果に応じて賞品を提供することが禁止される（風俗営業法23条2項）。そのため、eスポーツ大会の実施が、「ゲームセンター等の営業」に該当するかが問題になる。

⑸　興行場法との関係

興行場法 1 条 1 項において、興行場は、「映画、演劇、音楽、スポーツ、演芸又は観せ物を、公衆に見せ、又は聞かせる施設」と定義されており、たとえば、映画館、劇場、寄席、音楽堂、野球場、見世物小屋等がこれに該当する。これらの営業を行う場合には、都道府県知事の許可が必要とされ、また、興行場の運営は、都道府県条例で定める構造設備基準や衛生基準に従う必要がある。

そのため、e スポーツ大会の実施が、興行場の営業に該当するかが問題になる。

4　解決へのアプローチ

⑴　著作権法

自社製ゲームを利用する場合には、著作権法上の問題は生じない。

他社製ゲームを利用する場合は、ゲームに含まれる著作権等の知的財産権につき利用許諾を受けることが必要になる。その際、e スポーツ大会での利用とともに、大会の広告宣伝、ゲームの映像等のインターネットへの配信、マーチャンダイジング等の自らの興行ビジネスに応じた範囲にて許諾を得ることが重要である。

⑵　賭博罪

賭博罪との関係で、規制対象とならないようにするには、参加者が「財物の得喪を争う」関係にないようにする必要がある。

まず、大会への参加が無料であれば、参加者が財物を失う可能性がないので、賭博罪への抵触の問題は生じない。

次に、参加者から一定の参加料を徴収する場合でも、それが賞金の原資となっていない場合には、参加者が「財物の得喪を争う」関係にないため、賭博罪とならない。たとえば、具体的には、参加者からの参加料を賞金の原資とするのではなく、大会に参加しない観客から徴収する入場料、イン

400　第 2 編　各　　論

ターネット配信による収入、スポンサーからの協賛金を賞金の原資とする場合が考えられる。もっとも、お金には色がないため、内部的に処理を分けているとしても、客観的・外形的に説明が困難になるおそれもある。したがって、スポンサーが、協賛金の全部または一部を、賞金として参加者に対して直接交付するなど、参加料が原資になっていないことが合理的に説明できる方法にて対応するのが望ましい。

(3) 景品表示法

ゲームメーカーが主催者あるいはスポンサーとして、賞金を提供する場合において、景品表示法による賞金の最高額や総額の制限を受けないようにするためには、①「顧客誘引性」、または、②「取引付随性」の要素を否定する必要がある。

まず、①「顧客誘引性」の有無については、賞金つきeスポーツ大会の参加者はゲームを購入した顧客であり、大会への参加を目的として当該ゲームにて練習を行って技術を習得していることが多いと想定されることから、顧客誘引性がないということは一般に困難と考えられる。もっとも、一定の賞金が用意されるような大会にて、特に高度な技術を有する者のみが参加による大会の場合には、実質的には、賞金によって参加者のゲーム購入を誘引しているのではなく、賞金獲得をめざす参加者の高度な技術によって、会場の観客や視聴者を誘引しているにすぎないと解釈する余地がある。

次に、賞金つきeスポーツ大会を実施するにあたって、いかなる場合に「取引付随性」が認められるかについては、消費者庁における法令適用事前確認手続（ノーアクションレター制度）を利用して、国際カジノ研究所が行った質問に対する回答（2016年9月9日）が参考になる。回答のポイントは、以下のとおりである。

図表 2-14-3：消費者庁における法令適用事前確認手続の回答の概要

「取引付随性」が認められない場合	無料でインストールできるゲームについての賞金つきeスポーツ大会において、「有料コンテンツを利用したユーザーがゲームの勝敗において有利になるということ

	はない」という事実を前提とし、「実際に有料ユーザーが賞金の提供を受けることが可能又は容易とはなっていないという状況が認められる場合」には、賞金は、「取引に付随」して提供されるものにあたらない。
「取引付随性」が認められる場合	ゲームソフトを購入するかゲームセンターに設置されているアーケードゲームを有料でプレイできるゲームについての賞金つきeスポーツ大会において、「ゲームにおける技術向上のためには、原則的に繰り返しのゲームプレイが必要であるため、有料ユーザー以外の者が……賞金を獲得する可能性は低い」という事実を前提にすると、当該大会は、「有料ユーザーが賞金という経済上の利益の提供を受けることが可能又は容易になる企画」であり、賞金は、「取引に付随」して提供されるものにあたる。

　上記はきわめて単純化したものであるが、「大会参加者によるゲームの購入や課金が、大会の結果を有利にするかどうか」という点が、取引付随性の1つの判断要素となるものと考えられる。

　上記のほか、景品表示法の規制を回避する方策として近時議論されているものとしては、1つめとして、参加者への金銭を賞金としてではなく、eスポーツ大会にてプレイをするという業務遂行に対する「仕事の報酬」として支払うという考え方がある。出場選手に順位と連動せずに試合出場に係る出場給を支払うのであれば、「仕事の報酬」に該当すると主張しやすいが、競技の優劣で獲得の有無や金額が異なる賞金の場合にまで、文言上「仕事の報酬」といえるかにつき疑義はないわけではない。もっとも、経済産業大臣が国会で答弁した内容によれば、高度な技術を有するプロフェッショナルのみが参加する興行性のあるeスポーツ大会における賞金は「仕事の報酬」として、「景品類」にはあたらないと整理できると考えているようである。ただし、「仕事の報酬等」と認められる具体的な基準については、上記3(3)の「景品類等の指定の告示の運用基準について」では、明らかとされておらず、今後の運用次第である。

　2つめとしては、高度な技術を有するプロフェッショナルの出場選手は

「事業者」であると評価して、景品表示法での保護の対象外とする考え方がある。景品表示法が公正取引委員会から消費者庁に移管され、景品表示法が一般消費者に対する景品類の提供を制限するものであり、「事業者」は景品表示法の保護を受けないと考えることは可能かと考える。ただし、こちらも、プロとアマチュアの概念や区別が不明確ななかで、いかなる参加者が「事業者」として認められるかは必ずしも明らかでない。

⑷　風俗営業法

　風俗営業法2条1項5号は、「ゲームセンター等の営業」につき、「スロットマシン、テレビゲーム機その他の遊技設備で本来の用途以外の用途として射幸心をそそるおそれのある遊技に用いることができるものを備える店舗その他これに類する区画された施設において当該遊技設備により客に遊技をさせる営業」と定めている。

　したがって、eスポーツ大会が5号営業に該当するか否かは、①ゲームが「遊技設備」に該当するか、②開催場所が、「店舗その他これに類する区画された施設」に該当するか、③大会の開催が「営業」に該当するか、といった要件の該当性がポイントになる。

　まず、①「遊技設備」は、「テレビゲーム機（勝敗を争うことを目的とする遊技をさせる機能を有するもの又は遊技の結果が数字、文字その他の記号によりブラウン管、液晶等の表示装置上に表示される機能を有するものに限るものとし、射幸心をそそるおそれがある遊技の用に供されないことが明らかであるものを除く。）」（風俗営業法施行規則3条2号）とされている。eスポーツ大会で用いられるゲームは、参加者がその腕を競い合うものであり、同一の条件のもとに繰り返し遊技したとしても結果に変わりが生じない類のものでもないことから、「テレビゲーム機」に該当すると考えられる。

　次に、②「店舗」とは、「社会通念上一つの営業の単位と言い得る程度に外形的に独立した施設」をいい、また、「その他これに類する区画された施設」とは、ホテル、ショッピングセンター等のゲームコーナーのように「店舗」にあたらない区画された施設をいう（「風俗営業等の規制及び業務の適正化等に関する法律等の解釈運用基準について」（平成30年1月30日警察庁丙保発第2号、丙少発第3号）第3・3)。したがって、屋外の広場等の外界から区

第14章　eスポーツ　403

分されていない場所であれば「店舗その他これに類する区画された施設」に該当しないと考えられる。他方、屋内で実施する場合には、上記の「店舗その他これに類する区画された施設」の要件を否定することは容易でないと考えられる。

続いて、③「営業」とは、営利の目的をもって、同種の行為を反復継続する意思で行う行為とされており、行われる遊技の回数・1回あたりの遊技料金その他の遊技の方法、あるいは風俗営業法の目的を阻害するおそれ等を総合的に勘案して判断される。なお、現実に利益を得たことは必要とされない。

eスポーツ大会が、もともと風俗営業法が規制することを想定していた営業といえるかは微妙なところであるが、大会がゲームの普及や主催者等の利益につながる側面は否定できない。風俗営業法の規制を回避するためには、eスポーツ大会の実施が、ゲームセンター等の営業に該当しないかたちにする必要がある。

なお、賭博事犯が疑われるような場合のほか、eスポーツ大会において風俗営業法に基づく厳しい取締りがなされた事例は、現状においてはあまり見られないが、風俗営業法の解釈・運用は警察の所管であることから、実際にeスポーツ大会を実施、運営するにあたって、事前に所轄の警察に相談をしていくことが肝要と考えられる。

(5) 興行場法

興行場法上の「営業」とは、反復継続の意思をもって行われることで、社会性は必要であるが、営利性は必要ではないとされる。一定期間のみの興行や、仮設施設での興行についても許可が必要となる。この点、厚生労働省によれば、集会所等であっても月5回以上映画の上映等を行う場合には興行場の許可が必要になるとされている（厚生労働省「興行場法概要」）。

観客を集めて、反復継続の意思をもってeスポーツ大会の開催・運営を行う場合には、興行場法の規制対象になる可能性は高いと考えられる。

そのため、eスポーツ大会を実施するにあたって許可を取得しておくことが望ましいと考えられる。

404　第2編　各　論

5　業界団体等

⑴　新しい業界団体の動き

eスポーツに関しては、業界団体として、それまでに複数あった団体が統合し、2018年2月1日に、一般社団法人日本eスポーツ連合（Japan esports Union。略称：JeSU）が発足した。JeSUは、国内で唯一の業界団体であるとうたい、国内初のプロライセンスを発行した。

⑵　新たな問題

大会実施の適法性の論点以外に、新たな問題として、「e-ドーピング」（eスポーツにおけるドーピング）を含むインテグリティの問題、プロ選手の権利保護・ビザ問題、ゲーム自体の中毒性等がある。

第15章
ドローン

1 新規ビジネスの概要

(1) 業界の動向

　ドローン（無人航空機）とは、「航空の用に供することができる飛行機、回転翼航空機、滑空機、飛行船その他政令で定める機器であって構造上人が乗ることができないもののうち、遠隔操作又は自動操縦（プログラムにより自動的に操縦を行うことをいう。）により飛行させることができるもの」をいう（航空法2条22項）。

　ドローンは、多少のスペースさえあれば、簡易な操作で離発着が可能であり、また、簡易に「空からの撮影」も可能であることから、土砂崩落、火山災害、トンネル崩落等の現場における被災状況調査、橋梁、トンネル、河川やダム等のインフラ監視、消火・救助活動、測量、警備サービス、宅配サービス等さまざまな分野での利用が可能であり、社会的に大きな意義があるものと考えられている。また、産業界からも今後多くのビジネスチャンスをもたらすとの期待が大きい。

　ドローンに関連するビジネスとしては、ドローン本体を販売するビジネスや、ドローンの機能（飛行・調査・運搬）を活用した各種サービスに関するビジネスが考えられる。

　ドローンに関するわが国の取組み事例に関しては、「ドローンの現状について」（2016年2月25日）と題する電波政策2020懇談会サービスワーキンググループワイヤレスビジネスタスクフォースの公開資料（総務省ウェブサイト）が参考になる。たとえば、同資料では、以下のような国内における主な取組み事例が紹介されている。

406　第2編　各　論

① 放送コンテンツ制作事業者等が、映画、コマーシャル、報道等の映像コンテンツ撮影に活用した事例

② 「スマートコンストラクション」サービスの一環で、ドローンを利用し、工事現場の3次元測量データを作成した事例

③ メガソーラ発電設備のパネル点検サービスに導入された事例

④ ドローン用発着場を設けた高層マンションにて宅配の実証事業が実施された事例

⑤ ドローンを利用した瀬戸内海の離島への物資輸送が実証された事例

⑥ 地方自治体との協力のもと、災害時における山岳地区との通信中継、携帯電話中継等の実証実験が実施された事例

⑦ 被災地画像の取得、火山観測・火山ガス計測等に活用された事例

■キーワード

スマートコンストラクション

建設現場における生産性向上を進めるためのソリューションサービスのこと。デジタル技術を施工の前工程・施行中・後工程の全プロセスに導入するような実施例もある。

(2) 事例

配送会社 A が、荷主 B からの委託を受けて、配送先 C への、ドローンによる宅配サービスを提供する事例が考えられる。

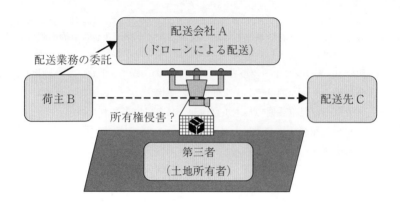

(3) 事例分析

　上記ビジネスでは、荷物の配送にあたってドローンを飛行させることから、ドローンの飛行に関する法規制が問題となる。また、ドローンを操縦するために用いられるRC用送信機（プロポ）は、「無線設備」に該当するため、電波法上の規制が問題となる。そして、ドローンについて、第三者の土地の上空を飛行させる場合には、当該第三者に対する権利侵害該当性が問題となる。さらに、ドローンを用いた運送事業を実施することについて、何らかの業規制に抵触しないかが問題となる。

■キーワード

> RC用送信機（プロポ）
>
> 　RC（Radio Control）機器を操縦するための操作量を電波に変えて送る装置。プロポからの電波を受け取り、電波になった信号を解読してプロポで操作した内容をサーボやスピードコントローラーに伝える「レシーバー」、レシーバーからの信号に従って動作する「サーボ」、走行用モーターに流れる電流を調整する「スピードコントローラー」等によって、RCは構成される。

2 法的問題点の概要

① 航空法上の問題（下記3(1)）	ⅰ 航空法で原則として飛行が禁止されている空域でドローンを飛行させるには、どのような手続が必要か。 ⇒国土交通大臣（地方航空局長）の事前許可が必要である。 ⅱ 航空法に定める飛行方法に反する方法でドローンを飛行させるには、どのような手続が必要か。 ⇒国土交通大臣（地方航空局長）の事前承認が必要である。なお、そもそも、国会議事堂、内閣総理大臣官邸等の国の重要な施設、外国公館、原子力事業所および防衛関係施設等の周辺地域の上空ではドローンの飛行が「重要施設の周辺地域の上空における小型無人機等の飛行の禁止に関する法律」（以下「小型無人機等飛行禁止法」という）等によって禁止されている。また、航空法において飛行が禁止されていない空域においても、地方自治体が飛行を制限する条例等を定めている場合があるので、当該条例等にも注意が必要である。
② 電波法上の問題（下記3(2)）	ドローンの使用にあたって、電波法上、どのような規制が存在するか。 ⇒「無線局」の開設にあたるため、総務大臣の免許が必要となる。ただし、市販されている、技適マークが付されたプロポやドローン（本体）を使用する場合であれば、新たに免許を取得する必要はない。
③ 土地の所有権侵害に係る問題（下記3(3)）	ドローンを第三者の土地の上空で飛行させる行為について、どのような問題が発生しうるか。 ⇒土地所有者の土地所有権に基づく妨害排除請求の対象となりうる。
④ 映像等の撮影に伴う問題（下記3(4)）	ドローンを利用して被撮影者の同意なしに映像等を撮影した場合、どのようなリスクの発生が想定されるか。 ⇒ドローンの利用者において、民事・刑事・行政法規（個人情報保護法等）上のリスクが発生することが想定される。

第15章 ドローン　409

⑤ 運送事業についての許認可の要否（下記3⑸）	ドローンを用いた運送事業を行う場合、どのような業法規制が存在するか。 ⇒現状、ドローンを用いた運送事業は、業法による規制がない状態である。今後、適切な法整備がなされることにより、ドローンによる運送事業の健全な発展が期待される。

■キーワード

航空法

　航空機の航行の安全および航空機の航行に起因する障害の防止を図るための方法を定めること等により、航空の発達を図り、もって公共の福祉を増進することを目的とする法律。

電波法

　電波の公平かつ能率的な利用を確保することによって、公共の福祉を増進することを目的とする法律。

3　法的問題点の詳細

⑴　航空法上の規制

ア　飛行の禁止空域

　航空法は、有人の航空機に衝突するおそれや、落下した場合に地上の人等に危害を及ぼすおそれが高い空域として、以下の空域を「飛行の禁止空域」と設定し、当該空域でドローンを飛行させることを、原則として禁止している（航空法132条、航空法施行規則236条、236条の2）。

> ①　地表または水面から150m以上の高さの空域
> ②　空港等周辺の空域（空港やヘリポート等の周辺に設定されている進入表面、転移表面もしくは水平表面または延長進入表面、円錐表面もしくは

410　第2編　各　論

外側水平表面の上空の空域）（国土交通省のウェブサイトで確認可能）
③　人口集中地区の上空（国土地理院のウェブサイトにおける地理院地図で確認可能）

図表 2-15-1：人口集中地区（濃いアミかけ部）および空港等の周辺に設定されている進入表面等の位置（うすいアミかけ部）

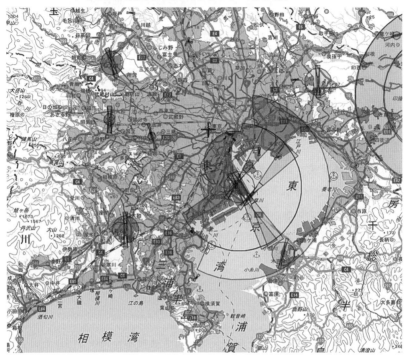

出典：国土地理院「地理院地図」

　これらの空域でドローンを飛行させようとする場合には、安全面の措置をしたうえで、国土交通大臣の許可を受ける必要がある。なお、自身の私有地であったとしても、上記空域に該当する場合には、国土交通大臣（地方航空局長）の許可を受ける必要がある。

　イ　飛行方法についての規制
　ドローンを飛行させる場合には、飛行させる場所にかかわらず、以下の

第 15 章　ドローン　411

飛行方法を守ることが必要である（航空法132条の2、航空法施行規則236条の4、236条の5）。

> ① 日中（日出から日没まで）に飛行させること
> ② 直接肉眼による目視範囲内でドローンおよびその周囲を常時監視して飛行させること
> ③ 第三者または第三者の建物や自動車等の物件との間に30m以上の距離を保って飛行させること
> ④ 祭礼、縁日等多数の人が集まる催し場所の上空で飛行させないこと
> ⑤ 爆発物等危険物を輸送しないこと
> ⑥ ドローンから物を投下しないこと

　これらのルールによらずにドローンを飛行させようとする場合には、安全面の措置をしたうえで、国土交通大臣（地方航空局長）の承認を受ける必要がある。

　なお、そもそも、国会議事堂、内閣総理大臣官邸等の国の重要な施設、外国公館、原子力事業所および防衛関係施設等の周辺地域の上空ではドローンの飛行が小型無人機等飛行禁止法等によって禁止されている。また、航空法において飛行が禁止されていない空域においても、地方自治体が飛行を制限する条例等を定めている場合があるので、当該条例等にも注意が必要である。

ウ　罰則

　航空法の規定に違反してドローンを飛行させた場合、50万円以下の罰金に処せられる可能性がある（航空法157条の4）。

(2)　電波法上の規制

　「無線局」を開設しようとする者は、総務大臣の免許を受けなければならない（電波法4条1項）。

　「無線局」とは、「無線設備」および「無線設備の操作を行う者」の総体をいう（電波法2条5号）。また、「無線設備」とは、無線電信、無線電話その他電波を送り、または受けるための電気的設備をいうが、受信のみを目的とするものを含まない（電波法2条4号）。

ドローンを操縦するために用いられる RC 用送信機（プロポ）は、「無線設備」に該当し、それを操作する者と無線設備の総体は「無線局」となるため、原則として総務大臣の免許を得ることが必要となる。

ただし、「技術基準適合証明」（電波法 38 条の 2 の 2 第 1 項柱書）を受けたプロポ（いわゆる技適マークが付されたプロポ）を使用する場合であれば、新たに総務大臣の免許を得ることは不要である（電波法 4 条 1 項 2 号）。なお、単にプロポからの操作用電波を受けるのみではなく、たとえば、ドローンに搭載されているカメラが撮影している映像や機体の情報をドローン側からプロポ等に送信しているような場合（市販されているドローンの多くはこのような機能が搭載されている）には、当該ドローン自体も「無線設備」となり、操作する者とあわせて「無線局」となる。そのため、そのような機能を有するドローンについては、ドローン側にも技適マークが付されているかどうかを確認する必要があり、仮に技適マークが付されていないものであれば、電波法上の無線局開設の免許が必要となる。特に国内正規品ではない、並行輸入品等は、技術基準適合証明を受けていないことが多く、注意が必要である。

図表 2-15-2：技適マーク

(3) 土地の所有権侵害

航空法で定められた飛行方法を遵守してドローンを飛行させた場合であったとしても、第三者の土地の上空でドローンを飛行させる行為が、当

該第三者の土地の所有権を侵害するものとして、所有権に基づく妨害排除請求の対象となるかが問題となりうる。

この点、「土地の所有権は、法令の制限内において、その土地の上下に及ぶ」（民法 207 条）、とされていることから、航空法の定めが、ここにいう「法令の制限」に該当するかが問題となる。

ここで、航空法の許可等は、地上の人・物件等の安全を確保するための「技術的な見地」から行われるものであることをふまえると、航空法の規定は、土地の所有権の範囲を制限する根拠となりうるものではなく、仮に、航空法の許可を受けて行った飛行であったとしても、理論上は、土地の所有権に基づく妨害排除請求の対象となりうるものであると考えられる。

もっとも、実際には、ドローンの飛行の行為態様をふまえ、それにより、土地の所有者による土地の利用が妨げられているかという観点から、権利侵害性の判断がなされることになろう。

⑷　映像等の撮影に伴うリスク

ア　概要

ドローンを利用して被撮影者の同意なしに映像等を撮影した場合や、それらの映像等をインターネット上で公開した場合は、プライバシー権侵害や肖像権侵害に該当し、不法行為に基づく損害賠償責任（民法 709 条）が発生する可能性がある。

また、浴場、更衣場や便所等人が通常衣服をつけないでいるような場所を撮影した場合には、刑事上、軽犯罪法や各都道府県の迷惑防止条例違反罪に該当する可能性がある（軽犯罪法 1 条 23 号）。

さらに、個人情報取扱事業者による撮影の場合には、無断での撮影行為は不正の手段による個人情報の取得であるとして、個人情報保護法の違反行為となるおそれがある（個人情報保護法 17 条）。

以下、敷衍して述べる（総務省「『ドローン』による撮影映像等のインターネット上での取扱いに係るガイドライン」（2015 年 9 月）4 頁以下を参照）。

■キーワード

個人情報保護法

　個人情報の保護に関する法律。生存する個人に関する情報であって、氏名等の特定の個人を識別することができる記述等が含まれるものを「個人情報」とし、その適切な取扱いを定めることによって、個人情報・有用性に配慮しつつ、個人のプライバシー等の権利利益を保護することを目的とする法律。

イ　プライバシー権侵害

　プライバシーについて一般的な定義は存在していないが、近年の判例では、他人にみだりに知られたくない情報か否かが、プライバシーとして保護を受ける基準とされている（最判平成 15・9・12 民集 57 巻 8 号 973 頁）。

　プライバシーについては、公開する利益と公開により生じる不利益との比較衡量により侵害の有無が判断されることになる（最判平成 15・3・14 民集 57 巻 3 号 229 頁）が、一般に、個人の住所とともに当該個人の住居の外観の写真が公表される場合には、プライバシーとして法的保護の対象になりうると考えられている（東京地判平成 10・11・30 判時 1686 号 68 頁）。屋内の様子、車両のナンバープレートおよび洗濯物その他生活状況を推測できるような私物が写り込んでいる場合にも、内容や写り方によっては、プライバシーとして法的保護の対象となる可能性がある。

　また、たとえドローンの飛行が認められている公共の場におけるものであっても、ドローンは、住居の塀よりも高い上空を飛行するのが一般的であり、通常は塀によって人の視界に入らない映像等を撮影可能であることからすると、撮影・インターネット上での公開は、プライバシー侵害の危険性は高いと考えられる。たとえば、公道から撮影した道路周辺の画像を編集し、インターネット上で閲覧可能となるよう公開するサービスと比較すると、プライバシー侵害の危険性は一段大きいものといわざるをえない。

　したがって、①住宅地にカメラを向けないようにするなど撮影態様に配慮する、②人の顔や車両のナンバープレート、住居内の生活状況を推測できるような私物にぼかし処理等を施すなど、プライバシー保護の措置をと

らなければプライバシー侵害となるおそれがある。

なお、具体的なプライバシー侵害の有無と程度は、個々の写真の内容や写り方によって異なるといわざるをえない。

ウ 肖像権侵害

人は、その承諾なしに、みだりに自己の容貌や姿態を撮影・公開されない人格的な権利、すなわち肖像権を有するとされている。撮影・公開の目的・必要性、その態様等を考慮して、受忍限度を超えるような撮影・公開は、肖像権を侵害するものとして違法となる（最判平成17・11・10民集59巻9号2428頁）。

公道やそれに準じた公共の場における人の容貌等を撮影・公開した場合であれば、公共の場において普通の服装・態度でいる人間の姿を撮影・公開することは受忍限度内として肖像権侵害が否定されるものと思われる。

一方、公共の場でない場所における撮影はこの限りではない。たとえば、被撮影者の承諾なく、住居の塀の外側から撮影者が背伸びをした姿勢で、居宅の一室であるダイニングキッチン内の被撮影者の姿態を写した場合は受忍限度を超えていると解されている（東京地判平成元・6・23判時1319号132頁）。

なお、公道であっても、風俗店等に出入りする姿等、撮影、公開されることを通常許容しないと考えられる画像や、他人の住居内の生活状況を推測できるような画像の場合、肖像権侵害となるかどうかは、プライバシーと同様に最終的には事例ごとの個別判断とならざるをえない。さらに、たとえば、ドローンで産業廃棄物の違法投棄を行う者を追跡し、顔写真やナンバープレートの撮影に成功した場合等、撮影そのものは公益目的で許されるが、映像等の公開は肖像権侵害にあたるとされる可能性があるケースもあると考えられる（東京地判平成19・8・27判タ1282号233頁）。

エ 個人情報保護法上の問題

ドローンによる撮影映像等は、①表札の氏名が判読可能な状態で写っていたり、個人の容貌につき個人識別性のある情報が含まれる場合、②これらの映像にぼかしを入れるなどの加工をしても、加工前の映像も保存して

416 第2編 各 論

いる場合には、当該情報は「個人情報」に該当し、それがデータベース化されている場合には「個人情報データベース等」に該当する。

そして、個人情報保護法17条は「個人情報取扱事業者は、偽りその他不正の手段により個人情報を取得してはならない」と規定している。ここでいう「偽りその他不正の手段」の例としては、「不正の意図を持って隠し撮りを行う場合」が考えられる。そのため、個人情報取扱事業者が不正の意図を持ってドローンを使った隠し撮りを行った場合には、その撮影は「偽りその他不正の手段」による個人情報の取得にあたり、個人情報保護法の違反行為となるおそれがある。

また、撮影者が個人情報取扱事業者である場合には、個人情報に関する利用目的の特定（個人情報保護法15条）、利用目的による制限（個人情報保護法16条）、取得に際しての利用目的の通知（個人情報保護法18条）等についても対応が必要である。

さらに、ドローンによる撮影映像等に個人情報が含まれ、その個人情報がデータベース化されている場合、個人情報取扱事業者は安全管理措置（個人情報保護法20条）等を講じることが必要となるほか、個人情報取扱事業者が当該データを本人の同意なく公開した場合には、原則として第三者提供の制限（個人情報保護法23条）の違反となる。

(5) 運送事業についての許認可の要否

ドローンを用いて、貨物の運送事業を実施する場合、何らかの業規制に服するか否かが問題となる。

ア 貨物自動車運送事業法

ドローンを用いた運送事業が、仮に「貨物自動車運送事業」に該当する場合、当該事業を営むには、貨物自動車運送事業法上の業規制に服する必要が生じる（貨物自動車運送事業法2条参照）。しかしながら、「貨物自動車運送事業」とは、「一般貨物自動車運送事業、特定貨物自動車運送事業及び貨物軽自動車運送事業」をいう（同条1項）。そして、「一般貨物自動車運送事業」とは、「他人の需要に応じ、有償で、自動車（三輪以上の軽自動車及び二輪の自動車を除く。……）を使用して貨物を運送する事業であって、特定

第15章 ドローン　417

貨物自動車運送事業以外のもの」をいう（同条2項）。また、「特定貨物自動車運送事業」とは、「特定の者の需要に応じ、有償で、自動車を使用して貨物を運送する事業」をいう（同条3項）。さらに、「貨物軽自動車運送事業」とは、「他人の需要に応じ、有償で、自動車（三輪以上の軽自動車及び二輪の自動車に限る。）を使用して貨物を運送する事業」をいう（同条4項）。

　このように、「貨物自動車運送事業」とは、いずれについても「自動車を使用して貨物を運送する事業」であるため、ドローンが「自動車」に該当するか否かが問題となる。

　ここで、「自動車」とは、「原動機により陸上を移動させることを目的として製作した用具で軌条若しくは架線を用いないもの又はこれにより牽引して陸上を移動させることを目的として製作した用具であって、原動機付自転車以外のもの」をいう（貨物自動車運送事業法2条5項、道路運送車両法2条2項）。

　しかしながら、ドローンは、航空の用に供することを想定したものであり、「陸上を移動させることを目的として製作した用具」には該当しないため、ドローンは「自動車」の定義にはあてはまらない。

　したがって、ドローンを用いた運送事業は、「貨物自動車運送事業」に該当しないため、貨物自動車運送事業法は適用されないものと考えられる。

イ　道路運送法

　ドローンを用いた運送事業が、仮に「道路運送事業」に該当する場合、当該事業を営むには、道路運送法上の業規制に服する必要が生じる（道路運送法2条参照）。

　ここで、「道路運送事業」とは、「旅客自動車運送事業、貨物自動車運送事業及び自動車道事業」をいう（道路運送法2条1項）。そして、これらのうち、「旅客自動車運送事業」および「自動車道事業」は、そもそも貨物の運送事業を想定した概念ではない。

　また、「貨物自動車運送事業」とは、「貨物自動車運送事業法による貨物自動車運送事業」をいう（同条4項）ところ、上記のとおり、ドローンを用いた運送事業は、貨物自動車運送事業法上の「貨物自動車運送事業」には該当しない。

したがって、ドローンを用いた運送事業は、道路運送法上の「道路運送事業」に該当しないため、道路運送法は適用されないものと考えられる。

ウ　航空法

ドローンを用いた運送事業が仮に「航空運送事業」に該当する場合、当該事業を営むには、航空法上の業規制に服する必要が生じる（航空法2条参照）。

ここで、「航空運送事業」とは、「他人の需要に応じ、航空機を使用して有償で旅客又は貨物を運送する事業」をいう（航空法2条18項）。また、「航空機」とは、「人が乗って航空の用に供することができる飛行機、回転翼航空機、滑空機、飛行船その他政令で定める機器をいう」をいう（同条1項）。

しかしながら、ドローンは、構造上人が乗ることができないものであるため（航空法2条22項）、「航空機」の定義にあてはまらない。

したがって、ドローンを用いた運送事業は、航空法上の「航空運送事業」に該当しないため、航空法は適用されないものと考えられる。

エ　結論

以上のとおり、現状、ドローンを用いた運送事業は、業法による規制のない状態である。今後、適切な法整備がなされることにより、ドローンによる運送事業の健全な発展が期待される。

4　解決へのアプローチ

以上のとおり、ドローンを利用したビジネスを行ううえで留意すべき法的問題点は、航空法上の規制のみにとどまらず、映像等の撮影に伴うリスクに至るまで多岐にわたる一方で、運送事業についての現時点では適切な業規制が存在しない状況である。しかるに、今後適切な法整備がなされることも想定され、サービス設計時点での業規制の確認は必須となる。

ドローンを利用した現行のビジネスにおいては、ドローンを用いた撮影を行う場面が多いと思われるところ、そのように撮影された映像等を利用する場合には、当該映像に個人や個人のプライバシー権にかかわるものが

第15章　ドローン　419

写っているかどうかを必ず確認する必要がある。そして、仮にそのような ものが映っている場合には、撮影対象者の肖像権やプライバシー権を侵害 しないように、個人や個人のプライバシーにかかわる映像箇所にぼかしを 入れるなど、これらに十分に配慮した対応が欠かせないであろう。また、 そもそもドローンによる撮影を行う場合には、個人や個人のプライバシー にかかわるものが極力映り込まないように、撮影対象を限定することが重 要である。

　ドローンを利用したビジネスを行うにあたっては、①航空法、小型無人 機等飛行禁止法等、電波法、さらには自治体の条例といった行政法上の規 制を遵守し、安全性を確保する必要があること、②第三者の所有地の上空 を利用する際には、当該第三者の権利を侵害しないよう事前に許可を得て おくべきであること、③簡易に「空からの撮影」が可能であるというドロー ンの性質上、肖像権やプライバシー権等の第三者の権利侵害リスクが高い 業態であるため、細心の注意を払う必要があること、といった視点を持つ ことに加え、落下等の万が一の事故が起きた場合に備えての対処方法や損 害賠償リスクをあらかじめ十分検討し、十分な賠償責任保険に加入するな どのリスク対応策を講じたうえでビジネスを開始することが重要であると いえる。

420　第2編　各　論

第16章
VR

1 新規ビジネスの概要

⑴ 業界の動向

「VR」とは、「Virtual Reality」(仮想現実)の略語であり、現実には存在しないモノや空間を「現実」であるかのように感じさせるための技術やシステムを意味する。VRのビジネスでの活用事例をあげると以下のとおりである。

① 不動産会社が、分譲マンションや分譲一戸建て等について、VRによる内覧サービスを提供する事例
② 鉄道会社が、社員の安全教育として、電車事故をVRを用いて疑似体験させる事例
③ 建設会社が、VRで工事現場を再現し、不具合箇所を発見させる体験型の社員研修を導入する事例
④ 来場者に対し、VRシステムを利用させ、VRを体験させる施設を運営する事例

図表 2-16-1：VR 空間のなかで無限にまっすぐ歩く体験ができる「Unlimited Corridor」

出典：東京大学「Unlimited Corridor Project Team」

　物理的には曲がっている壁を、壁を触る手の感覚（触覚）と VR 空間内における無限に続いている道の景色（視覚）を組み合わせることでまっすぐであるかのように誤認させて、VR 空間のなかでまっすぐ歩く体験ができる。右が利用者が見ている VR 空間内の映像で、左が利用者が実際に触れている壁の触感を再現した簡易な装置である。VR 空間内での体験とは異なり、実際には壁の役割を担う装置は円状になっており、利用者は同じところを回っているにすぎない。同様に、実際に触れているのは三角のテーブルであっても、触感で角が認識できれば、VR 空間のなかにおいて見ている四角いテーブルを触っているように利用者に感じさせることが可能である。

図表 2-16-2：PlayStation VR（左）と Oculus Quest（右）

出典：ソニーインタラクティブエンターテイメントのウェブサイト、フェイスブックテクノロジーズのウェブサイト

　たとえば、PlayStation VR は、ヘッドセット等に搭載された加速度セン

サー（速度変化（重力、振動、衝撃）を計測）、ジャイロセンサー（回転や向きを検知）に加えて、ヘッドセット等が発する光をカメラが認識して頭の位置や動き、コントローラー（手）の位置や動きを検知し、その位置や動きにあわせて、映像を表示し音を出すことにより、あたかも VR 空間に自分が入り込んでいるかのような「没入感」を体感することができる（ただし、PlayStation4 本体と PlayStation Camera が必要）。

　また、2019 年 5 月発売の Oculus Quest は、PC やヘッドセットのトラッキングのためのセンサーが必要だった Oculus Lift とは異なり、オールインワン型の VR システムであり、VR ヘッドセットとコントローラーのみで VR 体験が可能とされている。

　「AR」とは、「Augmented Reality」（拡張現実）の略語であり、現実の情報に、センサー等で検出した情報と、表示した CG（Computer Graphics）を重ね合わせることで、現実の空間・環境に何らかの情報を付加していく技術やシステムを意味する。AR のビジネスでの活用事例をあげると以下のとおりである。

① 　大雨等で被災した建物等の被害状況の調査に際して、若手調査員の仕事を、ベテラン調査員が AR スマートグラス経由で遠隔支援する事例
② 　AR スマートグラスを用いて、現存しない史跡への観光ツアー（スマートツーリズム）を提供する事例
③ 　利用者の位置情報をもとに、利用者に対して、スマートフォンを通して、現実世界そのものを舞台として、架空のキャラクターとの遭遇を体験させるコンテンツサービスを提供する事例

■キーワード

スマートツーリズム

　センサー、スマートフォン、IoT、ビッグデータ処理といった技術の進歩により進展した、旅行中に利用できるリアルタイムかつパーソナライズされた旅行者支援サービスの総称。

「MR」とは、「Mixed Reality」（複合現実）の略語であり、CGによる人工的な世界の情報（仮想情報）に、現実世界の情報を融合させる技術やシステムを意味する（ARもMRの一種とされるが、ここでいうMRは、現実に付加する仮想情報の割合が高いもの、あるいは、仮想情報と現実世界との融合の度合いが高いものを想定している）。MRのビジネスでの活用事例をあげると以下のとおりである。

① 歯科治療の際に、患者の歯にコンピューターグラフィックスを重ねて、神経や血管の位置を確認しながら治療ができるようなシステムを提供する事例
② 製品の組み立て手順の検討や改善のため、製品のデジタルモックアップに対して、仮想工具を使って仮想部品を組み付けるシステムを活用する事例（仮想工具をつかむ手は作業者自身の現実の手を表示・融合する）
③ 建設予定の建築物が完成後どのような外観、内観になるのかを、建築現場に映し出し、体験できるシステムを提供する事例

VRとARの技術は、今はデバイスとして分かれたかたちで登場しているが、最終的にはMRの領域に進み、やがては統合されるものと考えられている。

たとえば、現実世界を表示せずに、CGで作り上げられた仮想世界を表示して、あたかも仮想世界のなかにいるかのようなインタラクティブな映像や音を提供すれば、それはVRの世界である。現実世界で話している人にあわせて、その人が話す言語の字幕が目の前に表示されるようにすれば、それはARの世界である。そして、自動車ディーラー店舗において、実際には存在しない自動車を出現させ、その自動車を眺め、ドアを開け、イグニッションボタンを押して始動させたりする仮想体験を提供しながら商談をすれば、それはMRの世界である。

上記のとおり、VR、AR、MR（以下、総称して「VR等」という）は、多くの産業分野において活用可能であり、大きな可能性を秘めているといえ、VR等に関連するビジネスの市場規模は、今後もますます拡大することが見込まれている。

424 第2編 各 論

(2) 事例

　製造業者が、VR 等システム（ヘッドマウントディスプレイ等）を製造のうえ、消費者に販売・提供する。そして、当該製造業者またはコンテンツ（ゲーム）制作会社が、当該ヘッドマウントディスプレイシステムにて利用可能なコンテンツ（ゲーム）を制作のうえ、消費者に販売・提供する事例が考えられる。

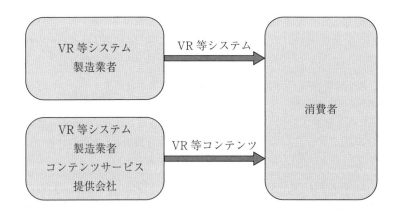

(3) 事例分析

　上記ビジネスでは、製造業者が、ヘッドマウントディスプレイ等のVR等用システムを製造のうえ、消費者に販売することから、①消費者に、VR等システムの利用にあたって、健康被害等が発生した場合に、VR等システム製造業者が製造物責任等を負わないかが問題となる。また、②VR等システム製造業者ないしコンテンツサービス提供会社が制作し、消費者に対して提供するコンテンツ（ゲーム）内のアイテムに関する知的財産権等の権利関係が問題となる。さらに、③消費者が、コンテンツの利用にあたって、ID 情報を登録するなどして、VR 等システム製造業者ないしコンテンツサービス提供会社が消費者の個人情報を取得する場合、個人情報保護法上の規制が問題となる。

　なお、上記事例では問題とならないが、④上記(1)において紹介したよう

なVR体験施設の運営にあたっては、提供サービスの内容に応じて、当該施設の運営者が風俗営業法上の規制を遵守する必要が生じうる。

2 法的問題点の概要

① VR等システムの利用に伴って発生しうる問題（下記3(1)）	VR等システムの製造業者等は、どのような場合に製造物責任を負うか。 ⇒VR等システムの製造業者等は、VR等システムの利用に伴い、利用者等に健康被害等が発生し、当該損害が、当該VR機器の「欠陥」に起因すると認められる場合には、製造物責任を負う可能性がある。
② 仮想空間内のアイテム等の権利関係に係る問題（下記3(2)）	VR等の仮想空間内で作成されるアイテムは、著作権法上の保護の対象となるか。 ⇒VR等の仮想空間内で作成されるアイテムについては、その内容次第で、著作権法上の保護の対象となる場合とならない場合とがある。
③ ARの利用に関連して発生しうる問題（下記3(3)）	ⅰ ARを用いたサービスの提供者が利用者に対して間違った情報を提供した場合、どのような責任を負うか（下記3(3)ア）。 ⇒ARを用いたサービスの提供者は、利用者に間違った情報を提供した場合、それに伴い発生した損害について、債務不履行に基づく賠償責任を負う可能性がある。 ⅱ ARを用いたサービスの利用者による不法行為について、サービスの提供者自身が責任を負うことがあるか（下記3(3)イ）。 ⇒たとえば、ARを用いたサービスの仕様が、利用者による不法行為を誘発するものであり、当該ゲームの提供者がこれを漫然と放置しているような場合等には、サービスの提供者自身が不法行為責任を負う可能性がある。

④ 個人情報保護法上の規制に係る問題（下記3(4)）	VR等を用いたサービス提供者が利用者の個人情報を取得その他の取扱いを行う場合、どのような規制に留意すべきか。 ⇒VR等を用いたサービス提供者は、VR等のサービス提供にあたり、利用者の個人情報を取得その他の取扱いを行う場合、適正に取得を行ったり、利用目的を通知したりするなど、個人情報保護法上の規制を遵守する必要がある。なお、個人情報保護法上の規制のみならず、個人情報の不適切な取扱いによって、プライバシー権侵害とならないように留意すべきである。
⑤ 風俗営業法上の規制に係る問題（下記3(5)）	VR体験施設の運営にあたり、当該施設の運営業者は、どのような規制に留意すべきか。 ⇒VR体験施設の運営業者は、VR体験施設における提供サービスの内容に応じて、風俗営業法上の規制を遵守する必要が生じうる。

■キーワード

製造物責任法

　製造物の欠陥により、人の生命、身体または財産に係る被害が生じた場合における製造業者等の損害賠償責任について定めることにより被害者の保護を図ることを目的とする法律。

個人情報保護法

　個人情報の保護に関する法律。生存する個人に関する情報であって、氏名等の特定の個人を識別することができる記述等が含まれるものを「個人情報」とし、その適切な取扱いを定めることによって、個人情報の有用性に配慮しつつ、個人のプライバシー等の権利利益を保護することを目的としている。

風俗営業法

　風俗営業等の規制及び業務の適正化等に関する法律。風俗営業等の営業時間や営業区域等を制限するなどして、その健全化・適正化を促進し、善良

第16章　VR　427

の風俗と清浄な風俗環境を保持すること等を目的とする法律。ゲームセン
ターの営業は、「風俗営業」（風俗営業法2条1項5号）に該当する。

3 法的問題点の詳細

(1) VR等のシステムの利用に伴って発生しうる問題

ア 製造物責任

　製造業者等は、その製造、加工、輸入等をした製造物であって、その引
き渡したものの欠陥により他人の生命、身体または財産を侵害したときは、
これによって生じた損害を賠償する責任を負う（製造物責任法3条）。

　ここで、「欠陥」とは、「当該製造物の特性、その通常予見される使用形
態、その製造業者等が当該製造物を引き渡した時期その他の当該製造物に
係る事情を考慮して、当該製造物が通常有すべき安全性を欠いていること」
をいう（製造物責任法2条2項）。そして、「欠陥」については、一般的に、
①製造物の設計そのものにおける欠陥としての「設計上の欠陥」、②設計そ
のものには問題がないが製造工程において設計と異なった製造物が製造さ
れたという「製造上の欠陥」、および、③製造物が適切な指示・警告を伴っ
ていないことをもって欠陥とする「指示・警告上の欠陥」の3分類が存在
する。

　この点、VR等システムの利用に伴って、利用者の生命、身体または財産
に損害が発生した場合であって、かつ、当該VR等システムが「通常有す
べき安全性を欠いている」と評価された場合には、VR等システムの製造
業者等は、当該欠陥と相当因果関係を有する損害を賠償する責任を負う。

　たとえば、VR用ヘッドマウントディスプレイの装着時には、ディスプ
レイと目の距離が近く、目に負担がかかりがちであることから、利用者に
斜視等の健康被害が生じる可能性があるといわれており、また、目以外に
も「VR酔い」等による身体の障害が発生する可能性も否定はできない。ま
た、VR機器内において、フラッシュが多用されることによって、利用者に
光過敏性発作を生じさせることもありうる。また、過度に刺激的な映像を

428　第2編　各　論

投影することによって、利用者に対して、PTSD（心的外傷後ストレス障害）を生じさせる可能性もあろう。このような場合、当該 VR 機器は、人の身体に害を生じさせうる点において、当該機器自体に「設計上の欠陥」があると認められる可能性は否定できず、また、少なくとも、そのような損害が発生する可能性について適切な指示・警告がなされていなければ、その点について「指示・警告上の欠陥」が認められる可能性はある。しかしながら、上記のような損害は、当該 VR 等システムの欠陥により生じたというよりも、当該 VR 等システム上で再生されたコンテンツにより生じたものであることも多いと思われ、誰が損害賠償責任を負うべきなのかは、それぞれの事案ごとに異なるだろう。

さらに、たとえば、VR 機器（ヘッドマウントディスプレイ）の装着時には、視界が閉ざされ、周囲の状況から遮断されるため、「VR 機器のプレイ中に部屋に入ってきた幼児の頭をコントローラーで強く殴打し、当該幼児がケガをした」などという事故が発生しうる。この点、将来的には、VR 機器（ヘッドマウントディスプレイ）が今よりもより軽く、無線化することは容易に想定され、その場合、屋外で利用していた利用者が急に道路に飛び出して車にひかれたり、高いところから落ちたりして、傷害を負ったり死亡したりするケースも出てくる可能性がある。このような場合、VR 機器の製造業者等は、VR 機器に内在するかかる危険性を利用者に対して、適切に告知していなかった場合等には、「指示・警告上の欠陥」が認められる可能性がある。

このように、VR 等システムの製造業者等は、VR 等システムの利用に伴い、利用者等に健康被害等が発生し、当該損害が、当該 VR 機器の「欠陥」に起因すると認められる場合には、製造物責任を負う可能性がある。

イ　対応策

これらのリスクを軽減する観点からは、VR 等システムの製造業者等は、通常想定される使用により身体上の損害が生じないような仕様を志向するとともに、製品の取扱説明書や利用時に表示するアラート画面等において、VR 等システムの適切な使用方法、危険性、禁止行為等を十分に説明し、利用者に理解させることが重要であるといえる（ただし、アラート画面におい

第 16 章　VR　429

てはさほど多くの文言を盛り込むことはできないため、わかりやすく、また、利便性をさほど犠牲にしない程度に、効果的かつ簡潔な文言を検討して表示する工夫が求められる）。

⑵　仮想空間内のアイテム等の権利関係に係る問題

VR 等の仮想空間内におけるアイテム等が制作された場合に、当該アイテム等についての権利関係が問題となりうる（いわゆる「バーチャルプロパティ」論）。

ここでは、主に著作権法の観点から、検討を加える[1]。

■キーワード

> バーチャルプロパティ論
>
> 　仮想空間におけるアイテム等のプロパティについて、どの程度法的保護を及ぼすことが可能か、という事項に関する議論の総称。ソーシャルメディアおよびソーシャルゲームで利用されるバーチャル通貨の普及に伴って、バーチャルプロパティの概念には、アイテムのみならず、通貨も含まれる前提で議論されることが多くなっている。

ア　2次元の漫画キャラクター等を 3DCG 化した場合

2 次元で描かれた漫画のキャラクター等を元にした 3DCG（Three Dimensional Computer Graphics）を制作した場合、当該行為は、原著作物たる漫画のキャラクターの「変形」（著作権法 27 条）に該当し、3DCG は、「二次的著作物」（著作権法 2 条 1 項 11 号）と評価される可能性がある。

もっとも、「二次的著作物」性が認められるためには、変形行為につき、創作性が認められる必要がある。この点、2 次元の漫画のキャラクター等を 3 次元化して 3DCG を作成する場合には、モデリング（仮想の立体物のかたちを形成する作業）の過程や、マテリアル・マッピング（モデリングにより

---

1)　市村直也「3D デジタルと知的財産　第 3 回 3DCG と著作権」NBL964 号（2011年）98 頁以下を参照。

430　第 2 編　各　　論

生成されたオブジェクトに、色、透明度、反射、屈折率等を設定し、物体の質感（金属質、ガラス状等）を表現する作業）による質感設定の過程が介在するところ、当該過程においては、3DCG制作者自身の感性等に基づく創意工夫が付加されるのが通常であることをふまえると、3DCGの多くは、漫画のキャラクター等を原著作物とする二次的著作物として、原著作物から独立した固有の著作権が認められるものと解される。

　なお、原著作物たる漫画の著作権者に無断で、3DCGを制作する行為は、当該著作権者の翻案権侵害（著作権法27条）に該当する可能性があるため、制作にあたっては、適切な権利処理を行うように留意する必要がある。また、二次的著作物である3DCGの利用に関し、原著作物たる漫画の著作権者は、3DCGの制作者と同一の種類の権利を専有することから、原著作物たる漫画の著作権者との合意なく、3DCGを利用することができない点につき、留意する必要がある（著作権法28条）。

イ　既存の立体物（自動車等の乗り物、建造物、家具等）を3DCG化した場合

　既存の立体物を写実的に再現した3DCGを制作する場合、当該3DCGにつき、著作物性は認められるか。当該3DCGについて、創作性が認められるか否かが問題となる。

　ここで、上記アのとおり、既存のものを3DCG化した3Dオブジェクトを著作物と認める主たる根拠は、モデリングの過程や、マテリアル・マッピングによる質感設定の過程において、3DCG制作者自身の感性等に基づく創意工夫が付加される点にあると解される。

　しかしながら、既存の立体物を忠実に再現した3Dオブジェクトについては、これらの点につき、基本的に既存の立体物の特徴を再現したものにすぎない場合が多いと考えられ、その場合、当該過程において、3DCG制作者自身の感性等に基づく創意工夫が付加されているとはいえないこととなる。

　したがって、既存の立体物を写実的に3DCG化した3Dオブジェクトについては、創作性が認められない結果、著作物性が否定される可能性が高いと思われる。

第16章　VR　431

ウ　現存しない架空の乗り物、建造物、家具等を 3DCG 化した場合

　現存しない架空の乗り物、建造物、家具等を 3DCG 化した場合、当該
3DCG につき、著作物性が認められるか。著作権法における「応用美術」の
取扱いとの関係を検討する必要がある。

　ここで、「応用美術」とは、「思想又は感情を創作的に表現しているが、
鑑賞目的ではなく、実用に供されることを目的に制作され、又は一般的平
均人にそう受け取られるもの」をいうとされる[2]。そして、一般に、応用美
術については、「一定の美的感覚を備えた一般人を基準に、純粋美術と同視
し得る程度の美的創作性を具備していると評価される場合」に限って著作
権の保護が認められるものと解されてきた（大阪高判平成 17・7・28 判時
1928 号 116 頁）。

　したがって、架空のものとはいえ、本来、実用目的を有するはずの自動
車等の乗り物、建造物、家具等を 3DCG で表現した 3D オブジェクトにつ
き、応用美術の著作物性に関する判断基準が仮に適用されるとすれば、著
作物性が認められる範囲は、限定的に解されることになる。

　ただし、近時、応用美術についての著作物性の考え方については、裁判
例によって、見解が分かれている。応用美術の著作物性の判断に際して、
高度の創作性の有無を判断基準として設定することを否定し、作成者の個
性が発揮されているか否かという、他の著作物と同様の判断基準を採用す
るものも現れている（知財高判平成 27・4・14 判時 2267 号 91 頁参照）。今後の
裁判例の動向が注目される。

エ　小括

　以上のとおり、VR 等の仮想空間内で作成されるアイテムについては、
その内容次第で、著作権法上の保護の対象となる場合とならない場合とが
ある。

---

2)　市村・前掲注 1) 104 頁。

⑶ AR の利用に関連して発生しうる問題

ア 債務不履行責任

債務者がその債務の本旨に従った履行をしないときは、債権者に対して、それによって生じた損害の賠償責任を負う（民法 415 条）。

この点、AR を利用したサービス提供者等が、利用者に対して負う債務を履行しなかった結果、利用者に損害が発生した場合、当該サービス提供者等は、利用者に対して、債務不履行に基づく損害賠償責任を負う可能性がある。

たとえば、AR を利用したナビゲーションサービスにおいて、サービス提供者が利用者に対して、間違った情報提供を行った結果、当該情報を信頼して行動したことにより利用者に損害が発生したような場合（たとえば、前方が崖にもかかわらず、道路の存在を前提に直進を指示したような場合）、サービス提供者は、正確な情報を利用者に提供する債務を負っていたにもかかわらず、当該債務を履行しなかったことによって、利用者に損害を生じさせたものとして、利用者に対して債務不履行に基づく損害賠償責任を負う可能性は完全には否定できない。もっとも、仮に常時正確な情報が提供されるとは限らないことが当該サービスの前提とされ、利用者も当該前提を了解したうえで、そのようなサービスレベルでのサービス提供を受けている場合には、そもそも債務不履行とはならないとも考えられる。また、仮に債務不履行となるとしても、ナビゲーションサービスにより提供される情報にのみ依拠して行動することは通常考えられないのであれば、当該債務不履行と損害との間の因果関係が否定されると考えられる（自動車運転時に、カーナビからの情報のみに依拠して、目に見えている状況を無視することは通常ありえない）。

イ 不法行為責任

故意または過失によって他人の権利または法律上保護される利益を侵害した者は、これによって生じた損害を賠償する責任を負う（民法 709 条）。

この点、たとえば、AR および GPS を利用したスマホゲームをプレイ中の利用者が、ゲームを遂行中に、第三者の敷地内に配置されたアイテムを

第 16 章 VR 433

取得しようと、当該第三者の敷地内に不法に侵入し、ゲームに夢中になる
あまり、敷地内にあった高価な盆栽に気がつかず、踏みつぶして損壊した
場合、当該利用者は、当該第三者に対して、不法行為に基づく損害賠償責
任を負う。

　また、当該ゲームの仕様が、利用者による上記不法行為を誘発するもの
であり、当該ゲームの提供者がこれを漫然と放置しているような場合（た
とえば、ゲームを有利に進行させるためのアイテム等を取得するにあたり、公道
や公園等および当該ゲームに協賛する企業の敷地や施設等のみならず、無関係の
第三者の敷地や施設内への侵入を誘発するような仕様となっており、当該ゲーム
の提供者がこれを漫然と放置している場合）等には、サービスの提供者自身が、
利用者による上記不法行為によって損害を被った第三者に対して、不法行
為に基づく損害賠償責任を負う可能性も否定できない。

ウ　対応策

　これらのリスクを軽減する観点からは、サービスの提供者は、サービス
の利用段階で発生しうるトラブルを綿密に予測したうえで、AR を用いた
サービスの仕様が、利用者による不法行為を誘発するものとならないよう
注意するとともに、利用者に対して、サービスの仕様ならびに適切な使用
方法、危険性、禁止行為等を十分に説明し、理解させたうえ、第三者に対
する不法行為を招来するような使用方法を禁止しておくことが、重要であ
るといえる。また、サービス提供後に当初予測できていなかったトラブル
を認識するに至った場合には、すみやかにサービスの仕様の変更、利用時
の注意喚起文の追加・修正、規約の変更等の対応を行うべきである。

⑷　個人情報保護法上の規制に係る問題

　「個人情報」とは、生存する個人に関する情報であって、当該情報に含ま
れる氏名、生年月日その他の記述等により特定の個人を識別することがで
きるもの等をいう（個人情報保護法 2 条 1 項参照）。

　たとえば、「利用者の位置情報をもとに、利用者に対して、スマートフォ
ンを通して、現実世界そのものを舞台として、架空のキャラクターとの遭
遇を体験させるコンテンツサービスを提供する事例」において、利用者の

ID 情報と紐付けるかたちで、利用者の位置情報等を取得する場合、当該位置情報等は個人情報に該当するため、サービス提供者は、個人情報保護法上の各種規制を遵守する必要がある。

主な規制としては、①偽りその他不正の手段により個人情報を取得してはならないこと（個人情報保護法 17 条 1 項）、②利用目的を特定すること（個人情報保護法 15 条）、③個人情報の取得に際して、利用目的の通知等を行うこと（個人情報保護法 18 条）等があげられる。

したがって、サービス提供者は、個人情報を取得するにあたっては、ともすれば不明確になりがちな、取得対象となる個人情報の範囲を利用者に明示するとともに、取得する個人情報の利用目的を特定したうえで、プライバシーポリシーに明記し、公表するなどの対応が必要となる。

また、個人情報保護法上の規制を遵守するのみならず、常に利用者目線で自社の個人情報の取得行為の見え方を意識し、個人情報の不適切な取扱いによってプライバシー権侵害とならないように十分に留意すべきである。

⑸　風俗営業法上の規制に係る問題

来場者に対し、VR システムを利用させ、VR を体験させる施設（VR 体験施設）を設置したうえで、来場者に対し、VR 体験を提供するというサービスについては、たとえば、「スコア等が出るゲーム」を提供するサービスや、「純粋な体験をするアトラクション」を提供するサービスの 2 種類が考えられるが、当該サービスを提供する施設を運営する行為について、風俗営業法上の規制の対象となるかが問題となる。

ここで、「スロットマシン、テレビゲーム機その他の遊技設備で本来の用途以外の用途として射幸心をそそるおそれのある遊技に用いることができるもの（国家公安委員会規則で定めるものに限る。）を備える店舗その他これに類する区画された施設……において当該遊技設備により客に遊技をさせる営業」は、「風俗営業」に該当するものとして、風俗営業法上の規制を遵守する必要が生じる（風俗営業法 2 条 1 項 5 号）。

そして、規制対象に関する国家公安委員会規則の定め（限定列挙）のうち、本件で問題となりうるのは、①テレビゲーム機（勝敗を争うことを目的とする遊技をさせる機能を有するものまたは遊技の結果が数字、文字その他の記号に

第 16 章　VR　435

よりブラウン管、液晶等の表示装置上に表示される機能を有するものに限るものとし、射幸心をそそるおそれがある遊技の用に供されないことが明らかであるものを除く。風俗営業法施行規則3条2号）、②遊技の結果が数字、文字その他の記号または物品により表示される遊技の用に供する遊技設備（人の身体の力を表示する遊技の用に供するものその他射幸心をそそるおそれがある遊技の用に供されないことが明らかであるものを除く。同条4号）の2つである。

VR体験施設が提供するサービスのうち、「スコア等が出るゲーム」に関しては、「勝敗を争うことを目的とする遊技をさせる機能を有するものまたは遊技の結果が数字、文字その他の記号によりブラウン管、液晶等の表示装置上に表示される機能を有するもの」に該当するものとして、上記①の「テレビゲーム機」の定義に該当するものと評価され、当該サービスを提供する施設を運営する行為は「風俗営業」に該当するものと解される可能性がある。

他方で、VR体験施設が提供するサービスのうち、「純粋な体験をするアトラクション」に関しては、「勝敗を争うことを目的とする遊技をさせる機能を有するものまたは遊技の結果が数字、文字その他の記号によりブラウン管、液晶等の表示装置上に表示される機能を有するもの」にはあたらず、上記①の「テレビゲーム機」の定義には該当しないものと考えられる。また、「遊技の結果が数字、文字その他の記号または物品により表示」されないことから、上記②にも該当しないものと考えられる。よって、「純粋な体験をするアトラクション」を提供する施設を運営する行為は「風俗営業」に該当しない可能性が高いと考えられる。

仮に風俗営業法上の規制の対象となる場合には、具体的には、①営業所ごとに都道府県公安委員会の許可を受けること（風俗営業法3条）、②営業所の構造および設備を、所定の基準に適合するように維持すること（風俗営業法12条）、③営業時間の制限を遵守すること（風俗営業法13条）、④年少者の立入禁止の表示を行うこと（風俗営業法18条）等といった規制を遵守する必要がある。

したがって、VR体験施設の運営にあたっては、提供するサービスの内容をふまえたうえで、当該行為が「風俗営業」に該当するのかを慎重に吟味する必要がある。

436　第2編　各　論

4　解決へのアプローチ

　以上のとおり、VR 等関連ビジネスに関しては、VR 等システムそのもの
に起因する問題、VR 等を用いたサービスの仕様やコンテンツの内容等に
起因する問題、利用者による VR 等を用いたサービスの利用に伴って発生
しうる問題等が考えられる。また、仮想空間内のアイテムの権利関係につ
いては、現時点において十分に議論がし尽くされているとはいいがたい。

　したがって、VR 等を用いたサービスを提供するに際しては、ユーザー
によるサービスの利用にあたって、どのような問題が発生しうるかを可能
な限り予測したうえで、VR 等を用いたサービスの仕様やコンテンツの内
容等について、問題を可能な限り回避できる仕様や内容とするよう留意す
る必要がある。また、VR 等システムの製造業者や VR 等を用いたサービス
提供者は、VR 等システムや VR 等を用いたサービスを利用するにあたり
発生する可能性のある危険性について、利用者に対して適切かつ十分に説
明し、そのような危険を生じさせる可能性がある利用方法をしないように
警告したり、利用態様を制限する（たとえば、VR サービスであれば、利用者
が移動しながら利用していることを検知した場合には当該利用を制限するなど）
などして、当該危険性回避のための措置を可能な限り講じ、損害賠償責任
リスクの軽減を行う必要がある。

　また、VR 等を用いたサービスの提供者は、VR 等を用いたサービスを提
供するにあたって、遵守すべき個人情報保護法等の規制を遵守するととも
に、当該法令上の規制のみならず、たとえば、個人情報の不適切な取扱い
等によって、プライバシー権侵害とならないように留意すべきである。

　さらに、VR 等を用いたサービスの提供者は、VR 等を用いたサービスの
提供にあたって必要となる許認可の有無を事前に確認し、仮に必要な許認
可（たとえば、風俗営業法上の許認可等）が存在する場合には、当該許認可を
取得する必要がある。

第**17**章

宇宙ビジネス

1 新規ビジネスの概要

(1) 業界の動向

ア はじめに

近年注目を集めている宇宙ビジネスであるが、その内容は多岐にわたっている。たとえば、人工衛星に関するビジネスとして、①人工衛星の打上げ事業、②人工衛星の製造事業、③人工衛星の運営事業があげられるほか、下記のとおり、④2016年に関連法案が成立した衛星画像（衛星によるリモートセンシング）に関する新規事業や、⑤日本版 GPS といわれる準天頂衛星（測位衛星）を使った事業といった種々の事業があげられる。長い視野では、宇宙旅行、資源探査、火星移住等も視野に入れる企業が海外には複数存在する。

宇宙活動に関する法規制は、大きく分けて条約をはじめとする国際法の領域と、国内法の領域に分けられる。国際法としては、宇宙条約をはじめとする各種条約のほか、法的拘束力までは有しないものの、国連総会における決議や各種のガイドライン等がある。

国内法の領域では、長年、民間の宇宙活動を規制する法規制は存在していなかったが、2016年11月9日、人工衛星等の打上げ及び人工衛星の管理に関する法律（以下「宇宙活動法」という）が成立し、2018年11月15日に全面施行された。以下、具体的な宇宙ビジネスの内容に入る前提として、宇宙活動法の規制を概観する。

438 第2編 各 論

■キーワード

> ### 衛星によるリモートセンシング
>
> 　衛星に搭載したセンサーを使って地球を観測すること。衛星に搭載したセンサーが、地球上の陸域、海域、雲等が反射した、あるいは自ら放射した電磁波（光や電波）を観測することにより、衛星リモートセンシングデータが得られる。このデータを解析することにより、海面の温度や雲の状態、地表の状況（農作物、都市化、森林、火山等）を知ることができる。衛星リモートセンシングデータは、データの取得方法により、目で見ることのできない情報をも網羅的に取得できることに特徴があり、取得できた情報によりさまざまな使用方法が考えられる。

> ### 宇宙条約
>
> 　月その他の天体を含む宇宙空間の探査及び利用における国家活動を律する原則に関する条約。宇宙空間の探査利用の自由等、宇宙空間が国家による取得の対象とならないこと、国家に対する責任集中原則等が規定されている。1967 年に発効した。

イ　宇宙活動法の概要

(ア)　宇宙活動法成立の背景等

　宇宙活動法成立の背景には、わが国における宇宙産業の現状に目を向ける必要がある。2016 年 4 月 1 日に閣議決定され発表された「宇宙基本計画」では、「我が国の宇宙機器産業の事業規模として 10 年間で官民合わせて累計 5 兆円」の規模をめざすことがうたわれているが、近年のわが国における宇宙産業の市場規模は 3600 億円程度（一般社団法人日本航空宇宙工業会「航空宇宙産業データベース令和元年 7 月」。なお、宇宙機器産業（飛翔体、地上装置、ソフトウェア）の年間売上高の合計による）であり、その 9 割程度が民間事業者によるものではなく、官需に基づくものである。こうした状況のなかで、上記の 5 兆円という規模を達成するためには、民間事業者による宇宙事業への進出拡大が不可欠な状況にあった。もっとも、上記アのとおり、わが国においては、民間事業者による宇宙活動について規制する法規制が存在しておらず、民間事業者が宇宙活動に参入するにあたって、いか

第 17 章　宇宙ビジネス　439

なる体制を整え、いかなる規制に従えばよいかが明らかになっていない状況にあった。宇宙活動法は、こうした背景のもとで成立したものである。なお、宇宙活動法に先立つ国内法として、2008年に成立し施行された宇宙基本法があるものの、宇宙基本法は、宇宙の開発や利用に関する理念や国の責務等が規定されたものであり、民間事業者の宇宙活動についての定めが置かれたものではなかった。

■キーワード

> **宇宙基本計画**
>
> 　本文記載のとおり2016年4月1日に閣議決定された宇宙政策に関する基本指針。宇宙政策をめぐる環境変化をふまえ、①「国家安全保障戦略」に示された新たな安全保障政策を十分に反映すること、②産業界の投資の「予見可能性」を高め産業基盤を維持・強化することが策定の趣旨として記載されている。

(イ)　規制の概要

　宇宙活動法の規制は大きく分けて、①ロケットを打ち上げる際の許可制度、②人口衛星の管理に係る許可制度、③宇宙活動に関連して第三者に生じた損害賠償責任に係る制度に分けられる。以下、順に説明する。

　宇宙活動法4条1項は、「国内に所在し、又は日本国籍を有する船舶若しくは航空機に搭載された打上げ施設を用いて人工衛星等の打上げを行おうとする者は、その都度、内閣総理大臣の許可を受けなければならない」と定め、人工衛星等の打上げにあたって許可が必要な場合を明確にしている（「人工衛星等」とは、「人工衛星及びその打上げ用ロケットをいう」とされている（宇宙活動法2条3号））。宇宙活動法4条1項によれば、規制の対象となるのは「国内に所在し、又は日本国籍を有する船舶若しくは航空機に搭載された打上げ施設」を用いた打上げであり、日本国外の打上げ施設での打上げ行為は規制対象外とされる。

　宇宙活動法20条1項は、「国内に所在する人工衛星管理設備を用いて人工衛星の管理を行おうとする者は、人工衛星ごとに、内閣総理大臣の許可

440　第2編　各　　論

を受けなければならない」とし、上記の打上げの許可とは別個に人工衛星の管理についての許可が必要となることを規定している（「人工衛星の管理」とは、「人工衛星管理設備を用いて、人工衛星の位置、姿勢及び状態を把握し、これらを制御することをいう」とされている（宇宙活動法2条7号）。なお、人工衛星管理設備についても定義がなされているが、電磁波を利用して人工衛星の位置、姿勢および状態の制御等を行う無線設備をいうとされている（同条6号））。日本国外の施設について、規制対象外である点は、打上げの許可と同様である。

　第三者に損害が生じた場合については、その損害の内容に応じて賠償責任者等が規定されている。ロケット落下等損害（打上げ用ロケットと人工衛星の分離前の人工衛星等または打上げ用ロケットと人工衛星の分離後の打上げ用ロケットの落下、衝突または爆発により生じた損害（宇宙活動法2条8号））については打上げ業者が、人工衛星落下等損害（打上げ用ロケットと人工衛星が分離された後の人工衛星の落下または爆発により生じた損害（同条11号））については人工衛星の管理者がそれぞれ無過失責任を負うこととされている（宇宙活動法35条、53条。なお、ロケット落下等損害および人工衛星落下等損害のいずれについても、「業務上密接な関係を有する者」に生じた損害が除外されており、打上げ事業者または人工衛星の管理者が無過失責任を負う範囲は、第三者に生じた損害に限定されている）。

　また、ロケット落下等損害の場合においては、打上げ事業者以外の者については損害賠償責任を負わないとする責任集中制度が採用され（宇宙活動法36条）、打上げ事業者から他に当該損害の発生の原因となった者に対する求償権も一定の場合には制限されている。したがって、打上げ事業者は自己の責任に基づく損害以外についても責任を負うこととなる可能性があるが、打上げ事業者は第三者賠償責任保険契約や政府が一定の上限額の範囲で生じた損害を補償することを内容とする損害賠償補償契約の締結といった損害賠償担保措置を講ずることが義務づけられており（宇宙活動法9条1項・2項）、生じた損害に対する賠償が適切になされることが担保されている。

第17章　宇宙ビジネス　441

図表 2-17-1：宇宙活動法の主要な規制

打上げ許可	日本国内において、人工衛星等の打上げを実施する場合には、内閣総理大臣の許可が必要となる。
人工衛星管理	日本国内において、人工衛星管理設備を用いた人工衛星の管理を行う場合には、内閣総理大臣の許可が必要となる。
損害賠償	人工衛星等が落下するなどして損害が発生した場合には、打上げ事業者・人工衛星管理者が無過失責任を負う。 ロケット落下等損害の場合には、原則として打上げ事業者以外の者は賠償責任を負わず、打上げ事業者は損害賠償担保措置を講ずることが義務づけられる。

(2) 事例

　上記(1)アのとおり、宇宙ビジネスの内容は多岐にわたっているものの、新規ビジネスとして参入が容易とはいえないものも多い。たとえば、人工衛星の打上げ、人工衛星の製造、運用といった各事業は、専門的なノウハウが必要なことはもちろんのこと、技術的、金銭的なハードルが高いといえる。また、宇宙旅行や資源探査についても、上記のようなハードルのほかに、国内における法整備が十分ではないという問題点もある（たとえば、地球を周回する軌道までは至らないサブオービタル飛行に用いられる宇宙飛行機は、宇宙活動法上の人工衛星の定義には該当しないことから（宇宙活動法2条2号）、宇宙活動法による規制は及ばない。また、航空法上の航空機の定義に該当した場合、航空法上の許可が必要となるが、宇宙飛行機が航空法上の航空機に該当するかは明らかではなく、いかなる規制が及ぶかが不明確な状況にある）。

　他方で、宇宙から地球を観測することで得られたデータを利用するリモートセンシングに関する事業は、その事業内容によっては、相対的にコストが低く参入可能な事業も考えることが可能である。したがって、本章においては、宇宙ビジネスとして比較的参入障壁が高くないリモートセンシングに関する事業を解説の対象とする。

442　第2編　各　論

(3) 事例分析

それでは、こうしたリモートセンシング事業への参入にあたってはどのような法的問題点があるのか。リモートセンシングについては、その基本法としての、衛星リモートセンシング記録の適正な取扱いの確保に関する法律（以下「リモートセンシング法」という）が、宇宙活動法と同様に2016年11月9日に成立し、宇宙活動法の全面施行に先んじて2017年11月15日に全面施行された（宇宙活動法とリモートセンシング法はあわせて「宇宙2法」と呼称されることもある）。

リモートセンシングに関する事業を行う際には、リモートセンシング法においてどのような規制がなされるか把握し、求められる手続等を遵守することが重要になる。

図表 2-17-2：商流図

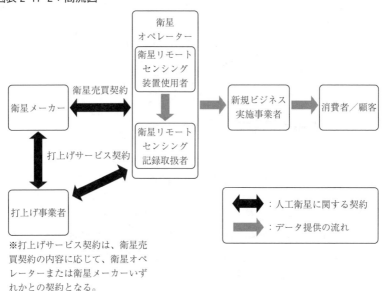

第 17 章 宇宙ビジネス　443

■キーワード

> 航空法
>
> 　航空機の航行の安全および航空機の航行に起因する障害の防止を図るための規定等が定められている。航空法における「航空機」とは、「人が乗って航空の用に供することができる飛行機、回転翼航空機、滑空機、飛行船その他政令で定める機器をいう」とされている。

2　法的問題点の概要

①　宇宙ビジネスにおける法規制の概要（下記3(1)）	宇宙ビジネスにおいて現在法規制はあるのか。 ⇒宇宙活動法とリモートセンシング法がある。
②　リモートセンシング法（下記3(2)）	リモートセンシング法においてどのような規制がなされているか。 ⇒ビジネスにおいて許可制、認定制等が存在している。

3　法的問題点の詳細

(1)　宇宙ビジネスにおける法規制の概要

　法律による規制はビジネスを実施するにあたって障害となるととらえられることも多い。もっとも、法規制があることによって法的に安定性のあるビジネスを実施することが可能ということもできる。すなわち、特段規制のない分野においては、新規ビジネス立上げ後に法規制が整備されることにより想定していたビジネスモデルの実現が困難となるおそれが否定できず、場合によっては規制遵守のためのコスト等の関係でビジネスを断念せざるをえない状況になる可能性すらある。一方、法規制がすでになされている分野においては、当該法規制を遵守する必要はあるものの、いいか

444　第2編　各　論

えればその規制の範囲内であれば自由にビジネスを実施することが可能といえる。

上記1(3)のとおり、リモートセンシングについては、その基本法としてのリモートセンシング法が、宇宙活動法と同様に2016年11月9日に成立し、2017年11月15日に全面施行された。上記の観点からいえば、法規制が整備されることによって、リモートセンシングを利用したビジネスを実施する土台がまさに整った状況といえよう。

(2) リモートセンシング法の概要

ア リモートセンシングとは

衛星によるリモートセンシングとは、衛星に搭載したセンサーを使って地球を観測することをいい、衛星に搭載したセンサーが、地球上の陸域、海域、雲等が反射した、あるいは自ら放射した電磁波（光や電波）を観測することにより、衛星リモートセンシングデータが得られる。このデータを解析することにより、海面の温度や雲の状態、地表の状況（農作物、都市化、森林、火山等）を知ることができる。衛星リモートセンシングデータは、データの取得方法により、目で見ることのできない情報をも網羅的に取得できることに特徴があり、取得できた情報によりさまざまな使用方法が考えられる。

衛星リモートセンシングデータは、大きく分けて、①生データ（衛星からデータ受信したままの未補正のデータ）、②標準データ（未補正の生データに基本的な処理のみを加えてゆがみや濃淡を補正したデータ）および、③高次付加価値データ（標準データをさらに高次元なデータを施すことによって、地図と重ね合わせることができたり、地形や大気の情報が抽出されるなど、付加価値がついたデータ）に分けられる。これらのデータのうち、①生データおよび②標準データはリモートセンシング法の規制対象とされているが、③高次付加価値データに処理した後は不可逆なデータとなり画像悪用等の不正使用のおそれが低いため、規制がされていない。

第17章　宇宙ビジネス　445

図表 2-17-3：衛星リモートセンシングデータの分類

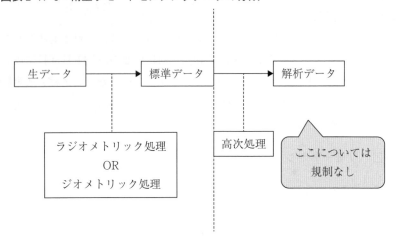

　リモートセンシング法では、リモートセンシングデータを取得する際に用いられる衛星リモートセンシング装置の使用に係る規制および取得された衛星リモートセンシング記録の取扱いに係る規制の2つの観点からの規制がなされている。以下、これらの規制について概観する。

イ　規制の対象①（衛星リモートセンシング装置の使用：許可制）
　衛星リモートセンシング装置とは、衛星に搭載されたセンサーを含む装置で、内閣府令で定める基準に該当する性能のものをいい（リモートセンシング法2条2号）、当該センサーの区分に応じて内閣府令で定める基準に該当しない装置の使用に関してはリモートセンシング法の対象外である。
　センサーの区分については、衛星リモートセンシング記録の適正な取扱いの確保に関する法律施行規則（以下「リモートセンシング法施行規則」という）上、①光学センサー、②SARセンサー、③ハイパースペクトルセンサー、④熱赤外センサーの4つに区分されており、定義もなされているが、各センサーの概要は以下のとおりである。

図表 2-17-4：各センサーの概要

光学センサー	対象物が太陽光を受けて放射した量を検出するセンサーをいう。主に可視光線の場合に関して、簡単にいうとデジタルカメラのように地上を観察するセンサーであるため、雲がかかっている場合等には地表で反射した太陽光が遮られるため観測が難しい。
SAR センサー	マイクロ波センサーの一種であり、夜間でも観測でき、また使用する波長によっては雲を透過する性質があるため雨の多い日本や熱帯地域等で地表を観測するのに向いている。
ハイパースペクトルセンサー	数十種類以上に分類されたスペクトル（光の帯）による情報を取得するセンサーで、人間の目で識別する色等だけではわからない対象の特性や情報を得ることができる。
熱赤外センサー	赤外線を受信し電気信号に変換して必要な情報を取り出すセンサーで、対象物の温度を瞬時に測定できる特徴を持っている。

　また、上記のセンサーの区分に応じた内閣府令で定める基準は、①光学センサーについては対象物判別精度が 2 m 以下、②SAR センサーについては対象物判別精度が 3 m 以下、③ハイパースペクトルセンサーについては対象物判別精度が 10 m 以下、かつ、検出できる波長帯が 49 超、④熱赤外センサーについては対象物判別精度が 5 m 以下とされている（リモートセンシング法施行規則 2 条各号）。

　また、リモートセンシング法 4 条 1 項は、「国内に所在する操作用無線設備を用いて衛星リモートセンシング装置の使用を行おうとする者（特定使用機関を除く。）は、衛星リモートセンシング装置ごとに、内閣総理大臣の許可を受けなければならない」としている。そこで、たとえば海外のみに「操作用無線設備」があるリモートセンシング衛星の操作・記録送信・記録を取り扱う場合は今回の法規制の対象外である。

　許可前の事前審査（リモートセンシング法 6 条）では、①使用する設備の

第 17 章　宇宙ビジネス　447

構造、性能等、②安全管理に必要な措置、③国際社会の平和の確保等に支障を及ぼすおそれの有無について審査を受けることとなる。

また衛星リモートセンシング装置の使用者は、①操作用信号、衛星リモートセンシング装置から送信する記録の符号化処理（リモートセンシング法8条）、②許可に係る軌道を外れるときの機能停止（リモートセンシング法9条）、③許可に係る受信設備以外の設備を用いないこと（リモートセンシング法10条）、④装置使用を終了するとき、適切な終了措置を講じること（リモートセンシング法15条）が義務づけられている。

ウ　規制の対象②（衛星リモートセンシング記録の取扱い：認定制）

リモートセンシング法2条6号によれば「衛星リモートセンシング記録」とは「特定使用機関以外の者による国内に所在する操作用無線設備を用いた衛星リモートセンシング装置の使用により地上に送信された」記録に加工を行った電磁的記録のうち、対象物判別精度、記録の加工により変更が加えられた情報の範囲および程度（加工処理のレベル）、記録されてからの経過時間等を勘案して内閣府令で定める基準に該当するものをいい、その基準は衛星リモートセンシングデータの区分に応じて以下のとおりである（リモートセンシング法施行規則3条1項）。

図表 2-17-5：データ区分に応じた基準の内容

	生データ 対象物判別精度	標準データ 対象物判別精度
光学センサー	2m 以下 記録されてから 5 年以内	25cm 未満
SAR センサー	3m 以下 記録されてから 5 年以内	24cm 未満
ハイパースペクトルセンサー	10m 以下かつ波長帯 49 超 記録されてから 5 年以内	5m 以下 かつ波長帯 49 超
熱赤外センサー	5m 以下 記録されてから 5 年以内	5m 以下

また、衛星リモートセンシング記録を取り扱う者は、当該対象物判別精度、加工処理のレベル、記録からの経過時間等を勘案した区分に応じて、衛星リモートセンシング記録を適正に取り扱うことができると認められる旨の認定を受けることができるとされている（リモートセンシング法21条1項）。

そこで、海外のみに操作用無線設備があるリモートセンシング衛星の画像を買う場合は、どれだけ高対象物判別精度の衛星画像を国内で取り扱うとしても、リモートセンシング法の衛星リモートセンシング記録を取り扱う者の認定を取得する必要がないということになる。また、内閣府令で定める基準に該当しない記録の取扱いもリモートセンシング法の適用範囲外となる。加えて、リモートセンシング法21条3項では、認定を受けるには、衛星リモートセンシング記録の分析・加工能力、衛星リモートセンシング記録の安全管理の措置等を勘案して内閣府令で定める基準に適合していなければならないとされている。

衛星リモートセンシング記録の他者への提供について、衛星リモートセンシング記録保有者（つまり装置使用者＋認定取扱者）は、許可を受けた装置使用者、認定取扱者、特定取扱機関（国、地方公共団体、外国政府機関）以外に衛星リモートセンシング記録を提供してはならないとされている（リモートセンシング法18条）。また、提供する際は、①衛星リモートセンシング記録を提供する際の暗号化等、②衛星リモートセンシング記録の安全管理に必要な措置（漏えい、滅失、毀損の防止等）をしなければならないとされている（リモートセンシング法20条）。

4　解決へのアプローチ

(1)　リモートセンシング法上の規制の適用

衛星リモートセンシングデータを利用した各種ビジネスを実施することを考える事業者が衛星自体を保有・管理することは通常考えにくく、衛星データを取り扱う事業者から取得して使用することが考えられる。

この点、当該事業者は、その衛星リモートセンシングデータの目的用途

に応じて処理加工されたデータを購入することが考えられる。この場合、仮に当該データを宇宙空間から取得してきた衛星がリモートセンシング法で規制の対象となる衛星に該当したり、生データがリモートセンシング法の規制となる対象の対象物判別精度であったとしても、不可逆に加工された解析データを入手する場合にはリモートセンシング法の規制対象にはならないため、これを購入する事業者が何らかの規制対象になることはない。また、仮に海外から高い対象物判別精度を持つ衛星データを入手することを考えた場合であっても、その衛星の操作用無線設備が日本国内になければ、当該衛星リモートセンシング装置の使用により地上に送信された記録を取り扱ったとしても、リモートセンシング法の対象にはならない。

　よって、リモートセンシング法が施行された後も、許可や認定を受けなければならないのは、国内に所在する操作用無線設備を用いて衛星リモートセンシング装置の使用を行う者や、ここから得られる生データや標準データを、委託を受けて扱う業者等が規制の対象となる。通常のデータ販売業者は標準データを加工して付加価値のある解析データを作ることになると考えられるが、現在日本国内から操作する無線設備では、リモートセンシング法に規定するような高分解能の標準データは取得されていない。

　これらの点をふまえると、一般的な事業者がそのビジネスのなかに衛星データを利用しようとするに際し、当該事業者がリモートセンシング法に基づく許可や認定をとることは現状では想定されていないといってよい。ただし、ほかの産業における新規ビジネスと同様、その事業内容に応じて、リモートセンシング法以外の法規制に目配せが必要であることは同様である。

⑵　まとめ（今後の展望）

　世界的に見ると、宇宙ビジネスは 30 年後には現在 30 兆円規模の市場が 3 倍以上の 100 兆円ビジネスになると予想されており、欧米を中心に New Space といわれる新興企業が複数起業され、多額の資金が調達されている。また、中国、インド、UAE 等の宇宙技術開発競争も目覚ましい。日本の宇宙産業においても現在官民協力の体制が進み、産業振興が叫ばれている（たとえば、JAXA が産業連携に関するプログラムを提供している例や、日本政策投

450　第 2 編　各　論

資銀行が航空宇宙室を新設し具体的な融資を行った例もある）。日本がどこで勝負をするかを考えたとき、その1つは「衛星データ利用」があげられる。すなわち、衛星データを利用した新しいビジネスは、まさにITビジネスであり、衛星製造をして宇宙空間に打ち上げるという巨額の投資を行うことなく、地上で得られる宇宙からの情報を得て新たなビジネスのソリューションを模索することが可能になってきている。そのための法制は今まさに整備され始め、「アイディアを出したもの勝ち」の時代に入ったといえよう。

　なお、2019年2月には、経済産業省が主導してTellus（テルース）と呼ばれる衛星データのオープン＆フリープラットフォームが公開されている（https://www.tellusxdp.com/ja/）。Tellusでは、種々の衛星データが無償で提供されており、Tellusを通じてさらなる非宇宙産業におけるビジネスソリューションとしての衛星データ利用が進むことが期待される。

■キーワード

> **JAXA**
>
> 　国立研究開発法人宇宙航空研究開発機構。2003年に宇宙科学研究所（ISAS）、航空宇宙技術研究所（NAL）、宇宙開発事業団（NASDA）の3機関が統合して誕生した。日本における宇宙機関として宇宙開発利用における技術研究開発を行っている。また2018年3月に発表された中長期目標では4つの柱の1つに宇宙利用拡大と産業振興が入り、民間事業者との協働も積極的に行っている。

第17章　宇宙ビジネス　451

第18章
動画配信プラットフォーム

1 新規ビジネスの概要

本章においては、①YouTube 等の動画配信プラットフォームを運営する
ビジネスと、②そのような動画配信プラットフォームに対して動画を投稿
する者（いわゆる YouTuber 等）に対して、動画制作に利用可能な素材を提
供するなどの支援業務を行うビジネスを取り上げる。

(1) 動画配信プラットフォーム運営

自社が運営する動画配信ウェブサイトを新たに作成し、ユーザーから自
由に動画を投稿してもらい、同ウェブサイトを訪問するユーザーがそれら
を自由に閲覧できるサービスを提供する。このサービスでは、動画再生時
に表示される広告等による広告収入を基本的な収益とすることを想定して
いる。

■キーワード

動画配信プラットフォーム
Google が運営する「YouTube」や、ドワンゴが運営する「ニコニコ動画」のような、自社の運営するウェブサイトに、ユーザーから自由に動画を投稿してもらい、同サイトを訪問するユーザーがそれらを自由に閲覧できるサービスをいう。

452 第2編 各 論

(2) 動画投稿支援業務

他者の動画配信プラットフォームに動画を投稿するユーザー（いわゆる YouTuber 等）に対して、動画制作に利用可能な素材を提供するなどの支援サービスを行う。

このような業務を行っている事業者として、UUUM があげられ、同社は、動画制作に必要な音楽や映像素材の提供を行うとともに、著名な YouTuber 等と専属プロデュース契約を締結するなどの事業も行っている。

■キーワード

> **YouTuber**
> YouTube に、自身が制作した動画を継続的にアップロードして公開する者を指す。YouTuber の多くは、視聴者による動画の再生回数や広告のクリック数に応じた広告収入を得ていると考えられ、数多くの動画をアップロードし、多額の広告収入を得ている著名な YouTuber も存在する。

ア 事例

図表 2-18-1：商流図

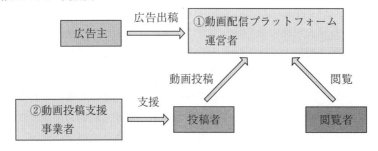

イ 事例分析
(ア) 動画配信プラットフォーム運営

動画配信プラットフォームにおいては、誰もが気軽に動画を投稿できる

利便性がある一方で、第三者の著作権等を侵害する動画や、公序良俗に反する内容の動画が投稿される危険をはらんでいる。このような動画が配信された場合、原則的には投稿者が責任を負うと考えられるが、運営者も、一定の責任を負う可能性がある。そのため、動画配信プラットフォーム運営者としては、自社の運営する動画配信プラットフォームに、このような動画が投稿された場合に、どのような場合に自らが第三者（被害者）に対して損害賠償責任等を負うかを検討する必要がある（下記3(1)ア）。

　より具体的には、ユーザーが投稿する動画において、名誉権、プライバシー権、肖像権、著作権等の第三者の権利の侵害、脅迫・犯行予告行為、公序良俗違反（暴力、わいせつ等）の問題があった場合に（以下、このような動画を「違法動画」という）、動画配信プラットフォーム運営者も法的責任を負わないかを検討する必要がある。

　また、法的責任に限らず、動画配信プラットフォームのレピュテーション、信用性に悪影響が生じないかを考える必要がある。この観点から、動画配信プラットフォームを運営するにあたっては、ユーザーが投稿する動画について、コンテンツ管理をどのように行うかという点も重要となる。

　なお、動画配信プラットフォーム運営の収益は、広告収入による部分も大きいと考えられるところ、検討の視点としては、広告主との関係で問題となるような投稿がなされないか、または、どのような投稿がなされることが、広告を集める際に望ましいか、ということも考慮が必要である。この観点からは、インターネット動画配信との違いもふまえつつ、テレビ業界における自主規制の基準等も参考になる。

　また、動画配信プラットフォーム運営者は、特定電気通信役務提供者の損害賠償責任の制限及び発信者情報の開示に関する法律（以下「プロバイダ責任制限法」という）上のいわゆるプロバイダに該当すると考えられることから、プロバイダ責任制限法に基づいて、第三者から動画の削除要請等があった場合にどう対応するか、また、プロバイダ責任制限法に基づいて免責を受けることができるかどうか、そのためにどのような要件が必要となるかも検討する必要がある（下記3(1)イ）。

　さらに、動画の投稿を行うユーザーとの関係においても、投稿される動画についてどのような権利処理をしておく必要があるか（たとえば、ユー

ザーが未成年者であった場合に、どのような対応をするか）、また、違法動画が投稿された場合に備えて利用規約等にどのような規定を設けておくか検討する必要がある（下記3(1)ウ）。

■キーワード

プロバイダ責任制限法

特定電気通信役務提供者の損害賠償責任の制限及び発信者情報の開示に関する法律。インターネットでの不特定多数の者に対する情報の流通により、他人の権利が侵害された場合におけるプロバイダの責任の制限、および被害者による発信者情報開示請求権等について定めている。

プロバイダ

プロバイダ責任制限法2条3号では、特定電気通信役務提供者（プロバイダ）を「特定電気通信設備を用いて他人の通信を媒介し、その他特定電気通信設備を他人の通信の用に供する者」と定義している。インターネット接続プロバイダのほか、サーバの管理・運営者や電子掲示板等のウェブサイトの管理・運営者等もこれに該当する。

㈲　動画投稿支援業務

動画投稿者に素材を提供するなどの支援業務を行う場合、提供する音楽や映像素材に関してどのような権利処理を行う必要があるかの検討が必須である。適切な権利処理がなされていない素材を提供した場合には、投稿者がそのような素材を使用した動画を投稿することにより、著作権法上の諸権利を侵害する事態が生じ、素材を提供した事業者がその責任を問われる場合がありうる（下記3(2)ア）。

また、提供する素材に第三者の氏名や肖像が含まれる場合は、肖像権やパブリシティ権についての権利処理も必要となる（下記3(2)イ）。

第18章　動画配信プラットフォーム　455

■キーワード

名誉権

人格権の一種として、みだりに名誉を害されない権利をいう。ここでいう「名誉」とは、ある人が社会から受けている客観的評価を意味する。名誉権を違法に侵害する行為は、不法行為（民法709条、710条）や名誉毀損罪（刑法230条）に該当する。

プライバシー権

伝統的には、私生活をみだりに公開されない権利をいう。法律に明文化された権利ではないが、判例上認められる権利である（東京地判昭和39・9・28判時385号12頁（「宴のあと」事件））。プライバシー権に関する考え方は時代とともに変化しており、情報化の進んだ現代においては、自己に関する情報をコントロールすることができるという積極的な権利（自己に関する情報の開示や削除等を求める権利）を含むという考え方もある。

肖像権

自己の容貌をみだりに撮影、公表等されない権利をいう。法律に明文化された権利ではないが、人格権またはプライバシー権の一種として認められる。

パブリシティ権

人の氏名、肖像等が有する、商品の販売等を促進する顧客吸引力を排他的に利用する権利をいう。肖像に関する権利の一種であるが、肖像の有する経済的側面に着目した権利である。法律に明文化された権利ではないが、人格権に由来する権利として判例上認められた権利であり、パブリシティ権を肯定した最高裁判例として、いわゆるピンク・レディー事件（最判平成24・2・2民集66巻2号89頁）がある。

2 法的問題点の概要

(1) 動画配信プラットフォーム運営

① 違法動画に対するプラットフォーム運営者の責任（下記3(1)ア）	ユーザーが投稿する動画において、名誉権・プライバシー権・肖像権・パブリシティ権等の侵害、脅迫・犯行予告行為、公序良俗違反（暴力、わいせつ等）、著作権侵害等があった場合に、プラットフォームの運営者が責任を負うか。 ⇒プラットフォーム運営者も、権利侵害を知りながら何もしなかった場合等に、一定の責任を負う可能性がある。
② プロバイダ責任制限法（下記3(1)イ）	投稿される動画が著作権を侵害する場合や、名誉毀損等の行為に該当するものである場合、プロバイダとしてどのように対応する必要があるか。また、プロバイダ責任制限法3条1項に基づく免責を受けることができるかどうか。 ⇒プラットフォーム運営者は、プロバイダ責任制限法に基づいて適切な対処を行えば、原則として損害賠償責任を負わない。（ただし、運営者自身が情報の「発信者」と評価される場合は当該責任を負う可能性がある）。
③ 投稿者との関係および権利処理（下記3(1)ウ）	投稿を行うユーザーとの関係で、投稿される動画についてどのような権利許諾・クリアランスをしておく必要があるか。 ⇒プラットフォーム運営者がビジネス上利用できるために、必要な権利の譲渡を受けたり、利用許諾を受けたりするなどの権利処理が必要となる。ユーザーが未成年者の場合には、たとえば親権者の同意を得るなど、それに応じた措置も必要である。

⑵　動画投稿支援業務

①　著作権法 （下記3⑵ア）	提供する素材に関して、どのような権利処理を行う必要があるか（適切な権利処理がなされていない素材を提供した場合に、どのような侵害の責任が生じるか）。 ⇒素材の権利者から、許諾を得ることが必要となる。必要な権利処理を怠った場合、素材を提供した事業者が著作権侵害について責任を負う可能性がある。
②　肖像権・パブリシティ権（下記3⑵イ）	提供する素材に人物の氏名や肖像が含まれる場合、肖像権・パブリシティ権について、どのように権利処理を行う必要があるか。パブリシティ権については、特にタイアップ動画等の動画広告の場合に問題となると考えられる。 ⇒素材の権利者から、許諾を得ることが必要となる。必要な権利処理を怠った場合、素材を提供した事業者が肖像権・パブリシティ権侵害について責任を負う可能性がある。

3　法的問題点の詳細

⑴　動画配信プラットフォーム運営

ア　運営者の責任およびコンテンツ管理全般

　ユーザーが投稿する動画に違法動画が含まれていた場合、実際に投稿を行うのはユーザーであっても、動画配信プラットフォーム運営者も法的責任を負う可能性がある。

　以下では、プラットフォーム運営者がどのような責任を負うか、それに伴い、動画配信プラットフォーム運営者としては、そもそも違法動画が投稿されないようにするための措置を講じるとともに、また、違法動画が投稿された場合に事後的にこれに対処する措置を講じるかについて検討する。

㈠　名誉権・プライバシー権・肖像権・パブリシティ権侵害

　第三者の名誉権・プライバシー権や肖像権、パブリシティ権を侵害する

458　第2編　各　　論

動画が投稿された場合、投稿者ではない動画配信プラットフォーム運営者は、そのような動画を削除すべき義務を負うか。また、削除しなかった場合に法的責任を負うか。

この点について、掲示板に第三者の名誉を毀損する投稿がなされた場合における掲示板管理者の責任が問題となった東京高判平成14・12・25判時1816号52頁は、当該事案の具体的事情のもとにおいて、被害者が掲示板管理者に対して投稿の削除を求めることができる旨判示し、掲示板管理者が、被害者による削除要請により当該投稿の存在を具体的に認識していたにもかかわらず、投稿の削除措置を講じなかったことを理由に、掲示板管理者の不法行為責任（損害賠償責任）を肯定した。

上記の例のように、動画配信プラットフォーム運営者についても、第三者の名誉を毀損する動画が投稿されていることを認識したにもかかわらず、削除等の措置を講じなかった場合は、被害者に対して不法行為責任を負う可能性があり、プライバシー権・肖像権等についても同様に考えられる可能性がある。

(イ) 脅迫・犯行予告行為

動画配信プラットフォームにおいて脅迫や犯罪を予告する内容の動画が投稿された場合であっても、動画配信プラットフォーム運営者が、直接それに関与していたような場合でなければ、ただちに何らかの責任を負うものではないと考えられる。

もっとも、それが、特定の第三者の権利を侵害する内容である場合には、名誉権等の侵害の場合と同様、当該投稿の存在を具体的に認識しながら削除しなかったというような事情があれば、動画配信プラットフォーム運営者が第三者に対して法的責任を負う可能性がある。

(ウ) 公序良俗違反（暴力、わいせつ等）

動画配信プラットフォーム上にわいせつな動画が多数投稿されている場合は、動画配信プラットフォーム運営者自身が、わいせつ物頒布等罪（刑法175条1項）の幇助等の刑事責任を問われる可能性がありうる。

また、動画配信プラットフォームにおいて暴力やわいせつ等、公序良俗に反する内容の動画が投稿された場合、動画配信プラットフォームのレピュテーション・信用性にかかわってくる。

第18章　動画配信プラットフォーム　459

(エ) 著作権の侵害

動画配信プラットフォームに著作権を侵害する動画が投稿された場合に、投稿者ではない動画配信プラットフォーム運営者が著作権侵害の責任を負うかどうかについて、これまでの裁判例等において、議論なされているところである。

この点に関して、ロクラクⅡ事件（最判平成23・1・20民集65巻1号399頁）や、TVブレイク事件（知財高判平成22・9・8判時2115号102頁）等をふまえると、著作権等の第三者の権利を侵害する動画が投稿された場合、動画配信プラットフォーム運営者が権利侵害の主体としてその責任を負うかについては、

① 自己の運営するプラットフォーム上に第三者の権利を侵害するコンテンツが多数投稿されている実態があるか否か
② プラットフォーム運営者がそのような違法なコンテンツが多数投稿されていることを認識しえたかどうか
③ プラットフォーム運営者がそのようなコンテンツを削除するなどの措置をとっていたか否か

が主要な考慮要素とされ、

④ プラットフォーム運営者が経済的利益を得ているか否か

などの要素も考慮されると考えられる。

したがって、動画配信プラットフォーム運営者についても、自社の運営する動画配信プラットフォーム上に多数の違法動画が投稿されている実態があり、動画配信プラットフォーム運営者がそのような実態を認識しているにもかかわらず、違法動画を削除するなどの措置がとられていないような場合には、動画配信プラットフォーム運営者自身が権利侵害の主体であると評価され、第三者に対する法的責任を負う可能性がある。

イ プロバイダ責任制限法による免責の可否

プロバイダ責任制限法は、被害者（権利を侵害された者）に対するプロバイダの責任と情報の発信者に対するプロバイダの責任を定めている。動画

配信プラットフォーム運営者に対して、被害者と主張する者から動画の削除を求められることもあり、運営者としては適切な対応が必要である。

　上記のように、動画配信プラットフォーム運営者が権利侵害の主体であると評価される場合であっても、プロバイダ責任制限法に基づく免責を受けることができるか否かという点も検討が必要である。

　まず、被害者に対する責任については、情報の流通により第三者の権利が侵害された場合であっても、プロバイダが送信防止措置を講ずることが技術的に可能であって、かつ、①プロバイダが他人の権利が侵害されていることを知っていたとき、または、②プロバイダが違法情報の存在を知っており、他人の権利が侵害されていることを知ることができたと認めるに足りる相当の理由があるときでなければ、損害賠償責任を負わない（プロバイダ責任制限法3条1項本文）。ただし、これらに該当する場合であっても、プロバイダ自身が情報の「発信者」と評価される場合は、かかる免責を受けることはできない（同項ただし書）。

　次に、情報発信者に対する責任について、プロバイダが送信防止措置をとったことにより発信者が損害を被った場合においても、①プロバイダが他人の権利が侵害されていることを信じるに足りる相当の理由があったとき、または、②プロバイダが権利を侵害されたと主張する者から違法情報の削除の申出があったことを発信者に連絡し、7日以内に反論がない場合のいずれかに該当すれば、損害賠償責任を負わない（プロバイダ責任制限法

図表2-18-2：プロバイダの責任

対象	責任要件
情報を削除しない場合 ⇒被害者に対する責任	以下の①および②の双方を充たす場合に責任を負う。 ①　プロバイダが送信防止措置を講ずることが技術的に可能であること ②　以下のいずれかに該当すること 　i　プロバイダが他人の権利が侵害されていることを知っていたとき 　ii　プロバイダが違法情報の存在を知っており、

	他人の権利が侵害されていることを知ることができたと認めるに足りる相当の理由があるとき
情報を削除した場合 ⇒発信者に対する責任	以下のいずれかに該当する場合は責任を負わない（いずれにも該当しない場合は、責任を負う）。 ① プロバイダが他人の権利が侵害されていることを信じるに足りる相当の理由があったとき ② プロバイダが権利を侵害されたと主張する者から違法情報の削除の申出があったことを発信者に連絡し、7日以内に反論がない場合

3条2項)。

　動画配信プラットフォーム運営者は、プロバイダ責任制限法上のいわゆるプロバイダに該当すると考えられるため、上記のとおり、運営者自身が「発信者」に該当する場合を除き、上記の**図表2-18-2**の「情報を削除しない場合」のすべての要件に該当する場合でなければ損害賠償責任を負わない（プロバイダ責任制限法3条1項）。

　そこで、いかなる場合に動画配信プラットフォーム運営者が「発信者」に該当するか否かが問題となる。この点、上記ア(エ)のTVブレイク事件は、権利侵害の主体であるからといって、必ずしも「発信者」に該当するというものではないこと（すなわち、権利侵害の主体であると評価されたとしても、プロバイダ責任制限法3条1項による免責を受けることができる場合があること）を認めつつも、結論においては、サイト運営者が著作権侵害を誘引、招来、拡大させていることや、サイト運営者がこれにより利益を得ていること等の理由から、サイト運営者は「発信者」に該当するとしてサイト運営者の免責を否定した。このように、プラットフォーム運営者が権利侵害の主体であると評価されると、多くの場合は「発信者」にも該当するものとして、プロバイダ責任制限法3条1項の免責を受けることができないとされる可能性が高いであろう。

　したがって、動画配信プラットフォーム運営者としては、そもそも権利侵害の主体と評価されないようなしくみを構築することが重要となる。

462　第2編　各　論

ウ　投稿者との関係および権利処理

投稿者が投稿する動画については、動画配信プラットフォーム運営者が
ビジネス上利用できるための権利処理をしておく必要がある。方法として
は、動画の権利そのものを譲渡してもらうか、もしくは、ビジネスに必要
な範囲の利用について、許諾を得ることが考えられる。

この場合、どのようなかたちで譲渡・許諾を受けるかを検討する必要が
ある。また、ユーザーが当該譲渡・許諾を正当にできるか否かも確認が必
要となる。たとえば、未成年者の場合、親権者の同意ない行為は取消可能
となるため（民法5条2項）、未成年者による投稿を禁止するか、あるいは、
未成年者の投稿を許容する場合は、親権者の同意を要求するなどの措置が
必要となる。

また、投稿者が違法動画を投稿した場合に動画配信プラットフォーム運
営者がとりうる措置を利用規約に明記しておく必要がある。

(2)　動画投稿支援業務

ア　著作権法との関係

動画投稿者に対して適切な著作権処理がなされていない素材を提供した
場合、著作物を無断で複製して第三者に提供している点において、複製権
（著作権法21条）および譲渡権（著作権法26条の2第1項）等の著作権を侵
害し、素材を提供した事業者が不法行為責任を負う可能性がある。また、
動画投稿者が著作権侵害の動画を投稿することに関与し、またはこれを容
易にしたとして、素材を提供した事業者が著作権侵害の共同不法行為（民
法719条1項）または幇助（同条2項）の責任を負う可能性がある。そのた
め、素材を提供する事業者としては、素材の権利者との間で必要な権利処
理を行うことが必須となる。

イ　肖像権・パブリシティ権との関係

動画制作のための素材に関する権利処理としては、著作権処理が最も重
要であるが、それ以外の権利についても権利処理を行う必要がある場合が
ある。たとえば、第三者の氏名や肖像が含まれた素材を投稿者に提供する
場合には、肖像権や氏名の使用について許諾を得るなどの権利処理も必要

となる。

　また、動画投稿支援業務を行っている UUUM の場合、特定の企業の商品やサービスの紹介を目的とするタイアップ動画を投稿者に作成させることも行っているが、このように商品等の広告として使用する目的で第三者の氏名や肖像が含まれた素材を提供する場合には、パブリシティ権の観点からの権利処理も必要となる（最判平成 24・2・2 民集 66 巻 2 号 89 頁（ピンク・レディー事件））。

4　解決へのアプローチ

(1)　動画配信プラットフォーム運営について

　動画配信プラットフォーム運営者としては、第三者の権利を侵害する動画の投稿があった場合に、運営者が権利侵害の主体であると評価されないようにするしくみを構築する必要がある。

　上記 3 (1)ア(エ)のとおり、権利侵害の主体性の判断においては、プラットフォーム上に第三者の権利を侵害する動画が多数投稿されている実態があるか否か、また、プラットフォーム運営者がそのような動画を削除するなどの措置をとっているか否かといった要素が考慮される。

　したがって、まずはプラットフォーム上に違法動画が蔓延しないようにする必要があり、そのためには違法動画が投稿されるのを事前に防止するとともに、仮に違法動画が投稿されてしまった場合にそれを削除するなどの事後的措置を講じる必要がある。

　違法な動画投稿への対策として、運営者がとるべき措置としては、以下のものが考えられる。

図表 2-18-3：運営者がとるべき措置の全体像

事前措置	①　投稿者・利用者への利用規約の整備 ②　著作権等の権利者との包括的許諾契約の締結
予防措置	①　投稿される動画のモニタリング

	② 違法動画についての通報制度の導入
	③ フィンガープリントによる違法動画の自動検出
事後措置	① 違法動画発見時の削除措置
	② 違反者に対する措置(アカウント停止・損害賠償等)

ア 利用規約の整備

事前措置の1つとしては、利用規約等において、投稿者に対して投稿動画が第三者の権利を侵害するものでないことを保証させ、違法動画の投稿を明確に禁止することが考えられる。これとともに、投稿者にその旨の注意喚起を行うことも重要であろう。

加えて、違法動画が投稿された場合の投稿者の責任や動画配信プラットフォーム運営者がとりうる措置についても定めておくべきである。

具体的には、以下のような規定が考えられる。

(1) 違法な動画が投稿された場合に動画配信プラットフォーム運営者が送信防止措置や投稿者に対するサービスの利用停止措置をとることができること

(2) 上記(1)の措置により投稿者が損害を被ったとしても動画配信プラットフォーム運営者は一切責任を負わないこと

(3) 違法動画の投稿により動画配信プラットフォーム運営者が損害を被った場合(たとえば、権利者の動画配信プラットフォーム運営者に対する損害賠償請求権が認められ、動画配信プラットフォーム運営者が権利者に損害賠償金を支払った場合等)、投稿者がその損害を補償する責任を負うこと

イ 著作権等の権利者との包括的許諾契約の締結

著作物の利用に関しては、動画配信プラットフォーム運営者自身が、権利者やJASRAC等の著作権等管理事業者との間で包括的許諾契約を締結することが考えられる。かかる契約を締結することにより、当該権利者が権利を保有し、または著作権等管理事業者が管理するものについては、投稿者が個別に著作権処理をすることなく適法に利用することができるようになる。

第18章 動画配信プラットフォーム 465

実際、YouTube やニコニコ動画をはじめとする多数の動画配信プラットフォームは、JASRAC と包括許諾契約を締結している。

ウ　予防措置（モニタリング・通報制度・フィンガープリント）

また、運営における予防措置としては、違法動画が投稿されていないかをモニタリングすることも考えられる。ただ、人的資源の制約からすべての動画をモニタリングすることも現実的には困難な場合が多いと思われる。

そこで、これを補完する措置として、利用者（閲覧者）による通報制度を設け、利用者が違法な動画を発見した場合は動画配信プラットフォーム運営者に対して違法動画の存在を通知したり、あるいは、その削除を要請することができるようにしたりしておくことが考えられる。この場合、利用者が、違法動画でない動画について通報や削除要請することも考えられることから、同時に、通報や削除要請がなされた動画の投稿者が異議を申し立てることができるしくみを設けることも検討すべきであろう。

また、近年では、技術的手段により違法動画を検出するしくみが登場している。いわゆるフィンガープリントと呼ばれる技術を用いて違法動画の投稿に対処している動画配信プラットフォームも存在する。

■キーワード

> **フィンガープリント技術**
>
> 　権利者が自己のコンテンツを事前に登録し、そのコンテンツと特徴が一致する動画を自動的に検出する技術。YouTube やニコニコ動画では、違法動画の投稿への対応として、フィンガープリント技術が使用されている。

エ　事後措置

違法動画が投稿されてしまった場合に関しては、違法動画を発見した際や、権利者からの侵害の通知を受けた際に、すみやかに対処することも重要である。動画の削除措置・違反者に対する措置（アカウント停止・損害賠償等）をとることにより、違法の状態を解消し、事業者の責任を可能な限り軽減することも必要である。

⑵　動画投稿支援業務について

　上記 3 ⑵のとおり、動画投稿支援業務を行う事業者は、必要な権利処理をした素材を動画投稿者に提供すべきである。

　たとえば、動画投稿支援業務を行っている UUUM は、ゲームキャラクターの著作権を有するゲーム会社等から包括許諾を受けることにより、権利処理がなされた素材を投稿者に提供しており、個別の権利処理に要する手間を軽減する工夫がなされている。具体的には、UUUM は、YouTube 等における人気ジャンルである「ゲーム実況」の動画を制作するため、ゲームキャラクターの著作権を有する任天堂やカプコン、レベルファイブとの間で包括許諾契約を締結したことを発表している。このような包括許諾契約の締結の可否についても検討に値するであろう。

5　動画掲載基準

　インターネット動画配信の分野において、動画配信プラットフォーム運営者は、動画閲覧者に対する配慮およびレピュテーションの観点、および収益の中核となりうる広告主との関係等から、投稿される動画の内容について、一定の自主基準を設けることも考えられる。

　これに関する参考として、テレビの場合、一般社団法人日本民間放送連盟（民放連）が「放送基準」を策定し、暴力表現や犯罪表現、性表現等について自主的な基準（指針）を設けている。

　テレビの場合は、有限稀少な電波を適切に活用すべく放送法に基づく免許事業とされていること、視聴者への影響力の大きさ、スポンサーへの配慮等の観点から、より高度な自主基準が設けられている。

　また、映画の分野においては、映画業界が自主的に設立した第三者機関である一般財団法人映画倫理機構（映倫）が映画作品の内容を審査し、独自の倫理基準によるレイティング（区分指定）を行っており、これも自主規制の一例といえよう。

　インターネットによる動画配信の場合、現時点においては、テレビほどの厳密な自主規制を設ける要請は低く、一般的にはテレビよりもゆるやか

な基準で足りると思われるが、動画配信プラットフォーム運営者が一定の基準を設けるにあたって、これらの自主規制の例も参考になろう。たとえば、YouTubeは、独自に「コミュニティガイドライン」を策定し、性的なコンテンツ、暴力、なりすまし、子どもの安全、著作権等の自主基準を設けている。

●コラム●著作権侵害の責任を負うのは誰か？

1　問題意識

　著作権法の分野では、以前から、「直接的・物理的な著作権の侵害主体ではないが、間接的に著作権侵害に関与している者も、著作権侵害の責任を負うのか」という問題が議論されてきた。

　たとえば、カラオケ設備を備えた飲食店において、客が著作権者の許諾を得ていない楽曲を歌唱する場合、直接的・物理的に歌唱しているのは客であるが、飲食店の経営者は、著作権侵害の責任を負うであろうか。また、インターネット上の掲示板やYouTube・ニコニコ動画等の動画配信プラットフォームに、著作権を侵害する動画等が投稿された場合、直接的・物理的に違法な投稿（著作権侵害）を行ったのは投稿者であるが、掲示板や動画配信プラットフォームの運営者も、著作権侵害の責任を負うであろうか。

　著作権者としては、上記のような事例の場合、個々の客や投稿者を特定して個別に責任追及することは容易ではなく（なお、そもそも客の歌唱は、非営利の行為であり、著作権法38条1項により適法とされる可能性が高い）、飲食店や掲示板運営者、動画配信プラットフォーム運営者自体に著作権を行使したいと考えることもありうる。このため、この問題は、従前から多くの裁判において議論・検討されてきた。

2　カラオケ法理の登場

　上記の問題に関して基準となる考え方を示した判例として、古くはクラブキャッツアイ事件（最判昭和63・3・15民集42巻3号199頁）がある。この事件は、冒頭で例としてあげた飲食店における客の歌唱が問題となった事案であり、カラオケ設備を備えたスナックにおいて、ホステスが客に歌唱を勧め、客が自らの選択した曲目を歌唱する場合に、スナックの経営者が客の歌唱について著作権侵害の責任を負うかどうかが問題となった。

　本判決は、スナックが、カラオケ設備を設置し、客に歌唱を勧めるなど、客の歌唱を管理していること（管理支配性）やこれによりスナックが営業上

の利益を得ていること（利益の帰属）から、スナックの経営者は著作権侵害の主体としてその責任を負うと判断した。

　直接的・物理的な行為主体ではない者を、管理支配性と利益の帰属に着目して著作権侵害の主体と評価する本判決の考え方は、「カラオケ法理」と呼ばれ、その後、まねき TV 事件とロクラク II 事件の最高裁判決が出されるまでの間、多くの裁判例でカラオケ法理を意識した判断がなされることになった。

3　まねき TV 事件とロクラク II 事件

　そのようななか、2011 年に TV 番組視聴サービスに関する 2 つの最高裁判決が出された。

　まず、1 つめは、まねき TV 事件（最判平成 23・1・18 民集 65 巻 1 号 121 頁）であり、「まねき TV」という名称の TV 番組視聴サービスの適法性が問題となった事案である。

　「まねき TV」のしくみは、サービス提供事業者が、自己の管理下に TV アンテナに接続されたベースステーション（BS）を設置し、利用者が、手元のパソコン等からインターネットを通じて、BS に対して視聴したい TV 番組を指定することにより、BS からデジタル化された TV 番組が自動的に送信され、利用者は、手元のパソコン等で受信してこれを視聴することができるというものである。

　本判決は、サービス提供事業者が BS を自ら管理する TV アンテナに接続し、これを管理していること等を理由に、サービス提供事業者は著作権侵害の主体としてその責任を負うと判断した。

　2 つめは、まねき TV 事件最高裁判決の 2 日後に出されたロクラク II 事件（最判平成 23・1・20 民集 65 巻 1 号 399 頁）であり、「ロクラク II」という名称の TV 番組視聴サービスの適法性が問題となった事案である。

　「ロクラク II」は「まねき TV」と似たサービスであるが、そのしくみは、利用者が子機を操作して、TV チューナー機能を有する親機に TV 番組の録画を指示することにより、自動的に親機において TV 番組が録画され、インターネット経由でそのデジタルデータが子機に転送されることで、親機とは別の場所に設置した子機で TV 番組を視聴することができるというものである。

　本判決は、複製権（著作権法 21 条）の侵害主体の判断において、「複製の主体の判断に当たっては、複製の対象、方法、複製への関与の内容、程度等の諸要素を考慮して、誰が当該著作物の複製をしているといえるかを判断するのが相当である」との一般論を述べたうえ、サービス提供事業者が、放

送を受信して複製機器（親機）に対して TV 番組の情報を入力するという、TV 番組の複製の実現における「枢要な行為」を行っていることを理由に、TV 番組の録画の指示を行うのが利用者であるとしても、サービス提供事業者は、著作権侵害の主体としてその責任を負うと判断した。

4　他の類型の検討——動画配信プラットフォームの場合

　ロクラクⅡ事件は、TV 番組視聴サービスにおける TV 番組の複製について判断された事案ではあるが、複製権侵害の主体を判断するための一般的基準を示した点で、非常に重要である。

　しかし、この基準は、複数の諸要素を総合的に考慮して著作権侵害の主体を規範的に判断するというものであり、この基準を前提としても、著作権の侵害主体となるか否かは、一義的に明確に判断できるものではない。また、ロクラクⅡ事件で示された基準を、他の類型のサービスにそのまま適用できるのか、どこまで適用してよいかも検討が必要である。

　そのため、他の類型のサービスにおける著作権の侵害主体性を検討するにあたっては、ロクラクⅡ事件で示された基準をふまえつつも、それに加えて、過去の裁判例を参考にしながら、サービスの内容に応じていかなる要素を重視すべきかを検討する必要があろう。

　たとえば、例としてあげた動画配信プラットフォーム運営者の責任の有無を検討するにあたっては、動画投稿・共有サイト運営者の責任が問題となった TV ブレイク事件（知財高判平成 22・9・8 判時 2115 号 102 頁）が参考になる。

　本判決は、サイト運営者が、サイト上に著作権侵害の動画がきわめて多数投稿されることを認識しながら、それらの回避措置や削除措置をとっていなかったことを重視し、サイト運営者がそれにより広告収入等の利益を得ていること等も考慮のうえ、サイト運営者は著作権侵害の責任を負うと判断した。

　TV ブレイク事件をふまえると、動画配信プラットフォーム運営者の責任の有無を検討するにあたっては、上記 3⑴ア(エ)のとおり、

---

　①　自己の運営するプラットフォーム上に第三者の権利を侵害するコンテンツが多数投稿されている実態があるか否か
　②　プラットフォーム運営者がそのような違法なコンテンツが多数投稿されていることを認識しえたかどうか
　③　プラットフォーム運営者がそのようなコンテンツを削除するなどの措置をとっていたか否か

470　第 2 編　各　　論

が主要な要素となり、さらに、

　④　プラットフォーム運営者が経済的利益を得ているか否か

などの要素も考慮すべきであると考えられる。

事項索引

あ行

アーンアウト条項	116
相乗り型ライドシェア	355
アドテクノロジー	270
アドネットワーク	271
暗号資産	60
暗号資産交換業	60
アンチサンドバッギング	70
医行為	372
医師法	369
医療情報	242
医療情報取扱事業者	242
医療ビッグデータ	240
インターンシップ	139
インフォマティブデータ	282
ウェブスクレイピング方式	206
宇宙活動法	439
運行供用者	363
運送提供型ライドシェア	354
エクイティ	58
エグジット	100
越境データ移転	264
エンジェル投資家	16
応用美術	432
オーディエンスデータ	271
オープンAPI	205
オブザーバー	75
オンラインゲームにおけるビジネスモデルの企画設計および運用ガイドライン	388
オンラインショッピングにおける誤発注	173
オンライン診療	377

か行

カーシェア	354
解雇	133
外国にある第三者への提供	266
学習済みモデル	162, 164, 170
学習用データ	167
学習用データセット	161, 164
瑕疵	232
貸金業法	94
貸室業	331
瑕疵修補請求	232
貸付型クラウドファンディング	90
仮想通貨（暗号資産）	216
家庭用品	185
家庭用品品質表示法	180, 185
仮名化	263
株式型クラウドファンディング	97
株主間契約	70
貨物自動車運送事業法	152, 417
カラオケ法理	468
過労死・過労自殺問題	118
簡易宿所営業	341
監査法人	24
管理者	259
キーパーソン条項	65
疑似データ生成	250
技術基準	181
技術基準適合自己確認	188, 191
技術基準適合証明	188, 413
技術基準適合認定	191
技適マーク	173, 409
機能的リーダーシップ	124
機能要件	232
寄付型クラウドファンディング	88

キャピタルゲイン……………58, 59	個人情報取扱事業者…………245
休職…………………………137	個人情報保護法………244, 415, 416, 427
狭義のカーシェア（共同使用型）…356	個人データ……………………257
狭義のカーシェア（レンタカー型）…356	個人データ処理原則の遵守…………260
狭義の適合性原則……………228	個人データのセキュリティ対策の実施
競業避止義務……………………66	…………………………262
業務遂行体制要件……………235	国家戦略特別区域法…………331
許可…………………………341	固定残業代（定額残業代）制度………138
記録保持義務…………………262	コネクティッドカー……………147, 148
金商法………………………93, 225	古物営業法……………………305
勤怠管理………………………131	個別的労働紛争………………136
金融商品の販売等……………231	コンプライアンス………………11
金融商品の販売等に関する法律（金販法）	
…………………………230	

さ行

クラウドファンディング…………86	再識別行為……………………256
クラブキャッツアイ事件…………468	サイバーセキュリティ…………199
グレーゾーン解消制度…………38, 376	先買権（First-Refusal Right）…77, 80
クロージングの前提条件…………63	36協定………………………132
クロスライセンス………………55	ジオグラフィックターゲティング広告
景品表示法……………………396	…………………………271
契約締結前交付書面……………229	時間外労働の上限規制…………119
契約内容不適合………………234	資金移動業……………………310
限定提供データ………………169, 269	資金決済法……………………304, 383
広義の適合性原則……………228	自己責任原則…………………229
興行場法………………………396	システムベンダー……………232
航空法………………409, 410, 419	次世代医療基盤法……………240, 241
工事設計認証…………………188	事前協議条項……………………71
拘束的企業準則（BCR）…………264	事前承諾条項……………………71
行動ターゲティング広告…………271	下請法…………………………317
行動ターゲティング広告ガイドライン	実質的説明義務………………229
…………………………286	自動運転車……………………145
購入型クラウドファンディング………89	自動運転車の安全技術ガイドライン…157
コーポレートガバナンス・コード……25	自賠法………………………151, 363
コーポレートベンチャーキャピタル	社会保険………………………139
…………………………15, 103	社会保険労務士………………140
コールオプション………………78, 82	就業規則………………………125, 136
小型無人機等飛行禁止法…………409	重大製品事故…………………184
個人識別符号…………………244	住宅宿泊管理業者……………335, 337
個人情報………………………244	住宅宿泊事業…………………333

474　事項索引

住宅宿泊事業者·······················335, 336
住宅宿泊事業法·······················328, 330
住宅宿泊仲介業者····················335, 338
集団的労働紛争····························136
十分性認定·····································264
主幹事証券会社·······························23
種類株式··································20, 59
証券会社···23
証券取引所·····································25
肖像権·····································414, 456
肖像権侵害···································416
小電力無線局·································187
消費生活用製品·····················172, 182
消費生活用製品安全法·······172, 180, 182
情報開示請求権·································73
情報銀行·······································239
情報信託機能の認定に係る指針 ver1.0
···239
消防法···340
ショートレビュー····························24
職業安定法·····································317
職業紹介事業·································317
職務専念義務···································64
処理者···259
人材マッチングビジネス················314
新事業特例制度（企業実証特例制度）
···41
人事評価制度·······················129, 135
人的構成要件·································235
スマートコンストラクション·········407
スマートスピーカー························161
スマートツーリズム························423
スマートホーム·······························176
制裁金···259
製造物責任法·······················199, 427
製品事故情報報告・公表制度·········183
設計認証·······································191
説明責任原則の遵守······················261
先使用権··50

た行

ターゲティング広告·················241, 271
退職···134
タグアロングライト·····················80, 81
データ交換（スワッピング）·········250
データ主体·····································259
データ主体権利保護······················261
データ侵害通知·······························262
データプロテクションバイデザイン···262
データ保護影響評価（DPIA）·········262
データ保護責任者（DPO）·············262
データマネジメントプラットフォーム
（DMP）····································278
データローカライゼーション·········267
適合性の原則·································228
デット··58
デッドロック···································76
デベロッパー規約··························390
デモグラフィックターゲティング広告
···271
デューデリジェンス························115
テレワーク·····································325
電気通信事業法·····················186, 189
電気用品·······································180
電気用品安全法····················172, 180
電子決済等代行業··························209
電子消費者契約法··························174
電波法··········173, 186, 408, 409, 410, 412
同一労働同一賃金··························119
投資一任契約·································226
投資運用業·····································226
投資型クラウドファンディング·········90
投資契約···61
投資顧問契約·································226
投資助言・代理業··························225
道路運送車両法·······························151
道路運送法····················151, 359, 418
道路交通に関する条約（1949 年ジュネー

事項索引　475

ブ条約）‥‥‥‥‥‥‥‥‥‥153
道路交通法‥‥‥‥‥‥‥‥‥‥151
特定小電力無線局‥‥‥‥‥‥187
特定製品‥‥‥‥‥‥‥172, 182
特定地域及び準特定地域における一般乗
　用旅客自動車運送事業の適正化及び活
　性化に関する特別措置法‥‥‥‥359
特定保守製品‥‥‥‥‥‥172, 182
特定無線設備‥‥‥‥‥‥‥‥188
匿名化‥‥‥‥‥‥‥‥‥‥‥263
匿名加工‥‥‥‥‥‥‥‥‥‥247
匿名加工情報‥‥‥195, 247, 266
　──の安全管理措置‥‥‥‥‥255
匿名加工情報取扱事業者‥245, 254
トップ（ボトム）コーディング‥249
届出‥‥‥‥‥‥‥‥‥‥‥‥341
ドラッグアロングライト‥‥‥‥80
取締役派遣条項‥‥‥‥‥‥‥74
ドローン（無人航空機）‥‥‥406

な行

日本取引所グループ（JPX）‥‥26
認定匿名加工医療情報作成事業者‥242
ノイズ（誤差）付加‥‥‥‥‥250
ノウハウ‥‥‥‥‥‥‥‥‥‥50
ノーアクションレター制度（法令適用事
　前確認手続）‥‥‥‥‥‥‥‥35
ノークレーム・ノーリターン‥‥306

は行

バーチャルプロパティ論‥‥‥‥430
働き方改革‥‥‥‥‥‥‥‥‥119
働き方改革関連法‥‥‥‥119, 314
パテントプール‥‥‥‥‥‥‥55
パブリシティ権‥‥‥‥‥‥‥456
ハラスメント‥‥‥‥‥‥138, 139
ハンズオン／ハンズオフ‥‥‥103
非機能要件‥‥‥‥‥‥‥‥‥232
飛行の禁止空域‥‥‥‥‥‥‥410

飛行方法についての規制‥‥‥411
微弱無線局‥‥‥‥‥‥‥‥‥186
ビッグデータ‥‥‥‥‥‥‥‥239
標準的契約条項（SCC）‥‥‥264
表明保証‥‥‥‥‥‥‥‥‥‥67
ファンド型（エクイティ型）クラウドファ
　ンディング‥‥‥‥‥‥‥‥95
フィンガープリント技術‥‥‥466
風俗営業法‥‥‥‥‥‥‥396, 427
服務規律‥‥‥‥‥‥‥‥‥‥137
プットオプション‥‥‥‥‥78, 82
不当労働行為‥‥‥‥‥‥‥‥136
プライバシー権‥‥‥195, 414, 456
　──侵害‥‥‥‥‥‥‥‥‥415
ブラック企業‥‥‥‥‥‥‥‥118
プラットフォーマー
　‥‥‥‥300, 328, 329, 345, 381, 382
プラットフォーム‥‥‥‥381, 382
フリーランス‥‥‥‥‥‥‥‥315
プロサンドバッギング‥‥‥‥70
プロジェクト型サンドボックス制度（新
　技術等実証制度）‥‥‥‥‥41
プロバイダ‥‥‥‥‥‥‥‥‥455
プロバイダ責任制限法‥‥‥‥455
ベンチャーキャピタル‥‥‥‥15
補完的ルール‥‥‥‥‥‥‥‥265
保有個人データ‥‥‥‥‥246, 265

ま行

前払式支払手段‥‥‥‥‥309, 384
マテリアル・マッピング‥‥‥430
まねき TV 事件‥‥‥‥‥‥‥469
未払残業代問題‥‥‥‥‥‥‥117
民泊‥‥‥‥‥‥‥‥‥‥‥‥328
無線局‥‥‥‥‥‥‥‥‥409, 412
無線設備‥‥‥‥‥‥‥‥408, 412
名誉権‥‥‥‥‥‥‥‥‥‥‥456
メンタルヘルス問題‥‥‥‥‥123

や行

薬機法……………………………370
優先引受権……………………………78
要配慮個人情報……………………265

ら行

ライドシェア……………………354
リファラルリクルーティング（リファラ
　ル採用）……………………………121
リモートセンシング法………………445
利用目的の特定、利用目的による制限
　……………………………………266
旅館業法………………………329, 331
　　──上の簡易宿所営業……………340
レーティング（格付け評価）………348
労働安全衛生法………………………123
労働基準監督署………………………117
　　──の調査（臨検監督）…………138
労働基準法……………………………120
労働組合法……………………………135
労働契約法……………………………120
労働条件の不利益変更の禁止………127
労働保険………………………………139
労務監査………………………………130
ロクラクⅡ事件………………460, 469
ロボアドバイザー……………………220

数字・アルファベット

1st Party Cookie……………………273
3rd Party Cookie……………………273
AI…………………………161, 164, 221
API方式………………………………207
App Store……………………381, 382
AR………………………………………423
ARスマートグラス…………………423
California Consumer Privacy Act of 2018

（CCPA）……………………………286
CalOPPA（California Online Privacy Pro-
　tection Act）………………………286
Cookie Sync…………………………275
CtoC……………………………………300
ePrivacy規則…………………………286
ePrivacy指令…………………………286
ETF……………………………………221
eスポーツ……………………………394
GDPR……………………………257, 282
Google Play…………………381, 382
ICO（Initial Coin Offering）………59
IoT……………………………………176
IoT開発におけるセキュリティ設計の手
　引き…………………………………203
IoTセキュリティガイドライン ver1.0
　………………………………………202
IPO（新規株式公開）……………10, 101
JIAA（一般社団法人日本インタラクティ
　ブ広告協会）………………………286
KPI……………………………………233
LPWA…………………………………187
M&A……………………………………10
Mobility As A Service（MaaS）………148
MR………………………………………424
PCT出願…………………………………53
PFMサービス…………………………204
PSCマーク……………………184, 185
PSEマーク……………………172, 181
RC用送信機（プロポ）………………408
SQLインジェクション………………201
SQLインジェクション事件判決………201
Tellus（テルース）…………………451
TVブレイク事件……………460, 470
VR………………………………………421
VR酔い………………………………428
YouTuber……………………………453

事項索引　477

編集代表・著者紹介

●編集代表

大井　哲也（おおい・てつや）

　1990 年 3 月　富山県立富山中部高等学校卒業

　1995 年 3 月　中央大学法学部卒業

　1999 年 3 月　中央大学大学院法学研究科博士前期課程修了

　1999 年 10 月　ソフトバンク・ファイナンス株式会社入社

　2000 年 3 月　同社退職

　2000 年 4 月　最高裁判所司法研修所入所

　2001 年 10 月　東京弁護士会登録、TMI 総合法律事務所勤務

　2007 年 5 月　ウィリアム・リチャードソン・スクールオブロー修了（LL. M）

　2007 年 8 月　ホノルルのカールスミス・ボール法律事務所勤務

　2008 年 6 月　TMI 総合法律事務所復帰

　2011 年 1 月　パートナー就任

〔取扱分野〕

　IT・通信、アジア、労働審判・労働関係訴訟等への対応、M&A、IPO における労務デュー・ディリジェンス、人事制度の構築・運用、消費者関連法、コーポレートガバナンス、M&A／起業・株式公開支援、不正調査、反社会的勢力対応

〔論文・著書〕

　『個人情報管理ハンドブック〔第 4 版〕』（共著、商事法務、2018 年）、『企業のためのサイバーセキュリティの法律実務』（共編代、商事法務、2016 年）

〔担当部分〕

　全体の編集、第 1 編第 1 章「新規ビジネスの潮流」

中山　茂（なかやま・しげる）

　1999 年 3 月　開成高等学校卒業

　2004 年 3 月　東京大学経済学部経営学科卒業

　2005 年 4 月　最高裁判所司法研修所入所

　2006 年 10 月　第一東京弁護士会登録、TMI 総合法律事務所勤務

　2015 年 5 月　ボストン大学ロースクール修了（LL. M.）

　2015 年 9 月　ロサンゼルスの Liner LLP 勤務

　2016 年 6 月　TMI 総合法律事務所復帰

　2019 年 1 月　パートナー就任

〔取扱分野〕

　一般企業法務、著作権、メディア、エンタテインメント、スポーツ、IT・通信、

コーポレートガバナンス、リスクマネジメント、不正調査

〔論文・著書〕

『個人情報管理ハンドブック〔第4版〕』（共著、商事法務、2018年）、『IT・インターネットの法律相談』（共著、青林書院、2016年）、『ソフトウェア取引の法律相談』（共著、青林書院、2013年）

〔担当部分〕

全体の編集、第1編第3章「法規制のクリアランス」、第2編第14章「eスポーツ」、第2編第18章「動画配信プラットフォーム」

和藤　誠治（わとう・せいじ）

1998年 3 月　岩田高等学校卒業

2003年 3 月　東京大学法学部卒業

2006年 4 月　最高裁判所司法研修所入所

2007年 9 月　第一東京弁護士会登録、TMI 総合法律事務所勤務

2012年 7 月　東京証券取引所自主規制法人（現・日本取引所自主規制法人）
　　　　　　　上場管理部勤務（M&A、ファイナンス、不祥事事案等につき、
　　　　　　　開示審査、上場廃止審査等を担当）

2014年 7 月　TMI 総合法律事務所復帰

〔取扱分野〕

M&A、コーポレートガバナンス、エクイティファイナンス、提携、不祥事対応、内部管理体制支援、株主総会、IPO 支援、事業承継対応、事業再生、商事関連訴訟、一般企業法務

〔論文・著書〕

「改正会社法と実務対応 Q&A　Ⅰ企業統治（ガバナンス）に関連する改正項目」金融法務事情 2002 号（2014年）、「表明保証違反に基づく補償請求が否定された近時の裁判例の紹介——大阪地裁平成 23 年 7 月 25 日判決」MARR2012 年 7 月号、「外国事業体課税の羅針盤第 2 回　判例分析——さいたま地判平成 19 年 5 月 16 日等の検討」税務弘報 2012 年 11 月号等

〔担当部分〕

全体の編集、第1編第2章「新規ビジネスを取り巻くプロフェッショナルプレーヤー」ほか第1編「総論」等を監修

野呂　悠登（のろ・ゆうと）

2007年 3 月　宮城県立宮城県仙台第二高等学校卒業

2011年 3 月　東北大学法学部卒業

2013年 3 月　東京大学法科大学院修了

2013年11月　最高裁判所司法研修所入所

2014年12月　第一東京弁護士会登録

2015年 1 月　TMI 総合法律事務所勤務

2015 年 10 月　東京大学法科大学院未修者指導講師（〜2017 年 3 月）
2017 年 4 月　個人情報保護委員会事務局参事官補佐
2018 年 4 月　TMI 総合法律事務所復帰

〔取扱分野〕
個人情報保護法、プライバシー権、著作権、特許、商標、IT・通信、商事関連訴訟、知財訴訟・審判、消費者対応、その他国際法務

〔論文・著書〕
『個人情報管理ハンドブック〔第 4 版〕』（共著、商事法務、2018 年）、『セミナー形式　改正個人情報保護法のポイントと対応』（共著、新日本法規出版、2017 年）、「個人情報保護委員会『補完的ルール』をふまえた十分性認定以後の GDPR・個人情報保護法対応」ビジネス法務 2019 年 5 月号、「外国法に対応したプライバシーポリシーの作成・見直し」ビジネス法務 2018 年 12 月号、「日本法に対応したプライバシーポリシーの作成・見直し」ビジネス法務 2018 年 12 月号、「GDPR（EU 一般データ保護規則）対応の最終チェックポイント」ビジネス法務 2018 年 7 月号、「AI による個人情報の取扱いの留意点」BUSINESS LAW JOURNAL 2018 年 6 月号等、その他論文・著書多数。

〔担当部分〕
全体の編集

●著者

成本　治男（なりもと・はるお）
1994 年 3 月　東海高等学校卒業
1998 年 3 月　早稲田大学法学部卒業
1998 年 4 月　最高裁判所司法研修所入所
2000 年 4 月　東京弁護士会登録、TMI 総合法律事務所勤務
2006 年 1 月　パートナー就任
2008 年 9 月　韓国の金・張法律事務所勤務
2009 年 1 月　ロンドンのシモンズ・アンド・シモンズ法律事務所勤務
2009 年 10 月　TMI 総合法律事務所復帰

〔取扱分野〕
ストラクチャード・ファイナンス、プロジェクト・ファイナンス、コーポレート・ファイナンス、不動産投資、開発、証券化・流動化・REIT、M&A、太陽光発電・その他自然エネルギー、一般企業法務

〔担当部分〕
第 1 編第 6 章「クラウドファンディングによる資金調達」

柴野　相雄（しばの・ともお）

1994 年 3 月　慶應義塾高等学校卒業

1998 年 3 月　慶應義塾大学法学部法律学科卒業

2001 年 4 月　最高裁判所司法研修所入所

2002 年 10 月　第二東京弁護士会登録、TMI 総合法律事務所勤務

2010 年 6 月　ワシントン大学ロースクール修了（LL. M. Intellectual Property Law and Policy コース）

2010 年 9 月　サンフランシスコのモルガン・ルイス＆バッキアス LLP 勤務

2011 年 7 月　TMI 総合法律事務所復帰

2014 年 1 月　パートナー就任

2016 年　　　慶應義塾大学法科大学院非常勤教員（知的財産法務ワークショップ・プログラム）

2017 年　　　一般社団法人日本マーケティング・リサーチ協会　プライバシーマーク審査会委員

2019 年　　　ISO/PC 317（Consumer protection：Privacy by design for consumer goods and services）国内審議委員会委員

〔取扱分野〕

IT・通信、メディア、エンタテインメント、スポーツ、ブランド、著作権、特許、商標、不正競争、広報法務、リスクマネジメント、不正調査、商事関連訴訟、知財訴訟・審判、国際訴訟・仲裁・調停・ADR、その他国際法務、人材・教育・福祉、一般企業法務

〔論文・著書〕

「職場の AI と法律問題第 1 回　AI の企業への導入」労務事情 1370 号（共著、2018 年）、「同第 2 回　HR テクノロジー」労務事情 1372 号（2018 年）、「同第 4 回　採用と AI(2)──個人情報保護の観点から」労務事情 1376 号（共著、2019 年）、「同第 5 回　従業員のモニタリングと AI──不正検知とプライバシー権侵害の観点から」労務事情 1377 号（共著、2019 年）、「IoT・AI ビジネスに関するデータ保護と独禁法上の留意点(1)～(3)」BUSINESS LAW JOURNAL 2018 年 4 月号～6 月号、「住宅宿泊事業法施行要領（ガイドライン）の概要について」NBL1118 号（2018 年）、『個人情報管理ハンドブック〔第 4 版〕』（編著者、商事法務、2018 年）、『実務に効く　企業犯罪とコンプライアンス判例精選（ジュリスト増刊）』（共著、有斐閣、2016 年）、『IT・インターネットの法律相談』（共著、青林書院、2015 年）ほか多数

〔担当部分〕

第 2 編第 15 章「ドローン」、第 2 編第 16 章「VR」

白石　和泰（しらいし・かずやす）

1991 年 3 月　千葉県立安房高等学校卒業

1996 年 3 月　早稲田大学政治経済学部政治学科卒業

1998 年	司法書士試験最終合格
2002 年 4 月	最高裁判所司法研修所入所
2003 年 10 月	第二東京弁護士会登録、TMI 総合法律事務所勤務
2013 年 6 月	ワシントン大学ロースクール（知的財産権コース）修了（LL. M.）
2013 年 9 月	シアトルの Dorsey&Whitney LLP 勤務
2013 年 10 月	シアトルの Bracewell&Giuliani LLP 勤務
2014 年 7 月	TMI 総合法律事務所復帰、外務省経済局政策課（日本企業支援室）専門員（2015 年 3 月末まで）
2016 年 1 月	パートナー就任
2017 年	一般社団法人全国銀行協会オープン API 推進研究会メンバー
2017 年	一般社団法人日本マーケティング・リサーチ協会プライバシーマーク審査会委員、第二東京弁護士会情報公開・個人情報保護委員会委員、情報ネットワーク法学会会員、無人航空従事者試験（ドローン検定）1 級

〔取扱分野〕

一般企業法務、IT・通信、景品表示法、下請法、消費者関連法、消費者対応、広報法務、リスクマネジメント、不正調査、商事関連訴訟、国際訴訟・仲裁・調停・ADR、その他国際法務、M&A、アライアンス、コーポレートガバナンス、労働審判・労働関係訴訟等への対応、組合対応等、人事制度の構築・運用、不正競争、商標、著作権、特許、メディア、エンタテインメント、スポーツ、医療、ヘルスケア、バイオ、事業承継、相続、遺産分割協議、遺言作成

〔論文・著書〕

『AI・ロボットの法律実務 Q&A』（編著、勁草書房、2019 年）、『個人情報管理ハンドブック〔第 4 版〕』（共編代、商事法務、2018 年）、「Getting The Deal Through：Cybersecurity 2018（Japan chapter）」（共著、Law Business Research、2018 年）、「〔座談会〕自動運転社会の法制度設計（上）（下）」ビジネス法務 2017 年 12 月号、2018 年 1 月号、『セミナー形式 改正個人情報保護法のポイントと対応』（共著、新日本法規、2017 年）、「自動運転の現状と法的責任（特集・人工知能の未来と企業法務）」会社法務 A2Z2017 年 4 月号等編著書多数

〔担当部分〕

第 2 編第 15 章「ドローン」、第 2 編第 16 章「VR」

伊藤 健太郎（いとう・けんたろう）

1991 年 3 月	愛知県立岡崎北高等学校卒業
1995 年 3 月	東京大学工学部計数工学科卒業
1997 年 3 月	東京大学大学院工学系研究科計数工学専攻修士課程修了
1997 年 4 月	特許庁入庁
2003 年 3 月	京都大学大学院経済学研究科経済動態分析専攻修士課程修了（修士論文：「金融工学手法を用いた無形資産の価値評価」）

2005 年 4 月	TMI 総合法律事務所勤務、弁理士登録
2006 年	東京大学大学院新領域創成科学研究科非常勤講師（～2012 年）
2009 年 5 月	サンタクララ大学ロースクール修了（LL. M.）
2009 年 7 月	パロアルトのモルガン・ルイス＆バッキアス LLP 勤務
2010 年 7 月	TMI 総合法律事務所復帰
2016 年 1 月	パートナー就任
2016 年 8 月	特定侵害訴訟代理業務付記登録
2017 年	一橋大学大学院国際企業戦略研究科非常勤講師
2018 年	一橋大学大学院法学研究科非常勤講師（ビジネスロー専攻担当）

〔取扱分野〕

特許、知財トランザクション、知財訴訟・審判、知財戦略支援

〔論文・著書〕

『特許審査の実務』（監修、中央経済社、2019 年）、「宇宙ビジネス特有の法務とその対応——宇宙と特許を中心に」研究開発リーダー 2018 年 12 月号（共著）、『M&A を成功に導く知的財産デューデリジェンスの実務〔第 3 版〕』（共著、中央経済社、2016 年）、「プレイヤーの多様化と急速なグローバル化の中で自社の優位性を特許で確保するために」The Lawyers2015 年 6 月号ほか多数

〔担当部分〕

第 1 編第 4 章「知財戦略」

栗山　陽一郎（くりやま・よういちろう）

1995 年 3 月	暁星高等学校卒業
2000 年 3 月	慶應義塾大学法学部法律学科卒業
2004 年 4 月	最高裁判所司法研修所入所
2005 年 10 月	第二東京弁護士会登録、TMI 総合法律事務所勤務
2014 年 10 月	スペインサッカー協会勤務
2014 年 11 月	イングランドサッカー協会勤務
2014 年 12 月	ノッティンガムロースクール（Sports Law LL. M.）卒業
2015 年 2 月	ロンドンのフィールドフィッシャー法律事務所勤務
2015 年 5 月	欧州サッカー連盟（UEFA）勤務
2015 年 7 月	TMI 総合法律事務所復帰
2018 年 1 月	パートナー就任

〔取扱分野〕

スポーツ、エンタテインメント、メディア、一般企業法務、ブランド、著作権、商標、IT・通信、一般企業法務、労働審判・労働関係訴訟等への対応、組合対応等

〔論文・著書〕

『講座　現代の契約法　各論 3』（共著、青林書院、2019 年）、「Getting The Deal Through：Sports Law 2019（Japan Chapter）」（共著、Law Business Research、

2018 年)、「サッカービジネスと知的財産(特集・スポーツビジネスと知的財産)」ジュリスト 1514 号(共著、2018 年)、『ソフトウェア取引の法律相談』(共著、青林書院、2013 年)

〔担当部分〕

　第 2 編第 14 章「e スポーツ」

永田　幸洋（ながた・ゆきひろ）

　1996 年 3 月　滋賀県立膳所高等学校卒業

　2001 年 3 月　京都大学農学部生物生産科学科卒業

　2004 年 3 月　京都大学大学院農学研究科応用生物科学専攻修了

　2005 年 4 月　最高裁判所司法研修所入所

　2006 年 10 月　第二東京弁護士会登録、TMI 総合法律事務所勤務

　2012 年 5 月　ジョージタウン大学ロースクール修了（LL. M.）

　2012 年 9 月　ロスアンゼルスのギブソン・ダン・アンド・クラッチャー法律事務所勤務

　2013 年 7 月　TMI 総合法律事務所復帰

　2014 年 2 月　カリフォルニア州弁護士資格取得

　2019 年 1 月　パートナー就任

〔取扱分野〕

　一般企業法務、M&A、その他国際法務、アライアンス、コーポレート・ファイナンス、コーポレートガバナンス、起業・株式公開支援、商事関連訴訟、医療、ヘルスケア、バイオ、自動車・物流

〔論文・著書〕

　「M&A 取引の実行時及び実行後における監査役等によるリスク管理」月刊監査役 685 号（共著、2018 年）

〔担当部分〕

　第 2 編第 11 章「カーシェア・ライドシェア」、第 2 編第 15 章「ドローン」、第 2 編第 16 章「VR」

新谷　美保子（しんたに・みほこ）

　1997 年 3 月　桜蔭高等学校卒業

　2001 年 3 月　慶應義塾大学法学部法律学科卒業

　2005 年 4 月　最高裁判所司法研修所入所

　2006 年 10 月　第一東京弁護士会登録、TMI 総合法律事務所勤務

　2013 年 2 月　コロンビア大学ロースクール修了（LL. M.）

　2013 年 6 月　大手企業ニューヨーク本社法務グループにて研修

　2015 年 4 月　TMI 総合法律事務所復帰

　2016 年 7 月　宇宙航空研究開発機構（JAXA）客員

　2017 年 4 月　宇宙航空研究開発機構（JAXA）非常勤招聘職員、内閣府「宇宙

活動法における第三者損害賠償制度に関するアドバイザリー・グループ」メンバー

2017 年 10 月	内閣府・経済産業省「宇宙ビジネスを支える環境整備に関する論点整理タスクフォース」委員
2018 年 1 月	カウンセル就任
2018 年 7 月	一般社団法人 Space Port Japan 設立理事

〔取扱分野〕

航空宇宙産業、航空法・宇宙法、知財戦略支援、IT・通信、エマージング・カンパニー、知財訴訟・審判、特許、著作権、商標、不正競争、意匠

〔論文・著書〕

「世界の宇宙ビジネス法第 4 回 衛星コンステレーション時代の到来と衛星国際周波数」国際商事法務 46 巻 5 号（共著、2019 年）、「気鋭の経済論点 『宇宙ゴミ』除去サービスの商機を見逃すな──技術開発だけでなく法整備も必須」日経ビジネス 2018 年 3 月 18 日号、「衛星リモートセンシング法の概説と衛星データ活用の未来」NBL1109 号（2017 年）、「民間の宇宙活動を規律する宇宙活動法案」ビジネス法務 2016 年 11 月号、『これだけは知っておきたい！ 弁護士による宇宙ビジネスガイド──New Space の潮流と変わりゆく法』（共著、同文館出版、2018 年）、「宇宙ビジネス特有の法務とその対応──宇宙と特許を中心に」研究開発リーダー 2018 年 12 月号（共著）

〔担当部分〕

第 2 編第 17 章「宇宙ビジネス」

波多江　崇（はたえ・たかし）

1997 年 3 月	ラ・サール高等学校卒業
2003 年 10 月	京都大学法学部卒業
2005 年 4 月	最高裁判所司法研修所入所
2006 年 10 月	東京弁護士会登録、TMI 総合法律事務所勤務
2014 年 5 月	ペンシルバニア大学ロースクール修了（LL. M.）
2014 年 9 月	サンフランシスコのモルガン・ルイス＆バッキアス LLP 勤務
2015 年 7 月	TMI 総合法律事務所復帰

〔取扱分野〕

商事関連訴訟、知財訴訟・審判、刑事訴訟、一般企業法務、広報法務、リスクマネジメント、不正調査、IT・通信、特許

〔担当部分〕

第 2 編第 1 章「自動運転」、第 2 編第 10 章「民泊」

村上　諭志（むらかみ・さとし）

2000 年 3 月	奈良学園高等学校卒業
2004 年 3 月	東京大学法学部第一類卒業

2006 年 3 月　中央大学法科大学院修了
2006 年 11 月　最高裁判所司法研修所入所
2007 年 12 月　東京弁護士会登録
2008 年 1 月　TMI 総合法律事務所勤務
2013 年 6 月　ワシントン大学ロースクール修了（LL. M., Intellectual Property Law and Policy コース）
2013 年 9 月　サンフランシスコのモルガン・ルイス＆バッキアス LLP 勤務
2014 年 4 月　ニューヨーク州弁護士資格取得
2014 年 7 月　TMI 総合法律事務所復帰
2018 年　CIPP/E（Certified Information Privacy Professional/Europe）登録
2019 年 1 月　パートナー就任

〔取扱分野〕

一般企業法務、個人情報、IT・通信、商標、著作権、メディア、エンタテインメント、消費者関連法、不正競争、景品表示法、国際法務、ベンチャー支援

〔論文・著書〕

「ビッグデータの利活用におけるパーソナルデータ取扱い上の法的留意点」知財管理 2018 年 6 月号（共著）、『個人情報管理ハンドブック〔第 4 版〕』（共著、商事法務、2018 年）、『IT・インターネットの法律相談』（共著、青林書院、2016 年）、「遺伝子ビジネスと法規制」ビジネス法務 2015 年 11 月号（共著）、「ビッグデータの利活用」ビジネス法務 2015 年 5 月号（共著）、「最近の連邦商標希釈化改正法に関する重要判決・審決」知財管理 2015 年 3 月号（共著）、『ソフトウェア取引の法律相談』（共著、青林書院、2013 年）等、その他論文・著書多数

〔担当部分〕

第 2 編第 8 章「CtoC マーケットプレイス」、第 2 編第 13 章「ゲームアプリ」

吉岡　博之（よしおか・ひろゆき）
2000 年 3 月　甲陽学院高等学校卒業
2004 年 3 月　東京大学法学部第一類卒業
2006 年 3 月　東京大学法科大学院修了
2006 年 11 月　最高裁判所司法研修所入所
2007 年 12 月　第一東京弁護士会登録
2008 年 1 月　外国法共同事業ジョーンズ・デイ法律事務所勤務
2014 年 5 月　ペンシルバニア大学ロースクール修了（LL. M., Wharton Business and Law Certificate program 修了）
2014 年 9 月　TMI 総合法律事務所勤務
2015 年 9 月　ニューヨーク州弁護士資格取得
2017 年 4 月　米国公認会計士登録
2017 年 8 月　スタンフォード大学ロースクール Understanding U. S. Intellec-

tual Property Law program 修了

2018 年 8 月　公認会計士登録

〔取扱分野〕

一般企業法務、M&A、アライアンス、コーポレートガバナンス、コーポレート・ファイナンス、税務争訟、タックス・プランニング、国際法務、個人情報、IT・通信、銀行・証券・保険・信託、ファンド、エマージング・カンパニー、事業承継、相続、民事再生・会社更生、DES・DDS

〔論文・著書〕

「BEPS を踏まえた各国動向及び日本企業の対応に関する調査（平成 27 年度）報告書」経済産業省ホームページ（共著、2016 年）、「Getting the Deal Through：Corporate Reorganisations 2018（Japan Chapter）」（共著、Law Business Research、2018 年）、「The Tax Disputes and Litigation Review-Edition 7」（共著、Law Business Research、2019 年）

〔担当部分〕

第 2 編第 5 章「Fintech ②（AI 投資）」、第 2 編第 6 章「ビッグデータ」

辻岡　将基（つじおか・まさき）

2000 年 3 月　洛南高等学校卒業

2004 年 3 月　東京大学法学部第二類卒業

2006 年 3 月　東京大学法科大学院修了

2006 年 11 月　最高裁判所司法研修所入所

2007 年 12 月　東京弁護士会登録

2008 年 1 月　TMI 総合法律事務所勤務

2012 年 10 月　東京大学法科大学院非常勤講師（〜2014 年 3 月）

2016 年 5 月　デューク大学ロースクール修士課程修了（LL. M.）

2018 年 4 月　東京大学法学部非常勤講師

2019 年 1 月　パートナー就任

〔取扱分野〕

一般企業法務、M&A、アライアンス、起業・株式公開支援、コーポレート・ファイナンス、ストラクチャード・ファイナンス、プロジェクト・ファイナンス、証券化・流動化・REIT、不動産投資、開発、建築・建設訴訟、ファンド

〔担当部分〕

第 2 編第 4 章「Fintech ①（家計管理）」

岩田　幸剛（いわた・ゆきたか）

1999 年 3 月　愛知県立半田高等学校卒業

2003 年 3 月　慶應義塾大学法学部法律学科卒業

2003 年 4 月　国土交通省入省

2005 年 3 月　同省退職

2007 年 3 月　東京大学法科大学院修了
2007 年 11 月　最高裁判所司法研修所入所
2008 年 12 月　第一東京弁護士会登録、長島・大野・常松法律事務所勤務
2014 年 6 月　ワシントン大学ロースクール修了（LL. M.）
2014 年 9 月　TMI 総合法律事務所勤務
2014 年 11 月　愛知県弁護士会登録、TMI 総合法律事務所名古屋オフィス勤務
2016 年 3 月　ニューヨーク州弁護士資格取得

〔取扱分野〕
　一般企業法務、許認可その他の規制対応（特に運輸・物流分野）、競争法（企業結合審査、リニエンシー、訴訟対応等）、共同開発その他アライアンス支援、訴訟、起業支援、個人情報、データ取引

〔担当部分〕
　第 2 編第 1 章「自動運転」、第 2 編第 11 章「カーシェア・ライドシェア」

倉内　英明（くらうち・ひであき）
1999 年 3 月　郁文館高等学校卒業
2003 年 3 月　早稲田大学第一文学部卒業
2003 年 4 月　日本イーライリリー株式会社入社
2005 年 3 月　同社退職
2008 年 3 月　一橋大学法科大学院修了
2008 年 11 月　最高裁判所司法研修所入所
2009 年 12 月　東京弁護士会登録
2010 年 1 月　TMI 総合法律事務所勤務
2012 年 2 月　金融庁検査局総務課勤務（金融証券検査官）
2013 年 3 月　TMI 総合法律事務所復帰
2016 年 5 月　カリフォルニア大学バークレー校修了（LL. M.）
2016 年 8 月　TMI 総合法律事務所復帰
2017 年 1 月　ニューヨーク州弁護士資格取得
2017 年 10 月　筑波大学非常勤講師
2019 年 1 月　パートナー就任

〔取扱分野〕
　不動産投資、ストラクチャード・ファイナンス、証券化・流動化・REIT、銀行・証券・保険・信託、医療、ヘルスケア、バイオ

〔担当部分〕
　第 1 編第 6 章「クラウドファンディングによる資金調達」

寺門　峻佑（てらかど・しゅんすけ）
2003 年 3 月　東京都立西高等学校卒業
2007 年 3 月　一橋大学法学部法律学科卒業

2009 年 3 月　一橋大学法科大学院修了
2009 年 11 月　最高裁判所司法研修所入所
2010 年 12 月　東京弁護士会登録
2011 年 1 月　TMI 総合法律事務所勤務
2017 年 5 月　カリフォルニア大学ロサンゼルス校（UCLA）ロースクール修
　　　　　　　了（LL. M., Specialization in Media, Entertainment and Technology
　　　　　　　Law and Policy）
2017 年 8 月　ロサンゼルスのクイン・エマニュエル・アークハート・サリバ
　　　　　　　ン法律事務所勤務
2018 年 1 月　サンフランシスコの Wikimedia Foundation, Inc. 勤務
2018 年 7 月　タリン工科大学（TTÜ）Secure e-Governance コース修了、エス
　　　　　　　トニアの SORAINEN 法律事務所勤務
2018 年 8 月　ニューヨーク州弁護士資格取得
2018 年 9 月　TMI 総合法律事務所復帰
2018 年 10 月　情報処理安全確保支援士登録

〔取扱分野〕
　IT・通信、個人情報、情報セキュリティ、メディア、エンタテインメント、ス
ポーツ、商事関連訴訟、国際訴訟・仲裁・調停・ADR、リスクマネジメント、
不正調査、広報法務、著作権、私的整理・事業再生 ADR、破産・特別清算、コー
ポレートガバナンス、消費者関連法、人事制度の構築・運用、一般企業法務

〔論文・著書〕
　「ざっくり押さえる e コマース関連法と事業者の留意点（特集・e コマース法務
の最先端）」ビジネス法務 2019 年 4 月号、「JAPAN LAW and PRACTICE」
Chambers GLOBAL PRACTICE GUIDE Litigation 2019（共著、Chambers and
Partners、2019 年）、「実務解説最新 M&A 判例第 17 回　相当対価での事業譲渡
に対する否認権行使事例」金融法務事情 2017 号（2015 年）等

〔担当部分〕
　第 2 編第 2 章「スマートスピーカー」、第 2 編第 3 章「IoT（スマートホーム）」、
第 2 編第 6 章「ビッグデータ」）

那須　勇太（なす・ゆうた）
　2003 年 3 月　慶應義塾高等学校卒業
　2007 年 3 月　慶應義塾大学法学部法律学科卒業
　2009 年 3 月　慶應義塾大学法科大学院修了
　2009 年 11 月　最高裁判所司法研修所入所
　2010 年 12 月　第一東京弁護士会登録
　2011 年 1 月　TMI 総合法律事務所勤務
　2018 年 11 月　株式会社創通社外取締役

〔取扱分野〕

メディア、エンタテインメント、スポーツ、著作権、人事制度の構築・運用、M&A、IPO における労務デュー・ディリジェンス、労働審判・労働関係訴訟等への対応、IT・通信、反社会的勢力対応、商事関連訴訟、一般企業法務、消費者関連法

〔論文・著書〕

「職場の AI と法律問題第 5 回　従業員のモニタリングと AI——不正検知とプライバシー権侵害の観点から」労務事情 1377 号（共著、2019 年）、「ハマキョウレックス事件・長澤運輸事件最高裁判決　契約社員・再雇用社員への手当支給に関する実務対応」BUSINESS LAW JOURNAL 2018 年 8 月号（共著）、「プロ野球ビジネスと知的財産（特集・スポーツビジネスと知的財産）」ジュリスト 1514 号（共著、2018 年）、「ケースで考える反社会的勢力との取引リスク——役員のための行動指針」月刊監査役 599 号（共著、2012 年）等

〔担当部分〕

第 2 編第 9 章「スキルシェア（副業）」

小林　貴恵（こばやし・きえ）

2002 年 3 月　カリタス女子高等学校卒業

2006 年 3 月　一橋大学法学部卒業

2010 年 4 月　早稲田大学法科大学院修了

2010 年 11 月　最高裁判所司法研修所入所

2011 年 12 月　第二東京弁護士会登録

2012 年 1 月　TMI 総合法律事務所勤務

〔取扱分野〕

一般企業法務、M&A、コーポレートガバナンス、医療、ヘルスケア、バイオ、IT・通信、メディア、エンタテインメント、スポーツ、人事制度の構築・運用、労働審判・労働関係訴訟等への対応、銀行・証券・保険・信託

〔論文・著書〕

『100 問 100 答　改正債権法でかわる金融実務』（共著、金融財政事情研究会、2017 年）

〔担当部分〕

第 2 編第 9 章「スキルシェア（副業）」、第 2 編第 12 章「ヘルスケアビジネス」

粟井　勇貴（あわい・ゆうき）

2004 年 3 月　高槻高等学校卒業

2008 年 3 月　神戸大学法学部法律学科卒業

2011 年 3 月　神戸大学法科大学院修了

2011 年 11 月　最高裁判所司法研修所入所

2013 年 1 月　第二東京弁護士会登録、TMI 総合法律事務所勤務

2013 年 8 月　愛知県弁護士会登録、TMI 総合法律事務所名古屋オフィス勤務
〔取扱分野〕
　商事関連訴訟、人事制度の構築・運用、メディア、エンタテインメント、スポーツ、アジア、リスクマネジメント、不正調査、カルテル・談合、国際カルテル、景品表示法、民事再生・会社更生、破産・特別清算、一般企業法務
〔論文・著書〕
　『ペットの法律相談』（共著、青林書院、2016 年）、「アジア諸国における商号の保護（その 1）」知財管理 2014 年 5 月号（共著）、「Q&A で解決！　親子会社間の人事労務（特集・親会社に知ってほしい子会社が抱える悩み）」ビジネス法務 2013 年 11 月号（共著）
〔担当部分〕
　第 1 編第 2 章「新規ビジネスを取り巻くプロフェッショナルプレーヤー」、第 1 編第 3 章「法規制のクリアランス」、第 2 編第 11 章「カーシェア・ライドシェア」

鈴木　翔平（すずき・しょうへい）
　2004 年 3 月　千葉県立千葉東高等学校卒業
　2009 年 3 月　早稲田大学法学部卒業
　2011 年 3 月　中央大学法科大学院修了
　2011 年 11 月　最高裁判所司法研修所入所
　2012 年 12 月　第二東京弁護士会登録
　2013 年 1 月　TMI 総合法律事務所勤務
　2016 年 6 月　大手ポータルサイト運営会社へ出向（1 年間）
　2018 年 5 月　テキサス大学ロースクール修了（LL. M.）
　2018 年 8 月　Smith, Gambrell & Russell, LLP 等で研修
　2019 年 4 月　CIPP/US（Certified Information Privacy Professional/United States）取得
　2019 年 5 月　カリフォルニア州弁護士資格取得
〔取扱分野〕
　データ取引、個人情報保護法、GDPR・米国プライバシー保護法制、IT・通信、M&A、アライアンス、コーポレートガバナンス、起業・株式公開支援、一般企業法務
〔論文・著書〕
　『実例ケースでわかる取締役のための問題解決大事典』（共著、日本能率協会マネジメントセンター、2014 年）、「実務解説最新 M&A 判例第 6 回　基準日後の株主による債務超過状態の会社に係る価格決定申立て（セレブリックス事件）」金融法務事情 1990 号（共著、2014 年）
〔担当部分〕
　第 2 編第 7 章「ターゲティング広告」

白澤　光音（しらさわ・みつね）

　2005 年 3 月　　新潟県立新潟高等学校卒業
　2009 年 3 月　　国際基督教大学教養学部社会科学科卒業
　2012 年 3 月　　東京大学法科大学院修了
　2012 年 11 月　　最高裁判所司法研修所入所
　2013 年 12 月　　第二東京弁護士会登録
　2014 年 1 月　　TMI 総合法律事務所勤務
　2015 年 7 月　　金融庁総務企画局市場課勤務
　2017 年 7 月　　TMI 総合法律事務所復帰

〔取扱分野〕

　金融規制法、資金決済関連法、一般企業法務、ストラクチャード・ファイナンス、プロジェクト・ファイナンス、証券化・流動化・REIT、IT・通信、ファンド、デリバティブ、銀行・証券・保険・信託

〔論文・著書〕

　『投資信託・投資法人法コンメンタール』（共著、商事法務、2019 年）「利用者の保護・取引の適正に向けて　暗号資産をめぐる改正法案の概要と影響」ビジネス法務 2019 年 7 月号（共著）、『個人情報管理ハンドブック〔第 4 版〕』（共著、商事法務、2018 年）、『企業のためのサイバーセキュリティの法律実務』（共著、商事法務、2016 年）、「非清算店頭デリバティブ取引に係る証拠金規制の概要」ファイナンシャル・レギュレーション Vol. 7 2016 SUMMER（共著）、「『非清算店頭デリバティブ取引に係る証拠金規制』の最終化」金融財政事情 2016 年 4 月 11 日号（共著）、「実務解説　パーソナルデータ大綱のビジネスへの影響」ビジネス法務 2014 年 10 月号（共著）

〔担当部分〕

　第 2 編第 4 章「Fintech ①（家計管理）」

井上　貴宏（いのうえ・たかひろ）

　2006 年 3 月　　高松市立高松第一高等学校卒業
　2010 年 3 月　　神戸大学法学部法律学科卒業
　2012 年 3 月　　京都大学法科大学院修了
　2012 年 11 月　　最高裁判所司法研修所入所
　2013 年 12 月　　第一東京弁護士会登録
　2014 年 1 月　　TMI 総合法律事務所勤務

〔取扱分野〕

　一般企業法務、著作権、メディア、エンタテインメント、スポーツ、商標、不正競争、意匠、IT・通信、商事関連訴訟、知財訴訟・審判、景品表示法、ブランド、IT・通信

〔論文・著書〕

　『知的財産判例総覧 2014 II』（共著、青林書院、2016 年）

〔担当部分〕

第 2 編第 18 章「動画配信プラットフォーム」

佐藤　竜明（さとう・たつあき）

2007 年 3 月　札幌市立北海道札幌旭丘高等学校（現・札幌市立札幌旭丘高等学校）卒業

2010 年 3 月　北海道大学法学部中退（飛び級進学のため）

2012 年 3 月　北海道大学法科大学院修了

2012 年 11 月　最高裁判所司法研修所入所

2013 年 12 月　第一東京弁護士会登録

2014 年 1 月　TMI 総合法律事務所勤務

2016 年 8 月　日本取引所自主規制法人上場管理部勤務（開示審査、上場廃止審査、特設注意市場銘柄指定・解除審査、「上場会社における不祥事予防のプリンシプル」策定、新規上場審査等を担当）

2018 年 10 月　TMI 総合法律事務所復帰

〔取扱分野〕

一般企業法務、M&A、コーポレートガバナンス、IPO 支援、リスクマネジメント、不正調査、タックス・プランニング、事業承継

〔論文・著書〕

「『上場会社における不祥事予防のプリンシプル』の解説（上）（下）」商事法務 2165 号、2166 号（2018 年）、『個人情報管理ハンドブック〔第 4 版〕』（共著、商事法務、2018 年）、『100 問 100 答　改正債権法でかわる金融実務』（共著、金融財政事情研究会、2017 年）、『企業のためのサイバーセキュリティの法律実務』（共著、商事法務、2016 年）、「BEPS を踏まえた各国動向及び日本企業の対応に関する調査（平成 27 年度）報告書」経済産業省ホームページ（共著、2016 年）、「会社法施行規則案と会社計算規則案の要点解説」経理情報 1401 号（共著、2015 年）等

〔担当部分〕

第 1 編第 7 章「エグジット（IPO・売却）」

藤井　康太（ふじい・こうた）

2007 年 3 月　岩手県立盛岡第一高等学校卒業

2011 年 3 月　東北大学法学部卒業

2013 年 3 月　一橋大学法科大学院修了

2013 年 11 月　最高裁判所司法研修所入所

2014 年 12 月　東京弁護士会登録

2015 年 1 月　TMI 総合法律事務所勤務

〔取扱分野〕

M&A、コーポレートガバナンス、起業・株式公開支援、一般企業法務、知財ト

ランザクション、ファンド

〔論文・著書〕

「非上場企業が取り入れるべき CG コードの要素（特別企画・"非上場企業" コーポレート・ガバナンスの勘所）」ビジネス法務 2018 年 8 月号（共著）

〔担当部分〕

第 1 編第 5 章「資金調達」

岡辺　公志（おかべ・こうし）

2009 年 3 月　　灘高等学校卒業

2013 年 3 月　　東京大学法学部第一類卒業

2014 年 11 月　　東京大学法科大学院中退、最高裁判所司法研修所入所

2015 年 12 月　　東京弁護士会登録

2016 年 1 月　　TMI 総合法律事務所勤務

〔取扱分野〕

一般企業法務、消費者関連法、著作権、商標、不正競争、メディア、エンタテインメント、スポーツ、IT・通信、商事関連訴訟、知財訴訟・審判、消費者対応、景品表示法、ブランド

〔論文・著書〕

『個人情報管理ハンドブック〔第 4 版〕』（共著、商事法務、2018 年）、「実務解説　ESG リスク回避のための実践的 CSR 条項」BUSINESS LAW JOURNAL 2017 年 3 月号（共著）

〔担当部分〕

第 2 編第 7 章「ターゲティング広告」

森田　祐行（もりた・ひろゆき）

2009 年 3 月　　東大寺学園高等学校卒業

2013 年 3 月　　東京大学法学部第一類卒業

2014 年 11 月　　最高裁判所司法研修所入所

2015 年 12 月　　東京弁護士会登録

2016 年 1 月　　TMI 総合法律事務所勤務

〔取扱分野〕

一般企業法務、著作権、商標、不正競争、メディア、エンタテインメント、スポーツ、IT・通信、商事関連訴訟、知財訴訟・審判、人事制度の構築・運用、M&A、IPO における労務デュー・ディリジェンス、労働審判・労働関係訴訟等への対応、ブランド

〔論文・著書〕

『個人情報管理ハンドブック〔第 4 版〕』（共著、商事法務、2018 年）

〔担当部分〕

第 2 編第 15 章「ドローン」、第 2 編第 16 章「VR」

木村　勝利（きむら・かつとし）

2008 年 3 月　東京都立国立高等学校卒業

2012 年 3 月　一橋大学法学部法律学科卒業

2014 年 3 月　一橋大学法科大学院修了

2014 年 11 月　最高裁判所司法研修所入所

2015 年 12 月　第二東京弁護士会登録

2016 年 1 月　TMI 総合法律事務所勤務

〔取扱分野〕

　一般企業法務、プロジェクト・ファイナンス、太陽光発電・その他自然エネルギー、船舶ファイナンス、証券化・流動化・REIT、コーポレート・ファイナンス、ストラクチャード・ファイナンス、不動産投資、銀行・証券・保険・信託、ファンド

〔担当部分〕

　第 2 編第 17 章「宇宙ビジネス」

白　泰成（ぺく・てそん）

2007 年 3 月　京都朝鮮中高級学校卒業

2013 年 3 月　京都大学法学部卒業

2015 年 3 月　京都大学法科大学院修了

2015 年 11 月　最高裁判所司法研修所入所

2016 年 12 月　東京弁護士会登録

2017 年 1 月　TMI 総合法律事務所勤務

〔取扱分野〕

　一般企業法務、ストラクチャード・ファイナンス、不動産投資、証券化・流動化・REIT、プロジェクト・ファイナンス、太陽光発電・その他自然エネルギー、反社会的勢力対応、韓国

〔担当部分〕

　第 2 編第 10 章「民泊」

川上　貴寛（かわかみ・たかひろ）

2009 年 3 月　新潟県立三条高等学校卒業

2013 年 3 月　東京学芸大学教育学部中等教育教員養成課程英語専攻卒業

2015 年 8 月　東京大学教養学部中退

2015 年 11 月　最高裁判所司法研修所入所

2016 年 12 月　東京弁護士会登録

2017 年 1 月　TMI 総合法律事務所勤務

〔取扱分野〕

　一般企業法務、消費者関連法、知的財産権、IT・通信、商事関連訴訟、渉外法務等

〔論文・著書〕
『業務委託契約書作成のポイント』（共著、中央経済社、2018 年）
〔担当部分〕
第 2 編第 8 章「CtoC マーケットプレイス」、第 2 編第 13 章「ゲームアプリ」

松岡　亮（まつおか・りょう）
2008 年 3 月　神奈川県立横須賀高等学校卒業
2012 年 3 月　一橋大学法学部法律学科卒業
2012 年 4 月　参議院事務局入局
2014 年 1 月　同事務局退職
2016 年 3 月　一橋大学法科大学院修了
2016 年 11 月　最高裁判所司法研修所入所
2017 年 12 月　東京弁護士会登録
2018 年 1 月　TMI 総合法律事務所勤務
〔取扱分野〕
一般企業法務、著作権、メディア、エンタテインメント、カジノ、スポーツ、商標、不正競争、IT・通信、商事関連訴訟、知財訴訟・審判、景品表示法、資金決済関連法
〔担当部分〕
第 2 編第 5 章「Fintech ②（AI 投資）」

有馬　美帆（ありま・みほ）
社会保険労務士法人シグナル代表社員。特定社会保険労務士（東京都社会保険労務士会所属）。2014 年に社労士シグナルを独立開業し、2017 年に法人化。顧問先のニーズを一歩先取りしたコンサルティングを行い、スタートアップ企業等の急成長する顧問先を中心にした人事労務管理面の支援を多数手がける。企業フェーズごとに直面する人事労務管理の壁を低くすることで、成長の加速につなげている。就業規則作成・労務トラブル相談のほか、各種セミナー講師も担当。ベンチャー企業向け IPO 支援労務コンサルタント、HR テクノロジープランナーとしても活動中
〔担当部分〕
第 1 編第 8 章「人事労務管理」

起業の法務
──新規ビジネス設計のケースメソッド

2019年 9 月15日　初版第 1 刷発行
2019年11月30日　初版第 2 刷発行

編　　者　TMI 総合法律事務所

編集代表　　大　井　哲　也　　中　山　　　茂
　　　　　　和　藤　誠　治　　野　呂　悠　登

発 行 者　小　宮　慶　太

発 行 所　㈱商 事 法 務

　　　　　〒103-0025　東京都中央区日本橋茅場町3-9-10
　　　　　TEL 03-5614-5643・FAX 03-3664-8844〔営業部〕
　　　　　TEL 03-5614-5649〔書籍出版部〕
　　　　　https://www.shojihomu.co.jp/

落丁・乱丁本はお取り替えいたします。　　　印刷／三報社印刷㈱
© 2019 TMI 総合法律事務所　　　　　　　　Printed in Japan
　　　　　　　　　Shojihomu Co., Ltd.
　　　　　ISBN978-4-7857-2740-6
　　　　　＊定価はカバーに表示してあります。

JCOPY＜出版者著作権管理機構　委託出版物＞
本書の無断複製は著作権法上での例外を除き禁じられています。
複製される場合は、そのつど事前に、出版者著作権管理機構
（電話 03-5244-5088、FAX 03-5244-5089、e-mail：info@jcopy.or.jp）
の許諾を得てください。